# 东周五百年

公元前770年—前221年

DONGZHOU WUBAINIAN

张信觉 著

团结出版社
UNITY PRESS

**图书在版编目（CIP）数据**

东周五百年：公元前770年－前221年／张信觉著
.－－北京：团结出版社，2022.10（2023.9重印）
ISBN 978-7-5126-9428-6

Ⅰ.①东… Ⅱ.①张… Ⅲ.①中国历史－东周时代－
通俗读物 Ⅳ.①K225.09

中国版本图书馆CIP数据核字(2022)第093144号

出　版：团结出版社
（北京市东城区东皇城根南街84号　邮编：100006）
电　话：（010）65228880　65244790（出版社）
（010）65238766　85113874　65133603（发行部）
（010）65133603（邮购）
网　址：http://www.tjpress.com
E-mail：zb65244790@vip.163.com
tjcbsfxb@163.com（发行部邮购）
经　销：全国新华书店
印　装：三河市东方印刷有限公司

开　本：170mm×240mm　16开
印　张：26.75
字　数：328千字
版　次：2022年10月　第1版
印　次：2023年9月　第2次印刷

书　号：978-7-5126-9428-6
定　价：68.00元

序言

# 历史与思想交融的时代

公元前8世纪到公元前2世纪，被称为人类历史的轴心时代。在这段时间内，中国、印度、中东和大希腊地区，先后掀起规模空前的思想文化运动，由此奠定了人类思想观念与精神信仰的基础，影响直至今日。对于这一现象，人们习惯从哲学与宗教发展的视角来统摄俯瞰、综理概述。这样的认识方式，有利于识别不同文明在历史发展中的同一性，统观人类文明发展的节奏。但在识别不同文明具有的特殊性方面，有其不足。因为离开了文明所依附的土壤，就很难理解它的精髓，窥见它的真义。

轴心时代，对应中国历史上的春秋战国时代。而诸子百家，就是这一伟大时代的创造主体。两千年来，关于先秦诸子的研究资料，充箱照轸，车载斗量。但古人囿于既定视野，研究方式重沓缠绕，有床上叠床之嫌。近代以来，学者普遍采用分析的方法研究思想史。他们将思想家当成被解剖的对象，从后者的著作和言行中提炼出数个要点，便断定是他们思想的代表或全部了。这样的方法，有时切中肯綮，有时又偏差太多。一个具有卓越思想和鲜活灵魂的生命，绝非简单的外科手术刀就能解剖明白。

每个文明体系都有各自鲜明的个性与特点，只有顺着源流深入探索，才能触中它搏动的心脉。中华文明的最大特点，表现为显著的历史属性和政治属性（在某种层面上，政治又是另一种形式的历史）。在世界上，中华民族最为注重以史为鉴。我们拥有的史籍卷帙浩瀚，堪称世界第一。在哲学方法上，中华民族的思想家最青睐政治的效用。诸子百家中关于政治建构的内容，在他们的论著中占了最大篇幅。因此，要了解中华文明的精髓，了解轴心时代的中国，了解诸子百家的思想，绕不开历史与政治。只有从历史和政治入手，才能发现隐藏在思想家背后的文明的奥秘。

于是就有了这样的方法，跟随着历史前进的步伐，亦步亦趋去释读轴心时代的中国。只有彻底融入历史语境中，才能悟出深刻的见解。诸如，诸子百家本质上不是被纵向划分出的不同哲学派别，而是横向被联系在一起的历史的经历者和政治的参与者；中国历史与思想的交融深度，超乎一般想象；是历史创造了思想，而不是哲学创造了思想；诸子百家的历史身份，远比哲学身份更为重要。因而我们知道，中华文明在春秋战国时代遭遇的问题，被历史（政治）地解决了，而不是被哲学地解决了。

这种分别式解读的方法，有利于认识特定文明的本质面貌。但今日生存的世界，已非割裂的世界。人们不能用历史的答案，解答现在的问题。后代人唯能传承与借鉴的，只有轴心时代贤哲们的自由精神和创新活力。

# 目录

第一章

# 九州合而裂

## 01 前轴心时代的中国

中国的“轴心时代”，起始于春秋，终结于战国。但人们要彻底明白老子、孔子、墨子创立的学说，以及他们所追求的理想，不能不对前后的历史形势有深刻了解。然而，认真考察过前后的历史形势，人们惊奇发现，中国的前“轴心时代”，与其他地方迥然有别。

按寻常理解，创新迭兴、文化繁荣，与言论自由的背景分不开。而言论自由条件的创造和土壤的形成，又与一统政权和一统思想相悖离。春秋战国时代，诸子蜂起，百家迭兴，正是根植在天下大乱、诸侯争霸的背景之下。再对比希腊苏格拉底、柏拉图时代，印度佛陀、大雄时代，无一不是如此。城邦林立、诸国争雄，为那个时代圣贤的言论自由和独立创新提供了开放的环境。至于诞生于战乱频仍、政权屡易的中西亚地区的犹太教和祆（xiān）教，其之依赖环境和土壤，自不待言。

但深究下去，却发现其中大有不同。印度和希腊截至文化繁荣的

“轴心时代”，从来没有过统一的政权、统一的制度以及统一的思想信仰。印度的统一，要到公元前 4 世纪晚期的孔雀王朝时代才完成。而希腊的统一，由马其顿人亚历山大完成，时间与印度相差无几。他们“轴心时代”的创造发明，都在前统一时代完成。

但中国历史提供给人们的答案，却不一样。早在春秋战国之前的夏、商、（西）周三代，华夏文明便实现一统。所有华夏国家、城邦和部落，都生活在三代中央王朝的统辖之下，接受统一的秩序，传承共同的信仰。随着时间的推移，这种秩序和信仰，愈加稳固和深化。按照历史事实推导，中国“轴心时代”的创造发明，是在后统一时代完成的。春秋战国时代的分裂，不过是华夏文明漫长统一历史中乍现的昙花。

这样的答案，虽然让人称奇，却不可否认。因为人们可以不承认《禹贡》中对天下图景的描绘，不承认商王对广大华夏地区的控制，却不能否认西周王朝曾经作为中央王朝存在的事实。这个王朝的创立时间，下距孔子的诞生，有五百年之久。虽然时间邈远，但根据流传下来的文献，以及近现代考古发现，可以验证大部分事实。人们可以阐述清楚西周王朝的统治疆域，阐述清楚它的政治和社会制度，阐述清楚它丰富的文化内容。在无可辩驳的事实面前，西周正在促使人们重新认识前轴心时代的中国历史。

所有的现在，都源于过去，特别是对于具有强烈复古倾向的华夏文明。要了解它的现在，不能不明白过去。中国的思想文化革命为什么会在春秋战国时代爆发？老子、孔子、墨子为什么创立不同的学说？历史发展的轨迹与趋势又是如何变化？要解答这些问题，不能不对西周王朝，有个大致的了解。在世界其他文明尚处在分裂斗争的年代，这个王朝不但完成了政治上的统一，而且创造了高度发达、趋于成熟的文化，指示了未来文明的发展方向。

根据记载，西周巅峰时的有效统治疆域，北至幽燕，南至长江，东至大海，西至陇西，约莫120万平方千米。这个数据，还没包括西周王朝的众多朝贡国，如犬戎、肃慎、扬越、巴蜀、箕子朝鲜等。如果包含在内，数据更大。西周王朝建立于公元前1046年，世界历史上比它更早的大型国家，如古埃及第十八、十九王朝，统治疆域约有110万平方千米，亚述帝国、赫梯帝国约有60万平方千米。如此比较，西周王朝在当时就是有史以来疆域最广、人口也可能最多的超级国家。

这样一个西周王朝，应该怎么定义呢？人们都知道，周王朝的统治者称王，秦始皇之后，国家的统治者才称皇帝。因为名号相殊，东周王室在历史上表现又过于孱弱，导致人们对整个周王朝的观感极差、评价不高。虽然也有少数学者认为，西周时代是中华文明的奠基时代，西周王朝的创造决定了中华文明后来的走向和格局。但这种观点应者甚寡，扭转不了人们长期以来的偏见。在多数人心中，秦王朝才是中国第一个大一统王朝，秦王朝才是中国第一个帝国。

周、秦制度有别，最明显的一点，就是秦朝实行中央集权的郡县制，周朝实行封土建国的分封制。以对地方的控制力而言，后者无法与前者相比。很多人抓住这点不放，认为周王朝对分封国没有控制力，诸侯领土不应该纳入周王朝的版图。所以周王朝不能称为帝国，不能称为大一统王朝。

这一观点，在东周是成立的。衰落的东周莫说控制诸侯，有时候还反过来被诸侯控制。但在西周，则不成立。西周诸侯不向周王纳贡吗？周王不能征召他们的军队吗？他们的建制违背王朝的意志吗？都没有。西周王朝对它分封的诸侯，是有统治力和控制力的。诸侯的领土，就是周王朝有效统治的疆域。西周王朝对它分封出来的同姓鲁国、燕国、晋国有控制力，就像刘邦对他分封出来的同姓齐国、楚国、代国有控制力一样。汉朝对它分封出来的诸侯有无可置疑的领土权，西周王朝也对它分封出来的诸侯有无可置疑的领土权。汉朝是帝国，是大一统王朝。理所当然，西周王朝也是帝国，是大一统王朝。

## 02　周帝国的大一统

在中国历史范畴内，人们以统治者称号和政治制度的差别，区别先秦时代与后秦时代，其中稍微贬低周朝，无可厚非。因为无论如何，秦汉之后的文明，总比周朝先进。但若放到世界历史的范畴内，这样的评价和称谓就很不妥。许多研究外国历史的国内学者，沿用西方术语，将古埃及称为埃及帝国，将早期亚述国家称为亚述帝国，将赫梯国家称为赫梯帝国，甚至国土面积远不如西周朝王畿大的城邦联盟雅典，也被称为雅典帝国。

被这种现象蒙蔽，很容易产生误解。以为西方政治制度和文明程度发展很快，中国要到了秦朝，建立起帝制国家，才能与他们相比。假若以如此低的标准来衡量，古埃及、亚述、赫梯、雅典能算帝国，那么巨无霸的西周王朝，究竟算什么？

何为帝国？向来没有确切的定义。但毫无疑问，以前面的“世界通行标准”，西周王朝就是当时世界上的超级帝国，其体量规模，不但空前数千年，而且绝后五百年。直到居鲁士的波斯帝国崛起，才在统治的领土和人口上，超越了周帝国。但也仅仅是在领土和人口上超越而已，在文化影响力上，波斯帝国与周帝国还远不能相提并论。

在中国历史语境中，承认周王朝是大一统王朝；在世界历史语境中，承认周王朝是空前存在的周帝国，是一种崭新的认识。但此一观点，得到客观事实和大量数据的支持。周代流传下来翔实的文献资料，以及近现代出土的丰富文物，已经勾勒清楚一个大一统的周帝国清晰面目。在强有力的证据面前，人们不能否认在前“轴心时代”，中国已经出现大一统帝国的事实，不能否认大一统的周帝国已经创造出高度发达的文明的事实。

除了在统治疆域面积和人口数量的层面，周帝国冠绝当时。它还在文字语言、政治体制、文化创造和传播方面，表现出大一统帝国的特征。

西周时代通行的文字，因为镌刻在青铜器上，又称金文。金文虽然古奥，但它和甲骨文、篆文、隶书、楷书等本同一体，是汉字在不同时代的字形表现。根据之前的甲骨文和之后的汉字变化规则，人们几乎可以将出土的西周金文释读明白。作为周帝国官方文字的金文，它不仅应用于王畿之内，还是整个帝国范围的通用文字。河北出土的克盉和克罍（西周初期）、江苏出土的宜侯夨（cè）簋（西周初期）、山西出土的晋侯苏编钟（西周晚期），镌刻的都是隶属于同一套系统的金文。由此可知，金文是当时周帝国通用的、唯一的语言和文化交流载体，它所辐射的范围，与周帝国权力辐射的范围一致。在周帝国强势权力的助推下，金文扩张到当时华夏文明的南北极限，在120万平方千米甚至更广的区域内，人们只采用一种官方文字进行沟通和交流。金文也反过来助力，使周帝国的权力基础和文化内涵，得到进一步巩固和深化。

在政治上，周帝国实行爵位制，对120万平方千米的领土进行分封管理。第一等公爵，第二等侯爵，第三等伯爵，第四等子爵，第五等男爵。每一个等级的爵主都拥有一定数量的土地和人口，享有较高程度的治理权。但是，这种治理权与周帝国的领土主权并不矛盾。首先，这块领土得属于周朝政府，才能进行分封。它不能把一块与自己无关的土地，分封给别人。没有强大的中央权力站台背书，也没人敢接受这样的分封。其次，凡受分封的诸侯，都要接受五等爵位制的管理。认同五等爵位制，就是认同中央权力和帝国权力，自身也才能得到中央权力和帝国权力的认同。

这个观点，可通过事例加以说明。楚国王室的祖先熊鬻，跟随周文王打江山，功勋卓著。周成王时代，为了表彰熊氏家族的功劳，将熊鬻后人熊绎分封在长江中游的荆楚丹阳地区。此时的长江中游，必然是周帝国的领土，不然周成王不会将自己没有的东西赏赐给熊绎。而熊绎本身又来自中央，在长江地区毫无根基，若没有周帝国权力的支持和保护，给他十个胆子，也不敢独自跑到尚属于蛮夷之地的荆楚立国。周成王授予熊绎子爵，赐给他一定数量的军队、人民和器物，他才敢举着周帝国的旗帜，浩浩荡荡南下，在长江中游扎根下来。

熊绎离开了中央，在长江沿岸建立起楚国，享有某种程度的自治权。此时的楚国，还算不算周帝国的领土？这其实是一个多余的问题。自古至今，从集体到个人，从来没有听说不求回报的给予。周成王送给熊绎土地，送给他官爵，送给他人民和财产，就为了让他独立？最愚蠢的人，也不至于如此行事，何况是聪明英睿的周成王？他分封熊绎，不过是让熊绎在南方建立起行政机构，代为管理属下的土地和人民。这与后世派遣军队驻扎边疆，宣誓主权的行为大同小异。在本质上，楚子还属于周王的臣子；楚国的领土，还属于周帝国的领土。楚国国君必须向周王履行臣子的义务，准时朝贡和述职。《诗经》中说得很清楚，“溥天之下，莫非王土；率土之滨，莫非王臣”。在周帝国的大一统观念中，天下的土地，都是帝国的领土；天下的人民，都是帝国的臣民。无一能例外。

除了五等爵位制，周帝国还有五等朝贡制，以确定诸侯蛮夷对中央的职责。处在王畿之内，称为甸服区域；王畿之外五百里，称为侯服区域；侯服之外，要服之内，称为宾服区域；距离王畿三千五百里，称为要服；距离王畿四千五百里，称为荒服。甸服进贡王室每日祭祀的用品，侯服进贡每月祭祀的用品，宾服进贡每季度祭祀的用品，要服每一年入朝进贡一次，荒服每三十年入朝进贡一次。周帝国就是以这样的制度，管理域内诸侯，羁縻域外蛮夷戎狄。

周帝国对诸侯的控制，还体现在爵位继承上，他们的后代继承爵位要得到中央的册封，否则名不正言不顺，周王可以将之废黜。而且诸侯国的三卿，也由周王任命，诸侯国君不得擅自做主。周王还派遣大夫在诸侯国任职，监管国君行政。如齐国的国子和高子，就是周王派到齐国监政的朝廷官员。他们地位显赫，诸侯国君不能自行改易。管仲贵为齐国的相国，助成齐桓公的称霸大业，但在周王面前，却只能自称下卿。周王任命的国、高两家，才是上卿。周帝国还规定，诸侯每年派大夫到中央述职一次，每三年派卿士到中央述职一次，国君每五年亲自到中央述职一次。而周王五年一次巡守，到五岳祭祀，就近诸侯皆要前来述职汇报。周王根据诸侯行政之功过，斟酌奖黜，或益之以地，或贬之以爵。凡此种种集权式建制，都说明周王朝的行政，已达到帝国的标准。

在文化上，周帝国最显著的特征，是礼与乐。礼与乐是华夏文明的传统，在上古时代已经萌芽。自西周时代周公大刀阔斧地改革创新后，成为古代中国最显著的文明特征。所谓礼，可以简单理解为人与动物的区别，动物之所以为动物，是因为无礼；人之所以为人，是因为有礼。诸如，动物无礼，可以乱伦；文明的人有礼，不能乱伦。周公进行礼制改革之后，坚决杜绝乱伦婚姻。从西周时代开始，中国人就严格恪守近亲不婚、同姓不婚的规则。上自君王，下自庶民，无一例外。

关于婚姻礼俗的规定，只是周礼的一小部分内容。完整的周礼，几乎涵盖社会一切文化现象，包括天子侯国建制、疆域划分、政法文教、赋役兵刑、冠婚丧祭、朝聘外交、服饰膳食、宫室车马、天文律历等内容。可谓网罗繁富，钩深致远。上文提到的五等爵位制和五等朝贡制，也属于周礼的一部分。

在周代，无论集体或个人，自小在礼的约束下，学会文明的举止、规范的言行。所谓君子素其位而行，每个人都要遵循礼的规定来行动，不能僭越。作为儿子，必须遵守身为儿子的礼节；作为臣子，必须遵守身为臣子的礼节；作为诸侯，必须遵守身为诸侯的礼节。礼的发明，是中国人进入文明时代的标志，至西周时代而集大成。在礼的牢笼与规范之下，周帝国统治下庞大的社会体系才能井然有序地运行。

现代人讲音乐，注重其艺术和娱乐功能。但在西周时代，它首要是一种政治教化的工具。周代人利用音乐来节制人的欲望情感，改变人的品性和道德，而再在社会上起到移风易俗的作用。流传到现在的《诗经》，原来不只有诗歌，还有编曲。每一篇章，都可以歌唱，可以演奏。由诗词加曲调加舞蹈，便组成乐的整体，其中包含作者的情感和思想，隐含教化的目的。周帝国政府设有专门的诗人、乐师和机构，负责乐曲的创作、加工与传播。乐教从帝国中央传播出去，覆盖四海诸侯，成为华夏文明的共有特征。山西出土的晋侯苏编钟、湖北出土的曾侯乙编钟、《左传》中关于季札在鲁国赏乐的记载，充分说明了各国乐教文化的发达。无法想象，如果没有一个强有力的帝国政府来贯彻传播，边疆各地会出现如此形式统一、内容优雅的精致文化。

关于周王朝，人们还可以在思想、制度和器物层面，深入挖掘其丰富的内涵。但以上言明的，足以证明了许多问题。在统治疆域和人口规模方面，周王朝已经达到帝国级别。在文字语言、政治体制和文化创造传播方面，周王朝已经达到大一统的级别。肇建于周文王和周武王，历经周公大手笔的改革创造，大成于周成王和周康王的，是一个大一统的周帝国。中国历史上大一统王朝的诞生，至少可以上溯到西周时代。

西方学者指出过，中国古代在很多领域都表现出文明早熟的现象。华夏民族是一个专注于政治探索的民族，在政治文明方面的表现，尤其如此。断定中国在三千年前的西周时代，已经建立起大一统帝国的事实，不足为奇。实际上，我们上面的论证已经说明了在西周时代，120万平方千米的广大范围内的中国人，都秉承同一种思想信仰，遵守同一种规则，使用同一种文字交流，享受同一种艺术文化。这些在久远年代确定下来的原则，将人们牢固地凝结在一起。他们血液交融，筋骨相连，灵魂相通，从此再难分开。

了解这一点，就不难明白儒家思想为什么具有强烈的复古倾向？孔子为什么念兹在兹要复兴周朝礼制？当他年已老迈，明白梦想成空时，不禁哀叹："甚矣吾衰也！久矣吾不复梦见周公。"因为周朝建立的基业太伟大，取得的成就太辉煌，在他心中矗立下无可比拟的伟岸形象。生逢乱世，诸侯混战，生灵涂炭，他不禁回想起从前天下定于一尊，百姓和乐安宁的日子。在孔子心中，周帝国建立的秩序，就是人间最美好的秩序。他毕其一生，都在为重现西周时代的太平、繁荣和康宁景象而奔走不息。

了解这一点，就不难明白为什么经历春秋战国、五胡十六国、五代十国的大混乱之后，中国能再次走向统一。因为在中国这片土地上，他们曾经被一个政权共同领导，信仰同一种思想，使用同一种文字，遵守同一种规则。在他们心中，早已牢牢植下统一的因子。统一，是这片土地的常态；分裂，是这片土地的变态。不论分裂多久，何时分裂，它注定要回归统一。无论是春秋时期的百国乱战，或是战国时期的七国争雄，他们表演的舞台，都是周帝国 120 万平方千米的土地。他们主观的追求，以及历史客观的走向，都是要重现周帝国曾经成就的伟业，让这 120 万平方千米的土地再次统一起来。

了解这一点，就不难明白为什么孔雀帝国统一印度、马其顿帝国统一希腊，都历时不久就崩溃。因为它们在过去的历史中从未实现过统一，两大帝国内的人民有不同的信仰、不同的风俗、不同的文化、不同的文字、不同的语言，不具备共同生活在一个帝国统治下的基础。当强制他们组合在一起的强大武力消失，两地就回归分裂的状态。

曾经大一统和未曾大一统，是前轴心时代中华文明与其他文明的重要区别。了解这一点，就拿到了打开“轴心时代的中国”大门的钥匙。

## 03　帝国瓦解，周室东迁

虽然在三千年前，周帝国就建立起伟大的基业，但也避免不了与后来王朝一样走向衰落的命运。西周王朝建立于公元前 1046 年，崩溃于公元前 771 年，前后二百七十六年。之后周王朝迁徙到中原的洛邑，继续维持有名无实的共主政权。严格意义上的周帝国，只能算西周时代。这二百七十六年的统治时间，与后来的西汉、东汉、唐朝、明朝、清朝这些朝代相差无几，说明中国在很早时，就开始了兴衰治乱的朝代循环。

历史上强大的政权，无一例外建立在强大的武力基础上。周武王在公元前1046年的牧野之战中，击溃商纣王，取而代之，建立起新的中央政权。之后凭借宗周六师、成周八师的强大军事力量，东征西讨，开疆辟土，缔造出周帝国的辉煌。确立了对华夏地区的统治后，新的统治者没有再诉诸武力，而是继承周文王德治为主、刑治为辅的精神，以怀柔的手段来维持统治。他们不遗余力、煞费苦心地论证周帝国政权来源的合法性，以及统治的正义性，想以此延续帝国的命数，直至千秋万世。

理论是美好的，现实却具有很大的不确定性。后世周天子没能遵循祖先教诲，沿袭德教，秉承礼治，逐步消耗掉盛世凝聚来的元气。西周中后期，帝国的军事力量衰弱，天子的权威同步被削弱。它再不能扮演诸侯保护者的角色，有时候还得求助于诸侯的力量，击退蛮夷入侵。

跟后世王朝一样，周帝国的最大敌人，来自北方的游牧民族。早在周帝国建立前，犬戎便以敌人的身份，出现在定居于关中平原的周人的视野中，不断骚扰他们平静的生活。周文王兴起，征服犬戎，迫使其归顺周国。之后近百年，犬戎都顺服周帝国，按照礼数前来进贡。直至周穆王时期，王朝突然发动了一次对犬戎的战争，双边关系宣告破裂。从此以后，犬戎频繁骚扰、侵略周帝国边境，双方战争绵延达百年。

非常尴尬的是，周帝国虽然统治天下，分封诸侯无数。但它与犬戎的战争，却发生在邻近帝国中心镐京的西北边境地带，很难调动千里之外的诸侯来参战。而且作为王者，连区区犬戎都不能征服，很难说服诸侯接受它的统治。而此时的周帝国，已将王畿内的大多数土地赏赐给世家，自身掌握的资源很少，无复先前的强盛。与犬戎的战争越深入，周帝国就显得越被动。到了厉王时代，竟是防御战打得多，进攻战打得少了。对于统治者来说，征服犬戎已成不可企及的梦想，能够保卫宗周就心满意足。

昏聩的周厉王企图推动某种改革，触犯了世家大族的利益，被放逐到北方边疆。周宣王继位后，励精图治，他发动的战争获得不少胜利，帝国显现出中兴景象。然而，与东方战争效果相反的是，周宣王在西方的战争，并不能达到歼灭或征服犬戎的目的。一直到他统治末期，与犬戎的战争还在激烈进行。最后一场发生在天子千亩籍田上的战争，摧毁了周帝国的精锐主力，宗周门户从此大开，犬戎可随意驰骋进入关中平原。将一手好牌打烂之后，周宣王撒手而去，将烂摊子扔给儿子周幽王。

周幽王贪恋褒姒美色，无心国政，遂使帝国更加腐败没落。因为褒姒的介入，引发帝国继承人内争。太子姬宜臼竞争不过褒姒之子，被迫逃亡西申国。褒姒对胜利结果并不满意，她唆使周幽王进攻西申国，逼对方交出姬宜臼。西申国无奈，与犬戎结成联盟，对抗周军。面对强大的敌人，周幽王顾不得脸面，征召东方诸侯入关勤王。可惜远水救不了近火，犬戎和西申国联军击败周军，火速南下，攻破镐京。周幽王携褒姒东逃，在骊山脚下被犬戎追及杀害。东方诸侯千里奔驰，赶到关中时，发现周幽王已身首异处，镐京成为一片废墟。晋军、鲁军、郑军、卫军及从陇西赶来的秦军，从西申国讨回太子姬宜臼，拥立为天子。考虑到犬戎还盘踞关中，短期之内无法将之驱除，诸侯护送周平王到成周，继续周王朝的统治。之前西周虽然衰落，但仍具有诸侯畏惧的权威。失去宗周后，周天子天下共主的权威彻底丧失，诸侯再无所畏惧。西周的灭亡，标志周王朝的帝国时代结束。之后的东周时代，无论是周天子或周帝国，都已有名无实。

古人谈及周王朝的衰落，大多归因于“礼崩乐坏”。其实并不是“礼崩乐坏”了，周王朝才衰落。而是周王朝衰落了，才“礼崩乐坏”。周王朝的衰落有内、外两个原因，内因是自身腐败，外因是犬戎侵凌。王朝自身腐败，在中国历史上是周期性的，几乎无法避免。自身腐败反馈到表面最严重的一点，就是军事力量衰弱。当没有外敌之时，腐败的政权还能延续一段时间。而当出现犬戎这样强大的外敌，衰弱的周军无法抵抗，便迅速被消灭。

西周王朝能建立一代帝业，不论德治也好，礼制也好，乐教也好，都需要强大的军事力量作支撑。没有强大的武力，再好的制度，再好的文化，也是镜花水月一场空。周武王灭商，依靠强大的武力；周公平定东方叛乱，依靠强大的武力；周穆王周游天下，还是依靠强大的武力。正是在宗周六师和成周八师的强力支持下，周王才能成为天帝之子、万国之王，享尽荣光两百年。而当武力衰弱之后，周王也就无所凭依，曾经的无限荣耀，都变成无奈和耻辱。

虽然如此，但周王朝在帝国秩序失范后，竟然如百足之虫，死而不僵，仍然延续了五百余年的统治，让周王朝成为中国历史上国运最为长久的朝代。这段历史，堪称奇观。具体分析，其依恃不外三点原因：第一，当时诸侯力量弱小，晋国、齐国、楚国尚处在兼并扩张的初期阶段，无法取代周王朝。第二，周朝的分封同姓的制度，使得姬姓诸侯遍布天下。晋、郑、鲁、燕等姬姓诸侯，对东周王室起到极大的拱卫作用，以致无人敢妄生野心。第三，西周时代倡导的制度文化，扎根在华夏诸侯的社会，渗入华夏人民的生活。在内心深处，人们对周文化有很强的敬仰心理，连带及尊崇东周王室。周王不论如何失势，都是独一无二的天子，其他人不能相提并论。靠此形势、制度、文化的力量，东周王室有名无实且有惊无险地度过了五百余年。

周天子的名分还在，周王朝的制度也在，但没有了武力的威慑，所有东西都成了一纸空文。东迁之后的周平王，在位时间长达五十一年。在他死前两年，中国历史才进入孔子笔下的春秋时代。虽然东周最初五十年没有详细的记录，但可以推知，周平王在恢复西周时代荣光方面的努力，毫无成效。东迁之后，诸侯已不再恭敬前来朝拜，进贡也是短斤缺两。以致周平王驾崩时，营办丧礼资费不足，王室不得不派遣武氏子千里迢迢来到鲁国，请求资助财货。堂堂天子之尊，竟落魄到向诸侯乞财，王室的颜面已无存。

东周王朝没有实力捍卫帝国的荣耀，当然是一种灾难。但对整个华夏地区来说，最大的灾难并非来自东周王朝，而是来自诸侯。从前周帝国恩威并施，力礼兼用，足以保持天下的安宁。诸侯偶有争夺权力的内斗，周帝国会帮忙压制下去。诸侯之间的外战，几乎没有。当周帝国失去强大的军事力量，只剩下写在故纸堆里的礼制，再也无法约束住脱缰野马般的诸侯。诸侯内部争夺权力的矛盾，外部争夺空间和资源的矛盾，齐齐爆发出来。有时内部矛盾又关联外部矛盾，牵一发而动全身，造成诸侯混战，乱象更加复杂。司马迁说：“春秋之中，弑君三十六，亡国五十二，诸侯奔走不得保其社稷者，不可胜数。”便是内、外部矛盾丛生引发战争，呈现出的乱世景象。

在外在秩序体系崩溃的同时，人们的内在价值体系也同步崩溃。周代崇尚德政、礼制和乐教，反对人的原始欲望无节制膨胀。这些价值观，虽不能说深入每个人的心里，但尚是精英群体的共识，深植于华夏文明土壤中。在西周时代，一个人再横行霸道，都不敢公开藐视或否定帝国的价值观。西周帝制解体后，没有了强权监督，一些人的原始欲望爆发，他们放开了手脚，为所欲为。这些原始欲望是什么？是对权力、利益、色欲和名誉的追逐。为了它们，可以反复无常、可以阴险狡诈；为了它们，可以父子相残、可以兄弟相杀；为了它们，可以屠城、可以灭国。对于某些人而言，满足人类原始欲望的需求，无可厚非。但崇尚道义的贤达之士，目睹此情此景，痛苦非常。他们反对人类无节制的争斗和倾轧残杀，为之不辞劳苦，四方奔走，大声疾呼，提出种种终结乱世的解决方案，创建出儒家、墨家、道家等学派，这就是“轴心时代”中国发生百家争鸣景象的大背景。

乱世带来苦难，却不一定等于文明倒退。在春秋战国五百年的乱世中，包括科技、经济、政治、文化等方方面面在内的整个中国文明，得到长足发展，收获丰硕成果。秦汉一统后的中国，比之西周时代的中国，处在一个更高的层面。历史上春秋战国的乱世，以惨重的代价，促成了文明进步的结果。究其原因，都有赖于“轴心时代”贤哲的不懈努力，才遏制住人类原始欲望罪恶的滋长，使文明的发展回到正常的轨道。

综述而言，在审视中国“轴心时代”的历史特征时，必须将它与世界其他地方区别开来。因为其他地方在“轴心时代”前，从未曾处于大一统王朝统治之下；在“轴心时代”之后，他们未能长久处在大一统王朝统治之下。只有中国在春秋战国的“轴心时代”前，便由周帝国实现了华夏地区的大一统。春秋战国五百年，诸侯基本在周帝国 120 万平方千米的国土范围内攻占守退、你来我往。直到秦始皇北却匈奴、南攻百越，帝国的统治范围，才超出传统华夏文明圈。而诸子百家，也基本在周帝国的官学系统和礼乐体制上进行创造发明；他们创造的繁荣，更是基于周帝国衰落导致秩序失范的前提下产生的。人们若不理解西周，不理解这个三千年前就实现大一统的周帝国，便不能将诸子百家解读明白，不能将“轴心时代”的历史解读明白，不能将中华文明解读明白。

了解了前代历史，才能从春秋战国的历史走进诸子百家的心中，理解他们的苦闷，感怀他们的心境，明晓他们的理想和志向。他们生而淳朴，却心怀宇宙苍生、胸含豪情万丈。他们逝而伟大，却从来没离开过这片深深扎根下的土地。

# 第二章 乱世生春秋

## 01 曲沃夺权：春秋第一内乱

公元前 771 年，众诸侯护送周平王平安抵达洛邑，标志西周结束，东周开启。周王室丧失大片领土，实力锐减，无法再驾驭诸侯。更多时候，周平王得靠诸侯支持与接济，才能勉强维持天子的体面。而在众国之中，他最为依赖的是晋国和郑国。其中原因，第一是两国实力较强，可以保卫王室。第二是两国都姓姬，与王室有亲缘关系。晋国是周成王之弟后代，郑国是周宣王之弟后代，历来效忠王室。

原来的规则是强大的保护弱小的，现在反过来，弱小的保护强大的。本末既已倒置，预示规则紊乱，天下即将迎来大乱。但最先乱的不是周王室，周平王胸无大志，又能忍气吞声，他无灾无难地度过了五十一年的统治岁月。东周时代第一个爆发内乱的大国，是周平王最依赖的晋国。其间周平王也企图干预晋国内乱，维护天子权威。但他也只能暂时压制矛盾，不能根除问题。周平王死后，晋国小宗灭掉大宗，篡夺了政权。虽然后来的晋侯还姓姬，但这种诉诸暴力夺权的方式一旦行得通了，漠视规则就被鼓励，诸侯也起而效仿。晋国之乱，揭开春秋战国大乱的序幕。

公元前 745 年，为周平王深所依赖的晋文侯去世，太子继位，是为晋昭侯。晋昭侯将他的叔叔姬成师封到曲沃，后者被称为曲沃桓叔。因为曲沃比晋国首都翼城还要广大富裕，使这次加封具有不同意味。有人预言说："末大于本，臣富于君，晋国能不发生内乱吗？"

姬成师被封到曲沃之时，已经有五十八岁。虽然半截身子入土，但他烈士暮年，壮心不已。来到曲沃后，他普施惠政，收揽人心，深受百姓拥戴。曲沃之外不少的晋国人，闻其贤名，也附从于他。公元前 740 年，晋国都城爆发内乱，大臣潘父弑杀晋昭侯，派人传信给姬成师，请求他带兵入主都城。此次政变的内情已无从知晓，但姬成师很难洗脱嫌疑。六十四岁的他整齐军马，兴冲冲地赶到晋都，梦想主宰宫城，继位为侯。未料想晋都之内再次发生政变，城内晋人联合起来，制伏潘父，夺回兵权，拒绝姬成师入城。姬成师不甘罢休，强攻晋都，两军接战，曲沃军大败而归。

姬成师夺位虽未成功，但司马昭之心，路人皆知。晋人赶走了他，拥立晋昭侯之子继位，是为晋孝侯。自此，晋国陷入分裂状态，姬成师主导的曲沃政权与晋国政权长期对立。八年之后，姬成师去世，儿子继位为曲沃庄伯。庄伯篡位之心，比父亲更急切，手段更狠辣。公元前 724 年，曲沃庄伯成功弑杀晋孝侯。但是，他面临与父亲同样的困境，晋都的人民仍然不支持他。他们再次联合起来，进攻曲沃军队。曲沃庄伯不能获胜，只得收兵退回封地。

晋人拥立晋孝侯之子继位，是为晋鄂侯。晋鄂侯不久便死去，曲沃庄伯闻讯，兴兵前来，想趁晋人慌乱之际，攻下都城。晋人向周平王求救，周王室孱弱，之前只能对晋国内乱睁一只眼闭一只眼。没想到曲沃方变本加厉，无礼到出师伐丧。此时再无表示，周平王傀儡的面子都挂不住了。于是，他一面派遣使者谴责曲沃庄伯目无天子，出师伐丧；一面命卿士虢公率师北上，援助晋人。曲沃庄伯察觉形势不妙，收兵退保曲沃，遣使向天子谢罪求和。虢公见曲沃退兵，乐得无事，鸣金收兵而回。周平王虽然压制住了曲沃庄伯的跋扈行为和野心，但并不能解决晋国的分裂和对立问题。此后曲沃方仍旧步步紧逼，直至篡夺晋国正统。

曲沃庄伯死后，他的儿子继位为曲沃武公。晋人彼时也已拥立晋鄂侯之子继位，为晋哀侯。公元前709年，双方再次爆发战争，曲沃武公在汾水之畔俘虏晋哀侯。为避免受制曲沃，晋人拥立晋哀侯之子继位，是为晋小子侯。曲沃武公见手上俘虏无用，便命令下属韩万杀死晋哀侯。四年之后，曲沃武公以诡计诱召晋小子侯，将其逮捕杀死。这样，晋国就没有君主了。曲沃武公众望所归，理所应当是独一无二的继位人了。

但此时的周天子，已经不是老迈的周平王，而是他的孙子周桓王。周桓王年富力强，不满诸侯轻视天子，意欲恢复往昔荣光。他越来越怠慢郑庄公，想要自己信任的人取代他担任卿士，两人矛盾越积越深。听说曲沃武公杀死晋小子侯，要自立为君，他反应强烈，非但不同意曲沃武公继位晋侯，还联合了一众小国，由虢仲率领北上，讨伐曲沃。

曲沃武公虽然兵力强劲，但与天子作战，是以下犯上，非常忌讳。即使胜了，继位国君得不到天子承认，也会丧失很多权利。如没有与诸侯平等交往的资格，在外交上会受到歧视。再三思量后，他决定妥协。退兵回到曲沃，派人与周桓王协商，拥立晋哀侯亲弟继位，自己辅佐他行政。

周桓王羽翼未丰，他和郑庄公的斗争，还需要更多资源支持。曲沃武公的方案，让他获得名义上的胜利，周桓王极为满意。确定晋侯缗继位之后，周桓王下令退兵。新任的晋侯缗，只是一个傀儡，晋国大权全掌握在曲沃武公手中。虽然控制了晋国的一切，但曲沃武公篡位的野心从未息止。他一直等待机会，名副其实地登上晋国君位。直到二十八年后，即是公元前 678 年，时任周天子为周釐王，曲沃武公大肆贿赂于他，获得首肯后，举兵灭掉晋侯缗。又将攫取的晋侯缗的金钱财货，进贡给周釐王。周釐王圣心大悦，颁发诏书，正式承认曲沃武公为晋国君主，统治晋国全境。于是，在经过长达六十七年的分裂和内斗后，晋国复归统一。曲沃武公，后来又称为晋武公。

晋国之乱，是东周时代爆发的第一桩大国内乱，绵延时间超过半个世纪，其昭示的意义非常深刻。周代礼制规定，嫡长子为第一继承人。晋文侯是晋穆侯嫡长子，第一法定继承人。晋国君位，理应由晋文侯一系传承下去。作为晋文侯兄弟的姬成师，即使其条件再优越，也没有继承资格。但姬成师据有曲沃之后，比正统晋君更加富裕和强大，遂野心膨胀，觊觎起国君之位。

礼法规定约束不了姬成师，晋君的实力也压制不了姬成师，唯一的希望，就是周天子主持公道。如果周王朝尚有西周时代的强盛，不可想象姬成师胆敢弑君篡位。周帝国的军力远超曲沃军队，姬成师进行反抗，无异以卵击石、自取灭亡。周帝国甚至不用出动军队，仅下达行政命令，就可以剥夺姬成师的权力，置之于死地。

周帝国的秩序，由两道措施维持，一道是强硬的武力，一道是宽弛的礼法。和平时期，主要以礼法道义规则维护秩序。若有人突破了礼法规定，践踏了道义，就需要进行武力镇压。大多数情况下，由于周帝国独一档的军事实力存在，诸侯国内部的矛盾极少爆发出来。因为被周帝国确立了的君主，都是效忠于帝国的，它没有必要也不想改变现状。若有野心家依靠蛮力或诡计据有了政权，得不到帝国承认，依旧是自取灭亡。

周室东迁之后，王朝实力锐减，帝国秩序不复存在，野心家逐渐无所忌惮。他们崇尚武力，追求权力，敢把礼法道义踩踏在脚下。姬成师觉得，自己比晋君更强大，更有才能，理应继承君位。你不给我，我就抢。周天子承不承认，是另一回事。反正他现在也无力干涉，先抢到手再说。在姬成师心中，没有礼仪世界，只有丛林社会，强权与武力就是衡量一切价值的标准。

古人谈及周王朝的衰落，多言“礼崩乐坏”。其实“礼崩乐坏”并非原因，而是结果。礼乐制度和文化赖周王朝武力而建成，没有了武力的保护，这些制度和文化的大厦理所当然会坍塌掉。当周室东迁时，礼乐制度和文化尚在，但已不足以约束野心家们。姬成师便是迈过礼法制度的红线，将自己的欲求诉诸武力和强权的第一人。晋国之乱，起自公元前 745 年，实际终于公元前 709 年。后来三十二年，曲沃武公虽臣犹君。其间周平王和周桓王两次干预，都未能逆转形势，说明周王朝已控制不了天下形势。有了姬成师的前例，各大诸侯国的野心家纷纷效仿，华夏大地从此步入乱世，各种内斗、外斗的大戏不断上演。

## 02　华夏大乱，礼崩乐坏

周平王东迁依靠郑、晋两国，所以对郑武公和晋文侯非常尊敬。无论在朝廷内外，他们都拥有很大的话语权。晋文侯去世后，晋国爆发内乱，无暇再干预中央政务。周平王无奈，只得更加依靠郑武公之子郑庄公了。郑庄公于公元前743年继位为郑国君主，同时担任王朝卿士，辅佐周平王。原来郑、晋两国在朝内相互制衡，晋国退出后，郑庄公大权独揽，不免产生骄横心理。

周平王晚年，对郑庄公越来越不满，趁着郑国爆发共叔段的内乱，想要撤掉郑庄公职位，转而依靠另一姬姓氏族——虢氏家族。郑庄公平息内乱后，对周平王进行反击，威胁要中止对王朝的保护和进贡。当时王朝在安全和财政上对郑国非常依赖，周平王被吓住了。他召来郑庄公说：外间流传说朕要重用虢氏的话，都不是真的。自始至终，朕都非常信任郑国。

郑庄公犹未罢休，逼迫周平王以行动证明心志。周平王无奈，提出让王子姬狐到郑国充当人质。郑庄公不想表现得太过分，落他人口实，也让自己的儿子姬忽来洛邑充当人质。身为天子，要受质于诸侯，可见王朝之堕落。身为臣子，邀质于君王，可见郑庄公之跋扈。

周平王不久去世，年轻的周桓王继位，推行去郑国化政策，双方矛盾加深。郑庄公想给年轻的周桓王一点教训，就派将领祭足领兵去收割温邑的麦子，又收割洛邑的禾苗。温邑和洛邑都是王室的领地，郑国不问自取，形同抢劫。此一举动后，双方友好关系名存实亡。周桓王虽无力反抗，但将仇恨埋藏在心里，等待报复机会的来临。

对于周桓王继位的事实，郑庄公一直视而不见。直至第三年，方姗姗来迟朝见。周桓王积怒甚深，没有在朝堂上礼遇他。王臣周公黑肩说：郑国一向是王朝的依赖，从前先王善待他，还怕他不来。现在我王无礼于他，恐怕他不会再来了。周桓王哼哼一声说：不来便不来，朕身为天子，岂能受制于人？

周桓王既然不礼敬郑庄公，郑庄公也不用礼敬于他。在私底下，郑国一直在同鲁国进行一项秘密交易。从前周成王在洛邑附近赐给周公一块田地，以便来成周朝拜时居用，地名为许。周宣王在泰山旁赐给郑桓公一块田地，以便陪同天子巡狩时居用，地名为祊。到了东周初期，许田归还鲁国所有，祊田归还郑国所有。但许田距离鲁国远，距离郑国近；祊田距离郑国远，距离鲁国近。于是两国想，如果两地交易互换，岂非两便？郑、鲁两国谈判许久，终于在公元前 715 年达成协议。

表面看这是两国土地平等交换，与他人无关。其实交易的背后，隐含深刻意味。鲁国将许田交换出去，表示以后不用来成周朝见了；郑国将祊田交换出去，表示以后不用陪天子来泰山祭天了。鲁、郑两国的行为，是对周王朝的轻视，对周桓王的蔑视。

周桓王闻讯生怒，果断任命虢公忌父为右卿士，与左卿士郑庄公并立，分割郑庄公的权力。这一年郑庄公率领齐国人前来朝见，一面表示尊王的态度，一面显摆自己在诸侯中的威望。周桓王并不领情，双方的关系没有得到修复。

公元前 712 年，王畿之内原属苏忿生后代的温、原、樊、向、盟等十二座城邑，突然叛离周桓王。周桓王不能平定，于是派兵占领了郑国邬、蒍、刘、邘四块田地，对郑庄公说：朕用十二座城邑交换你的四块田地，你能平定苏氏十二城，那里的土地就归你了。

拿自己没有的东西，去交换别人有的东西，郑庄公当然吃亏了。后来不知如何斡旋，苏氏之城又归王室所有，但郑庄公与周桓王的积怨，已经不可化解。

公元前 707 年，周桓王解除郑庄公在王朝的职务，彻底剥夺了他的权力。是年，郑庄公没有前来洛邑朝见。周桓王就以郑庄公没有如期朝见和述职，无人臣之礼，纠合蔡国、卫国和陈国，前来讨伐郑国。郑庄公整兵出师，与王师战于𦈡葛。周桓王阵容不算小，奈何军合力不齐，两军方始接触，蔡、卫、陈三国就不战而退，各自奔逃。周桓王的中军受牵连，被郑军掩袭，全盘溃败。郑国勇士祝聃追击周军，拔箭射中周桓王肩膀。周桓王跌倒之后，狼狈爬回坐骑之上，策马逃亡。祝聃想要追上去俘虏周桓王，郑庄公阻止他说：罢了吧，君子尚且不欺凌常人，何况是天子？我们能够自救，保住社稷之庙不被毁掉，已经足够了。

当夜，郑庄公又派遣祭足前往周桓王的营地，进行一番虚情假意的谢罪和慰劳。周桓王又羞又愧，却不得不接受对手给的台阶，收拾残兵败将返回洛邑，从此再不敢找郑庄公的碴儿。

从周郑交质，到郑取周麦、周取郑地，再到最后的𦈡葛之战，双方关系一步步恶化，终至无可挽回。周郑之斗，并非周桓王与郑庄公个人恩怨的简单问题，而是周王朝欲摆脱郑国控制引发的权力斗争。周桓王以天子之尊，不愿受郑庄公挟制。两年之前，他成功弹压曲沃武公篡位的企图，对自己信心倍增。此次矛头指向郑庄公，若一战成功，即可重振朝纲，恢复先代帝王荣光。而郑庄公以王室恩人自命，觉得天子不该亏待自己。对于周桓王的步步紧逼，于公理私情，都无可再退让。

𦈡葛之战前，郑庄公还尽量利用周王的价值。他在王朝担任卿士，颇有点挟天子以令诸侯的意思。战后他与周桓王关系彻底恶化，无法再回朝任职，也觉得周王只是个空头司令，没有利用价值，索性置之不理。他把心思和精力，转移到与诸侯的外交和斗争上。而周桓王集合数国之力，溃败于郑庄公，被诸侯视为笑话，从此再无人听令。周桓王退守洛邑，政令不出王畿，无法控御天下，四方诸侯为利为权展开殊死争斗，为所欲为，世事从此乱如麻，人间的苦难愈加深重。

孔子提笔著《春秋》，起始于公元前722年。这一年在左丘明笔下，最值得大书特书的，就是郑国兄弟争权一事。郑武公的正妻武姜，生了郑庄公和共叔段（姓姬，名段）两人。郑庄公出生之时，险些难产，惊吓到了武姜，所以取名为姬寤生。相比郑庄公，武姜更为喜欢后来出生的姬段。她曾向郑武公建议，废长立幼，奈何郑武公不同意。

郑庄公继位后，武姜为姬段请求一座叫京的封邑。京地建制宏大，超过国都。大臣祭仲，极力反对。但郑庄公与母亲有言在先，不便违逆。祭仲说：主公将叔段封在京地，他的欲望将进一步膨胀，以后就麻烦了。郑庄公阴恻恻地说：多行不义必自毙，你等着看吧。

郑庄公将姬段封在京地，与晋昭侯将姬成师封在曲沃，形势相同。但姬成师是晋昭侯的叔父，政治斗争经验更丰富。姬段是郑庄公的兄弟，在政治斗争经验和为人处世方面，都逊色于大哥。这一点差异，导致了最后结局的不同。

姬段入主京城后，修缮城防，大量囤积粮草，不断扩充军队，逐渐吞并周边区域。郑庄公忍气吞声，假作视而不见。一直到二十二年后，即春秋元年，姬段计划偷袭郑庄公，让母亲武姜充当内应，打开城门。阴谋泄露，郑庄公果断起兵讨伐姬段。京城人不愿效忠姬段，他逃跑到鄢城。郑庄公挥师包围鄢城，姬段又出奔到卫国共城。

郑国之乱和晋国之乱，在性质上是一样的。周天子失势以后，华夏地区重回丛林社会，谁的拳头强硬，谁的肌肉结实，谁就是老大。郑庄公和姬成师实力强大，又兼老谋深算，所以在内斗中取得了胜利。与晋国内乱绵延半个多世纪不同，郑国之乱一年而定。郑国虽然终止了内乱，但没有斩草除根，让姬段逃往卫国，引来外患无数。

姬段逃亡卫国后，不久病死。他的儿子姬滑，请求卫桓公出兵伐郑，为父亲报仇。卫桓公受姬滑蛊惑，出兵攻击郑国，占领廪延。从此，郑、卫两国结怨。未久，郑庄公以周王名义，纠合虢、邾、鲁等诸侯，进攻卫国进行报复。郑卫交战，标志着天下局势由诸侯国内的动乱，转变成诸侯国际之间的动乱。周天子对此纷乱的局面毫无办法，只能听之任之。

就在此时，卫国又爆发内乱，卫庄公的庶子姬州吁弑杀兄长卫桓公，自立为国君。姬州吁弑兄自立，得位不正，急切想发动外战，转移民众注意力。此前的宋国，因是殷商遗绪，没有严格执行嫡长子继承制，遗留下不小的问题。宋穆公感激兄长宋宣公传位给自己，将君位传回给宋宣公的儿子宋殇公，而让儿子公子冯出居到郑国。郑庄公想控制宋国，要护送公子冯回去继位，引起宋殇公的紧张。

姬州吁于是派遣使者联合宋国，说郑国意欲颠覆宋殇公君位，卫国和陈国、蔡国愿为宋国出力，一起进攻郑国，逮捕回公子冯。姬州吁的倡议，投合宋殇公心意，于是宋、卫、陈、蔡四国联盟，讨伐郑国，围攻郑都东门五日方撤兵。郑国与宋国，又结下怨仇。为了对抗宋卫联盟，郑国改善外交，与齐国、鲁国结成同盟，双方互为攻守，兵祸连年，数十年不息。

诸侯外战不断，内乱也没有停止下来，而且理由变得越来越荒谬。姬成师、姬段和姬州吁要夺权，根源于对权力和名位的追求。这样的理由虽说不合礼法，但还放得上台面。但之后宋国发生的内乱，就颇让人匪夷所思了。有一回，宋国贵族华父督在街上巧遇一美貌艳丽的女子，为之意乱神迷。打听之下，得知是大司马孔父嘉的妻子。孔父嘉是宋殇公的辅政大臣，地位显赫。但华父督没有被吓住，一门心思在盘算，如何抱得美人归。

公元前710年，色欲熏心的华父督，突然发兵攻打孔府，杀死孔父嘉，将其妻子抢夺而回。宋殇公闻讯大怒，召集众臣，要惩治华父督。华父督恐惧之下，一不做二不休，领兵攻入宫内，弑死宋殇公。而后派人到郑国，迎接公子冯回国，拥立为宋庄公，并借此修复与郑国的关系。

相较晋、郑、卫的反叛者，华父督的弑君行为，竟源自于对女人的色欲，颇有点说不过去。这也说明，没有了周天子的制约，人们更加肆意妄为。丛林法则，不但对诸侯有效，对他们的臣子，乃至对下级官员和庶民，都是有效的。

像姬州吁和宋庄公这样，通过弑君行为夺得政权，无法得到周天子承认。姬州吁曾经想借助陈桓公之力，得到周桓王的承认。没想到中了卫国大臣石碏之计，被陈桓公控制，卫人在陈国杀死姬州吁。宋庄公虽然不参与国内政变，但毕竟由于华父督弑君而得位的，没敢企望获得周桓王的承认。在华父督的运作下，宋庄公贿赂郑、齐、鲁、陈等诸侯，希望先得到他们的承认。

宋国贿赂于鲁国的，是一尊原属部国的大鼎。时值鲁国发生政变不久，鲁桓公刚继位。原来鲁隐公是鲁惠公庶子，无继承权。而嫡子姬允年纪幼小，未能理政。于是鲁隐公仿效周公，摄政治国。公元前712年，公子姬翚想取宠于鲁隐公，谋求太宰官位，建议杀死姬允，当名副其实的鲁国君主。鲁隐公没有采纳他的意见，坚持等姬允长大后，返政于他。姬翚诡计不成，害怕消息泄露，姬允以后会报复。于是又在姬允面前谮毁鲁隐公，说鲁隐公正在阴谋暗杀姬允，自立为君。姬允不知是计，答应了姬翚杀害鲁隐公的计划。姬翚趁鲁隐公外出参加祭礼，派遣刺客潜入驿馆，刺死鲁隐公。之后拥立姬允继位，是为鲁桓公。

鲁桓公比宋庄公早一年继位，君位更稳固，所以宋国要向鲁国行贿赂，求得鲁国认可。鲁桓公本也需要获得他国认可，恰巧宋庄公带着重礼求上门，正好一举两得。在理论上，只有被周天子确认了的诸侯君主，才具有合法性。但王朝衰落之后，篡弑现象层出不穷，新君又无功无德，没脸去请求天子确认。只有私下以财利相贿，求得他国承认，先站稳脚跟。再说，周天子已经没有实力干预诸侯内政了，他确不确认，其实影响不大。

鲁桓公是一位具有悲剧色彩的君主。继位第三年，他从齐国迎娶了齐襄公的异母妹妹文姜。齐襄公与文姜虽属兄妹，暗地里却有逾越礼制的男女私情。文姜在鲁十余年，给鲁桓公生下姬同和姬友两个儿子，却对齐襄公旧情难忘。公元前 694 年，鲁桓公不顾大臣反对，携带文姜前往泺水会晤齐襄公。文姜旧情复燃，偷背夫君与齐襄公通奸。鲁桓公听到外间的流言蜚语，大肆襬骂与侮辱文姜以泄怒。文姜转诉于齐襄公，齐襄公愤怒鲁桓公辱骂文姜，又担心失去她。于是设下计谋，假意宴请鲁桓公，让齐公子彭生在送鲁桓公上车时，将其杀害。鲁人虽知道齐襄公是主谋，但畏惧齐国强大，不敢复仇，提出处罚公子彭生以作交代。于是齐襄公杀死公子彭生，函送其首于鲁国。

自此以后，成了寡妇的文姜迁离国都，长期在外私会齐襄公，两人的淫乱行为变本加厉。而鲁国的继承人却是她的儿子鲁庄公姬同，他对母亲逾越礼制的行为完全无计可施。齐襄公倒行逆施的行为，持续了八年之久，直到被臣下合谋弑杀。

齐襄公之死，又比宋殇公和鲁桓公之死更难理喻。原来齐襄公任命连称和管至父两位将领去驻守葵丘，对他们承诺：等到明年瓜熟的时候，就派人代替你们。

两人等过第二年瓜熟季节，还不见朝廷派人来代替，于是上奏申请，被齐襄公驳回。连称和管至父心怀不满，觉得齐襄公失信于他们，阴谋作乱。正好公孙无知被齐襄公打压，也心有异志，三人结成同盟。公元前686年，齐襄公游猎于姑棼，被反对派掳杀。

其实葵丘毗邻齐国首都临淄，并非千里之外的边境，连称和管至父仅因被外放至此而图谋作乱，太过轻率。这也反映了一种趋势，进入春秋之后，因为缺乏强有力的中央政权的压制，人们无所顾忌，战争与政变变得越来越随意。姬成师、姬段和姬州吁为了争权而发动战争，华父督为了色欲而弑君，齐襄公为了色欲而杀害外国之君，连称和管至父仅为了一点不开心也弑君，每况愈下。为什么出现这种趋势？因为现行的秩序已经无法保证，每个人作恶之后必然受到惩罚。从前掌握这种权力、履行这种责任的是来自周天子的中央政权，但自王朝衰落、中央孱弱后，曾经的秩序已不能再作保证。对于连称和管至父来说，弑杀齐襄公之后，并没有相关权力机关来声讨他们的罪恶。只要握住权柄不放，压制住与他们同样狼子野心的齐国人，就能确保安全，享受富贵。这样一场冒险，其实是成败各有百分之五十概率的赌博。他们忍受不了齐襄公的欺骗，就放手干了。

进入春秋时代不到四十年，晋国乱了，郑国乱了，卫国乱了，宋国乱了，鲁国乱了，齐国乱了。当时的主要大国，几乎全乱了。现实中发生动乱的国家可能更多，只是没有被《春秋》和《左传》记载下来。天下大乱，正好遂了不法之徒的意愿。他们利用混乱的形势，大肆攫取自身利益，促使乱上加乱。但也有少数人看到由此引发的社会危机、国家危机和文明危机，力主消灭混乱，恢复统一，重建秩序。作为本书主角的诸子百家，就是后者的代表。但是，最早站出来维护中原秩序以及中央权威的，并不是文化学者，而是政治家。管仲和齐桓公的出现，在一定程度上改变了中原地区混乱的局面，也改变了历史走向。虽然他们没有完成一统大业，让天下恢复太平，但二人的努力和成就，仍旧值得大书特书。

## 03　新兴士阶层壮大

在叙述齐桓王称霸之前，需要先要阐明“士”这一群体的源起和发展，因为他们将要在以后的历史中扮演重要角色。

众所周知，西周实行的是贵族政治，上代贵族可以将财产和权力，合法传承给下一代。一个人生为贵族，一生都是贵族；反之，生为庶民，终生都是庶民。阶层之间的流动，少到可以忽略。到了春秋战国时代，社会剧烈变动，阶层流动开始加速，逐渐形成了士阶层。

士，在上古时代，被认为是成年男子的通称。其义又通于“事”，即是掌握了一定技能的成年男子。周代在公、侯、伯、子、男五等爵位之下，还有卿大夫、士、庶民、奴隶四个阶层。普天之下，皆是周天子臣民。而五等爵主，在其封地之内，又以君自称。只有卿大夫、士和庶民、奴隶，是纯粹的臣民。

狭义的士，指下层官僚和武士。他们在太平时代为国家服务，战争时代为国家征战。虽然处在贵族的最底层，但具有一定的政治权力，区别于庶民。西周中前期，社会秩序稳定，士扮演着螺丝钉的角色，没有发挥出很大作用。西周晚期至春秋，社会激烈变动，大批贵族子弟沉沦为士人，壮大了士阶层的队伍。而天下混战，诸侯争霸，又给士人提供施展才华的舞台，激发出他们的创造性。于是士人们走到春秋战国世界的中心，创造和改变了历史。

有观点认为，士阶层的壮大，主要得益于贵族政治斗争的失败而导致的沉沦。比如孔子的六世祖孔父嘉，本是宋国大贵族，被华父督谋杀后，后代逃亡到鲁国，逐渐沉沦下层。孔子自称："吾少也贱，故多能鄙事。"说明孔子年少之时，已身为庶民。虽说贵族政治斗争能为士阶层提供新的人口，但还远不足以壮大一个阶层。因为政治斗争毕竟是少数事件，一个庞大的社会阶层，不可能依靠少数且偶然的事例来增强实力。

士阶层的壮大，有其深层的制度原因，以及长久的历史渊源。首先它源起于一种矛盾，即是贵族本身享有了大量性别资源，繁殖出众多的后代，但他财产和权力遗传的渠道非常集中。这种不对称，使大批贵族后代分配不到财产和权力，沦落至下层。大贵族孕育子嗣的能力有多强呢？以周文王为例子，他的正妻太姒给他生了十个儿子，其他妾室生了二十多个庶子，总共有三十多个儿子。周文王死后，他的财产和权力要传给儿子们，难免多寡不均。但周文王和他的儿子们打下的江山很大，虽做不到均分，但总体上都能分一杯羹，大家还算满意。

到了以后的诸侯，人人一妻九妾，只要身体没毛病，生三四十个男孩，没有问题。那么问题就出现了，生了那么多后代，哪来那么多财产和权力分给他们？周初为了确保统治者财产和权力的集中，确定了嫡长子继承制。贵族的主要财产和权力，都由嫡长子继承。另外得到宠爱的两三个人，也会分配多一点。剩下的几十人，只能铲锅巴了。仅有的一点财产，不到一代就耗光，下一代从贵族往下跌为大夫、士人。这样繁殖能力的开放与继承制度的集中显出的矛盾，将大量贵族后代淘汰为下层人民。经历两百多年的积累，士阶层的规模也就膨胀了起来。

实际上，士阶层并非静止的阶层，士人的生存压力也很大。如果一个士人不能保持一定量的财产和名分，将进一步沦落为庶民。迫于生存压力，士人不得不以身犯险，倾尽全力，捍卫自己的地位和名誉。而在众多谋生通道中，不少士人走上了开坛设教、传承文化的道路，孔子便是他们之中的先行者。

私学的兴起和繁荣，前提条件之一是王纲解纽、官学沦落，文化的传播权下移至民间；前提条件之二是士人还享有某种贵族的教育权利，通晓文化知识。许多贵族后代在分配财产和权利时，所得不多。但王朝和诸侯设有官学，他们受教育权利未被剥夺。部分贵族沦落时，是带着文化知识共同沦落的。他们一无所有，便以渊深的文化知识兜售于权力所有者，助力他们在乱世中的竞争，从而换取财富和地位。部分人出仕不成，转变成专职的私学教师，以传授平民文化知识，换取仅够糊口的微薄报酬。在极为恶劣的生存环境考验下，激发出士人们前所未有的创造能力，促成春秋战国时代学术文化的大繁荣。

贵族的沉沦，说明了阶层从上到下的流动。士人乃至庶民的上升，说明阶层从下到上的流动。前者是历史发展的自然之势，后者由文化和传统的原因造成。前者是中国社会的短暂现象，后者是中国历史的长期特征。

中国历史上的帝国能长久保持稳定统一的状态，中国古代文明能长期领先于世界其他文明，很大程度上有赖于一项允许人民通过和平手段由低阶层晋入高阶层的开明制度。这项制度，在隋唐以后叫科举制度。在汉晋时代，叫察举制度。在先秦时代，叫荐举制度。中国文化一直信仰，只有贤明智慧的人才能给社会带来福祉，为人民创造幸福，所以政府理应由他们来管理。而贤明与智慧，与他们所属的阶层没有必然的关系。一个贵族可以贤明智慧，一个平民也可以贤明智慧。若是一个平民被公认是贤明智慧的，那么君主就应该将他提拔上来，让他参与政府的管理工作。这种传统渊源久远，慢慢地从偶然行为演变成常规制度。

夏、商、周三代实行的是世卿世禄的贵族政治，但并不是说那时的贤才完全没有出头之地。孟子曾说："舜发于畎亩之中，傅说举于版筑之间，胶鬲举于鱼盐之中。"我们还了解，商朝开国大臣伊尹，原来是名厨师；周朝开国大臣姜子牙，原来是位肉贩、渔翁。这些事例，说明在早期，中国就有选贤任能的传统，高、低阶层之间允许人才的和平流动。到了春秋战国，急剧变革的社会为人们施展才华提供了良好的契机，大量平民人才涌现出来。由平民而位至将相的例子，不胜枚举。

作为平民出身的刘邦建立汉帝国后，依循传统，确立了从下阶层选举人才，参与政府治理的模式。经过数代发展，形成了察举制度。魏晋时代，察举制进一步发展成为九品中正制。后者原是对前者改进，但却被世家贵族垄断，弊端丛生。隋唐时代，确立了更为规范的科举制，采用通过考试来选拔人才的方式。自此以后，科举制度被确定下来，沿袭一千三百余年。成千上万的平民人才通过选拔，晋身精英集团，参与政府的管理。统治者将财富和权力分与平民人才，平民人才为政府带来活力，维持了帝国统治的稳定，收获双赢。赖此制度，中国文明在长达几千年的世界历史中，都表现出显著的先进性与强大的竞争力。

时至今日，人们很难探究出这个选贤任能、允许阶层和平流动的传统，究竟源自何处？或许，它是独立于中国哲学思想、政治传统以及社会制度之外的一种强大的文明特征。在过去，它发挥的重要作用和存在感一直被低估了。

无论如何，在春秋战国时代，已经沉沦为士人乃至庶民的贵族没落子弟，借助这个伟大的传统，再度咸鱼翻身，活跃在社会的舞台，成为历史的主角。究竟是传统决定了未来，还是英雄改写了历史，已经难以分辨清楚。

第三章

# 尊王攘夷

## 01 管仲托古改制

公元前685年，齐桓公成为齐国君主，在国内推行一系列政治和经济改革措施，使齐国走向富强。而后在国际上倡行尊王攘夷、止暴救乱的行动，获得广泛的认同，享有崇高的威望，成为春秋时代的首位霸主。齐桓公在位的四十三年，华夏秩序焕然一新。

谈及齐桓公，不能不说管仲。正是由于齐桓公与管仲的千古君臣际遇，才成就了这一番伟业。

管仲，据学者考证，为姬姓之后，与周王室同姓。周文王四子姬鲜曾受封于管地，被称为管叔鲜。后来姬鲜作乱，被周公平定处死。管仲，或为管叔鲜后代。数百年后，管氏家族已经沦为庶民，陷于贫穷。

管仲祖籍在今安徽阜阳市颍上县，并非土著齐国人。为了改善贫困的生活，他很早就周游列国，从事各种营生行当。前半生的管仲，贫窘困顿，诸事不遂。他后来有一段回忆的话，讲述了他充满挫折的人生。

管仲说，他年轻的时候，曾与人合伙做生意，因为家里太过贫困，每次分钱，都多取一份，被人讥笑太贪财。他曾与同伙谋事，怂恿大家听从他的意见，最后事情却告于失败，被人讥笑为愚蠢。他曾三次当官，得不到上司的信任，三次被辞退，被人讥笑为无能。他曾三次参与战斗，每战必逃，被人讥笑为胆小。最后辅佐公子纠夺权失败，公子纠被鲁国杀害，陪臣召忽自杀殉主，而他却甘愿受辱被囚回齐国，被人讥笑不知羞耻。

管仲困顿的前半生，尝尽了人生百味。但他的人生没有沉沦下去，甚或被终止，全赖有好友鲍叔牙。鲍叔牙参与了管仲人生中几乎所有的重大事件，对于好友，他有着不同于常人的看法。在他心中，管仲多分钱财，并非贪财，而是他太过贫穷；他谋事不成，并非愚蠢，而是运气不好；他三次被辞退，并非无才，而是时机不到；他三战三退，并非胆小，而是担心家中有老母无人照顾；他宁可被囚受辱而不殉主，并非不知羞耻，而是以不建立功名、不显贵于天下为耻辱。

在鲍叔牙心中，管仲具有经天纬地之才，只要获得明主赏识和重用，他一定能创造出超越常人的伟业。据说，两人一起谋划未来：分两条路走，如果一个人发达了，一定要帮扶另一人。于是他们分道扬镳，鲍叔牙去辅佐公子小白，管仲去辅佐公子纠。齐襄公被公孙无知弑杀，之后公孙无知又被国人弑杀，公子纠和公子小白就成为竞争齐国君位的直接对手。在最后一次比拼中，管仲又输给了鲍叔牙，为他不走运的人生增添了苦涩的一笔。

本来公子纠身在鲁国，距离齐国近，又拥有强援，管仲可以说拿了一手好牌。而公子小白身在莒国，外无强援，距离齐国又远，鲍叔牙抓的是一把烂牌。公孙无知被弑，两位公子都被传召回国继位。谁先到达，就赢得先机。为保万无一失，管仲一面请鲁庄公出动大军，护送公子纠回国，一面率领轻骑疾驰，半路截杀公子小白，一劳永逸解决竞争对手。管仲如愿在半路拦截到公子小白，一箭将他射落于马下。他以为公子小白已经毙命，欢喜地回去复命。护送公子纠的鲁庄公也是个马大哈，听闻公子小白死了，便放缓行军速度，徐徐向齐国行去。

谁知管仲那一箭，只射中公子小白的铜制衣带勾，没有伤及要害。公子小白之所以倒地，目的在于欺骗对手。管仲上当离开后，公子小白轻蹄快马，奔驰回齐国，得到国中要臣高氏和国氏的支持，继位为齐桓公。

鲁庄公知道齐桓公继位后，追悔莫及，率领军队与齐军交战于乾时，大败而归。齐桓公挟战胜之势，逼迫鲁庄公杀死公子纠，并交出管仲和召忽。按齐桓公意思，管仲与自己有射钩之仇，非要置他于死地不可。而对管仲十分了解的鲍叔牙却说：如果主公要泄私愤、报旧仇，可以杀了管仲；如果主公想要成明主、造霸业，就要留住管仲。

齐桓公反问：管仲有什么好，你这样为他说话？

鲍叔牙回答说：管仲好的地方太多了，我姑且说几处。以宽和慈惠的方法治理百姓，我不如管仲；为主公牢牢握住权柄管理国家，我不如管仲；鼓励忠信以凝聚百姓力量，我不如管仲；制定礼仪以威震四方诸侯，我不如管仲；亲执枹鼓于城门，让士兵勇气倍增，我不如管仲。主公如果志在天下，非用管仲不可！

齐桓公沉吟说：可是管仲几乎射杀寡人，怎么能确保他对寡人忠诚？

鲍叔牙答道：彼一时，此一时。当时管仲为公子纠效命，自然忠诚于他。如果主公宽恕管仲，他心怀感激，一定以同样的忠诚回报你。

齐桓公听取了鲍叔牙的意见，派遣使者向鲁国提出有区别的诉求。鲁庄公战败之后，没有与齐国谈判的条件，只能杀死公子纠，槛送管仲到齐国。进入齐国境内后，鲍叔牙便打开枷锁，让管仲沐浴更衣，带回临淄。齐桓公亲出郊外，迎接管仲入城。管仲见齐桓公如此赏识敬重自己，当下改变心志，决定为他尽心竭力。

当日宴礼，三酌以后，齐桓公请教为政之道。管子回答说：从前我们的先王周昭王和周穆王，效法周文王和周武王久远的法度，成就他们的事业和名声。他们统理万国，考核百姓中有道德的人，树立为典型，制定出规范。又取法成功的经验，将它们记载在书简上，不断总结归纳，提炼出至真的道理。他们用赏赐来鼓励百姓，用刑法来纠正错误。根据年龄与经验来排选尊贵的次序，通过赏赐来安抚他们。这些做法，就是治理国家的根本方法。

这一段话，管仲嘀嘀咕咕，说的都是些言之无物、大而无当的话。因为中国历来的传统，忌讳凭空的创新，而崇拜古代的成制。哪怕管仲有一肚子创新的想法，也不敢说是自己想的。只有将它们都套在古人头上，才更有说服力。

齐桓公从这段话中，当然听不出什么切实的内容。他又问：那具体怎么干呢？管仲开头又一句说："昔者圣王之治民也……"才道出他要实施改革的具体措施来。因而管仲的改革，可算是一次托古改制。只有古人干过，方能放心大胆地去干，这是重视经验积累成效的中国人惯常的心理。

不论齐桓公有没有相信托古的虚话，对于管仲改革的实策，他完全被征服。他决定授予管仲大权，让他放开手脚去推行改革。于是在管仲谋划下，齐国废除旧法，推行一系列政治和经济的新措施，促使国力大增，人民殷富。管仲的改革措施，主要有以下内容：

第一，推进行政建制的改革。将全齐方三百五十里的土地，划分为国与鄙两大部分。国又分为二十一乡，乡有十连，连有四里，里有十轨，轨有五家，分别设良人、连长、司长、轨长官属治理。作为齐国的最高级领导，齐桓公亲自管理十一乡，其他两大贵族高子和国子各管理三乡。

鄙为国之外的广大郊野。全齐分为五属，属有三乡，乡有十卒，卒有十邑，邑有六轨，轨有五家，分别设轨长、司长、卒长、良人、帅长官属治理。在鄙的管理上，文政以乡为最高级单位，良人为最终负责人；武政以属为最高级单位，帅长为最终负责人。在朝廷又设大夫，统管五属，五属有五个大夫。

第二，推进富国强民的经济改革。为了便于国家管理，提高人民的生产工作效率，管仲按士、农、工、商四大群体划分同类合居，禁止杂处。其中归属国建制的二十一乡，便有工商六乡，士农十一乡。鼓励农业，均分土地、田畴，按田地丰瘠和季节收成机动调节赋税，激发农民的劳动积极性。鼓励开发山林、水泽和矿产资源，按百姓七成、政府三成划分所得。政府参与铁业、盐业产业经营，寓税于价，无形之中增加财政收入。鼓励工商业流通和国际贸易，挖掘国内产业潜力，赚取国外利润。管仲甚至懂得利用以消费刺激生产的方法，促进经济发展。他本人以身作则，进行奢靡消费。凡此种种措施推动之下，齐国很快富庶起来。

第三，推进政治教化改革。以家为最小单位，以族长为首要负责人，落实以礼义廉耻、忠信孝悌的观念教育人民的政策，以杀、生、贵、贱、贫、富六种措施驾驭人民。政府定时对朝廷的大夫进行考核，大夫考核乡里，乡里考核连里，依次推演下去，直至考核家里。做到有善及时奖赏，有恶及时诛罚，政令通达每一个行政单位。选贤任能，不拘一格。下层人民有才能的，即使出身农民，也会被提拔为官。

第四，推进强兵的军事改革。按行政建制选出壮民，为国家服兵役。五家出五人，为一伍；十轨出五十人，为一小戎；四里出二百人，为一卒；十连出两千人，为一旅；五乡出一万人，为一师，也就是一军。整个齐国，建有三军，即有三万余人。按晋武公最初以一军为诸侯，齐国三军应为当世诸侯最强，唯有楚国能抗衡。建立起军队后，武器装备不足，管仲实行缴纳兵器获取减轻罪罚的政策。凡犯重罪的人，可以向政府缴纳兵器、铠甲获取减轻处罚；犯下小罪的，可以缴纳四十五斤金属换取减轻处罚；频繁提起诉讼，被确认为滋扰官府的，可以缴纳一捆箭换取减轻处罚。在此政策下收获的缴纳品，加之政府的配备，齐国军队很快便装备充足、武器精良。

关于管仲政治经济思想的记载，流传到现在有《管子》一书。按传统观点，管仲也被视为轴心时代诸子百家中的一员。但《管子》内容庞杂，多为战国时代稷下学派所作。关于管仲改革的记载，反不如《国语》所录真实。无论如何，管仲都是中国历史上一位伟大的政治家，经过他大刀阔斧的改革，齐国三岁治定，四岁教成，五岁兵出，争霸天下。

## 02　齐桓公三大功绩

齐桓公与管仲一生的功业事迹，可以概括为三点：第一为济乱，第二为攘夷，第三为尊王。如前所述，入春秋后，天子式微，王纲失纽，诸侯为了争权夺利，内斗不休。即使是齐桓公，也是经历九死一生的争夺，才惊险登上君位。齐桓公之后，诸侯国的内乱并没有停息，反而变本加厉。这个时候，就需要一个强大而具有威望的人站出来，制止混乱延续，安定秩序。齐桓公挺身而出，扮演了中原诸侯领袖的角色，承担起原属于周天子的部分责任。

齐桓公安定的第一场内乱，便是宋国内乱。说起这场内乱的源起，还和齐国有很大关系。因鲁庄公此前庇护公子纠，与齐桓公结下怨仇，后来两国交战不断。一次，齐国联合宋国进攻鲁国。鲁国探知宋国阵容不整，斗志不强，先攻破宋国军队，俘虏将领南宫长万。数年后，两国改善外交，宋国请求释放战俘，鲁庄公放回南宫长万。不料南宫长万欢喜回国，却遭到宋闵公侮辱说：从前寡人尊敬你，因为你是一员勇将。现在你的身份不过是一名俘虏，已不配再获得尊敬。

南宫长万自尊心极强，不甘被歧视和侮辱，与儿子南宫牛、猛获阴谋作乱。翌年秋，南宫长万弑杀宋闵公，并杀太宰华父督和大夫仇牧，围攻公子御说于亳城。宋国诸公子联合起来，反攻南宫长万，杀死南宫牛。猛获逃亡到卫国，南宫长万逃亡到郑国。宋人拥立公子御说继位，是为宋桓公。

宋国乱后初定，宋桓公需要得到诸侯的认可和支持。第二年，即是公元前 681 年，在齐桓公组织下，他与宋、陈、蔡、邾四国国君在北杏会盟，共同确认宋桓公为新任合法的宋国君主，并且敦促陈、卫两国交出叛逆的猛获与南宫长万。两国不敢包庇，交出猛获和南宫长万，送回宋国被正法。由于齐桓公的努力，宋桓公得到了普遍的国际承认，国内议论息止下来，内乱没有进一步蔓延；同时又维护了宋、卫、陈三国关系，没有让国际关系恶化。北杏之会，四国唯齐国马首是瞻，齐桓公在国际上的威望得到极大提高。

与此同时，在齐鲁战争中，鲁庄公屡战屡败，割地求和。齐桓公与鲁庄公在柯地会盟，缔结合约。不料会场上却发生喜剧的一幕，鲁大夫曹沫偷执匕首上坛，劫持齐桓公，威胁他说，要么返还侵占鲁国的地盘，要么同归于尽。事出意外，齐桓公只能从权答应了。事后恼羞成怒，打算违背诺言，杀死曹沫。管仲却劝他说：君子言出无悔，何况侯王？当时主公承诺，人人皆见，遽然反悔，今后如何号令诸侯？主公志在匡扶天下，就不能吝惜小利。齐桓公无言以对，只有遵从诺言，返还所侵鲁国领土。但此后鲁国也表示顺服，甘以下国身份侍奉齐国。

齐桓公恪守诺言、不以利失信的事迹流传开来，四方诸侯对他更信服了。公元前679年，齐桓公以宋国违背北杏之盟为由，率领诸侯讨伐，获得周惠王的支持。宋国求和，诸侯在鄄地结盟，共推齐桓公为盟主。第二年，齐桓公又召集诸侯到鄄地结盟，标志齐国霸业初成。

齐桓公安定的第二场内乱，便是鲁国之乱。鲁国之乱，肇因于庆父。庆父、叔牙、季友是鲁桓公的三个儿子，鲁庄公的弟弟。鲁庄公于公元前662年去世，传位于儿子姬般。但姬般并非鲁庄公的正妻哀姜所生，得不到庆父和叔牙的支持。季友知道叔牙和庆父有异心，担心他们联合夺权，便假鲁庄公之命，毒死叔牙。

庆父便同哀姜勾结，杀害君主姬般，拥立哀姜妹妹之子姬启为君，是为鲁闵公。季友被迫逃亡陈国。政变之后，庆父想获得齐国支持，便让鲁闵公与齐桓公相会，请求他出面讲和，召季友返回鲁国，承诺既往不咎。齐桓公答应了庆父的要求，让使者到陈国，转告意思。有了齐桓公担保，季友才安心回国。之后，齐桓公让仲孙湫前往鲁国观察政治形势，返回来后，齐桓公问他，鲁国政局能稳定吗？仲孙湫摇摇头说：庆父狼子野心，欲求难足。庆父不死，鲁国的患难不会停止。齐桓公又问：那么怎样才能除掉他呢？仲孙湫说：不用去除，他作难不止，自有上天来收他。

果然，第二年庆父又与哀姜作乱，弑杀鲁闵公。季友带着鲁庄公少子姬申，逃亡到邾国。庆父企图自立，得不到国人支持，反遭重重围攻，失势之下，逃往了莒国。国人从邾国召回季友，齐桓公派高子率军进入鲁国，与鲁人立姬申为君，是为鲁僖公。鲁国贿赂莒国遣回逃犯，莒国把庆父押送回鲁国。半路，庆父派遣亲信到国都请求赦免，被鲁僖公和季友拒绝。亲信返回不忍报告，哭泣于门外。庆父知道终不能免于一死，自缢于房中。齐桓公查知哀姜参与了鲁国政变，不念亲情，在邾国将她逮捕杀死，将尸身交给鲁国。至此，延续了两年，导致两君被弑的鲁国之乱，方始终止。

公元前651年，晋献公去世，晋国爆发内乱。大臣里克联合公子申生、重耳、夷吾的党羽，杀死继位的骊姬之子奚齐，又杀再继位的公子卓，图谋召唤在外流亡的重耳回来继位。齐桓公听闻晋国内乱，派遣隰朋率诸侯军讨伐晋国。后来听闻公子夷吾在秦国，得到秦穆公支持。隰朋便率领诸侯军，携同王朝的周公忌父和王子党，与秦军会合，共同护送公子夷吾回国继位，是为晋惠公。这是齐桓公第三次安定大国内乱。

齐桓公第二项功业事迹，便是保卫华夏，外攘夷狄。华夷之别，自古已有。所谓华人，指中原地区文明开化较早的华夏族人。周代以后，华夏族以礼乐文化为主要文明特征。所谓夷人，指中原周围或腹地风俗文化与华夏族迥异的少数民族，其文明程度相对落后。周王朝曾经鼎盛一时，但也没有完全开发透彻中原地区，同化所有少数民族。在河北、山西、河南的山林谷底中，一直居住着不少少数民族，坚持自我的风俗文化。周室东迁后，这些少数民族与华夏诸侯一样，走上了独立发展壮大的道路，慢慢威胁到相邻小国。

齐桓公团结华夏诸侯、排斥夷狄的思想，同样来自管仲。当戎狄侵犯邢国时，邢国向诸侯盟主齐国求救。齐桓公犹豫不决，管仲劝说：戎狄豺狼本性，不会满足于吞灭邢国。邢国乃周公之后，与齐国同属华夏种族，不能见死不救。王室衰弱，齐国为诸侯盟主，理应保护大小诸侯，不可违弃盟约。

于是，齐桓公发兵救邢，击退戎狄。

不过山西、河北一带的狄人非常强大，在齐军撤退后，他们于第二年卷土重来，灭亡掉卫国。卫国遗民男女共五千人幸免于难，寄居在曹邑。齐桓公命令公子无亏率战车三百乘、甲士三千人守卫曹邑，保护卫人。同时齐军与诸侯会合，前往拯救被围的邢国。邢人知道救兵到来，溃败出城，狄人追击。诸侯军击退狄人的进攻，入城收拾器用物品，将邢人安全转移到夷仪。公元前659年，齐桓公率领诸侯帮助卫人建设楚丘（今河南滑县），作为他们的新都城；帮助邢人建设夷仪，作为他们的新都城（今山东聊城西）。华夏诸侯倾力帮助，让邢、卫两国人感到阵阵温暖，邢国人不再怀念旧国都，卫国人也忘记亡国的伤痛。

除了邢、卫两国，远在燕山脚下的燕国，也受到山戎的侵扰威胁，向齐桓公求救。齐桓公不辞劳苦，携同管仲、隰朋率军远征山戎，到达孤竹之境，交战大捷，解除对燕国的威胁。燕庄公感激齐桓公的大义，一路南下相送，依依不舍。齐桓公对他说：只有天子，诸侯才能相送出境。你再送下去，就逾礼了。成王分封召康公在燕国，为华夏诸侯捍卫边疆。长久以来，历代燕国国君都准时向王朝纳贡。天子东迁后，燕国已经许久没有朝贡了吧？无论如何，天子都是天下共主，礼数和诚意不可缺啊！

燕庄公被说红了脸，回答道：敢不聆听尊公教诲！自此后燕国又向周天子纳贡。

公元前646年，淮夷侵扰威胁杞国，齐桓公又率领诸侯帮忙建设缘陵城，将杞国迁移于此。齐桓公团结华夏、外攘夷狄的政策，在他的一生中，贯彻始终。孔子曾说："管仲相桓公霸诸侯，一匡天下，民到于今受其赐。微管仲，吾其被发左衽矣。"可见东周初期，中原周边及腹地的夷狄威胁何等之大。若当时没有齐桓公这个强大的诸侯领袖，情况会恶化到何等境地，难以预料。

齐桓公第三项功业事迹，便是尊崇王室，维护周天子权威。虽然齐国是中原地区最大强的诸侯，但齐桓公和管仲从来没有并吞天下、重建一套新秩序的想法。相反，他们内心都非常尊敬周天子的身份和地位，承认他才是天下最高的领袖。称霸四十年，两人一心一意维护周王朝的旧秩序，满足于让齐国仅作为方面大国的现实，这与后来野心勃勃、充满蛮气的晋楚两个霸国有很大不同。如果作个比喻，齐国是旧时代的君子，晋、楚则是新时代的强人。齐国只想维护旧秩序，晋、楚却想建立新秩序。

齐桓公尊王的事迹，在上述内容中已有体现。比如，讨伐宋国，他请周惠王派单伯率军参加，表示诸侯不擅行征伐之意。拥立晋惠公，他请周襄王派周公忌父和王子党参加，表示诸侯不擅行废立之意。北伐山戎，敦促燕庄公重新朝贡，他不但自己尊王，还敦促别人一起尊王，维护周王的权威。除此之外，齐桓公还介入王室内部斗争，竭力维护既定秩序。如王子颓作乱，曾经得到卫国支持。齐桓公接受周惠王命令，讨伐卫国，训斥其助乱之罪。周襄王时，王子带作乱，引导戎狄进攻王城。齐桓公派兵抵抗戎狄，并帮助建设加固王城。

齐桓公尊王影响最大的事件，还属逼迫楚国重新向周天子纳贡。楚国在周代爵位序列中，处在最低等的子爵。但经过楚国历代君主筚路蓝缕、艰苦开拓，吞并了南方众多诸侯小国与蛮夷部落，实力变得非常强大。楚国嫌弃子爵地位太低，不匹配他强大的实力，于是自称楚王。既然称王，与周王并列，就不可能再朝见纳贡了。

齐桓公时代，楚武王、楚文王、楚成王经常侵略中原，南方诸侯闻风丧胆。就连春秋初期小霸主郑国，也屡受欺凌，不得不对之卑躬屈膝。齐国确立霸主地位后，中原诸侯一直呼吁齐桓公领导诸侯，抵抗楚国对中原的侵略。齐桓公并不想挑起大战，但随着中原形势越来越恶化，他不得不采取行动，阻止楚国继续向北方扩张。

公元前 656 年，齐桓公会合鲁国、宋国、陈国、卫国、郑国、许国、曹国军队南下，攻破亲楚的蔡国。屯驻于河南郾城，准备与楚军开战。楚成王闻知诸侯兵力强大，倒吸一口凉气。派遣使者到联军阵营，意欲求和。使者问齐桓公：贵国地处北海，我国地处南海，距离有千里之远，可以说是风马牛不相及。现在贵国领军进犯我国疆界，不知意欲何为？

管仲以尊王之意驳斥楚国使者说：从前周王朝的太保召康公，曾经授予我国太公特权，准许我齐国讨伐五等级别的叛逆诸侯，辅卫王室。你们楚国身为王朝诸侯，长期不按礼制进贡特产，以致天子缺乏物品，无法在祭祀典礼上表达对祖宗和神灵的敬意，所以我们主公亲率诸侯前来讨伐问罪。尚有，百余年前周昭王南征，在楚国境内离奇死亡，我们主公前来追问真相。

楚使回报后，楚成王召集大臣们商讨对策。会上多数意见认为齐国领导的诸侯联军强大，若正面对抗，对楚国非常不利，可妥协一步，达成和解。楚成王接受了这种主张，再派使者屈完回报齐桓公：不向天子进贡，是楚王的罪过。贵国的责备，楚王不敢不接受。至于昭王南征不返，楚王实不知情，贵国可以到汉水两岸去打听。

齐桓公南下，本无必战之心。以和平手段逼迫楚国屈服，遏制楚国继续向北扩张，达到维持周王朝旧秩序的目的，已经心满意足。至于周昭王的死因，本是管仲无稽问之，楚国无稽答之，双方不了了之。

虽已决定讲和，但齐桓公还想在对手面前展示军容，告诉他们自己并非没有能力以武力获胜。齐桓公对屈完说：你看看诸侯联军，阵容整齐，武器精良，士气高昂，天下之内，谁堪为敌手？但是穷兵黩武，非寡人所愿。你们楚国与诸侯修好，坚守盟约，共同侍奉天子，可好？

屈完回答说：君侯愿意接纳我国国君，为楚国社稷谋求福利，正是楚国上下的心愿。

于是，屈完代表楚成王，在召陵与诸侯结盟，双方言和罢兵。楚成王同时派出贡使，象征性向周天子纳贡。通过召陵之盟，齐桓公达到了称霸与尊王的双重目的，他一生的功业，臻于巅峰。

齐桓公在位四十三年，其间与诸侯会盟有十六次之多，大规模的会盟有九次。通过盟会，齐桓公竭力维护周天子失势之后华夏地区的政治秩序，外攘夷狄，守卫和平。司马迁称赞他“九合诸侯，一匡天下”。又因其不以武力为解决问题的主要手段，孔子称赞他“九合诸侯，不以兵车”。虽然齐桓公只是一方诸侯，但在春秋战国众多侯王中，知识分子对他的评价一直是最高的。

公元前651年，齐桓公扶持周襄王继位，在葵丘举行会盟。四方诸侯辐辏来会，为一时之盛。周襄王派宰孔亲赐齐桓公祭肉，以其功高年老，免于下阶跪拜。

齐桓公答道：天子令下，犹如亲至，姜小白我岂敢贪图天子的恩赐，而违越礼制？若不下拜，恐我站立不稳，跌下台阶，给天子带来羞辱。于是当着众诸侯的面，走下台阶，跪下叩头，再登坛受肉。

春秋诸侯会盟，多以军事外交为主题。而葵丘之会的盟约，却涵盖不少社会准则的内容。可见齐桓公的本意，不止于想让华夏地区保持和平状态，还想让华夏地区的人民遵守同一种内容的准则来生活。《孟子》记载下了葵丘之盟的五条内容，从中可以窥见齐桓公和管仲的志向和雄心：

第一条：诛杀违反孝道的人；不能更改已经确立了的继承人；不能将妾室提为正妻。第二条：要尊重贤才，培养人才，表彰有德行的人。第三条：要尊敬老人，慈爱幼儿，善待远来的宾客。第四条：士人不能世袭官职，官职不能兼任，选拔官员以才德为标准，不能擅杀大夫。第五条：禁止乱造堤防，隔绝水源；禁止封锁市场，妨碍粮食流通；凡有封赏，皆要相互通报。

通观这五条盟约内容，已不仅是国际关系的协调约定，而且关涉各国内部治理的礼法习俗问题了。盖因周天子没有强大的硬实力支持，王朝的礼法体系宣告崩溃，无法约束诸侯与百姓。如前面所言，人们为了权、利、色、名的争夺，崇尚赤裸裸的暴力，肆意妄为，毫无顾忌。齐桓公和管仲察觉到症结所在，如果不重新确立起一些共同的基本道德观和价值观，社会秩序将更加混乱下去。

但是，以齐桓公和管仲的地位，他们不可能像西周初期一样，建立起一套完整的制度和价值系统，那是大一统王朝才有能力去完成的伟大事业。葵丘会盟的五条盟约，仿似刘邦入关之后匆匆确定的约法三章，既切入本质又失之粗略。如果刘邦最后没有战胜项羽，获得全国的统治权，约法三章也会如召陵盟约一样，被人遗忘在历史的角落里。

葵丘盟约虽然简略，但每一点都关系重大。诸如第一点提到的“孝”，不少人会觉得没头没尾，为何要强调“孝”的观念？其实，“孝”在中国古代，是一个非常重要的伦理概念乃至政治概念。在古代，家是整个社会最基本的组织单元。由家组成族群，由族群组成国家，由国家组成天下。而维持一个家的管理和传承，最重要的观念就是“孝”。因此，“孝”是治理一个小家的基础，也是治理一个族群、一个国家乃至全天下的基础。《尚书》记载，早在尧舜时代，中国人便有了孝的观念。周公也数度强调孝的思想，弘扬孝的精神。刘邦夺取天下后，第一个鼓励的观念，便是孝的观念。汉朝诸帝谥号前，都加“孝”字，号称以孝治天下。可见，齐桓公强调“孝”，是对中国一以贯之的伦理思想和政治思想的继往开来之举。

而从关于人才的培养以及官僚选拔的约定，可以窥见士阶层发展壮大的历史背景。中国在很早以前，就形成了以才能和德行为标准，考核与选拔人才的传统。对于人才的评定，不受阶层的限制。在叙述管仲改革时，我们便知道，即使身为农民，如果具有一定的才能，也可以通过选拔渠道升为官员。春秋时代虽然是贵族社会，但阶层之间的流动一直存在。而且随着社会变革趋于剧烈，这种流动也趋于剧烈。齐桓公正是迎和这种历史趋势，在召陵之会上与诸侯盟约，鼓励人才，善待知识分子。诸侯被迫于激烈的国际竞争，不得不践行此种政策，导致士阶层迅速膨胀，发挥的作用越来越大。直至诸子百家崛起，开启中国思想文化变革最绚烂的一幕。

## 03 霸业的局限

公元前771年，周室东迁。公元前643年，齐桓公去世。这一段一百一十四年的历史，呈现两股相反的政治潮流。前一股是周王朝秩序解体，人们陷入为争夺权、利、名、色相互搏杀的旋涡中，天下大乱；后一股是竭力恢复旧秩序，制止混乱局面恶化，致力于还天下安宁。而后者的主导者，正是齐桓公和他的得力助手管仲。

要深入了解春秋乱世，不能不对齐国称霸及其背后的两个主导者，作进一步了解。人们从不否认齐桓公和管仲是伟大的政治家、战略家，但很少人重视到，他们还是古典道德主义的践行者、和平主义的守护者、旧秩序的维护者。

何谓古典道德主义践行者？即是能摆脱权、利、名、色等欲望的诱惑，以传统的仁义道德作为价值衡量以及行为实践的标准。管仲有一段名言："礼义廉耻，国之四维；四维不张，国乃灭亡。"在他看来，道德观念与国家兴亡休戚相关。若国民都不遵守基本道德准则，军事实力再强大，经济再富庶，国家也难逃灭亡的命运。实际上，管仲也是以忠信、孝悌、仁义等道德观念来劝导君王和教化百姓，教定俗成之后，才能称霸诸侯。

齐桓公很明显受到管仲的影响。在柯地会盟中，鲁国大夫曹沫手执匕首，以性命威胁齐桓公归还所侵占的鲁国领土。这在外交上，是非常鲁莽、愚蠢、荒唐的行为。任何人都可以从权答应被威胁的要求，事后再反悔。在正常情况下，人们不会责难一个被迫胁从的人。实际上，齐桓公也是这样想的。一旦脱离曹沫的控制，他就想反悔之前的承诺。管仲却以信义劝止住他，声称君侯要言而有信，表率诸侯。齐桓公接受了他的意见，归还鲁国土地，不追究曹沫责任。在诡诈、凶险、无情的政治和外交战场，齐桓公和管仲的行为，堪称是春秋时代的一股清流。

在葵丘会盟上，周襄王命宰孔赐予祭肉，特别叮嘱齐桓公无须下拜接受，还是管仲劝止住他。管仲说：天子是君，主公是臣，臣不拜君，就会乱了礼法根基；诸侯臣卿效仿，天下又再度大乱。

齐桓公接受了管仲的劝告，在众诸侯见证下，下跪叩首，接受祭肉，保住了周朝礼法的尊严。同样的事情，也发生在管仲身上。齐桓公命管仲到王城调和王朝与戎狄的矛盾，因为管仲是齐国丞相，齐桓公尊称他为“仲父”。周襄王不敢怠慢，想以上卿的规格接待他。管仲非常谦虚地拒绝了。他说：从前周王派到齐国监政的国氏和高氏，才是王朝的上卿；我虽贵为齐国丞相，只等同王朝的下卿。管仲坚持以下卿的规则接受款待，守护了周礼的精神。

不可否认，齐桓公称霸诸侯的前提是具有强大的军事实力和经济实力，但他没有将一切都诉诸武力和金钱。在齐桓公和管仲心中，传统道德观念占有很大的分量。他们认为，要重建一个和平安定的社会，除了要具备强大的武力以维持秩序外，道德观念深入人心也非常重要。如果多数人都恪守礼法、信义、孝悌这样的道德准则，社会就会恢复古代平和美好的状态。作为那个时代的政治领袖，齐桓公与管仲一直为传统道德摇旗呐喊，并身体力行，企图以此影响感化其他人。因为齐桓公严守和践行道德准则，所以孔子称赞他“正而不谲”，即是坚守正道、不行诡诈的意思。后来的霸主，再没有这么高的评价。

何谓和平主义的守护者和旧秩序的维护者？即是齐桓公的争霸，不以侵略和吞并为终极目的，不以暴力战争为主要手段。他在实现自我功业目的时，仍想维持周王朝天下一统的旧局面。

最明显的例子，即是与楚国的媾和。齐桓公浩浩荡荡率领诸侯联军南下，本能凭借硬实力击败楚国，彻底遏制对方对中原的野心。但他最后却没有诉诸武力，反而与楚国协商议和。如果双方开战，齐桓公没有百分之百的必胜把握，大概率的胜算还是有的。之所以没有选择战争，是因为一旦点燃战火，最终不论谁家获胜，都会导致大量伤亡。齐桓公不忍看到无辜军士战死，体现了他的仁义胸怀。如果选择和平的方法，能让楚国停止侵略，重新朝贡，确保周王朝的秩序和中原和平，为什么不呢？

同理，晋国骊姬之乱，齐桓公派隰朋率军讨伐晋国。听闻秦穆公支持公子夷吾，便停止进攻，转而与王朝官员、秦师会合，一起护送公子夷吾回国继位。本来晋国发生内乱，正是虚弱之时，齐桓公可趁火打劫，将己方的利益最大化。但他却选择用和平手段解决问题，让秦穆公扮演比自己更重要的角色，获取更大的利益。

没有证据表明，齐桓公有过改变周王朝一统天下局面的想法或野心。相反，他称霸所进行的努力，一直在维护周王朝的秩序，维护周天子的尊严。在齐桓公心中，周天子一直是天下共主，诸侯国的共同领袖。不论他是否仍然强大，他仍旧是他的君王。当周天子没有能力来维护天下秩序时，他姜小白行，就让他来代办。

他逼迫楚成王重新纳贡，是为了维护周王朝的旧秩序；他帮助诸侯抵抗戎狄和复国，是为了维护周王朝的旧秩序；他安定各国内乱，也是为了维护周王朝的旧秩序。在齐桓公看来，周王朝一直存在着，一直活在他的心中。他一直按照周王朝设定的礼法制度和道德规范生活着，他希望人们也一样，人人都应该这个样。

齐桓公钟情于秩序与和平，有时到了固执的地步。原来王子颓作乱，齐桓公支持周惠王，两人关系一度很好。但周惠王晚年，王后喜欢王子带，怂恿周惠王废黜太子姬郑。齐桓公就不同意了，太子已立很久，诸侯面熟，且没有大错，不该被废。随意废立太子，于礼不合，且可能引发内乱。为了力挺太子，齐桓公召集诸侯会盟，再次确认姬郑继承人的资格。周惠王给他气得不轻，一命呜呼而去。姬郑继位为周襄王，王子带与他闹翻，投奔齐国。齐桓公又给王子带讲情，派使臣对周襄王说：王啊，你看你们兄弟一场，闹成这样，外人面前不好看。一家不治，何以治天下？要不，你把他从我这里接回去？周襄王愤怒未息，没有同意王子带返国。于是，齐桓公收留了王子带十年。

很多事件表明，齐桓公在大义、大局、和平、稳定方面的考虑，高于私情和利益。他付出的许多努力，大多是为别人，而不是为自己。他一生致力于让戎狄回归戎狄本位，让邢卫回归邢卫本位，让鲁晋回归鲁晋本位，让楚国回归楚国本位，让周王回归周王本位。大家各就各位，天下就太平安定了。

齐桓公称霸诸侯三十余年，在一定程度上影响了中原政治形势的发展和格局的变化。但是，这种影响只是昙花一现的美丽，没能实现本质的转变。在他死后，天下复归大乱，他所维持的秩序再次被打破，他所倡导的道德精神再次被践踏。而且春秋中后期的人间乱象，比前期更加变本加厉；人与人之间的屠戮，更加残酷。

那么，为什么齐桓公没能彻底改变天下战乱的现实？其深层原因何在？

首先，春秋时代华夏地区纷乱的景象，史无前例。从前改朝换代，只有两三个强者竞争角逐，胜利者统一天下。但在春秋时代，却是思想并生，强国林立。齐国虽号称霸主，但楚、晋、秦可以与之一战。若是两个大国联合，齐国则难有胜算。更兼之尚有名义上的共主周天子存在，凡有举动，皆受掣肘。这样复杂的局面，使得齐桓公无法彻底压服对手，控制形势。最明显的例子是，楚国暂时屈从纳贡，不久后便违弃盟约，卷土重来，侵略中原。

其次，齐桓公和管仲的格局和精神旨趣，从来都是一国的，而不是天下的。齐桓公自我定位为周朝的诸侯，从来没有僭越的野心。所以周襄王派使者赏赐祭肉，他要下阶跪拜。管仲自我定位为周朝的下卿，周襄王要稍微抬举一下他，他也不敢接受。这样的定位，导致他们只愿意对齐国负有责任和义务，从来不曾胸怀天下。所谓尊王攘夷，只不过在强大之后，偶尔承担起的兼职，而不是主职。而且齐桓公和管仲太过遵守礼制，讲究道德，缺乏侵略扩张精神。没有侵略扩张，齐国的土地和人口就不会增加，底盘就不会变大。底盘不大，国内改革得再彻底，实力也是有限的。仅凭这样的实力，无法改变天下形势。

再次，在硬实力方面，齐国也远没达到一统天下、开创王朝的水平。经过管仲改革，齐国建立三军，拥有甲士三万余人。而同时期的晋献公建立两军，拥有甲士两万余人。楚国军力不明，但它同期扩张得很厉害，严重威胁到了中原。可推测其军力，可能比晋国更强。对比之下，齐军仅稍占优势，并不能绝对压倒。而要做到一统天下、开创王朝，需要多强大的军事力量呢？西周和春秋军队建制是一样的，一军即是一师，拥有甲士一万余人。鼎盛时期的周帝国拥有西六师和东八师两支集团军，总兵力超过十二万人。周帝国与齐国军事力量的差距，有四倍之多。这还没考虑到随着时代发展，各地诸侯国蓬勃发展，兼并难度增大的问题。这也是齐桓公从来没有滋生过吞并诸侯、一统天下的念头的另一个原因吧。

无论如何，齐桓公的霸业随他死后而逝，凋落在春秋血色的历史中。悲惨的是，齐桓公不但没有建立起一套稳定的国际秩序，也没有在国内建立起一套稳定的制度，确保权力的和平交接。齐桓公死后，他的众多子嗣展开夺权斗争，导致他的尸体无人收拾，竟至腐烂生虫。这起悲剧让齐桓公和管仲的形象蒙受羞辱，也从另一方面印证了他们成就的局限。

原来齐桓公有三位夫人，都没有生下儿子。但他很多的宠妾，却生下不少儿子。按照后世的操作，将其中一位妾立为夫人，她的儿子就成为名正言顺的继承人了。但在葵丘盟约中，禁止立妾为妻。齐桓公不能打自己的脸，违反当众立下的规定。于是，他始终没有再立夫人。

齐桓公选择了宠妾郑姬的儿子姜昭为继承人，但担心死后其他五位公子与姜昭争位。于是，他与管仲将姜昭托付给宋襄公。希望齐国出现争位之乱时，宋襄公能支持姜昭。这种将国家继承人托付于外国的做法，后世感到很离奇。但在当时，却屡见不鲜，如宋庄公、晋惠公，就是外国势力扶持上台的。周襄王得以继位，也是有赖齐桓公的支持。齐桓公看中以厚道闻名的宋襄公，按照“国际惯例”，将姜昭托付给他。对于内部可能产生的祸患，他却不曾采取任何措施，从根本上予以杜绝。可叹管仲以才智闻名于世，也参与作出这样一个拙劣的决策。

果不其然，齐桓公死后，五公子作乱争权。公子无亏伙同奸臣易牙和寺人貂杀害百官，驱赶姜昭离境，自立为侯。姜昭逃亡至宋国，请求宋襄公出兵支持自己回国继位。宋襄公履行了自己对齐桓公和管仲的诺言，纠合诸侯，护送姜昭返回齐国。齐人惧怕诸侯联军，聚啸杀死公子无亏，迎立姜昭，是为齐孝公。诸侯军退去之后，四公子党羽联合起来，进攻齐孝公。齐孝公又逃亡宋国。宋襄公再度出师，护送齐孝公返国，与四公子指挥的齐军大战，获胜，齐孝公才君位稳固。但经此大乱后，齐国元气大伤，实力锐减，从此丧失霸主地位。齐国称霸春秋，只有三十余年，没有后来的晋、楚两国长久。

而齐桓公的尸身，因内乱宫中空虚，无人收敛，被弃置床上达六十七天之久。尸体腐烂生虫，蠹食尸肉，满室游走，钻出门户，景象瘆人。如此惨象固然令人同情，但齐桓公空有大好形势，却不能防患于未然，委实令世人欷吁。

齐桓公之死，标志着一个小时代的结束。虽然以后霸主、雄主迭起，但他们都高举“尚利”和“尚力”的旗帜，与齐桓公严守礼法、遵尚道德完全不同。也正因为与齐桓公相反，他们才能在当时那个丛林社会走得更远。

齐桓公与管仲仿似周王朝夕阳返照的一抹余晖，映红天际。虽然温暖，却无法照亮整个世界。他们的思想和实践，局限于一时之用，缺乏高瞻远瞩的眼界与规划。所以“其人存，则其政举；其人亡，则其政息”，也就很正常了。

# 第四章 晋楚争霸

## 01 宋襄公的失败

随着齐桓公死去，齐国霸业终结。偌大中原，又陷入群龙无首的状态。不少人跃跃欲试，都想接过这顶诸侯领袖的冠冕。其中冲在最前面的，就是接受齐桓公嘱托、平定齐国内乱的宋襄公。

宋襄公是宋桓公的嫡长子，是国君之位第一继承人。但宋襄公认为自己的庶长兄公子目夷仁德有才，是更合适的国君人选。宋桓公病危，他向父亲表示，想将继承权转让给兄长目夷，立其为国君。

宋桓公将他的想法告知目夷，目夷却拒绝了。他说：能将国君之位让人，不就是最大的仁德吗？有谁还能比兹甫（宋襄公）更适合担任宋国国君？况且弃嫡立庶，不合礼制。开此端头，恐会鼓励后人争权作乱。

公子目夷为让宋襄公断了念头，避居到国外。

公元前651年，宋桓公病逝，宋襄公召不回兄长，只得自己继位。正是在这一年，齐桓公会合诸侯于葵丘，订立五条盟约。宋桓公来不及下葬父亲，身着丧服前往会合诸侯。齐桓公早就听说宋襄公让国的传闻，对他轻看权势、淡泊名利的高尚行为，极为赞赏。他与诸侯共同确认宋襄公为宋国的合法君主，褒扬宋襄公兄弟深有古人之风，是当今的伯夷、叔齐。

此时，齐桓公正为自己没有嫡子的问题烦恼，担心众庶子不服太子姜昭，在他死后抢班夺权。他看着宋襄公，内心不住叹息：如果自己的儿子们，拥有他十分之一的品行，自己就不会提心吊胆了。

齐桓公既赞赏宋襄公的礼让品德，也信任他的为人。他萌生了一个想法，想将太子姜昭托付给宋襄公。今后齐国有危难，请他在外支持姜昭一把。管仲也同意了齐桓公的想法，在葵丘盟会上，他们共同将姜昭托付给宋襄公。

齐桓公此一举动，本想暗示儿子们，要学习宋襄公贱视权势和名利的高尚行为，不要生夺国之心。但儿子们没有理会齐桓公的良苦用心，在他死后掀起夺权内斗，导致尸身生虫的悲剧。宋襄公履行了对齐桓公的承诺，两次出兵帮助齐孝公大败对手，坐稳齐君之位。

宋襄公既拥立齐孝公，在诸侯中薄有名声；又兼之起用公子目夷为左师、公子固为司马，明修国政，国力有一定提升，志向开始变大。他认为，齐桓公将太子昭嘱托于自己，不单是将齐国未来嘱托给自己，而且也是将天下的未来嘱托给自己。宋襄公自以为论品德与才能，当世再没有比他适合担任诸侯盟主的人了。

宋襄公采取了一系列行动，迫使曹、邾、滕等小国屈从于己。与此同时，各大诸侯国会盟于齐国，重修齐桓公时代的友好关系。齐孝公心有雄图，意欲再次确立齐国霸主地位。楚国虽参与盟会，但只采取观望态度。宋襄公对齐孝公的行为非常不满，他认为自己有恩于齐国，齐孝公应该尊自己为盟主。宋襄公没有参加在齐国举行的盟会，计划翌年以盟主身份，重新召集诸侯会盟。

宋襄公的想法，遭到左师公子目夷的反对。他认为，宋国是小国，力量不强，承担不起诸侯盟主的责任；如果强行为之，将会招致灾难。相较于齐、楚、晋，宋国国小力弱，宋襄公不是不知道。但他认为，身为盟主，不能仅以强弱作为衡量标准，更应该考较品德才能。只有有品德才能的人担任了盟主，才能确保公平正义和天下安宁。宋国弱小，不是自己不能成为盟主的理由。

宋襄公不顾劝阻反对，于公元前639年春季，传召楚国官员和齐国官员来鹿上协商，计划秋季与众诸侯主君在盂地会盟。因为当时楚国地位很高，宋襄公想成为盟主，必须得到楚成王的支持。但他又摆出一副高高在上的姿态，发一纸令书就想将楚成王召来。生长于蛮夷之地的楚成王，崇尚武力，对品德高尚之类的价值标准从来嗤之以鼻。看到宋襄公态度倨傲，心头大怒，萌生了报复折辱他的想法。

当年秋天，宋襄公大会诸侯于盂城。他效仿齐桓公崇尚文德、倡导和平的做法，声称这是衣裳之会，诸侯不用带兵来。然而他自己没带兵去，楚成王却带兵来了。觑着他没防守，楚成王将宋襄公扣押起来，率领楚军攻打宋国城邑。宋襄公这个君子，遇上楚成王这个小人，可谓吃尽了亏，又受尽了辱。

楚成王虽达到了泄怒和报复的目的，但乘人之危的做法，毕竟不光彩。因此而受众诸侯指责，得不偿失。一个月后，鲁僖公在薄地与楚成王会面，为宋襄公求情。楚成王顺势下阶，将宋襄公释放了。

重获新生的宋襄公并没有吸取教训，反而处处与楚国作对，一为报仇，二为争霸。第二年，他闻知郑国归顺楚国，向楚国纳贡。于是纠合卫国、许国、滕国的军队，进攻郑国，逼迫郑国与楚国绝交。郑国向楚成王求救，楚成王率军北上救郑。宋军与楚军遭遇于泓水两岸。宋军摆好作战阵列，楚军还未完全渡过泓水。这本是宋军发起进攻的大好时机，但宋襄公却按兵不动，静静等待楚军渡河。

身为司马的公子固按捺不住，劝说：楚军人多，我军兵少，现在敌人正在渡河，正是进攻的好时机。请让我命令部队进攻吧！宋襄公回答：不行！过了许久，楚军全部渡过泓水，但还未摆好作战阵列。公子固又要求进攻，宋襄公再次拒绝。等楚军摆好了方阵，两军开战，宋军寡不敌众，大败亏输。宋襄公被射伤大腿，他的近身护卫全部殉职。

事后国人埋怨宋襄公不抢先开战，才导致大败。宋襄公却奇葩回答：古代君子交战，讲究仁慈，不再伤害已经受伤的人，不俘虏头发斑白的老人。古代君子打仗，讲究公平，不依靠有利地形获得优势。寡人虽是殷商亡国的后代，但也讲究君子精神。敌人不摆好阵列，就不能开战。

宋襄公迂腐的回答，千百年来被人当成笑谈。自古以来，人类所有战争乃至竞争，都讲究奇，讲究势，讲究忍，甚至讲究诈。宋襄公却反其道而行之，要讲究仁慈和公平。他遭遇失败，也就不足为奇。然而，对于宋襄公，应该如何评价呢？他真的是一个不通时务、一无是处的人吗？

人们不会否认仁慈与公平有用，只是宋襄公将它们用在了错误的场合。就像宋襄公本人一样，他并非一个无用和无能的人，但却错误地坐在了宋国君位上。历史上像宋襄公一样才能错配的君王，不乏其人。如果李煜仅仅是个诗人，不是一个君王，对他对国家都是好事。如果赵佶仅仅是一个书法艺术家，而不是一个皇帝，对他对国家都是好事。如果宋襄公不是一国之主，而仅仅是一个学者，或者一个普通的行政长官，对他对宋国都是好事。仁慈和公平无助于宋襄公在政治博弈和军事斗争中得益，却可能帮助他在其他位置发光发热。

宋襄公肯礼让君位于兄长，说明他不是一个热衷于权势的人。人们不能认为他追求诸侯盟主之位，是出于虚荣心和控制欲的目的使然。在宋襄公心中，存在着一个道德理想与和平梦想，寄寓着他对世界的美好期望。他想要成为诸侯盟主，目的在于实现高尚的理想和远大的梦想。与楚成王辈为了满足个人私欲的目的，截然不同。

在这一点上，宋襄公与齐桓公、管仲有很大相似性。因为后两者也是讲道德、遵礼法的，他们在思想观念和精神上有共通之处。这也是为什么齐桓公与管仲欣赏和信任宋襄公，愿意把齐国未来托付给他的原因。宋襄公看到齐桓公和管仲以此道可以称霸诸侯、领导中原，便觉得自己可以照样模仿，以道德礼法称霸诸侯、领导中原。他不但将托付齐国未来误读成连同托付天下的未来，而且也忽视了齐桓公背后所倚仗的强大国力。宋襄公有能力安定混乱中的齐国，却无实力安定混乱中的天下。

宋襄公言必称古，想必读了不少尧帝禅让于舜帝、伯夷与叔齐礼让国家的书籍。自认为道德品质高尚，有古人之风，其他诸侯就应拥戴自己为盟主。但时移世易，战国纷争，诸侯力政，人们已不再以道德品质作为是否授予最高权力的主要评判标准。宋襄公的尧舜梦，终究是竹篮打水一场空。

宋襄公的思想和行为，在当时是一股不合时宜的逆流。他被浩浩荡荡的乱世大潮冲倒溺毙，理所当然。泓水之战的第二年，宋襄公创伤复发，郁郁而终。宋襄公的失败，也标志着政治家以道德和礼法改变乱世、维护秩序的努力，告之失败。这不但是宋襄公的失败，也是齐桓公和管仲的失败，也是周王朝绵亘了数百年的政治秩序和礼法精神的失败。从此之后，华夏诸侯在尚力和尚诈的侵略兼并斗争中越走越远，逐渐忘了回头的路。直至一个超级大国出现，以强力兼并了所有诸侯国家，再造一个大一统王朝。

## 02　姬重耳复兴晋国

谈及春秋时代，人们脑海中总不自觉浮起春秋五霸的名头。大多数人认为，春秋时代曾出现五位霸主，先后主宰华夏地区的霸权。其实，这样的概括并不准确。像郑庄公、秦穆公、宋襄公、吴王夫差、越王勾践等，在称霸时间和地域上非常有限，远称不上一代霸主。笔者认为，在严格意义上，春秋时代只出现过一位霸主，即是齐桓公。而后出现两大霸国，交替竞争华夏地区的领导权。这两大霸国，即是楚国和晋国。齐桓公去世后，齐国实力衰退。宋襄公谋霸不成，历史进入晋楚百年争霸时代。

为什么楚国和晋国能从春秋一百七十余个国家中脱颖而出，成为两大超级霸国呢？原因可能很多，但最重要的一点，是两国具有非常强烈的侵略扩张精神。楚、晋两国不断发展壮大的过程，就是他们不断侵略扩张的过程。通过侵略扩张实现兼并，占有的人口数量和土地资源更多了，底盘变大，实力变强。对其他诸侯，逐渐形成压倒性优势。据统计，在春秋时代，楚国共兼并国家四十二个，晋国共兼并国家十八个。

表面上楚国兼并国家的数量多，但晋国兼并国家的质量更高，所以两国最后的实力相差无几。

那么，这两个国家为什么最具有侵略扩张精神，其侵略扩张成果又最丰硕呢？因为两国地处华夏边疆，长期与少数民族杂处混居，沾染上了他们彪悍朴质的习俗，改变了原先温和礼让的风气。早在西周周夷王时代，楚国熊渠便自称楚王，还封三个儿子为地方王，声称：我们本是蛮夷，不使用中国的爵位谥号。

其实楚国祖先熊绎本来自中原，周成王将其封在长江中游的边疆。楚人久处边疆，染上蛮俗。疆土扩大后，嫌弃周王的子爵定位太低贱，遂以蛮夷自居，自称楚王。

而晋国公室，除了染上蛮俗，还长期与戎狄婚配。晋献公娶了骊戎之女骊姬，生下姬奚齐，导致晋国严重内乱。晋文公本人，也是由翟狄之女所生。晋文公后来逃亡翟国，翟国俘虏了赤狄之女季隗，送于晋文公为妻。晋国国君为戎狄所出，自然传承了他们原始野性精神，在对外扩张和兼并上，比其他华夏诸侯更放得开，迈出的步子更大。

早在西周晚期，楚国便走上大肆扩张的道路。长江和汉水之间的众多部落方国，先后被楚国兼并。周室东迁后，楚国甚至吞并汉水之北的姬姓封国，周王朝孱弱，无能为力。经过楚武王三十年的经营，楚国势力已经到达中原地区。《左传》记载，鲁桓公二年，即是公元前710年，蔡桓公和郑庄公在邓地相会，开始畏惧楚国的不断扩张。这是中原诸侯，第一次感觉到来自楚国的威胁。

公元前658年，楚国侵伐郑国，齐桓公率领中原诸侯反击，与楚国订立召陵盟约，逼迫其重新向周王朝纳贡。自此以后，楚国安生了一段时间。齐桓公去世后，齐国已不能维持霸主地位。宋襄公蠢蠢欲动，想要当齐桓公的接班人。楚成王是一个和齐桓公扳过手腕的人，自然没将宋襄公放在眼里，在盂地盟会扣押折辱他，又在泓水之战击败他，遂使宋襄公一蹶不振，一命呜呼。

自挫败宋襄公后，楚成王自认为无敌于天下，更加跋扈了。不料久陷内乱的晋国，在晋文公领导下突然崛起，在城濮大战中大败楚军，楚国受到重创，其侵略中原的步伐复又变得迟缓。从此春秋历史，进入晋、楚两国争霸时代。

晋国历来属于强国，但曲沃系夺权，使得国家陷入长达七十年的内乱，无暇顾及中原政局。及至晋献公继位，才获得二十余年统一安宁的时间。晋献公在位期间推行扩张兼并政策，吞并周边诸侯和部落，扩张版图，奠定了晋国强盛的基础。然而在晋献公晚年，又爆发骊姬之乱，诸公子或被逼死，或逃亡在外，大臣们相互屠戮，晋国实力再度被削弱。

在骊姬之乱中，晋献公二儿子姬重耳逃亡到翟国。居住十二年后，为逃避晋惠公追杀，又转移到齐国，受到齐桓公厚待。齐桓公死后，姬重耳又开始流浪。公元前 638 年，他来到宋国。正值宋襄公遭遇泓水之战的大败，深恨诸侯们不支持他。宋襄公善待姬重耳，赠送他丰厚的车马辎重物品，希望他有朝一日在晋国得势了，能支持宋国。

姬重耳离开宋国，来到楚国。楚成王以高规格礼节接待他，问道：如果你以后在晋国继承君位了，怎么报答寡人？

姬重耳说：男女奴仆、珍珠宝贝这些东西，晋国有的，楚国都有，我还能拿什么东西报答君王？

楚成王笑说：但礼尚往来，你总得回报什么吧？

姬重耳说：仰仗君王的福分，重耳得以回国继承祖宗事业，日后晋楚两国不可避免地要发生战争的话，我国一定主动退让九十里路。

楚成王“嘿嘿”一声，没有说话。

而后晋惠公太子姬圉私自从秦国逃回晋国，令秦穆公极为不满，便派人来楚国迎接姬重耳，承诺帮助他夺取晋国君位。姬重耳于是告别楚成王，前往秦国。通过秦穆公的外围运作，以及部分晋臣在内配合，流亡在外十九年的姬重耳于公元前636年重返晋国，夺回君位。此时的晋文公，已经年过六十岁。他这段非同寻常的人生经历，堪称春秋时代的传奇。

晋文公甫一继位，就活跃于中原政治舞台的中心。公元前635年，周王室爆发内乱。那位曾与周襄王争夺继承权而闹不合的王子带，被齐桓公庇护十年。十年之后，周襄王同意让他返回洛邑王城。回来之后，王子带还不安生，勾搭上了周襄王娶的狄女隗氏。周襄王发觉后大怒，休了隗氏。王子带于是勾结狄人，进攻周襄王。周襄王逃到郑国，居住在汜地，向诸侯求救。

诸侯闻知周王有难，少不得要出兵勤王，以邀大名。其中秦穆公行动最快，早早行军抵达黄河岸边。晋臣赵衰劝晋文公抢先勤王，宣信于百姓，扬名于诸侯。于是晋文公一面率军南下，一面派遣使者请求秦穆公回军，让自己代劳。秦穆公见他初始继位，威信不足，有意扶上马再送一程，让他立下这一功劳，坐稳君位。就答应了请求，命令秦军返回。

于是，晋军得以单独勤王。晋文公兵分两路，左军前往汜地迎接周襄王，右军包围王子带坚守的温城。晋军轻易击败了叛军，将王子带交予周襄王处死。此一战役，显示晋军战斗力的强大。之前由于内乱，加上所用非人，晋军在外的名声一直不够响亮。其实经过晋献公多年沉淀打下雄厚的基础，晋国已具备非常强大的实力。在晋文公英明的领导下，以及在他一众优秀臣子的指挥下，晋军很快打出扬名立万的第一枪，威震诸侯。周襄王为了感激晋文公，赐予了他樊、温、原、欑茅四座城邑。晋国的疆域，得以扩大到河南北境。

在此之后，晋文公依靠狐偃、先轸、赵衰等贤臣，推进改革，弃债薄敛，举善授能，振滞匡困，使晋国越来越富强。又建立三军，让晋国的军力，达到齐桓公称霸时的最高水平。公元前632年，即是在齐桓公死后第十一年，晋楚爆发城濮之战。晋军大获全胜，中原地区迎来新的盟主。

晋楚争霸，源发于宋国。宋成公不堪忍受楚国欺压，看到晋国强大起来，想要依傍晋国，就断绝了与楚国的来往。楚成王大怒，率陈、蔡、郑、许四个诸侯国攻打宋国。宋成公派遣公孙固前往晋国求救。晋文公流亡宋国时，便与公孙固交好，且宋成公的父亲宋襄公善待过自己，不能不报其恩。先轸、狐偃、赵衰等也支持晋文公率师南下，与楚国争霸。

于是晋文公尽率三军出动，在路上顺便灭亡曹国，报复曹君曾经对自己的羞辱。然后讨伐楚国的盟国卫国，以解宋国之围。晋文公采纳了先轸的计谋，在外交上赢得齐国与秦国的支持。两大国皆派兵来会合，与晋国、宋国一道组成对抗楚国联盟的力量。

楚成王了解到晋国卷入战争，知道晋文公历经人间苦难，是个老练的对手，不易对付。二十余年前，楚成王面对齐桓公领导的强大诸侯军，采取了妥协的对策。今天面对晋文公，他同样想选择保守策略。楚成王自己退兵到了南阳的申地，命令令尹子玉撤除对宋国的包围，命令申叔撤离齐国的谷地。两年前楚国曾应鲁国之请，派兵助其伐齐，占领了齐国的谷地。楚成王想通过此一策略，化解齐国的怨恨，分化晋齐同盟。

不料新晋令尹子玉居功自傲、心浮气躁，认为退避晋军是耻辱，坚持向楚成王请战。令尹子玉的顽固态度让楚成王非常恼火，此时否决他的请求，倒是楚兵和楚将不畏惧晋军，而是自己畏惧了。他难逆众意，就分给了令尹子玉一半军队，同时允许他率领本家若敖氏的宗族武装参战。

令尹子玉率领一半楚军、若敖氏兵团，以及陈国和蔡国军队北上，与晋军对峙。他以解除对宋国的围攻为交换条件，派遣使臣宛春要求晋文公允许卫成公复位，并退出曹国。晋文公已将曹、卫两国胁迫在手，不理会楚人的谈判要求，还扣押了使臣宛春。令尹子玉大怒，率领楚军进逼晋军。

晋文公想起之前对楚成王的承诺，两军交战，退避三舍。于是勒令晋军，后退九十里。以君避臣，临阵退让，激起晋兵将士的愤慨，纷纷要求与楚军决战。而看到楚军在气势上压倒对手，令尹子玉骄气更盛，以为晋军不足为惧。少数楚将要求适可而止，推动与晋军的和解谈判，被令尹子玉严词拒绝。

四月初，秦军和齐军到达城濮，与晋军、宋军会合，总兵力达五万余人。令尹子玉率楚、陈、蔡联军背险扎营，两军对峙，即将开战。

关键时刻，晋文公内心仍犹豫不已。狐偃说：打吧！打赢了诸侯归心，成就霸业。万一输了，我们外面还有黄河与太行山的天险拱卫，无须忧虑。

晋文公又说：楚成王曾经对我们的恩惠，又怎么办？

栾枝说：姬姓在汉水之北的众多国家，都被楚国吞并尽。主公身为姬姓后嗣，不思报复王室和家族的大仇，却念念不忘楚王的小恩惠，这难道符合大义？请速下决战之命！晋文公于是不再犹豫。

两军开战，令尹子玉洋洋得意地说：今天晋军要完蛋了！

晋军胥臣率领下军，在马匹上蒙上虎皮，冲击楚军右军。楚军右军由陈军和蔡军组成，战斗力最弱，被晋军惊吓住，很快被打垮，四散逃亡。狐毛率领晋国上军竖起主帅旗帜，诱惑楚军追击。楚国子西不知是计，率领左军追击，进入晋军埋伏圈，被四方合击，全军覆败。以原申国和息国地方士兵组成的左军，伤亡殆尽。令尹子玉见败局已定，急忙鸣军收兵，向南逃跑，才勉强保住中军。

城濮之战，楚军两军溃败，损失惨重。陈国和蔡国的损失不计，单组成楚国左军的原申国和息国地区士兵的伤亡，已让楚成王不能接受。得知令尹子玉率军南返，他派出使者抵达兵营，阻止他南下，说：令尹你违反我的意志，坚持与晋军开战，导致申、息两地子弟兵死亡殆尽，埋骨他乡。你若平安返回郢都，我何以向申、息两地的父老乡亲交代?

令尹子玉听罢默然，返回内室，挂上绫带，自缢身亡。

晋文公经此一战，确立了诸侯国霸主地位。为了庆祝大胜，同时确立与诸侯国的盟约，晋文公在践土为周襄王建设了一所行宫，迎接周襄王到此地与诸侯会盟。同年五月初十，周襄王在践土接受晋文公献俘，宋国、齐国、郑国、卫国、莒国、蔡国君主皆与会。周襄王给予了晋国高规格的奖赏，并让王朝卿士册命晋文公为诸侯之伯（霸），勉励其恭敬天子，辅卫王室，铲除奸恶。

晋文公跪谢道：“重耳敢再拜稽首，奉扬天子之丕显休命。”这句话，是文献资料中为数不多具有西周时代语调的记录。近代出土的不少青铜器，诸侯或世卿受到周天子奖赏，铸刻青铜器纪念，最后总来上一句“奉扬天子之丕显休命”，体现出对周王无比恭敬之情。晋文公虽然有模有样学着前辈祖宗的话语声调，但他对周天子的尊重恭敬，却没有那么尽善尽美。

这一年的冬天，晋文公与诸侯再次在温地相会，重温践土之盟的盟约，征讨不服的诸侯。在这次大会上，晋文公做出了一个不同寻常的举动，就是传召周襄王来相会。按周礼，臣下不可召君。晋文公召来周襄王，逾越礼制，隐隐有以势凌人之意。所以孔子批评晋文公在此事件上的作为："以臣召君，不可以训。"

其实，孔子对晋文公的批评，并非一处。他就曾经将晋文公与齐桓公对比，评价两人："晋文公谲而不正，齐桓公正而不谲。"同样是霸主，为什么评价不同呢？因为齐桓公遵礼法，讲道德，以正道成就霸业。而晋文公虽然也尊王讲礼，却杂于诈道和诡道，所以被称为"谲而不正"。

晋文公的"谲而不正"，具体体现在哪些地方呢？体现在他在城濮之战中，使用诈谋离间曹、卫两国与楚国的关系；体现在他明明是诱敌深入，助长楚军傲慢之气，同时等待齐国和秦国的援军到来，却声称为了遵守对楚成王的诺言，退避三舍；体现在温之会中，他以臣子身份召来天子；体现在平定王子带之乱后，向周襄王请求使用隧礼，接受周襄王四座城邑的赏赐。

同样的情况，不会发生在齐桓公身上。纵观齐桓公一生，在他身上体现出来可以非议的道德缺点，非常之少。但这不等于说，齐桓公绝对是个正人，而晋文公绝对是个谲人。假若晋文公身处齐桓公的境地，可能也能保持正道。假若齐桓公身处晋文公的境地，说不定也会使用谲道。随着争霸斗争越趋复杂，一板一眼地恪守正道，未必能取得好结果。坚持让敌人列阵而后战的宋襄公，就是一个很好的例子。当然，晋文公既然这么做了，就免不了要遭到孔子这样的道德学家的批判。

其实，晋国之诡谲，其来有自，并非至晋文公而然。这大概与其杂有戎狄血统，和曲沃系以暴力夺取政权种下的叛逆基因有关。历代晋国君臣，多有背信弃义、首鼠两端、漠视礼规的表现。

晋惠公之立，有赖于秦穆公在外支持和大臣里克在内拥护。他曾承诺，如果能够成为国君，就将河西之地割与秦国，将汾阳的城邑赏与里克。谁知得偿所愿后，却违反诺言，对外没有割给秦国尺寸之地，对内杀死了里克。没有多久，晋国闹饥荒，向秦国借粮。秦穆公既往不咎，借给了晋国粮食。之后秦国闹饥荒，向晋国借粮食。晋惠公不但不借，反而趁你病，要你命，出兵攻打秦国。这样忘恩负义、反复无常的行为，着实令人齿寒。

晋文公之立，也有赖于秦穆公的支持。秦穆公为人厚道，不但扶上马了，还送一程。王子带之乱，没有和晋文公抢功，让他扬名立万。城濮之战，也站在晋国一边，助他成就霸业。可以说，晋文公的军功章上，有秦穆公一半功劳。终晋文公之世，他都没有对秦穆公和秦国有丝毫回报。他死了之后，儿子晋襄公继位，举国未脱丧服，就不宣而战，派兵在崤山伏击秦军，令无辜的秦军全军覆没。这样忘恩负义、凶残无耻的行为，比之晋惠公有过之而无不及。

秦国和晋国打交道，就像君子和小人打交道，总吃老实亏。可是，秦国就学不会吃一堑长一智。晋襄公死后，晋国大臣们商议，想立年长的公子雍继承君位。于是派人请秦康公护送在秦的公子雍回国。秦康公一番好意，分拨军队护送公子雍回国。谁料半途晋国大臣们改变主意，转立晋襄公年幼的儿子姬夷皋为君。晋国上下对秦国失信，却丝毫没有亏欠之意。反认为秦国既不能成为朋友，就是敌人，于是发兵攻打护送公子雍的秦军。秦军又一次在猝不及防的情况下，遭遇惨重损失。可见晋国之歪风邪气，上行下效。有什么样的君主，就有什么样的臣子。

同样又一起由晋国大臣挑动的无理战争，发生在齐国身上。原来晋国的执政郤克出访齐国，因为跛脚，遭到齐顷公母亲的嘲笑。郤克是个心胸狭隘的人，念念不忘要予以报复。公元前589年，鲁国、卫国与齐国交恶，向晋国求助。郤克公报私仇，说服晋景公对齐国用兵。晋、鲁、卫三军在鞌之战中大败齐军，几乎灭亡齐国。齐国投降、割地、赔款，郤克还不满足，提出要齐顷公的母亲充当人质的无礼要求，连鲁、卫两国都看不下去。而后晋景公让大夫巩朔押送齐国的俘虏，献给周定王邀功。周定王拒不接受，还对晋国提出尖锐批评：献俘之礼只适用于对蛮夷戎狄战争的胜利，不适用于对兄弟甥舅之国战争的胜利；晋国是王室的兄弟之国，齐国是王室的甥舅之国，即使齐国有什么过错，晋国应该尽力晓谕劝谏，为何要弄到你死我活的地步？巩朔哑口无言，不能对答。

晋国立国不正，其君诡诈相承，其臣上行下效，多有反复无常、倒行逆施之举，熟读《左传》的人都见怪不怪。晋文公虽然被孔子批评为“谲而不正”，但在晋国诸君中，已算很守正道的人了。因为当时中原诸侯孱弱，无法抵御楚国北侵。而晋国是正宗的姬姓后代，实力强大，所以保卫华夏、维护王权的责任，自然落到他们身上。城濮之战后，晋国中原霸主的地位被确立。然而这并不是晋楚争霸的终结，而仅是个开始。在后来百年历史中，晋、楚两国争霸的大戏继续上演，双方你来我往，互有胜负。众多中原诸侯，忽南忽北，根据自身利益，选边站队。

## 03　楚庄王问鼎中原

公元前613年，楚庄王熊侣继位成为楚国君主。有赖于孙叔敖、苏从、伍举等贤臣辅佐，楚国迎来一个空前强盛的时代。楚庄王初期，发生巴、庸、麇各地蛮夷的反叛。楚国付出巨大的努力，将其镇压下去。而后又爆发了若敖氏斗椒的内乱，楚庄王一度想要屈服，与斗椒媾和。斗椒倨傲不从，楚庄王被迫倾师应战。关键时刻，楚军绝地重生，灭亡了斗椒叛军。

安定国内之乱后，楚庄王北上争雄，逼迫郑国脱离晋国联盟，屈服于己；又攻打陈国、宋国。公元前 606 年，楚庄王讨伐洛河流域的陆浑之戎，抵达洛邑郊区，检阅军队。周定王派遣王孙满出城，慰劳楚师。楚庄王问王孙满：九鼎的大小几何？轻重几何？

九鼎向来象征天子的权力，其言之意外，流露出觊觎之心。

王孙满回答道：九鼎的分量，主要在于德行，而不在大小轻重。周德虽衰，天命未改。九鼎的大小轻重，诸侯不宜过问。

楚庄王笑而不语，率师南返。

楚国势力再度侵入中原地区，自不免与晋国产生冲突。在邲之战前，晋楚曾发生三次小规模的接触战。第一次是公元前 608 年的北林之战，第二次是公元前 600 年的柳棼之战，第三次是公元前 599 年的颖北之战。前一次楚国小胜，后两次楚国小负。但小规模的战争，改变不了双方势力格局。随着双方矛盾的加深，必将迎来更大规模的会战。

公元前 597 年，楚庄王亲率三军进攻郑国，围攻十七日。城内伤亡惨重，楚庄王一度萌发仁心，退军等待郑国求和。不料郑国借助时机加固城墙，继续负隅顽抗。楚军又复围城，猛烈攻击。前后历时三个月，攻破郑国。郑襄公肉袒牵羊，出城向楚军投降。

而在两国交战时，郑国已经向晋国求救。晋国尽起三军，前来救援。但行动迟缓，到达前线时，郑国已经被攻破投降。双方都是倾巢而出，一旦开战，结局和影响绝非先前可比。楚国内部和晋国内部都出现了主战和主和的分歧。但楚军有楚庄王压阵，无论做了何种决策，都确保贯彻到底。而晋军却是众将林立，各自不服，行动不一，最后导致大败。

晋军中军元帅荀林父为主和派，有士会、栾书、郤克、赵朔、韩厥等支持，但却不能说服副帅先縠和参谋赵同、赵括等人，被他们挟持渡过黄河。而被派往楚营谈判的晋将魏锜、赵旃，因个人问题，有意激化双方关系，促成大战。晋楚大战在邲地爆发，晋军主力在还没有充分准备的情况下，遭到楚军强击，乱成一团。内部军令又不统一，有的逃跑，有的应战，更使乱上加乱。在邲之战中，晋军中军和下军溃败，伤亡惨重。只有士会的中军做好应战准备，损失相对较小。

经此大战，中原诸侯对楚国闻风丧胆。郑国、宋国、鲁国、齐国先后倒向楚国阵营，楚庄王成为名副其实的春秋霸主。晋国遭遇大败之后，元气大伤，短时间内不能再南下与楚国争雄。邲之战的第二年，宋国杀害楚国使者，楚庄王连续围攻宋国九个月。宋国向晋国求救，晋国不能出兵相助，还派使臣欺骗宋国晋军即将到来，让宋国抵抗到底，导致宋国发生“易子而食，析骸而爨”的惨况。晋国之无信无义，又留下一大笑柄。

楚国地处南疆，向来被中原诸侯歧视，讥讽其身带蛮气。但楚庄王本人立身行事，却颇守正道。他曾借助夏徵舒之乱，征服陈国，设置陈县。后来听从申叔的劝谏，复立陈国。连孔子都称赞道：“贤哉楚王！轻千乘之国，而重一言之信！”后来他攻破郑国，楚臣们都欲将其吞并。

楚庄王却说：君子笃礼而薄利，我们要征服的是人心，而不是贪图他们的土地。

对郑襄公网开一面，允许其复国。

邲之战后，楚国大臣建议效仿古例，将晋兵尸体堆积成“京观”，以炫耀武功。楚庄王正色驳斥道：武力的功德，有禁暴、戢兵、保大、定功、安民、和众、丰财七项。寡人一项都不具备，炫耀什么？堆积对手的尸体用来炫耀，是邪恶的做法，你们想让寡人贻羞后世吗？

楚庄王引用《诗经》和《尚书》的名言说理明事，脱口而出，展现出丰厚学养，丝毫不逊色中原博学君子。由此反映出，早期的楚国僻处边疆，沾染蛮气甚重。但随着社会进步发展，与中原来往愈加密切，楚国作风渐趋文明。到了楚庄王时代，基本与中原诸侯无异了。人们不能说，一个开口就是《诗经》和《尚书》的格言、认同王道政治的楚国君王，是位蛮夷之君。

楚庄王是一个才华横溢、大有作为的霸主，可惜天不假年，大概在四十来岁时，他便英年早逝。如果楚庄王和齐桓公一样长寿，成就的事业可能更加辉煌。楚庄王的立身行事，自然比“谲而不正”的晋文公胜上一筹，甚至比“正而不谲”的齐桓公更加纯粹。由他领导下的华夏天下，可能比其他春秋战国诸君更好。当然，历史不能假设。楚庄王之后，楚国陷入内乱，国力有所损耗。而晋国借助大败齐国的鞌之战，在北方重新确立权威。晋楚争霸，又返回你来我往的均衡态势。

## 04　晋楚百年争霸

楚共王领导的楚国，为了争夺郑国、蔡国等中原诸国，数度与晋军在中原对峙，但没有爆发大战。其间郑国反复，扣押楚国陨公钟仪，将他献给晋国。钟仪被囚禁在晋国军府两年。有一回晋景公到访军府，巧遇钟仪，攀谈数句，称赞他忠信机敏，有意修好晋楚关系，便将他释放南回。楚国感激晋国好意，派遣使臣访晋，释放善意。晋国也派使臣回访，双方外交宣告破冰。

宋国华元与晋国大臣栾书、楚国大臣子重私人关系良好，有意从中牵线，促成和平协议。于是华元亲自到访楚国，带着楚国的意见，再到晋国传达。漫无休止的争霸战争，使得两国将士疲于奔命，他们都同意达成和平协议。

公元前 579 年，在华元牵线搭桥下，晋国上卿士燮与楚国公子罢、许偃在宋国会盟。双方签订条约确定：自此以后，晋、楚两国不再兵戎相见；开放关卡，互派使臣；忧彼之忧，恤彼之患，同进同退。然而这只是臣子间的结盟，国君没有参与。为了进一步促进互信，晋国派遣郤克到楚国，与楚共王再次结盟。而楚国也派遣公子罢到晋国，与晋厉公结盟。至此，第一次弭兵会盟宣告完成。

弭兵会盟促成的主要原因，在于经过长达五十余年的对峙战争后，晋国与楚国均感到疲劳厌倦，有意休兵止战。而中原深受其害的广大中小国家，也呼吁恢复和平。在内外动力的推动下，晋、楚两国走到谈判桌，促成了第一次和平协议。在没有强大的中央政权主持下，通过外交谈判使华夏地区恢复和平状态，是春秋时代中国人的一种智慧尝试。虽然之前有过许多次诸侯会盟，但没有一次在性质上能与此次相比。这是两个势均力敌的超级大国之间的结盟，他们签订的合约，能够决定天下的战争与和平。

然而晋楚上层虽具有良好的意愿，也通过努力将它确定下来。但他们表面的友好，无法掩盖内在的利益动机。晋、楚两国之所以成为超级大国，乃是拜他们身上具有的侵略性所赐。利益在于晋、楚两国面前，就如美食之于饥饿老虎的眼前，他们不可能不吃。如果有一天他们不吃了，只能说明他们已老弱到咬不动食物了。第一次和平协议确定时，晋、楚两国实力尚十分强大，众多中小诸侯都是令他们垂涎的美食。他们不可能按捺住食欲，对美食无动于衷。

果然，弭兵会盟的第二年，晋厉公便集合中原八大诸侯的兵力，进攻秦国。楚国受制于盟约，不能救秦，秦国最终战败于麻隧。经此一役，晋国的势力更加强盛，引起楚国不满。两年之后，郑国内乱，楚共王撕毁盟约，北伐郑国。但楚军今非昔比，已不能攻灭郑国。楚共王遂使他计，割让济阴之田于郑国，诱使郑国叛晋归楚。郑国执政者贪婪所得，果然叛晋归楚。

晋厉公认为，如果默认郑国归楚，那么晋国将无法统御诸侯。公元前 575 年，晋国尽起三军，纠合齐、鲁、卫军，南下讨伐楚、郑。晋、楚两国四年前签订的和平协议彻底被撕毁，鄢陵之战爆发。城濮之战，楚成王没有参加。邲之战，晋景公没有参加。而鄢陵之战，楚共王和晋厉公都有参加。晋、楚两国倾巢而出，是这次会战与前两次不同之处。

此战楚军率领南夷军队参与，阵容浩大，纪律却很混乱。晋国探到楚军弱点，不等诸侯援军抵达，先行与楚国开战。两军从清晨接触，血战到黄昏，未分胜负，伤亡都很大。楚共王亲临前线，被射伤一目。入夜之后，楚国司马子反巡查军营，调度兵源，补充物资。疲劳之际，感觉口渴，索水以饮。使臣穀阳竖献上美酒，子反一闻，推开说这不是水。穀阳竖知道子反好酒，有意讨好他，坚持说是水。子反顺势一饮而尽，酒瘾大发，连喝几大碗，昏昏然睡去。

楚共王受了重伤，传召子反前来计议第二天战事。左右呼唤不醒沉醉的子反，回报说司马心脏病发作，不能过来。楚共王心中疑虑，亲自前往子反营帐。还未入营，阵阵浓烈酒味扑面而来。楚共王知道子反酒瘾发作，此刻定是沉醉不醒。他仰天大叹：今日大战，寡人身受重伤，所依靠的，只有司马。现在司马沉醉不醒，楚军无人指挥，还有什么胜利的希望？这场战争，已不能再打了！

楚共王带领亲随，连夜逃离战场。

第二天晋军掩袭，楚军全线溃败，四散南逃。晋军没有追击，在楚军阵营驻扎三日，载上楚军遗留的辎重物资，胜利北归。楚军大败之后，朝野上下追究责任，司马子反难辞其咎，自杀身亡。

晋国在晋景公到晋厉公统治下的十五年间，连败齐、秦、楚三大强国，军功之盛，臻于极致。甚至可以说，超越了齐桓公、晋文公、楚庄王三位霸主成就的武功。此时的晋国，虽不能尽灭诸国而有之，但对各国具有巨大的实力优势。没有一个国家，敢于独撄晋国之锋。

假若晋国内部是和谐统一的，并保持强盛的实力数十年，很难说他会不会加快侵略步伐，吞并天下。可惜的是，晋国外表是一个强大的国家，内部却四分五裂。晋国的军政大权，把持在郤氏、荀氏、范氏、赵氏、韩氏等贵卿手中，晋君本身没有多大权力。这样的现状，让晋厉公非常不满。鄢陵之战后，晋厉公开始培养亲信，准备铲除异己。而在平时最为骄横跋扈的郤氏家族，成为首先打击的对象。鄢陵之战后两年，晋厉公命嬖臣胥同、夷羊五、长鱼矫杀死郤犨、郤锜和郤至，陈尸朝堂，威慑众臣。而在最后一刻，晋厉公对贵卿栾书和荀偃手软，放了他们一条活路。两人反而联手，弑杀晋厉公。

之后晋国贵卿们从洛邑迎接回姬周，拥立为晋悼公。晋悼公年仅十四岁，虽然年幼，但却深明贵卿专权跋扈的形势。他对他们说：我本不想返回晋国为君，但为了祖宗社稷考虑，又不能不如此。人们拥立君主，是为了让国家有统一的领导，接受他发布的命令。如果立了君主，而又不接受他的命令。这个君主，又有什么用呢？大家在这里讲清楚，你们拥立我为君主在今天，不拥立我为君主也在今天。不要拥立以后，又要反悔。

贵卿们面面相觑，表面屈从说：既然拥立了君主，岂敢不唯命是从？

晋悼公统治晋国十五年，在他的怀柔手段下，贵卿们的利益得到保障，双方没有闹出不合。然而在外表和谐的假象下，晋国内部的忧患已经积重难返。晋悼公连弑君的栾书和荀偃都不能除去，君威便无法树立。君威无法树立，更遑论集权。不能集权，晋国就不具有真正的统一，不具有真正的强大。晋悼公领导下的晋国，虽然表面繁荣，再现霸业，内地里已经危机四伏，预示分裂。晋国扩张到晋悼公时代，已发展到了极致。至此，晋国再不能前进一步，反而走向倒退。盛极而衰之后，晋国走向新的分裂，走向新的混乱。事实证明，晋国在政治上的方法和路径，并不能让中国再次走向统一，让天下恢复太平，它承担不起这个沉重的责任。

晋悼公接手的晋国，尚处在鼎盛状态。经过他实施的一系列让惠于民、整顿吏治的措施，国家显现出欣欣向荣的景象。短短十五年间，晋国五合六聚，十一次会盟诸侯，执中原政治之牛耳。数次挥军南下，楚国闻风退避，不敢直撄其锋。长期脚踏两只船的郑国，也坚决倒向晋国一方。宋、鲁、齐等，更唯晋国马首是瞻。不少历史研究者认为，晋悼公是春秋时代的最后一位霸主。自其以后，春秋再无霸主。

但实际上，晋悼公的历史声誉并不高。其中原因，一方面由于他领导下的晋国，并没有取得过战略性胜利。五合六聚的会盟，更多是建立在前代努力获得的优势上。与前代霸主创造的丰功伟绩相比，晋悼公的表现逊色不少。另一方面，晋悼公成就霸业后，并没有对周王室表示应有的礼敬和尊崇，失去道义上的制高点，受到许多道德学家的诟病或忽视。

晋悼公少时出居在洛邑，与周王室上下甚是熟悉。王朝卿士单襄公对他的品行极为赞赏，在各个方面照顾极为周到。晋悼公回国继位后，却对周王室表现出异乎寻常的冷漠。他没有去朝见过周灵王，没有向王朝进献过什么贵重的礼物，没有邀请周灵王参加过一次盟会。好像周王室和周灵王，在晋悼公心中是不存在的。更有甚者，在邢丘会盟上，晋国与诸侯确定向晋国朝贡的制度。自此以后，诸侯只需向晋国朝贡，无须再向周王室朝贡。这已不是打周王室耳光的问题，而是断粮断水、绝他后路的问题了。

晋悼公如此作为，有什么目的呢？史载，鲁国叔孙豹出访晋国，晋悼公命令演奏《肆夏》的舞曲欢迎他，叔孙豹没有拜谢。晋悼公问，为何不拜？叔孙豹答道，《肆夏》是天子宴请诸侯的舞曲，自己并非诸侯，不敢拜谢。叔孙豹言外之意，也表示了晋悼公不是天子。如这般礼节上的逾越规制问题，晋悼公在位期间不止一次发生。这不免让人怀疑，他内心中是否有僭越的野心？无论有也罢，没有也罢，他连晋国之内的诸卿都无法震服，遑论震服全天下？

晋悼公去世前一年，周灵王与齐国结亲，派遣刘定公赐命于齐灵公，勉力他牢记姜太公护佑文王武王的功德，发扬祖宗前辈股肱王室的精神，继承他们的光辉事业。周灵王对齐国的训导，耐人寻味。根据齐国不久后撕毁盟约与晋国为敌的事实推断，不排除周灵王不满晋悼公的冷落打压已久，想要借助其他诸侯的力量，来对抗晋国。实际上，在晋国主导下形成的以自己为中心的松散式联盟，尚不能支持晋悼公为所欲为。晋悼公不到三十岁便英年早逝，诚然令人惋惜。但从另一方面看来，能保令名以善终，未始不是一件好事。

晋悼公去世后，晋平公继位，赵武辅政。楚国处在楚康王统治下，令尹子木辅政。经过将近百年的争霸斗争后，晋、楚两国深深明白，谁也无法消灭谁。而且随着形势变化，两国也无法再专心于中原的争霸。晋国在内众卿内耗，不久前发生栾盈之乱，晋军损耗巨大；在外齐、秦两国不服，不时被其牵制。而楚国受到东南方吴国崛起的压迫，军队经常往返南北，疲不堪命。摆在两国面前最好的选择，就是进行和解，均分利益。

宋国再次在弭兵大会中发挥重要作用，通过向戌的穿针引线，晋、楚两国都同意达成和解，签订和平协议。公元前 546 年，晋国、楚国、齐国、秦国、鲁国、卫国、陈国、蔡国、郑国、许国、邾国、滕国等 13 国使者抵达宋国，共同签署和平协议。本次大会，可以说是春秋时代最为盛大的一次诸侯会盟。其所签署的协议，在相当长的一段时间内得到执行，具有法律效力。

弭兵大会确保和平的前提条件，是晋国和楚国平等瓜分利益成果。赵武和令尹子木确定，众属从国轮流朝贡两国，晋国的属从国要朝贡楚国，楚国的属从国也要朝贡晋国。因为齐、秦两国地位较高，允许秦国不朝贡晋国，齐国不朝贡楚国。现实中，秦国从未朝贡任何国，而齐国则需要朝贡晋国。

条款确定，接着举行盟誓仪式。在场的楚国部队身披铠甲，弓刀在手，令气氛空前紧张。令尹子木盘算万一有闪失，盟约不成，就诉诸武力，将诸国臣卿全逮捕了。在歃血仪式上，楚国又争在晋国前面，寸步不让。幸得赵武是个有风度的人，不斤斤计较眼前得失，终于促成弭兵大会顺利完成。盟誓之后，晋楚两大国终于放下百年恩怨，令尹子木和赵武坐到一起，开心地喝喝酒，说说闲话。

弭兵大会的结果，对晋、楚两国是有利的。从此他们安心享受诸国的朝贡，还可以专心一意于想要干的事。比较惨的是属从诸国，他们不得不竭尽所有，年复一年地奔波在前往晋国和楚国的道路，利用财货满足两个超级大国的贪欲。这样的过程，代价巨大，感受痛苦。但与残酷的战争相比，他们又觉得是值得的。因为盟约符合所有人的意愿，所以它能维持下来。

弭兵大会的另一个深层意义，就是彻底架空了周王室。之前晋悼公已经对周王不理不睬了，现在楚、晋两国领导的天下诸侯，共同对周王不理不睬。两个超级大国瓜分完诸侯的供飨，连一点油水都没留给周王室，周王室的存在感降低到了零点。可怜的周王从此只能龟缩在自己的小城内，自说自话，自生自灭。

但弭兵大会对整个华夏地区和历史产生了什么正面影响了吗？它提供秩序了吗？提供了制度了吗？提供和平了吗？都没有。晋、楚两国的行为，只是暂时满足了自我的贪欲。他们没有为终结天下战乱和华夏分裂做出重大贡献，对于属从诸侯国的影响也非常有限。他们不能阻止诸侯国的频繁内乱，也制止不了他们之间的冲突与战争。甚至对于自己，晋、楚两国也逐渐不能自救。晋国贵卿为了争夺权力，相互残杀，内耗不断，晋国开始走向分裂与灭亡。而面对吴国的崛起，腐败的楚国政府应对无方，被吴国攻破首都，一度濒临生死边缘。弭兵大会并没有终结战乱和分裂，而只是让它们暂时蛰伏起来，然后更加猛烈地爆发出来。

从周室东迁到弭兵大会，华夏地区的分裂与战乱，已经持续长达两百余年。在这段漫长的时间里，政治家和军事家的努力，并没有改变混乱和痛苦的现状。人们发现，仅依靠过去野蛮粗放的方式，并不能终结分裂，恢复和平，将人民指引向未来幸福之路。要实现超越性的变革，需要一种伟大的精神指引，需要前所未有的思想建构。而快速崛起的士阶层，正代表整个华夏民族进行思考与实践，寻找我们孜孜以求的答案。

公元前 551 年，即是弭兵大会前五年，孔子诞生了。一个在人类历史上具有伟大意义的人物，降生在世界的东方。他走在诸子百家的前面，开辟出中国人进行思想革命的艰险道路。从此后代人在这条道路上，尽情地驰骋腾跃。

对于孔子及其以后的诸子百家，后续将予浓墨重彩地书写。但在此之前，我们必须回顾过去。之前的中国历史留下了多少伟大传统和思想资源，使得诸子百家能在丰厚的土壤上，尽情释放爆发，结出丰硕的果实？所有的事物，不可能凭空达到巅峰，而有其循序渐进的发展过程。是以，必须回顾过去留下的传统和思想资源，才更明白春秋战国时代思想革命的内涵和意义。

# 第五章

# 先代的遗产

## 01 从上古到春秋时期

公元前6世纪至公元前3世纪，以孔子为先驱与核心的诸子百家，掀起一场异常壮观的思想革命，促成中国人在更高层面的精神觉醒和哲学突破，奠定下中华文明的深厚基础。这场思想革命阵容之浩大、内容之深刻、影响之深远，在人类历史上，极为罕见。后代中国人回顾历史，无不以诸子百家的创造为骄傲。而诸子百家也会感谢先辈祖宗的创造与开拓，两者的思想与精神一脉相承。没有先辈祖宗经历千年的精神探索和知识沉淀，诸子百家就无法跃迁到他们所到达的高度。要了解春秋战国时代的思想革命，了解中华文明的深层本质，不能不对先代的遗产和传统有一个较全面的了解。

那么，从上古时代到孔子诞生之前，中国人创造了多少思想财富和留下多少伟大传统呢？

笔者认为，在所有知识体系中，哲学思维层面应居于首要位置。中国的知识历史，也印证了这一点。中国历史最悠久的著作是《易经》，它所意味的第一层含义便是哲学思维。中国人最重要的哲学思维就是“易”，即是“简易”。

何谓简易？即是宇宙的原理是简易的，世界的秩序是简易的，人类的生活准则也应是简易的。这层意义，是中国思想和哲学最基本的要义。上古中国人在《易经》中建构的世界观念和生活秩序，就非常简单。开始只有八卦，继而变到六十四卦，再而变到三百八十四爻。至此而后，《易经》也就定型，再没有扩充。卦解自然，爻解人事。相较而言，人事的规律比自然的规律复杂些。后来道家构建的宇宙观以及儒家构建的生存观，也符合这个准则。

中国人既信仰了简易的观念，后来的知识谱系就不可能往两个方向发展：第一个方向，即是宗教方向。宗教的产生和发展，有赖于丰富的想象力和宏大的叙事框架，这是简易思维所缺乏的；第二个方向，即是科学方向。科学的产生和发展，有赖于深邃的理性思考和严密的逻辑推理，这也是简易思维所缺乏的。

摒弃了宗教与科学后，中华文明选择了另一条独自发展、独立成型的道路。这样的中华文明没有宗教和科学的特征，却构建出“天人合一”的思想，发展出别具特色的政教文明，延绵了数千年的辉煌和强盛。

古代中国人设定世界分为截然不同的两个层面：一边为地界（人间），一边为天界。人和万物生于地界，天界则为“天”所有。“天”与其说是神灵，毋宁说是一种道德意志。它没有外在形状，没有普通情感，没有亲戚、朋友和助手，只有赏善罚恶的意志。因此中国的“天”，与宗教意义的“神”，不能相提并论。或者可以说，中国思想范畴中没有神的概念，没有宗教。

人和万物在人间生长，人依靠道德秩序生活，万物依靠自然秩序生存。天与地联合，形成一个统一和谐的系统。这个系统犹如一个精密的仪器，一旦哪个地方出现反常，就会发生连锁反应，影响施及其他地方。天地系统不允许反常状态常在，它会通过一系列自我调节的操作，恢复回原初统一和谐的状态。这与其说它是自然生态理论，毋宁说是政治思想理论。因为历代统治者，一直用它来解释政治上的问题，小至调整政策，大至改朝换代。例如，当人间秩序被严重破坏，上天会感受到民众的愤怒，执行赏善罚恶的意志，剥夺旧帝王的统治权，交予能够维护和谐秩序的新统治者。商、周两代的新统治者，便是如此解释他们获得取代旧统治者的合法性。而当人间秩序只是被轻微破坏时，上天会通过暴雨、暴雪、旱灾、地震等方式来警示统治者。统治者轻则戒斋、彻乐、减膳，广开谏路，欢迎臣民建议和批评，以调整施政方策。重则下罪己诏，严厉自责，痛心悔过，进行重大改革。在历史上，越是文明的朝代，对上天的警示越为重视。

古代中国人又发明出“五行”概念，用以解释物质世界。五行指金、木、水、火、土五种元素，人们眼见的世间万物，由它们以不同形式组合而成。五行又具有相生与相克的性质，促使万物不断流转变化。到了西周末期，中国人又发明出“阴阳”的概念，从更深度的维度去认识天人世界。阴和阳被认为是一种气，它们控制和主宰万物。天人合一系统内的变化和反应，都经过阴阳之气的中介传送，来达成最后的结果。

随着时代的发展，天人合一的思想不断被丰富和发展。但整体而言，这个系统还是非常简洁的。人们无须记忆大量的知识，也无须进行深度的思考，便能理解它的内涵。在后来数千年历史中，虽然人们对它的信仰并非始终坚定，但历代王朝一直将之视为最高政治指导思想。

对于生命和生存意义的探索，是人类永恒的话题。不同的民族与文明，给出不同的答案。中华民族的传统观点认为，人在世间需按照道德准则生活，个体生命的价值表现在现时与此世。

道德准则在最初的确立，源于自我价值的觉醒。在脱离蒙昧状态之后，先人发现人与动物的区别。相比于动物，人是一种更高级、更高贵的生命。为了界别两者，人类建立起道德秩序。最初的道德概念，是“礼”。人比动物更高级和高贵，因为他们知礼。动物比人卑微和低贱，因为它们不知礼。由此定义，人类在俗世获得了无上的尊严与骄傲。

另一个重要的道德概念，是“德”。最初的德，是善的意思，即予人以利益和恩惠。这是人在对动物的第一次超越后，对自我的第二次超越。更高级和更高贵的人类，被要求生命的价值不在于追逐个人的利益，而是惠及他人、成就集体。而后由这种外在、功利性的德，衍生出内在的、修养性的德。外德成为内德的目的，内德成为外德的根基。

在“礼”与“德”的基础上，中国人又发明了慈、忠、孝、悌、义、信、敬、节等道德概念，组建起一张广泛的道德秩序之网，将每个个体生命都牢笼在内。一个人从出生到死亡，都被要求遵循这些道德准则来行事。另外，中国人的道德观是建立在自我认定的基础上，无须依附其他信仰体系存在。因此可言，道德便是中国人的信仰，中国人是被道德定义的生命。

而此种道德信仰，也将中国人的生命价值，留在现时与此世。对中国人而言，从出生到死亡的数十年岁月，就是生命的全部意义所在。不追问来生，也不追问彼岸；没有原罪，也不需要救赎。所有珍贵的东西，都集中在现时和此世。他们尽己所能，在人间实现自我的价值，并让个人和集体的血脉在岁月中得到传承。后世的史书，以纪传体为主体，着重记载个体生命在人间的经历与功业，便是这种思想的重要体现。

因为这种根深蒂固的思想，磨砺出中国人坚韧的意志与超乎寻常的忍耐性。因为没有彼岸和来世可以退守，没有上帝和真主的眷顾，不论经受多么艰难的考验，都不能退缩和认输。人们坚信，只有在现时和此世胜利了，灵魂和肉身才有安置之处。在历史上，古老的中国文明数度濒临覆败和灭亡的危险，凭借国人坚韧的意志和超乎寻常的忍耐性绝地反击，又奇迹般获得重生。中国人的道德信仰，促使人们追求生命在现时和此世的价值。这种思想观念激发出强大的力量，一次又一次地实现文明的传承、自救与再生。

而要实现在现时和此世的生命价值，不可避免关涉到另一个重大议题，即是集体生活的组织和管理方式。因为现时和此世重要性的凸显，世俗组织及其权力的重要性也相应被凸显。作为集体组织最高形式的国家政府，其组建和运作方式，一直是中国文明与历史关注的焦点。

自古以来，中国政府的首脑一直扮演多重角色。第一重角色，即是人民的领导者，负责组织生产与交易，满足人民在物质生活上和精神生活上的需求，确保国家的安全。这一重角色，也称为君。第二重角色，即是人民的亲人。领导者与多数民众并无血缘关系，但却被认为具有类似亲缘关系。这种理论的创建者相信，只有两者之间具有这种关系了，领导者才会善待被领导者，为他们的利益着想。领导者总是被提醒，他是百姓的父母，百姓是他的子女，他必须慈爱与善待他们。这一重角色，也称为亲。第三重角色，即是人民的引领者和指导者。领导者不但是权力所有者，而且是最智慧的人。在他们眼中，人民就像婴孩，蒙昧无知。只有经过他们的教导和指引，人民才能过上文明的生活。衣裳是领导者教会人民制作的，房屋是领导者教会人民建造的，礼仪是领导者教会人民掌握和遵守的。总而言之，领导者就像一盏明灯，指引人民走向文明和幸福。一个有组织的文明社会，不可须臾离开领导者。这一重角色，也称为师。

在久远前的年代，政府的组织尚小，领导者一人兼任君、亲、师的三重角色，应付起来，还绰绰有余。随着文明的进步，政府组织的扩大，领导班子也相应增员。领导者有必要选拔人员，辅佐自己行政，参与政府的管理。而领导者既然是个智慧的人，那么他的助手，理所当然也被要求是智慧的人。因此，政府制定的选拔标准，以智、德、才、能等因素来考量和评判人才。而所有人民，对领导者来说都是子女，具有平等权利。那么只要一个人被判定是智慧有才的，无论他是何种出身，具有何种背景，拥有多少财富，都不能成为他被纳入政府组织的阻碍。这种选拔传统，由传自上古的荐举制，演变至汉晋时代的察举制，再演变至隋唐时代的科举制。在多数时候，这些制度的执行尽管做不到尽善尽美，但改变不了中国贤能型政府的本质。

因为政府的构成以贤能型人才为主体，其在政治统治和社会治理上，常常取得惊人成就。根据文献记载，早在大禹时代，华夏地区就建立起中央政权，九州来朝。夏、商两代，其有效统治面积，不是一个王国，而是广大的华夏地区。夏王和商王，不仅是一国国王，而是承天受命的天子，是天下的共主。这样的历史事实，与世界其他国家完全不同。其他的国家早期乃至长期都是分裂的，而中国早期乃至长期都是统一的。这是文明侧重于政治与否，产生的最大差异。

因夏、商两代资料稀缺，无法对它们统治的情况作具体描述。但西周王朝的情况就明朗多了，人们可以确切了解它的政治文化制度，了解它的领土封疆面积，了解它所领导的上百个诸侯国家的情况。秉承自上古时代选贤任能的传统，西周王朝集前代之大成，开后世之先河，将中国政治推向前所未有的高度。在当时世界看来，它就是一个巍然存在的庞大帝国。

在经历近三百年的辉煌后，周帝国轰然坍塌。诸侯方国崛起，各自逞雄争霸，致使九州狼烟滚滚，满目疮痍。这在中国历史上，是从未出现过的情况。对于向来以政治统治和治理为骄傲的中国人而言，这是一个重大的挫折，也是巨大的耻辱。历史的发展，使得贵族和平民之间的界线被混淆，催生出专业的知识阶层。他们发现仅依靠传统的军事和政治手段，无法实现华夏的统一，重现承平治世。于是，他们在思想和精神层面进行深入探索，不断发明与创造，企图寻找新的解决方案。在必然性因素与偶然性因素激感交融下，中国爆发出百家争鸣的思想革命，它与印度、中东和希腊地区思想文化革命应和，共同成为人类轴心时代的特殊景观。

春秋战国时代之前的中国人留下的思想和文化资源，非常丰厚。比如礼制，它拥有悠久的历史和庞大的结构。展开来讲，需要非常长的篇幅。但在这里，我们主要关注的是，在孔子之前，中国人的思想和文化进化到了什么程度？人们在行为上和思想上，与孔子之后的人有多少不同？这有助于了解中国历史与文明演变的次序和规律。

## 02　从春秋到孔子之间

从周室东迁到孔子诞生，有二百二十年之久。因有《左传》一书的存在，其中一百七十年的历史，有比较详细的记载。我们将从这一百七十年的历史中，撷取一些重要的片段，观照当时的时代精神，看看普通人在想什么、做什么？在伟大的思想文化革命发生前夕，上古时代的遗产和传统变成了什么样子？

值得关注的第一个话题，是人与神的话题。在以宗教为主导的文明中，神具有至高无上的地位。身为凡人，只有无条件的信仰与服从。而在以政教为主导的中华文明中，神却不能凌驾在人之上，反要服从道德意志。这种思想，在《左传》记载的姬姓随国一场君臣对话中体现了出来。

公元前706年，楚国讨伐随国，以疲兵诱惑随军。随侯想要追击，被国臣季梁阻止。随侯之前巧取豪夺，纵欲恣行，还喜欢浮夸讲究，奢侈祭祀鬼神。季梁借机劝谏他：小国之所以能对抗大国，是因为小国有道，大国无道。现在国内百姓在忍受饥饿的折磨，而主公却滥祭鬼神，我不认为随国具备了打败楚国的优势。

随侯说：我们祭祀选用的都是肥大的牲口，没有杂色，各类黍谷水果，也很丰盛，就是为了表达对神明的敬意，让它保佑我国。有了神明保佑，为什么不能打败楚国？

季梁说：主公，此言差矣！人民，才是神明的主人。古代的圣明君王，都是先治理好国家，让人民过上安康幸福的生活，然后才祭祀神明。现在人民为劳役四处奔波，没有时间耕种田地，导致收成一年比一年差；主公又没有按照道德准则来教化人民，团结各大宗族，致使纲纪紊乱。这样的情况，使神明没有了依靠，祭祀的物品再丰盛，礼节再恭敬，祝辞再有文采，它也不会高兴而降下福旨。主公还是先改革政治，再祭祀神明吧。人民和神明都喜悦了，就不用再担心外敌了。

随侯听罢，心生恐惧。回国马上改革政治，坚持以民为本，巩固国家根基。楚国听闻随国上下团结和睦，很长时间不敢来侵犯。

季梁意思反映，中国传统思想中的神，并非超然存在，能够凌驾在凡人之上。相反，神反而要依附于人存在。人喜则神喜，人怒则神怒。在《尚书》中，早就有了“天视自我民视，天听自我民听”的表述，但其中的尚民思想，还没有季梁先进。《尚书》中的天，还高踞于人民之上。而季梁口中的民，已成为了神的主导。两者的地位关系，发生了置换。

民与神关系的倒置，表面上看是一个微小的变化，实质上是一次巨大的思想变革。在蒙昧时代，人认识自然、征服自然的能力有限，不得不将自身的愿望寄托在虚拟的神明上。神明法力无边、无所不能，成为人民精神上的庇护者。世界各大宗教，皆由此源头产生。而中华文明却没有迷信神明，走上了另一条注重现时与此世的发展道路。中华文明没有赋予神明鲜明的人格化特征，没有赋予神明创造世界和控制世界的能力，仅赋予祂一层纯粹的道德意志。而且这层道德意志，还不是独立的，它受控于人类。当人民感到愤怒时，神明会感应到愤怒，由祂的道德意志鉴别出善恶，施于处罚。当人民感到喜悦时，神明也会感应到喜悦，由祂的道德意志鉴别出美好，再示于祥瑞。中国人祭祀神明，多是出于礼敬和情感的目的，人们不会让神明凌驾在自身利益与道德意志之上。到了春秋时代，中国人的理性思维渐趋发达，对客观世界的认识愈加清晰，终于喊出“夫民，神之主也”的口号，实现了人与神地位的倒置。

有人会怀疑，南方小国的一次君臣对话，是否能代表中华文明的主流思想？其实，《左传》中关于此一观点的表现，并非一处。公元前

662 年，传说有神降临在莘这个地方。周惠王咨询一个名叫过的史官，该如何应对？内史过认为，神明降临，可能褒扬有德，也有可能警示作恶，历代有之，不足为奇，只要按照常礼祭祀便可。周惠王于是派遣内史过前往莘地祭神。内史过在路上遇见虢国的使臣，了解虢君想要向神祈请赐予土地。内史过叹道：虢国将要灭亡了，自己在国内行虐政，还听命于神明。

言之意外，国君应该根据人民的意愿来行政，而不能一味听命于神明。

虢国内史嚚，同样批评虢君说：虢国就要灭亡了！我听说，国家将要兴盛，国君听命于民；国家将要灭亡，国君听命于神明。神明，它聪明正直而又专一，只会根据人民的意愿来施祸赐福。现在国君无德，又贪求土地，神明怎么会满足他呢？

公元前 641 年，宋襄公想要威服东夷各国，打算杀死鄫国国君祭祀土地神。司马子鱼反对说：自古以来的传统，六种畜生不能相互祭祀，小祭祀也不能使用大牺牲，何况是用人？祭祀的本意，是为人民祈福。人民，就是神的主人。现在杀人来祭祀，神明有灵，是不会享用的。

随国、虢国、宋国相距遥远，国情各异，却表现出同一种民为神主、尊民抑神的思想，被鲁国的知识分子左丘明记载下来，正说明了这不是一时一地的观点，而是整个中华文明的共通思想，为大多数人所信奉。还因为各国各地的人表现得那么一致，可以推测，这种观点成为中华文明的主流思想，而有相当久的一段时间。可能在西周时代，它已经被确立为官方意识形态。经过中央权力的强力推广，才在整个华夏地区扎根下来。

“民为神主”思想的确立，标志着中华文明去宗教化的完成。未来发生的思想文化革命，彻底与宗教学的建构无关。中国人探索的重点，从此转向追求现世和平与幸福相关的政治学和社会学议题。

将多数问题诉诸政治学和社会学，不可避免面对一个棘手的问题，就是如何处理君王和人民的关系。君王即是君、亲、师，那么他是无所不能的吗？他的权力不受限制吗？人民将神扳下至高无上的位置，却将人间的君王捧上去，取代祂的位置吗？

没有。中国人在将神扳下圣位时，也将君王扳下圣位。中国人的思想尊民抑神，也尊民抑君。这在《左传》中，也有其端倪。

公元前559年，卫献公为君无道，被其臣民驱赶出国。晋悼公犹豫是否出师靖乱，咨询师旷说：卫人将他们的国君驱赶出国，不也太过分了吗？

师旷回答：也许是为君的做得太过分了。如果为君有道，慈爱子民，人民尊奉他还来不及，怎么会驱赶他呢？现在他让百姓绝望，社稷无主，这样的君王，对国家有什么用呢？不赶他走，留下来干什么？

师旷又说：上天对人民的慈爱，非常深重。它不会允许一个人践踏在人民头上，为了满足私欲，为所欲为。他现在的遭遇，不正是报应吗？

晋悼公听了之后，陷入沉默中。他最后没有出兵，介入卫国之乱。

古代忠君的观念，非常深厚。但臣对君的忠，却不是无条件的。君王只有在为君有道、得到人民拥戴的前提下，才能得到臣子们百分之百的支持。晋悼公以君臣构难咨询师旷，师旷从君民关系的视角，对卫献公进行尖锐批评。卫献公没有尽到君主的责任，善待人民，他被臣民们赶跑，咎由自取。道义不在卫献公这边，晋国不应该介入这样的内乱。师旷的观点，表现出一种鲜明的尊民抑君倾向，他认为君王的行为，不能凌驾在人民利益之上。

同样的观点，也体现在晏子的言行中。

公元前548年，崔杼在其家内弑杀齐庄公，晏子闻讯，赶到崔家门口，端立不动。他的随从问：大夫准备为国君殉身吗？

晏子回答：难道他只是我一个人的国君吗？为什么要殉身？

随从：那么大夫要逃亡吗？

晏子：国君的死是我的罪过吗？为什么要逃亡？

随从：那么大夫要回去吗？

晏子：国君死了，要回哪里去？

晏子又说：国家设立君主，难道是让他欺凌人民吗？不是，是要让他安定社稷，治理人民。臣子侍奉君主，难道只是为稻粱谋？不是，而是保卫社稷，惠利人民。如果君王是为社稷死的，那么臣子会为他殉身；为了社稷逃亡，臣子也会跟着一起逃亡。但若他为自己的利益而死，不是他亲昵的宠臣，哪个臣子会承担这样的责任呢？但他毕竟是我的君主，我又不能死，又不能逃，能去哪里？

晏子站在门口一动不动，直到崔家的人打开大门，他才走进去，抱住齐庄公的尸身大声痛哭。

晏子和师旷一样，对失德君主提出尖锐批评。他们认为，君主虽然是尊贵的，享有巨大权力，但若他们背离职守，践踏人民，因此遭遇弑杀，或被迫流亡，就不值得同情。在他们心中，人民的福祉与社稷的利益，远高于君王的地位和权力。很多人都熟悉孟子的一段话："民为贵，社稷次之，君为轻。"其实这种思想并非孟子首创，而是沿袭了师旷、晏子以来一脉相承的思想传统。早在春秋前期，民贵君轻、尊民抑君的思想，就成为广大知识分子的共识。只不过，孟子将它说得比前人更加清楚明白罢了。

因为中国人相信，通过政府组织来管理社会生活，能确保安全，带来幸福。这就强化了政府的作用，同时强化了作为政府首脑的君王的作用。如果不对君王的职责和权力加以限定，那么很难避免他走上滥用权力、危害群体的道路。是以，在传统的尊君、忠君思想中，又滋生出这种抑君的思想。古代贤哲希望通过对君王的监督和限制，能够制止他的行为脱离正常轨道，危害群体。

然而这种监督和限制，仅仅是在道义上的，没有落到制度实处。在合法范围内，古代人对暴君或昏君只有批评与不合作的权利，而不能剥夺或取消他们的权力。如果暴君或昏君倒行逆施到极致，人们只有采取暴力革命来推翻他的统治。暴力革命在旧王朝的统治制度中不合法，在天命理论中却是合法的。对天命理论的践行与历史上王朝兴衰的周期一样，每隔数百年，出现一次。

值得关注的第三个话题，是仁的思想的产生。众所周知，“仁”是孔子思想乃至儒家思想的核心，也是轴心时代思想革命的重要成就之一。研究孔子的学者，都在“仁”上倾注很大的精力，试图在此窥见他的心灵密码。然而，要了解孔子，就不能只盯住《论语》中那 105 个“仁”字不放。展开眼界，看看孔子之外、孔子之前的“仁”，会对他和儒家有更深刻的认识。

翻阅《左传》，我们发现“仁”作为一个道德概念，早在孔子之前就出现了。公元前 582 年，也就是孔子诞生前三十一年。晋景公有一回闲极无聊，逛到军库，见到一个囚犯装束与常人不同，就问：那个戴着南方帽子的囚犯是谁?

主管官吏回答：是郑国人所献的楚国俘虏钟仪。

当时晋国正意图与楚国媾和，晋景公当即命令将钟仪召到面前，问他的世系职业。

钟仪回答：罪人父祖三代都是乐官。

晋景公又问：你能奏乐吗？

钟仪答：父祖的职业，不敢荒怠。

晋景公命令拿来一把琴，交给他演奏。钟仪当场演奏完一曲楚曲。

听罢，晋景公又问：你们国家的君王，是个什么样的人？

钟仪开始不想回答，在晋景公坚请之下，勉强透露：君王为太子时，师保朝夕侍奉他。他每天早晨向太师子重请教，晚上向太保子反请教，勤恳向学，敬爱师长。我不知道其他的了。

晋景公套不出更多的信息，只得作罢。

后来晋景公把这件事告诉大臣范文子，范文子说：这个楚国的囚徒，真是个君子。他回答我君的问话，首先提到祖先和他们的职业，说明他不忘本。演奏楚国乡音的音乐，说明他不忘旧。言及君王，只说他为太子时修为，说明他没有私心。直呼两位上卿的名字，说明他尊崇国君。

接着范文子又说：不忘本，是仁的体现。不忘旧，是信的体现。无私，是忠的体现。尊君，是机敏的体现。一个人能用仁来统筹处理事情，再辅以信来坚守、忠来促成、敏来实践，再大的任务，也能圆满完成。我国正想与楚国议和，钟仪就是能促成此事的人。我君何不释放了他，让他回去成就两国的友谊？

晋景公于是释放钟仪南归，终于促成了晋楚之间第一次和平协议。

在这里，“仁”便作为一个道德概念出现了。在范文子的定义中，“仁”是不忘本之意，而本则指钟仪的祖先和他们的职业。此时的“仁”，颇有点孝的味道，与后来孔孟之谓“仁”，尚有不小差距。但无论如何，在德、礼、忠、信等主流道德观念，再发明一个“仁”的概念，已是思想史上的一个重大突破。从范文子以“仁”统御忠、信、敏以成事的提法，隐隐预见“仁”后发先至，将凌驾在其他道德概念之上的未来。

时间来到公元前548年，即孔子三岁的时候。郑国子产向然明请教为政的要诀。然明言简意赅地说：对待人民，要像对待自己的子女一样慈爱。见到不仁的人，就要诛灭他，就像老鹰猎抓鸟雀一样决然。

子产听了以后很高兴，回头对游吉说：以前我只认识然明的面貌，现在终于了解他的心地了。

在这里，“仁”的意义有了升华，已经有点“仁者爱人”的意思，其政治作用也被凸显。按然明之意，实现政治治理，就要诛灭不仁的人。反过来理解，即是使用仁人和“仁”的方法，有助于政治治理。“仁”与政治，被密切关联起来。孔子成年后，继承创生不久的“仁”的概念，对其予以深刻阐述，极大丰富它的内涵和价值，终于使“仁”成为中国最为重要的道德概念和哲学概念。

由“仁”的思想从无到有，可知道当时虽然天下分裂、战乱频仍，但知识文化的传承与发展，一直在进行。诸子蜂起，百家争鸣，并非一蹴而就的结果，而是经历细水长流，再汇成浩荡江河的长期过程。

值得关注的第四个话题，是关于生命价值评价标准的话题。公元前549年，鲁国叔孙豹出访晋国。晋国大贵族范宣子问他：古人有言，死而不朽，这是什么意思?

叔孙豹没有说话。范宣子又说：从前我的祖先，在虞帝、舜帝时代是陶唐氏，在夏朝是御龙氏，在商朝是豕韦氏，在周朝是唐杜氏，现在晋国称霸中原，我们又叫范氏。像我们家族世代显贵，应该算得上古人所说的死而不朽了吧！

叔孙豹回答道：据我所知，这不过是能世代领取俸禄而已，称不上不朽。我们鲁国的大夫藏文仲，他虽然死了，但人们仍传诵他的思想言论，这才是不朽。我又听说，不朽的级别，最高为立德，其次为立功，再次为立言。它们经历得起考验，即使时间再久，也不会被人们遗忘。至于保存姓氏，守住宗庙，世世代代不断绝祭祀，各个国家都有这样的大贵族。他们只是领取俸禄多而已，称不上不朽。

“三不朽”的观点，表现出一种崇尚道德和思想、贬抑权力和利益的倾向。虽然它的内容简单，但却意味着精神上巨大的升华。当人们的理想和追求不再单纯局限在事功和利益上，而是转移到道德建设和思想创造上，这个民族才有可能创造更灿烂的文化。

“三不朽”的实践，在春秋时代被一再印证。师旷作为一个盲人乐师，地位甚低，但他的言论金声玉振，被经典记载，因而不朽。柳下惠坐怀不乱，坚持以礼律己，因而不朽。乃至提出“三不朽”的叔孙豹，仅因这个言论而不朽。当道德和思想的价值一再被推高，那么它们迎来狂飙突进的变革也就为时不远了。

历史来到孔子诞生前几十年，华夏地区迎来一个人才井喷期。鲁国有臧武仲和叔孙豹，齐国有晏子，卫国有蘧伯玉，郑国有子产，晋国有羊舌肸和师旷，吴国有季札。这些在各自国内都是非同小可的政治人物，但让他们留名千载的，却不是政治业绩，而是道德学问。如此众多杰出人物以道德学问闻名，说明当时整个中国文化的积累，已经达到非常丰盛的程度。丰盛之后，就是溢出、超越和涅槃。在他们之后，中国人终于在思想和精神上实现巨大突破，照亮历史的漫长征途。

总而言之，上古时代传承下的遗产和春秋前期的探索，使得中国在轴心时期有了丰厚的积累，足以促成思想和精神革命的发生。事实说明，中华文明一脉相承，源远流长。后来的突破与成就，皆有其早期的源起。而中国人注重现时与此世，相信以政府组织形式实行开明化管理，可以促进社会繁荣，为人民带来幸福，成为中华文明的主要特征。轴心时代的革命，便是以如何实现政治统一、恢复文明秩序、进行开明治理、确保人民太平与安定的生活为中心话题。其他诸如对形而上学、知识论、人性论、生命哲学等的探索，都是次要话题。

面对周帝国建立的大一统政权瓦解后，天下四分五裂、人民饱受战乱之苦的景象，孔子及其他诸子迫切希望终止战乱，恢复统一，让人民重新过上太平安定的生活。他们在头脑深处进行革命，结出丰硕的成果，为现实政治提供解决方案。他们的心愿和思想，与其他同样进行思想革命的轴心地区贤哲有很大不同。因为其他国家从来没有统一过，他们不会理解中国人对政治功用的景仰以及对政治统一的向往。

# 第六章

# 孔子的世界

## 01 显拔于鄙民之中

孔子是宋国公室后裔，其源流可以清晰上溯到宋湣公之子弗父何。弗父何五世之后，有孔父嘉。周礼规则，以五世亲尽，别氏为姓。于是孔父嘉以孔为姓，为孔氏始祖。

有关孔父嘉的事迹，前文已有述及。因华父督嫉妒孔父嘉妻美，且不满宋殇公连年发动对外战争，杀死孔父嘉，弑死宋殇公。孔父嘉的儿子木金父，惧怕华氏的迫害，逃亡到鲁国。木金父三世生孔防叔，孔防叔三世生叔梁纥。叔梁纥即是孔子的父亲。

关于叔梁纥，《左传》中有两条关于他的记载。公元前 563 年，晋悼公率领诸侯在柤地会盟。因为宋国的向戌是晋国的坚定盟友，晋国众卿想攻下投靠楚国的偪阳国，赏给向戌，以作酬劳。在攻打偪阳国的战役中，鲁国作为晋国同盟，也出兵参与。在攻城过程中，偪阳国使下计策，打开城门，诱使同盟军冲进去。半途又放下闸门，欲将盟军拦腰截断，围歼内军。叔梁纥撤退到城门下，看到情况危急，就站到闸门下，用双手托住下落的大门，呼喊入城的战友们赶紧退出。一直到盟军撤退完毕，叔梁纥才放下闸门，安全离开。在后方目睹这一幕的鲁国贵卿孟献子赞叹道："真壮士！此所谓有力如虎者也！"

另一次记载，发生在公元前 556 年。鲁国与齐国交恶，齐灵公攻打鲁国，将鲁大夫臧武仲包围在桃城。叔梁纥和另外两位将领，接受上级命令，率领三百甲士趁着夜色突袭齐军，进入桃城。叔梁纥将臧武仲保护出城，送到旅松。之后再返回桃城内戍守，抵抗齐军。齐军强攻不下，只得撤退。

两条记载都显示，叔梁纥是一名英勇非凡的武士。也可说他是一名军事将领，但级别不甚高。在全社会中，处在中等阶层位置。孔氏先祖，原属大贵族。因政治斗争失败，逃亡异国，导致社会地位下滑。数代以来，处境又每况愈下。到了叔梁纥，不得不贾售勇力于国家，以谋生存，至老不能卸甲归田。

据说叔梁纥与正妻施氏生了九个女儿，无一儿子。有个妾倒生了个儿子，叫孟皮。无奈天生跛足，不是合格的家族传人。对于注重子嗣传承的中国人来说，这样的现状无法让叔梁纥接受。虽然自己年龄很大了，但仍谋求再娶生子。于是他通过媒人，向颜家女子求婚。叔梁纥虽老，但尚属于士阶层，有一定的社会地位。对于贫贱人家，还是很有吸引力的。颜家父母迫于贫穷，将青春年少的小女颜徵在嫁给了叔梁纥。两人年龄之差，达到五十岁。

公元前 551 年，叔梁纥与颜徵在生下孔子。两年之后，叔梁纥就病亡。孔子幼年亡父，失去依托，与母亲相依为命。据孔子说，他少年时候生活困苦，不得不从事多种低贱行业，以维持温饱。因为叔梁纥没有留下多少遗产，年轻的颜徵在不得不加倍辛苦劳作，供养儿子成长。但独力难支，生活的苦难最后压倒了颜徵在。在孔子十三四岁的时候，他的母亲因过度劳累去世。孔子依靠乡人的指点，找到父亲的坟墓，将父母合葬在一起。

从叔梁纥到孔子，孔家再经一次沦落。年轻的孔子，社会地位介于士及庶民之间。向前一步为士人，后退一步为庶民。因中国社会阶层扁平化之故，两者的区别又很模糊。即便是士人，在不得意时也要去耕田种地。庶民有能力，也可以读书学礼。孔子处在两个阶级的夹层，一面他不得不去耕田种地、牧牛放羊，以谋糊口；另一面他又有机会接触士人阶层，学习礼仪文化知识。

少年时代，孔子就表现出对礼节仪式的特殊兴趣。遇上某些礼仪场景，他饶有兴致地观赏，将其过程步骤牢记在心。回来与童伴嬉戏，便模仿摆设出场景，自己扮演主持人，将整个礼仪流程重演一遍。他对此不知厌倦，乐而忘倦。因为天赋过人，又专心用力，很快孔子就掌握了多数礼仪程序，了解其内涵精神。在文化知识方面，孔子也奋力汲取，快速成长。不到二十岁的年龄，他便成长为一个知书达理的人物，在乡间邑里颇有名声。听到别人对自己的褒扬，孔子信心倍增。

有一回，鲁国贵卿季家广开宴席，宴请知名士人。鲁国境内的名流，辐辏而至季氏门户。孔子没有妄自菲薄，以为自己也属于知名士人，在季氏宴请范围内。他穿戴整齐，煞有介事地踱步至季氏府邸，正要迈步进入，季家身材魁梧的家臣阳虎见他面目陌生，拦住问：你是谁?

孔子微一迟疑，应声说：我乃孔丘。

阳虎略一思忖，然后微笑说：孔丘啊? 没听说过，你来干吗?

孔子咽了一口气，鼓起勇气说：季家不是宴请士人吗? 我来赴宴。

阳虎顿时露出轻蔑之色，说：我家主人宴请的是鲁国名士，不是宴请你！还不快走？年轻人毫无自知之明！

阳虎挥挥手，打发他离开。孔子无奈，讪讪离去。自此他方知道，自己的知识和名望，还不足以踏入权贵之门，因此更加发愤学习了。

到了二十多岁，孔子开始担任一些基层职务，诸如管理乡里田地、粮仓、畜牧的工作。因其能力出色，每一项工作，都取得不俗的成绩。孔子的声望进一步提高。有了稳定的工作和收入，孔子就有了更多学习知识文化的机会，接触到普通人接触不到的珍贵典籍。孔子精诚向学，不耻下问，很快取得巨大进步。在三十岁左右，他学问大成，达到了国内一流的水平。不少人闻孔子博学明礼之名，逢有疑难，都求教于他；逢有典礼，都请他主持仪式。更有一些少年弟子，开始追随孔子，学习礼仪文化。孔子成为鲁国国内的大名人。

公元前 535 年，鲁国贵卿孟僖子陪同鲁昭公前往楚国，经行郑国，郑简公与鲁昭公会面。孟僖子作为此行助手，却不知相礼，深以为耻。来到楚国，又不能答郊迎之礼，孟僖子又受到刺激。返回鲁国之后，孟僖子知耻而后进，开始求教贤达，学习礼仪。

公元前 518 年，孟僖子重病将死，授遗言于家臣们：礼，是立身的根本。人不知礼，不能自立。我听说有个很有名望的年轻人，叫孔丘。他是殷商王室的后裔，因为华父督之难，他的先人逃亡到鲁国。他先祖弗父何、正考父积德深厚，名声远播。臧武仲曾说，圣人有高明德行，如果不能成为国君，他的后人之中必有闻名于世者。这个预言，恐怕要应验在孔丘身上了。我死之后，你们让我的两个儿子去拜孔丘为师，跟随他学习礼仪文化，帮助他们更好地立身处世。

孟僖子的儿子孟懿子和南宫敬叔，后来果然拜孔子为师。这一年，孔子三十四岁。

鲁国因是周公封国，享有周王朝的特殊待遇，藏有众多礼仪文化典籍。孔丘通晓这些典籍，学问已非常渊博。但他深知学无止境，人间还有许多知识和博学人士，他还没有见识到。他必须走出鲁国，去开阔眼界，汲取更多的智慧。当时周王朝虽然衰落，但王城洛邑仍是中国文化的中心。那里藏有夏、商、周三代的珍秘典籍，不传于世。孔子要实现对自己的超越，必须获得更多的知识，求教更多的博学人士。于是王城洛邑，成为壮年孔子心向往之的旅行目的地。

南宫敬叔了解老师的心意，就对他说：老师，我们去王城吧。

孔子沉默一阵说：我只是一介布衣，恐怕那里没有人欢迎我。

南宫敬叔说：这个容易，我去请求君侯一纸字令便可。

出身于鲁国显赫的孟孙家族，想要拿到鲁君的一纸批文，是很简单的事。鲁昭公是一个被架空的君主，本身没有多少权力和财产，但也不吝惜一点象征性地付出。他不但允许了孔子以鲁国学者的身份造访王城，进行学术和文化交流，而且还恩赐了一辆车、两匹马以及一位伴童，随同前往。

得到官方的许可，孔子便可以名正言顺地拜访王城，借阅那里的典籍，与那里的文化精英交流学问。对知识的极度渴求，让他迫不及待地收拾行装，驾车西行。但孔子的旅程，却没选上一个好时间，他遭遇了周王室百年一见的内乱。

周景王原太子早逝，他喜欢庶长子姬朝，想立为继承人，但迟迟没有行事。两年前他心疾发作，意外身亡，后事没有安排妥当，引发支持不同继承人的两党内乱。王朝贵卿刘蚠和单旗拥立姬猛为周悼王，姬朝纠合旧臣作乱，杀死周悼王，自立为王。刘蚠和单旗又立姬猛之弟姬匄为周敬王，两派人马抓对厮杀，战火绵延，未分胜负。其间，作为诸侯盟主的晋国曾派军平乱，给姬朝一方的势力于重大打击。但形势刚有好转，晋军突然撤离。姬朝一方势力又抬头，双方再次陷入难分胜负的缠斗中。此次王室内乱，前后绵延四年之久。百年古都洛邑被战火裹挟，到处滚滚狼烟，无数人罹灾受难、家破人亡。直到公元前516年，晋国彻底倒向周敬王一方，率领诸侯进攻姬朝。姬朝不能抵抗，逃窜楚国，内乱才被终止。

当孔子抵达洛邑时，正值公元前518年，王城洛邑尚处在两王对立、战乱不断时期。对孔子来说，这是不幸的，因为战乱限制了他学习与交流的条件。但从另一方面讲，又是幸运的。因为姬朝失败之后，卷裹了大部分周王室的典籍，逃往南方的楚国。这些珍贵的典籍随之散佚楚境，消失在人间。孔子能赶在这些珍藏典籍消亡前，一睹它们的真面目，简直是人生大幸！

## 02 与老子的对话

文献记载，孔子在王城期间，与两位名人有过来往。一位是周大夫苌弘，另一位是征藏史老聃。苌弘博才多学，尤其精通历法星算，他是周敬王的支持者。孔子对历法星算并不感兴趣，只向他请教了乐的理论及其政治教化功能的问题。苌弘认为，现存的《大武》乐曲末尾流露出荒怠的情感，这或是周武王后期有所懈怠了，或是在五百年的传习过程中，部分内容被人更改或遗忘了。孔子也同意，体现完美政治的舞曲，不应该流露出荒怠的情感。

关于老子与孔子的谈话，笔者在脑中呈现出这样的场景……孔子被获准进入王朝藏书馆，饱览里面的浩瀚典籍。他犹如海绵吸水一般，疯狂汲取里面的知识。藏书馆里面有一个苍颜白发的图书管理员，看到这个年轻人如此生吞硬嚼众多知识，不禁摇了摇头。他一颤一巍地走过孔子身边说：年轻人，你即便天资聪颖，看遍了这里的藏书，又懂得什么？

孔子讶异地看了他一眼，说：知识当然是看一点懂一点了，不阅读书籍，怎么融通前人智慧？

老聃瞥了他一眼，说：融通了前人智慧，那便如何？

孔子信口答道：济乱世，救苍生啊。

孔子停止翻阅书简，跟随老聃的步伐，走到座席前，恭敬地坐了下来。他知道面前的人物绝非寻常，他们即将开启一场顶尖的智慧交流。

老聃：以你看，这乱世可济乎？苍生可救乎？

孔子：乱世可济，苍生也可救。在乎是否有人，能执正道而行。

老聃：何为正道？可否为我详细一道？

孔子端直身体，双手一拱说：晚生不才，正想求教于先生。正道要意，在礼与仁。太古之时，人民蒙昧。百姓茹毛饮血，类同禽兽。圣人出世，教人筑屋宇、织衣裳、造文字，又因之而创礼制。百姓因礼而别人兽、辨男女、尚文明。有礼，而后方有华夏中国。无礼，则为蛮夷戎狄及禽兽。三代先王因礼以立国治民，由来已久。本朝周公代成王摄政，创建周礼，更集前所未有的大成。我周朝数百年的兴旺，天下数百年的安宁，皆赖礼制之力。然末世礼法崩坏，诸侯不尚道德，竞争诈力，导致天下大乱，生灵涂炭。礼之崩坏，不正是产生乱世的因由？

老聃：如此，若依礼行之，能救今日天下太平？能平今日王室之乱？老聃循诱孔子继续说下去，他不表达态度。

孔子：若依礼制，立子以嫡不以长，今王确是更合格的继承人。若王子姬朝尊礼而行，也不会有今日大乱。

老聃：那王子姬朝为何不肯尊礼而行？礼让今王？

孔子犹豫了一下，说：是王子姬朝争心太盛，践踏了礼制。若其无争心，自然无今日之乱。王子姬朝认为自己贤德，可以效仿周公，辅佐今王行政，亦可建立功名，留名万世，何必锱铢计较于名位差别。

老聃展颜一笑，说：若人人皆为周公，有大智慧、大功德，这个世界当然永远是治世承平。问题在于，王子姬朝就是王子姬朝，他不是周公。王子姬朝以下，尚有许多锱铢计较于名利的诸侯、凡民，更加不可开喻。当今乱世，都是由此类人物造成，你有何计应对？

孔子凝神思考，拱手说道：礼自外生，仁自内出。外不遵礼，因内无仁心。若人有仁心，胸怀天下，普爱苍生，就绝不会有贪权恋势、为祸人间之举。所以要杜绝恶欲、施行礼制，就要培育仁心。仁，是人的本性，是人都有仁心。如果每个人都发现自己的本性，依据礼法而行事，百姓之间就会和睦，天下就能恢复太平。

老聃：人若皆有仁心，为何自己没有发现？你将如何让他们发现？

孔子：人之生长，本有贤愚不肖之别。太古之时，百姓蒙昧，有赖圣人教导，百姓开化，才识百物、明礼义。当今之世，亦是如此。人受欲望之蔽，追逐权力、名誉、色欲、财利不休，遗忘了内在的仁心。只有对百姓进行广泛而深刻的教导，他们才能明白礼法和仁德的要义。治政之始，治世之始，在于教化。

老聃眉头一皱，脸上现出困惑之意：据我所知，你只是一介布衣。要推行你所说的广泛而深刻的教化，只有王者或诸侯才具备条件。你信誓旦旦，难道只是纸上谈兵？

孔子脸上微微一红，说：晚生身份卑贱，有自知之明。但若有执政者肯垂青于孔某，认同以仁辅礼之说，我将不惜殚精竭虑、鞠躬尽瘁，致世太平，报答隆恩。自周室东迁，王朝式微，华夏分裂，百姓深受荼毒，已二百有五十年。自古天下战乱，未有如是之久且烈者。若天数有定，距离战乱息止、华夏归一的时间已不远。晚生虽身为匹夫，然叨阅圣贤遗书，不敢不以济乱救世为己任。

老聃听他说得慷慨，也不禁有所动容，赞道：好一副雄心壮志！停了一瞬又问，若是没有执政者赏识呢？你怎么办？这番心志，是不是要付之东流了？

孔子：天道幽眇，后来之事，难于预料。若被先生不幸言中，终我一生，不获明主赏识，能参谋国策。孔丘僻在江湖，也不敢忘记社稷的忧患，息止济世的梦想。我将广开蓬门，迎迓天下英俊之士，讲论君子六艺；择选后生聪慧之才，传授圣人道学。我固不被明主所用，然道在、学在，终有一日后人能将其发扬光大，改变乱世。

老聃：自古以来，都是学在王官。只有王朝和诸侯设置的机构，才有管理文化、教育人才的权力。你今天来这里，而不去别的地方，不正是因为这个藏书寮有知识和智慧吗？试问，离开了王朝与诸侯的藏书寮和史官，哪里还有知识和智慧？拿什么去传授和教育人？

孔子：自古以来是如此，自此以后未必如此。人，才是知识和智慧的学习者和传播者。它们只有被人利用，才能发挥作用。若永远藏在幽深不见人影的地方，只会随着朽木一起腐烂。我认为，人虽有贤愚不肖之分，但大多数人都有学习和进步的潜能。比如我，自小是一个贫穷和低贱的平民。因为阴差阳错的关系，获得学习文化和礼仪的机会。我不敢怠慢，发愤努力，才稍有所成。所以我国国君才资助我车马资费，允许我到王城来拜访学习。以我的情况推想，若其他人也获得学习的机会，同样会取得进步。大多数人明白了仁和礼的内容与重要性，懂得爱己及人、节制欲望，慢慢地移风易俗，世界就会被改变。

老聃轻叹一声，说道：这些知识文化都是无用的东西，你自己背着沉重的负担就罢了，还要把它转移到别人身上，害了他人！

孔子倏然色变，问道：先生何出此言？知识文化怎么是无用的东西？仁和礼又怎么成了我的负担呢？盼先生明解，令晚生释疑。

老聃站了起来，一颤一巍地踱步，说：人们总以为自己懂得很多，一开口就犯错。至高至上的道理可以讲明白吗？讲不明白。道合自然，一旦经过人的心灵和思想加工，再通过口头表达出来，就不是原来的样子了。

老聃抬起手，指着那些架子上堆积的书简说：年轻的时候，我也和你一样，以为真理在书中。所以我如饥似渴地读遍所有书籍，希望从中发现真理。最后我发现，自己错了。真理不在书中，它无形无影、无声无息，不可言说，也不可书写。

孔子：先生所说的真理，就是道吗？何谓道合自然？望不吝赐教！

老聃瞥了他一眼，挥挥手说：你满脑子仁义和礼法，又怎么听得进道呢？不说也罢！不说也罢！道不可知，道不可讲！

孔子恭敬一拜说：晚生求知似渴，敬师若神。但凡教我不知者，皆为我师。先生即是明道真人，请不吝对孔丘进行指导。若我听了之后，觉得往学皆非，一定改过迁善。道虽不可言，请勉强为晚生一说。

老聃：择善者，固执。你既然觉得仁义和礼法是善法，又怎会迁而改之呢？

老聃沉默了一阵，又说，然而，当今之世，满眼都是孜孜于禄位者。追求智慧的人，已经非常稀少了。这番道理，我若不和你讲，还能与谁讲？我且问你，你说是人大还是地大？

孔子愕然：当然是地大。

老聃：那人高还是天高？

孔子：当然是天高。

老聃：是啊，地比人大，天比人高。天地之高大，无可量极。天地之幽深，无可量极。可是，凡人都专注于自身，又有几人思考过天地之道？

孔子：天生万物，地载万物。人在其中，不能例外。天地对人民的养育恩德，犹如父母对子女，人民应该敬畏和感谢天地。先王设置祭天和祭地的礼仪，便是为了表达这种感激与敬畏的情感。

老聃：天上有神吗？地下有灵吗？为什么人们要祭拜它们？

孔子思忖了一阵，迟疑说：若说是有，也没人肉眼见过。若说没有，天地万物又何由来之？先王设礼，自有其缘由。晚生愚钝，不敢妄谈天道与神灵。

老聃摇了摇头：谈论神灵，易沦虚妄。但天高地大，不是众所周知吗？天嵌星辰，地流万川，日月轮转，四季代替，不是天地运行的法则吗？天与地，哪里是空置在那里！它们都有运行的法则。这法则，便是道。道在人间，使万物枯荣盛衰，生老病死。万事万物，皆在道中。

孔子似被重重撞击了一下，头脑有些恍惚。他问：这么说，道不是神灵，也不是湛蓝的天、苍黄的土？

老聃：道即是道，它不是虚幻的神，不是湛蓝的天，也不是苍黄的土。人们看不到它，它又无处不在。老聃指着他说，孔丘，你儿童时皮肤鲜嫩、头发细柔，成年后皮肤坚实、头发乌黑，年老后皮肤褶皱、头发斑白，都是道在发生作用。孩子们以为他们吃饭喝水，才会长大。若是吃饭喝水使人长大，那人就会一直长大下去，不会衰老弱小了。是道让人出生，让人成长，让人衰老，还让人毁灭。

孔子惊疑地张开双手，看了又看，将信将疑地说：既然道那么强大，无处不在，那怎么看不到它，也摸不到它呢？先生是如何发现它的？

老聃：道是伟大的，是玄奥的，也是空虚的。肉眼凡胎，是认识不到道的。人们只有深思冥想，才能在心灵深处感悟到道的存在。当然人感悟到了道，自以为了解了真理。张开口想将它描述出来，一发言又发觉它离开自己。孔丘，语言和文字是两种笨拙的传播工具，并不能将人的思想和智慧表现出来，更不能触及至高的道。我今天跟你讲的道，并不是真正的道，而只是被命名为道的道。

孔子深嘘了一口气，半晌作声不得。

老聃：道因为空虚而玄奥，因为玄奥而伟大。道的空虚，正是它的伟大之处。你看那车子，由三十条辐木聚集于毂心，组成车轮。常人以为是木条组成的作用，车子才能跑动。这个认识是错误的，木条之间存在空虚地方，才是车子能够跑动的原因。就像人们吃饭的碗，它之所以有用，不是因为瓷土捏成的模型，而是模型围成的空间。就像人们的居住的房子，它之所以能住，不是因为砖土砌成的墙，而是墙围成的空间。孔丘，认识道，不要看那实，要看那空；不要看那有，要看那无。

孔子：请先生再给我讲解空与无的奥义。

老聃：孔丘，道无形无影、无声无象，先于天地而存在。道即是空，即是无。道生一，一生二，二生三，三生万物。所以道生万物，无生万有。道在创造了世界、成就了万物后，却不言不语，退居幕后。世间万物，都在按照道的规律自行运转，兴衰更迭，荣枯交替。

老聃：孔丘，道是无为的！它没有让生命繁殖，没有让万物生长，没有让河水流湍，没有让星辰闪烁。孔丘，道又是无不为的！时间每天都在流驶，太阳每天都会升起，四季按时周流运转，有生之物，无不经历生、长、荣、枯。道正是无为而无不为，才成就了这个世界。

孔子：先生之言，神妙磅礴，闻所未闻，让晚生茅塞顿开。然而幽眇无为的天道，又和人事有什么关系呢？请再赐教。

老聃：道者，不可须臾离也。人与万物在天地中，都按照道的规律来运行。人要顺道而行，不要逆道而行。人师法地，地师法天，天地师法大道。而道的本性即是自然，自然即是无为而无不为。人生在世，顺道而行，就是无为而无不为。

孔子：怎样才能做到无为而无不为呢？

老聃：要触及道的境界，必须摒弃人的偏见。道就是道，它不会以人的价值标准来理解世界。道中没有仁义，没有礼法，没有功名，也没有利禄。道是无言的，是无为的，也是无情的。对万事万物，它都一视同仁。道在无言、无为、无情中，使它们自行生长、茁壮、茂盛与衰亡。所以不要通过仁义去理解人，仁义是不存在的，它只是人们的偏见。不要通过礼法去理解人，礼法是不存在的，它只是人们的偏见。不要通过欲望去理解人，欲望是不存在的，它只是人们的偏见。有了偏见，人就会受其控制，走上逆道而行的错误道路。没有了偏见，人就会无所作为。无所作为，就是无不为了。

孔子困惑地问道：可是先圣设礼定制，以别禽兽；先王开国承家，以保众生，都是刻意的作为。若是人顺道无为，怎会有黄帝衣裳之治？怎会有文武周公礼仪之治？怎会有文字的创造与知识的传承？

老聃：孔丘！顺道而行的人，不以德自居，而却获得最高的德。离道而行的人，以德自居，却失去了纯粹的道德。所以失去道后，人们用德的方法治国。失去德后，人们用仁的方法治国。失去仁后，人们用义的方法治国。失去义后，人们用礼的方法治国。拥有权势的人奋臂出袖，大声疾呼，下面的民众无人应合。他们不得不亲自下场，强迫民众服从。最后劳心累力，而收获甚寡。

孔丘！大道被废弃了，仁义才被倡导。智谋产生了，诈伪才被推崇。六亲不和了，慈孝才被鼓励。国家昏乱了，忠臣才被旌扬。所以，治世之法，在反其道而行之。抛弃对圣智的崇拜，民众就会收获百倍利益。抛弃对仁义的师法，民众就能恢复慈孝的风俗。抛弃对诈伪和逐利的认同，盗贼就会灭绝。

孔丘！政治清静自正，民众就淳朴敦厚；政治明察秋毫，民众就欺诈抱怨。所以最高明的政治，就是保持小国寡民的状态。让民众虽有十倍百倍于人力的器械，却无所施用。让民众看重生死离别，不想迁徙到远方。虽有车船，却没地方可用。虽有武器，却派不上用场。让民众重新使用结绳的方法，记录事情。让民众觉得食物甘甜，衣裳华美，生活安定，风俗和乐。国与国之间，可以延颈望及；鸡鸣狗吠的声音，可以互相听到。那里的民众，从少年到老死都不相往来。

孔子静静听着，表面不动声色，内心却震动强大。这种震动，让他有一种仿佛要失语的感觉。他从小学习礼仪文化，遵从仁义法则。对它们的崇仰，犹如天地一般。而在此刻，老聃却将它们掀翻在地，无情践踏，唾弃得一文不值。他心中产生抗拒，想要辩解，却又说不出话来。

要反驳老聃的小国寡民，就要反驳绝仁弃义的方法；反驳绝仁弃义的方法，就要反驳无为而无不为；反驳无为而无不为，就要反驳有物混成、先天地生的道。但道在哪里有问题呢，他一时又找不到。老聃构建的宇宙观和人生观，太过宏大，孔子沉醉于其中，迷途不识归路。

“孔丘！修道与修学不同。修学的人，每天都感到有进益；修道的人，每天都感到有损失。进益越多，忧患越多；损失越大，忧患越小。日复一日的损失，到了极致，便到达无为了。表面知识渊博的人，并不了解真正的智慧。真正了解智慧的人，知识并不渊博。放弃浮华的知识和学问，人便没有忧患了。

老聃转过身去，一步步行离孔子，说：我今天跟你说的，已经太多了。道可以表述出来，就不是真的道了。忘了它吧，不要被虚假的概念烦扰你！

孔子看着老聃的背影消失在远处大门，内心的震撼长久不能平息。过了许久，他站了起来，才发觉坐得太久，腿都酸麻了。而他的内心，也同样处于酸麻的状态。不同的是，外在的酸麻是因为太长久，内在的酸麻是因为太突然。内外酸麻的感觉交织，让孔子处在有生以来从未有过的奇特情境中。

自此之后，孔子仍旧到藏书寮借阅书籍，学习古代文化。他也会遇上老聃，但两个人只是简单地寒暄一下，没有再深入探讨之前的话题。可能老聃觉得道可道、非常道，一之已甚，岂可再乎？而孔子深受仁礼之道圈禁，已经不可能改易门庭，再接受另一种教义。他几经思考，都不能有效反驳老聃的大道，干脆就不想了。内心之中，仍然觉得尧舜禹汤、文武周公的教化之道，是治世良方。但他不能和老聃进行辩论，因为对方的思想架构过于宏大，非自己信仰所能敌。其次他也担心与老聃交流过多，受其影响，会改变曾经的信仰。孔子在俗世有远大的抱负和宏大的理想，他并不想放弃这种追求。

于是，中国历史上最伟大的两位思想家，经过短暂的倾盖如故后，又返回白头如新的陌路状态。他俩各行各事，各干各活，互不打扰。

正在孔子埋首求学时，远在千里之外的鲁国政局发生动荡，打破了他平静的生活状态。原来季孙氏、孟孙氏、叔孙氏三大家族，在鲁国专政已久。鲁昭公在位二十多年，被他们架空虚置，长期无权。一些不满于三大家族的人，不断怂恿鲁昭公采取行动，剪灭权臣。公元前 517 年九月，鲁昭公终于按捺不住，纠集了所有支持公室的力量，进攻季孙氏家族。

开始，鲁昭公一方占据优势。季平子求和，请求鲁昭公允许他逃亡到国外。怨恨季平子的人意欲制他于死地，强迫鲁昭公拒绝和谈请求。和谈中断后，鲁昭公一方却久攻不克。孟孙氏和叔孙氏觑准时机，倒向季平子一方，联合攻击鲁昭公。鲁昭公大败亏输，逃亡到齐国。自此以后，鲁昭公长期流亡国外，再不能返回鲁国。八年之后，客死他乡。

一波还未平息，一波又来袭击。王室之乱尚未安定，鲁国内乱又爆发。自晋、楚两国在公元 546 年达成和平协议，中原地区的大规模外战已停止很久。但诸侯国的内乱，却是接踵而至。在社会变革急剧的春秋末期，这已经成为常态。侯王贵卿为了欲望争夺权势，自受其殃不说，只是苦了寻常百姓。

孔子收到鲁昭公流亡齐国的消息，叹息道：君侯蒙难，生民受苦，我尚有何闲心在此论道求学？虽然我力量微薄，但岂敢不以分忧济难为己任。呜呼！我将去也！

孔子让随从收拾行旅，命驾东归。从此，孔子以一介文人的身份，开启了他实践信仰、扶乱救世的人生之旅。

## 03　失败的政治生涯

孔子离开王城洛邑东归，并未返回鲁国，而是去往齐国。因为此刻的鲁昭公，正在齐国。在孔子心中，忠君思想占据非常重要的位置。鲁昭公无论有无权力，是否居国，都是孔子唯一的君主。他并不认可三桓与君主对抗，将鲁昭公赶出国家的做法。

孔子居齐期间，晏子尚在，且两人来往频繁，交情密切。孔子后来评价，晏子善于与人结交，跟他接触越久，对他崇敬的感觉越深厚。晏子智慧出众、品德高尚、学问渊博，孔子在他面前，只能执后学之礼。除了晏子，孔子与齐国文化界也有交流。《论语》记载，孔子在齐国，与齐国太师研讨音乐。因而学习《韶》曲，为之心迷神醉，三个月不知肉的味道。

来到齐国时，孔子已有三十五岁。到了人生成熟的年龄，他也该谋求出仕了。但鲁昭公流亡在外，自身难保，已不可能重用他。孔子又不愿返回鲁国，为三桓所用。于是齐国，就成了他想要实现政治理想的一个平台。资料显示，孔子曾担任过齐国贵卿高昭子的家臣，他想借助高昭子的关系，获得在齐景公面前有所表现的机会。

实际上，孔子确实与齐景公有过交流，且几乎影响到他。齐景公曾向孔子咨询为政之道，孔子回答：“君君，臣臣，父父，子子。”意思便是，君要严格遵守君的礼仪规则，臣要严格遵守臣的礼仪规则，父要严格遵守父的伦理规则，子要严格遵守子的伦理规则。各就其位，不得越界。后来子路曾问孔子治理政治的首要措施，孔子回答：“必也正名乎。”是同样的意思。

三十余岁的孔子，政治思想已渐趋成熟。他一生奉行的政治准则，归纳起来不过几点。其中最重要的一点，就是“正名”。何谓“正名”？即是君要像君，臣要像臣；君要在君位，臣要在臣位。如鲁国之乱，三桓家族将鲁昭公驱赶出国。君有其名，而无其实。臣名为臣，其实如君。君臣名义和实际紊乱，是造成政治动荡的根本原因。所以孔子的治政思想，首要要求正名。

在公元589年的鞌之战中，卫人仲叔于奚立下奇功，向卫穆公请求只有是诸侯才能使用的曲县、繁缨之礼朝见。孔子评价道：卫穆公竟然答应了，太可惜了，还不如多赏赐他城邑呢。君子对于名和器，是非常重视的，不能轻易赐予人。名用来定义信，信用来保守器。器隐含着礼，礼用来推行义。义可以生利，利用来安定百姓。这就是治理政治的大纲。如果将名与器随便赐予人，相当于将权力和道义拱手让人。权力和道义没有了，国家也就随之灭亡。圣人再生，也无法阻止。

据此了解，正名就是孔子政治思想的立足点和出发点。

齐景公对于孔子的回答，非常满意，他说：说得好！假令君主不像君主，臣子不像臣子，父亲不像父亲，儿子不像儿子，齐国虽有粮食万斛，寡人也不得而食。后来齐景公有意愿，要赏赐孔子一些田地，任命他官职。但齐国的大部分官僚不喜欢孔子，不想一个鲁国人在齐国受到重用。他们在齐景公面前说了不少谮毁孔子的话，齐景公终于没有重用孔子。

鲁昭公开始希望获得齐景公的帮助，支持他返回鲁国夺权。然而齐景公受季平子贿赂，没有帮忙到底，只夺下一座郓城，将鲁昭公安置在那里，之后便不再有行动。鲁昭公寄人篱下，免不得受冷落遭白眼。后来他又跑到晋国，寻求支持。晋国将他安置在乾侯，向季平子索取贿赂。贿赂到手，又睁一只眼闭一只眼，将鲁昭公冷落不理。鲁昭公的晚年，过得可谓凄凄惨惨戚戚，往返郓城和乾侯两地奔波，最后客死他乡。

之后季平子拥立鲁昭公之弟姬宋继位，是为鲁定公。鲁定公初年，季平子揽权，政自季氏出。季平子死后，他的儿子季桓子成为继承人。而在这时，贵卿家臣的权力迅速膨胀，反制于贵卿，就如贵卿反制君主一般。在这之中，季氏的家臣阳虎的权力最大。他曾经软禁季桓子，逼迫他与自己达成盟约。又逼迫鲁定公、孟孙氏、叔孙氏与自己达成盟约。阳虎实际上取代了三桓，成为鲁国政坛的一把手。孔子称这种现象为“陪臣执国命”，哀叹鲁国政治进一步衰败。

因为季平子驱君专政，为孔子所不能忍，所以他坚决不仕于他。季平子死后，阳虎揽权。此时孔子已经四十七岁，他广收门徒，有教无类，桃李遍齐鲁，声誉满天下。阳虎挟制三桓和鲁君专政，不具有正当性。因此他想延揽民间英贤加入幕僚，以此获得更多民众的支持。于是名望正隆的孔子，成为阳虎的重点笼络对象。

但孔子对阳虎很不感冒，有意划清两人的界限。虽然孔子少年时代遭过阳虎鄙视，但这并不是他拒绝合作的原因。重点在于阳虎是陪臣执国命，违反了他恪守的礼制。听命于阳虎，他便无法正名。无法正名，即便权位再高，也无法展开推行一系列政治措施。因此，对于阳虎的热情笼络，孔子总是置之不理，避而不见。今非昔比，阳虎再不敢对孔子表示出蔑视的态度，而是耐心与他周旋。

《论语》记载，阳虎多次召见孔子不成后，让人送来一头乳猪，作为赠礼。礼尚往来，孔子总得有个回应。但他又不想见阳虎，卷入他的政治圈子中。于是他让人探听，什么时候阳虎出门不在家，自己就去拜访。这样既回了礼，又无须碰头见面。

事不凑巧，那天阳虎改了行程，正好拐了回来，半路上遇见孔子。阳虎大老远跟他打招呼说：孔丘，你过来，我跟你谈谈。

孔子满脸尴尬，无奈之下，只得走过去。

阳虎问：空有一身才华，而让自己的国家陷入混乱和迷惘中，算得上仁人吗？

孔子答：算不上。

阳虎问：自己满怀抱负，却屡次放弃出仕的良机，算得上聪明人吗？

孔子答：算不上。

阳虎叹息说：时光飞逝，岁月不等人啊！当年我曾对你关上季氏的家门，现在却对你打开鲁国的大门，等你进来。

孔子答道：好吧。我要考虑出来为国家效劳了。

孔子虽然嘴巴上答应，但行动上一直拖延。道不同，不相为谋。在阳虎专权期间，他一直没有出来做官，只是默默地耕耘教育事业，将自己的知识和思想传播给更多的平民子弟。

阳虎虽然把持了鲁国大权，但欲壑难填。他想要获得更高贵的身份，与同党瓜分三桓的封地。公元前502年，阳虎与党羽谋划，要在一场宴会中杀死季桓子。孟孙氏的家宰公敛处父察觉到军队调动的异常，预感要发生政变，提前进行部署。他选出三百健壮的家仆，假装成工人，以修筑宫室的名义，住在都城中孟孙家中。

政变那一天，阳虎等挟持季桓子外出赴宴。季桓子知道命在旦夕，说服给他驾车的家仆林楚掉头离队，奔驰逃往孟孙家。早有准备的孟孙家军队让季桓子入，与追击的阳氏军队交战，阳虎的弟弟阳越被乱箭射死。阳虎劫持鲁定公与叔孙氏军队，进攻孟孙氏。公处敛父率领孟孙氏封邑的军队入城，与阳虎交战，两战而后击败阳虎军。阳虎逃出都城，占据阳关。鲁军讨伐，众叛亲离的阳虎逃亡往齐国。之后辗转去到晋国，效命赵氏门下。

野心家逃亡后，鲁国局面为之一新。百废待举，一切皆有可能。重新掌权的三桓响应士人的呼吁，恭请孔子出仕，辅佐他们治理国家。虽然之前季平子驱逐鲁昭公，孔子对季氏很不满。但一切时过境迁，现在的执政已非旧人，就不好再念旧仇了。更重要的是，孔子苦学一生，满怀政治抱负，已经到了五十岁的年龄，再不出来实践自己的政治思想，恐怕以后就没有机会了。

资料显示，孔子第一任职务为中都宰，是鲁国一个地方管理长官。一年之后，晋升为司空，负责农田水利、工程建筑等事宜。再过一年，转为司寇，负责刑狱、纠察等事宜。这样的升迁速度，对布衣出身的孔子来说，可谓非常迅速。能够获此待遇，皆赖他数十年在教育文化事业上的积累。也正因为他名望太高，鲁定公和三桓不能不用他，也不能小用他。

但也可以看到，孔子并没有什么大权。鲁国的权力，还是掌握在三桓手中。其中季桓子的权力，又为最大。孔子名义上当鲁君的官，实际上要依附三桓存在。因此，孔子不得不搞好与三桓的关系，换取他们支持自己的施政与改革。孔子出仕后，他的弟子也有不少进入政坛。其中子路，就担任季桓子的家宰，他扮演季桓子和孔子之间沟通桥梁的角色。有了子路的连接，两人暂时建立起较为稳固的信任关系。

因为之前阳虎逃齐与齐、鲁两国的战争，导致齐、鲁两国关系恶化。公元前500年，鲁定公与齐景公在祝其相会，签订和解盟约，修补双边关系。在盟会上，孔子负责鲁定公的相礼的职责。虽然这并不算什么光辉的成就，但却是孔子一生在政治和外交上的最高峰。从此以后，孔子颠沛流离，郁郁不得志，再不能重现此一刻的光荣。

齐景公表面与鲁国议和，心中却怀鬼胎。齐国大夫犁弥向齐景公献策：孔丘这个人我了解，他好礼无勇，临事胆怯。如果我们让莱夷的俘虏劫持鲁君，一定可以签署一份大大有利的盟约。

齐景公同意了。盟会上，孔子发现莱夷手持兵器靠近，急忙喊道：卫兵们，快保卫我们的君主！

卫兵上前，保护鲁定公后退。

孔子对齐景公说：两国国君合好，而边远夷人的俘虏却图谋使用武力捣乱，这不应该是齐君用来对待诸侯的方法。外夷不能图谋中华，俘虏不能干犯盟会，武力不能逼迫友好。这样的做法，对神不祥，对人失礼，玷污道义。我想齐君深明大义，是不会这样做的。

齐景公效仿曹刿劫盟的意图被识破，赧颜斥退莱夷。

签署盟约时，齐方加上一条，要求鲁国在军事上与其保持一致行动。如果齐国军队出境征伐，鲁国不以至少三百乘车的兵力配合作战，就是违背盟约。孔子也加上一条，如果齐国不归还原属于鲁国的汶阳田地，鲁军配合作战，也算违背盟约。签署条约之后，齐国归还阳虎投降时送给齐方的郓、讙、龟阴三处田地。孔子寸步不让，让齐国在祝其之会上没讨到便宜。

当孔子登上政治舞台时，国际形势已发生重大变化。持续一百三十多年晋楚争霸的局面，开始瓦解。公元前 506 年，楚国被吴国打败，吴王阖闾率军千里奔驰，攻入郢都，楚昭王亡命山泽。在祖国生死攸关的时刻，大夫申包胥跋山涉水，前往秦国求救，在秦廷前哭泣七日七夜。秦哀公深受感动，命令秦师出关救楚。又赖吴国内部发生动乱，阖闾屡战不利，退出楚境，让楚国死里逃生。楚昭王虽然重建楚国，但国力衰弱，无复当初。中原各国逃脱樊笼，各行其是。孱弱的周王室，也趁着楚国缓不过气的间隙，派人南下，刺杀死被他们庇护多年的王子姬朝。

晋国虽然没有重大外患，但内部阴云密布。晋定公是一个毫无存在感的君主，权力全被赵氏、魏氏、韩氏、中行氏、知氏、范氏六大贵族控制。六大贵族的精力都消耗在内斗上，无人关心外部经营。齐、郑、卫、鲁先后背叛晋国，只剩宋国唯晋国马首是瞻。齐、卫两国数度与晋国交战，晋国不能击败对手，证明其霸业已严重衰退。公元前497年，酝酿已久的晋国内乱终于爆发，中行氏和范氏攻击赵氏，其他三家支持赵氏，灭亡了中行氏和范氏。六大贵族，变成四大贵族。多年以后，赵、韩、魏三家又灭亡知氏，共同瓜分晋国。这个称雄一百余年的霸国，正式退出历史舞台。

春秋末期，诸侯国内贵族势力不断膨胀，吞噬君权。鲁国有三桓，晋国有六卿，齐国有田氏。宋、卫、郑等国家，情形大同小异。这种情况的出现，与周代实行封邑制埋下的隐患分不开。贵卿们在封邑上享有独立的经济权和军事权，当他们坐大之后，国君就无法驾驭。而某些贵卿放任家宰治理封邑，又培植起势大权强、不听号令的叛逆者。阳虎之乱，便由此而来。

孔子察觉到公室式微和贵卿坐大的趋势，再不加以制止，鲁国就有灭亡的可能。于是通过子路，向季桓子提出拆除费、成、郈三座城防的建议。费是季孙氏封邑，成是孟孙氏封邑，郈是叔孙氏封邑。孔子提醒季桓子，如果不拆除三城城防，可能再度出现阳虎式乱臣。三桓都同意拆城了。

首先拆掉郈邑城防，接着要拆费邑城防。费邑宰公山不狃不服从，伙同叔孙氏的失意人叔孙辄，率费人进攻鲁都。鲁定公和叔孙氏、孟孙氏，都逃到季孙家避难。孔子和子路率国人到场助战。孔子命令申句须、乐颀两名将领率兵进攻费人，将他们击败。公山不狃和叔孙辄逃亡齐国。季桓子终于成功拆除费邑城防。轮到拆成邑时，邑宰公敛处父也不同意。因季孙氏有阳虎之乱，叔孙氏有侯犯之乱，所以拆城坚决。而孟孙氏没有家宰作乱，公敛处父又在平定阳虎之乱时，表现忠诚。孟孙氏拆毁城墙的决心，并不坚决。鲁定公象征性率军讨伐成邑，没有攻克下来。拆除成邑的事，最后不了了之。

孔子执行拆除三城城防的政策，事情发生在公元前498年。大概在第二年，他被迫离开鲁国，开启长达十四年的“周游列国”旅程。孔子贵为鲁国司寇，处在政治生涯的巅峰，正是春风得意时，为何他会放弃施展政治抱负的良机，遽然离开祖国呢？

有一种说法认为，这是敌对国齐景公运作的结果。孔子出任鲁国司寇，在国家治理上取得不错的成绩，农业丰收，风俗改善，国力提升；而在祝其盟会上，因为孔子机巧应对的缘故，齐国没有占到便宜。齐国君臣认为，如果听任孔子主持鲁国政治，鲁国壮大称霸，首先危及齐国。于是齐景公使出了糖衣炮弹的计策，离间鲁国君臣。他赠送鲁国美女八十名、骏马一百二十匹，将她们陈列在鲁都南门外。季桓子听说后，心痒难搔，偷偷穿了便服去观看。他还怂恿鲁定公同行，两人平分了赠品。而后他们沉湎于女色和田猎的逸乐中，荒怠政事。没有他们的支持，孔子不能如愿推行政改措施。他坐立不安，心灰意冷。后来参加郊祭，鲁定公和季桓子没有按礼数赠给孔子祭肉。孔子感觉到自己已被虚置，便脱下冠冕，辞去官职，率领弟子们离开鲁国。季桓子没有强行挽留，只派一名使者去送行。在背后，他自怨自艾叹息：先生因为齐国女乐的缘故，在怪罪我啊！

按理推测，齐景公离间计即使有影响，也不至于能逼孔子离开祖国。孔子受到冷落，可以辞职，重操旧业，返乡教书，谋待后用。何必年过五十，还千里奔波于列国之间？十四年间，孔子数度遭遇患难，乃至于身临绝境，都坚持不返祖国。直到季康子发出邀请，他才重回故乡。从此情景看来，孔子更像是被软暴力驱逐出国的，而不是主动离开。他之去国，有更深层的原因，只不过双方没有挑明。

《论语》记载，公伯寮在季桓子面前告了子路的状。子服景伯告诉孔子，并对他说：季桓子恐怕要被公伯寮迷惑了，凭借我的能力，还可以将这家伙送上断头台。

孔子答说：道能在鲁国实践，是天命的安排；道不能在鲁国实践，也是天命的安排。公伯寮能把天命怎么样呢?

子路本是季氏家宰，季桓子接受公伯寮的告状，说明他对子路的信任已破裂。而子路和孔子又是一体的，不信任子路，即是不信任孔子。当初对付公山不狃时，他们是联合阵线。除掉公山不狃后，季桓子发现孔子坚持的政策不符合自己的利益。孔子所谓的道，便是周礼，捍卫周天子和诸侯君主的利益。贵卿僭越，权高于主，违反了周礼。孔子主张拆毁三城城防，在限制家宰僭越的同时，也限制了三桓僭越。孔子毁完三城之后，接下来必将加紧推行强化君权的措施。

继续让孔子团队把持鲁国政治，三桓的利益将被极大侵害，这是季桓子不能接受的。所以，他必须与孔子团队割席，解除他们的权力，逼迫他们离开鲁国。季桓子接受公伯寮的告状，便是排斥子路；假作迷恋齐国女乐，不赏赐祭肉，便是排斥孔子。种种迹象表明，三桓不支持孔子改革鲁国政治的措施，他不再获得他们信任。而此时的孔子，已非常人，他学问渊博、德高望重、门徒众多、深得民心。孔子之于鲁国，就是一个亚神式的存在。让这样一个大人物存在鲁国，自己视而不见、听而不闻，季桓子会压力巨大，如坐针毡。他更无法向广大人民交代，为什么不重用孔子这样贤达的圣人。于是，季桓子不但要撤除孔子团队的官职，收回他们的权力，还要逼迫他们离开鲁国。只有这样，他才能眼不见心不烦，心安理得地坐自己的位子，享受权力带来的快乐。

孔子不是阳虎，也不是公山不狃，他只想通过和平政改，实现鲁国的变革。因此季桓子与他的决裂，并没有公开表露出来。季桓子虽然不干什么，但孔子明显感受到他施加的压力。这种压力随着时间逐渐增大，最后变成了一种软暴力。孔子明白，“匹夫无罪，怀璧其罪”。自己因为声誉太隆，门徒太众，权力所有者已经不能容忍他安静生活在祖国了。于是，年过半百的孔子，不得不驾起马车，率领他众多得意弟子，踏上征途，开启他漫长的自我流亡生涯。

## 04　被迫流亡列国

孔子周游列国的第一站，是卫国。选择这里，原因一在卫国与鲁国临近，原因二在他的弟子子路在卫国有亲戚，有地方落脚。如孔子这般大人物来临，自然耸动卫国。卫灵公也想表现出礼敬贤才的态度，打算聘用孔子。他问孔子：你在鲁国担任司寇，有多少俸禄?

孔子回答：有六万斗米。卫灵公于是以如数俸禄供养孔子。

孔子在卫国停留了十个月，卫灵公始终没有授予他官职。无法施展政治抱负，孔子感到非常失望。他不想虚度年华，准备和弟子离开卫国，前往陈国。在路过匡地时，被本地人扣留。原来郑国曾背叛晋国，晋国命鲁国讨伐郑国。阳虎率军经过匡地，曾暴虐抢劫当地人民。孔子身材高大，酷似阳虎，被匡人误认。虽然孔子师徒一再辩解，但匡人不信。最后卫国派遣使者来作证明，他们才释放孔子。

卫国大夫蘧伯玉又派人劝说孔子返回，再等待些时间，等卫灵公回心转意。孔子于是返回卫国，居住在蘧伯玉家。

卫灵公的夫人南子，是春秋有名的浪荡女。因为钦羡孔子名望，派人来说：四方有名望的君子要与我们君主结交，都要先见南子夫人。孔先生来卫已经一年了，还没见过夫人，夫人请求相见。

君主夫人单独召见外臣，本无是礼。孔子坚辞不得，只有应见。南子隔着帘幕，与孔子答礼。子路觉得老师屈从妇人，有辱斯文，心中很不高兴。孔子解释说：我本来是不想见她的。迫不得已见了，只是为礼节考虑。我如果不是这样想法，上天也会厌弃我的！

后来有一次，卫灵公招摇过市，与南子并坐在前车，而孔子被安排在后车。孔子深以之为耻，对弟子们说：我还没有见过有人爱好德行，超过爱好女色的。

这次，孔子决绝地离开了卫国。

孔子师徒经由曹国，到达宋国。众人休憩于大树下，孔子利用片刻时间，给弟子们讲解周礼。当时宋国与晋国同盟，鲁国叛晋国，所以宋鲁交恶。宋国司马桓魋闻知孔子入境，带领士兵匆匆赶来，威胁要杀了孔子，并砍掉他们遮阳的大树。弟子们说：宋国不欢迎先生，我们可以离开了。

孔子说：天命降下道德给我，桓魋又能把我怎么样？

孔子师徒辗转来到郑国，众弟子忙着寻找食物和居住的地方，走丢了老师。子贡到处寻找，逢人就问。一个郑国人告诉他：我刚才在都城东门，看到一个人站在那里，与你说的有些类似。他额头隆起，像是尧帝；脖子粗壮，像是皋陶；肩头宽阔，像是子产，但从腰以下，又不及大禹三寸。整个人颓废、疲劳而慌张，好像丧家之犬。

后来子贡把这些话告诉孔子。孔子笑说：描述我外貌形状的话，都是不足挂齿的小事。但说我像丧家之犬，非常正确啊。

与在宋国一样，孔子师徒在郑国没有受到礼遇，甚至要为饮食和居住问题发愁。他们没有在郑国居留多久，而是马不停蹄地南下到达陈国。在陈国，孔子受到司城贞子的热情接待，并安排他居住在自己家中。辗转多地后，孔子暂时在陈国安顿下来。他在这里，一住就是三年。

孔子在陈国这段时间，不可谓不久。然而他并没有受到陈国政府的重用，得以施展政治抱负。陈湣公只是把孔子当成一个可有可无的文化顾问，偶尔使人咨询疑难。有关政治实务的问题，从不让他这个外人插手。不过，陈国政府在经济上对总算孔子非常支持，不然不从事生产的孔子师徒，很难在异国他乡立足下来。孔子在对实现自己的政治理想毫无帮助的陈国滞留如此之久，正说明了他离开鲁国，并非主动出游，而是被动流亡。他实在是有家不能忆，有国不能回。

因为政治地缘的特殊性，陈国常成为晋楚争霸的用兵之处。吴国崛起后，也数度侵略陈国，以之作为挺进中原的桥头堡。孔子在陈期间，陈国多次受到晋、楚、吴三国的攻击，局势动荡不安。孔子师徒的生活，受到很大影响。到了后来，陈国政府甚至不能为他们提供安全保护。为了安全起见，孔子师徒决定离开陈国，返回卫国。

途经蒲地，正好卫国发生叛乱，公叔氏占据蒲地反叛卫灵公。蒲人知道孔子要投奔卫灵公，派兵阻止，双方爆发冲突。公良孺是孔子座下的一名贵族弟子，他指挥自己的五辆战车，与蒲人展开战斗。蒲人强攻无果，便想议和。他们以孔子师徒承诺不去投靠卫灵公为条件，就放他们安全离开。双方达成协议后，孔子离开蒲地，马上向卫都进发。子贡问他：我们刚立过盟约，转头违背是否妥当?

孔子答道：我们是在武力威胁下被迫结盟的，神明听不到这样的盟誓。

暌别三年，闻知孔子返还，卫灵公很是高兴。他亲自出到城郊，迎接孔子。卫灵公问：蒲地现在可以讨伐吗？

孔子答：可以的。

卫灵公说：我国的大夫们，多数认为不可行。蒲地在卫都西面，如果晋楚来兵，我们还希望利用蒲地做屏障呢。

孔子答：蒲地人民眷恋故土，不愿归属他国。卫国如果出兵讨伐，面对的真正敌人，不过四五人而已。

卫灵公言不由衷地点头道：说得好。然而他最后也没有讨伐蒲地。

卫灵公虽然欢迎孔子回归，但这只不过是老友重逢的喜悦，并没有要重用他的意思。况且卫灵公年纪大了，一切都想因循守旧，不想大肆改革。所以孔子返卫后，还是遭遇回先前的处境。吃好用好，就是不能介入政治。

也许是被闲置太久，使孔子出仕之心变得愈加急切。晋国发生内乱，分裂成赵、知、韩、魏和中行氏、范氏两大阵营，相互攻击。中牟是隶属于赵简子的一座城邑，其城宰佛肸趁着内乱，叛变赵氏，派人赠礼传信，想聘用孔子。孔子有点心动，想要动身前往中牟。

子路不满地说：我们以前听先生告诫说，那些身行不善之事的人，君子不要进入他的国家。现在佛肸为赵氏家臣，私占城邑反叛赵氏，不是行不善之事吗？先生要去帮助他，不是不符合先前的教诲吗？

孔子叹息说：我是这么说过啊。但怎么才算真正的坚实呢？无论人们怎么磨，都磨不薄，才是真正的坚实。怎么才算纯粹的白色呢？无论人们用什么方法染，都染不黑，才是纯粹的白色。难道我只是一个匏瓜吗？只能系在那里看，而毫无用处？

孔子自信以仁道为本，佛肸再邪恶，也能改变他。但因为弟子们反对，顾虑甚多，始终没能成行。

不久，孔子又想去投靠赵简子。他和徒众踏上旅程，将要渡过黄河。听到往来使者言道，赵简子杀死了晋国大夫窦鸣犊和舜华。孔子面向黄河，叹息说：黄河的水浩浩荡荡，真是壮观啊。我孔丘不能渡过这河，大概是命中注定吧！

子贡问：先生为什么这么说？

孔子道：窦鸣犊和舜华，都是晋国的贤臣。赵简子未得意的时候，依靠此二人。得意之后，杀死此二人。君子忌讳他们的同类受到伤害。兔子死了，狐狸也会悲伤，何况孔丘是人呢？

于是孔子掉头返回卫国，居住在蘧伯玉家，不再产生前往晋国的念头。

某日，卫灵公与孔子相见，向他讨教军事作战的问题。孔子身为和平主义和道德主义者，讳言军事。他答道：祭祀礼节的事情我稍有了解，行军作战的事情我一无所知。

卫灵公对于这样的回答，当然不满意。第二天与孔子相会，便显露出轻慢的态度。他抬头仰望天上的飞雁，一眼没看孔子。孔子讨了没趣，又心生去意。他再度离开卫国，返回陈国。这一年，孔子已经六十岁了。

当年秋天，在鲁国执掌大权的季桓子病入膏肓，他对儿子季康子说：从前鲁国曾经有过一次复兴崛起的良机，因为我没有善待孔丘，所以错失了。我死之后，你将成为鲁国的执政。到了那时，一定要把孔丘召回国来。

季桓子不久死去，季康子遵从遗嘱，准备召孔子回国。大夫公之鱼劝道：从前我们主君重用孔丘，善始而不能善终，被诸侯取笑。现在把他召唤回来，再不能重用，又再被诸侯取笑。

季康子心中也在嘀咕。他知道孔子的政策，主旨在维护公室利益，抑制贵卿。当年季桓子不能眼睁睁看着季家利益受损失，以致与孔子搞到关系破裂。他临时之死，一心想着振兴鲁国，又思念回孔子。而父亲当时不能接受的后果，现在转移到季康子身上，他也难以保证，自己能够接受？

季康子：那怎么办？父亲遗命，总不能不听吧？况且孔子门下，贤才众多。都弃而不用，对国家也不利。

公之鱼回答：孔子门下弟子，倒可以利用。我听说冉求贤而有勇，不妨将他召回国内，先行试用。

季康子于是派遣使臣，前往陈国，聘请冉求回国。孔子对冉求说：鲁国使者前来聘请你，看来不是小用你，而是要大用你。回去鲁国后，好好发挥自己的才华吧！

子赣知道老师在外已久，思念故国，在送行冉求时，悄悄对他说：老师看来是思念故乡了。如果你在鲁国获得大用，一定要请执政者召回老师。

孔子非召不能回，也是他被迫流亡而并非主动出游的证据之一。

冉求离开后，孔子再从陈国，去往蔡国。又从蔡国，前往楚国的叶城，与叶公诸梁交流学问。再从叶城返回蔡国，在蔡国居住有三年之久。

吴国讨伐陈国，楚国出兵救陈，军队驻扎在城父。楚昭王听说孔子在蔡国，派使者前来聘请。楚国是第一等的大国，其君主如此敬重自己，孔子当然不会错过。他收拾行囊，出发去拜见楚昭王。陈国和蔡国大夫们听说了，私下议论道：孔子是当世贤者，名誉布满天下。他居住在陈国和蔡国六七年时间，都得不到重用，心中必然怀有怨恨。如果他得意于楚国，必会对陈、蔡两国不利，我们不能让他如愿以偿！

于是两国暗中遣发工徒役夫，将孔子围困在陈蔡边境的郊野之地。

孔子师徒前不着村，后不着店，困守原地，寸步难行。孔子激励弟子，慷慨讲诵，弦歌不绝。但不久粮食吃光，无以为继。不少人病倒在地，不能行走。这次的绝地困境，以前从未有过。就连最敬仰老师的子路，也因绝望过甚，而面现怒气。孔子为了开解他，有意引导问道：为什么我们会遭遇这样艰难的考验，难道我们信仰的是错误的？

子路说：身为君子，应该能从容化解各种困境。或者老师还没达到仁的至境，否则为什么人们不信任我们的圣道？或者老师还没达到智慧的至境，否则为什么人们不实践我们的主张？我从前曾听老师说过，行善事的人，上天会报之以福；做坏事的人，上天会报之以祸。老师积德怀义，践行已久，为什么还遭遇这样的困境？

孔子说：子路啊，你还没参透人生世事，我告诉你。你以为具备仁德，就会获得信任。如果是这样，伯夷、叔齐就不会饿死在首阳山上了。你以为拥有智慧，就会获得重用。如果是这样，王子比干就不会被剖心了。你以为表现忠诚，就会获得回报。如果是这样，关龙逢就不会遭受酷刑了。你以为诚恳劝谏，就会被接受。如果是这样，伍子胥就不会被冤杀了。一个人能否被世俗赏识，要看时机。而他贤能或者不肖，则在自己的修行。博学多识、苦思冥虑而不被世俗赏识的君子，所在皆有，岂独我孔丘一人？况且，芝兰生于深林，并不因为没有人知道它，而不发出幽香。君子修道立德，也不会因为面临困境，而否认自己的修行。努力在于个人，成败则要听之天命。

子路离开，子贡进来。孔子又问道：为什么我们会遭遇这样艰难的考验，难道我们信仰的是错误的？

子贡答：老师倡导的圣道太过崇高，世人鄙俗，无法理解其精妙与伟大。或者老师可以稍微降低一下标准，让世人更容易做到。

孔子说：子路啊，善于耕种的农民，不一定善于收割。善于制作的工匠，也做不到顺合所有人意。君子修道，要专注于自我，而不要为了迎合世俗，削足适履。不务修道，而只想着迎合世俗，说明你志向还不够远大，思想还不够深刻。

子贡离开，颜回进来。孔子又问道：为什么我们会遭遇这样艰难的考验，难道我们信仰的是错误的?

颜回答：老师倡导的圣道太过崇高伟大，所以世俗无法理解，王侯无法采纳。虽然如此，老师只管传教便是。王侯不采纳我们，只是他们的耻辱，老师有什么遗憾？不被世俗赏识，更昭显老师的君子人格。

孔子赞道：你说得太好了，颜家的孩子！假如你是一个富翁的话，我愿意去给你当管家了。

被围困在陈蔡边境，是孔子一生中的一大劫难。随同他的弟子，有的饿倒，有的病倒，有的甚至对孔子创立的教义产生怀疑。纵观孔子一生，经历的苦难挫折众多，陈蔡之难，不过是一个小片段。但它所引发的危机，前所未有。

中国历来的学术文化，都以政治为中心话题，又依附政治而存在。如果某种思想得不到政治的支持，就很难得到推广和实践。孔子创立的儒学，更是如此。儒学的基本教义，便是通过仁政和礼制，改革政治，终结混乱，恢复统一，创建一个天下为公的太平社会。如果儒学得不到权力的有效支持，其主张便无法落地，其理想便成镜花水月一场空。久而久之，孔子及其徒众的诉求得不到回应，信念不坚定的人便开始自我怀疑与否定。子路怀疑孔子的个人修为没有达到仁与智的境界，子贡怀疑孔子的政治策略脱离现实。也就是一个怀疑内圣之道，一个怀疑外王之道。

而对于自己遭遇的挫折与困难，孔子始终保持乐观豁达的态度。有时候他也会用宿命论来自我安慰，但给予他最大精神支持的，还是自己所创造的儒家思想。在孔子创造下，儒家思想已经从普通的知识层面，上升为一种强大而坚固的道德信仰。这促使儒家信徒能够摆脱外物，独立自存。这具有非同寻常的意义，它标志一种独立的道德信念和信仰团体的兴起。从此以后，政治家仍然掌握着生杀予夺的权力，但已无法在道义和精神方面凌驾于儒家信徒之上。因为儒家的信仰太过崇高、教义太过广博，所以在被现实政治排斥之时，孔子仍自信无比，保持乐观与豁达。他相信自己掌握的是究极的真理，不可颠扑。即使天命注定它在今生得不到践行，在后世也会被发扬光大。

孔子将自己的思想、信仰和信心，传授给弟子们。但不是所有人都洞解奥义，坚定信念。在众多人中，只有年轻的颜回紧随老师步伐，毫不怀疑，也从不后退。颜回可以说完全脱离了现实的牵扯和羁绊，进入纯粹儒家思想修行状态。他全情投入，用生命、用灵魂去体悟道、仁、德、礼、义的至高精义。因其专一而纯粹，所以达到的境界深远，勉强可以跟上孔子的步伐，望到其项背。他表达的意思，最为接近孔子的思想。所以在三千弟子中，孔子最青睐颜回。他虽然是一个积极的入世主义者，但这个对专注于自我修行、没有世俗功业成就的学生，褒扬比任何人都多。

孔子对颜回的喜爱和信任，可以从下面这件事情体现出来。

接前面的话，孔子师徒被困在陈蔡边境，无米下炊。子贡是一个具有很强商业天赋的奇才，平时他包裹里就爱藏些私货。他带着私货，偷偷溜出包围圈，找到郊区的农民，换回一石米。子贡把米交给颜回和子路，让他们去做饭。

半晌，子贡坐在外头井边，伸脖子看到屋檐下颜回抓起一把饭，放进嘴里吃。他心中很不高兴，想自己辛辛苦苦换得一点米回来做饭，你却在背后偷吃。亏得老师平常爱夸你，我得告诉他真相。

子贡走进房里问孔子：廉洁的仁人，会因为穷困改变节操吗？

孔子：如果改变了节操，还称得上仁人吗？

子贡：像颜回这样的人，就是不改变节操的人吧？

孔子：当然了。

子贡于是把自己看到颜回偷吃米饭的事告诉孔子。

孔子瞿然说：我了解颜回践行仁道已经很久了。虽然你看到的不会错，但我相信背后一定有原因。你把他叫来，我试着问问。

颜回被叫进来，孔子对他说：昨晚我梦见了祖先，可能是他们有启示和教导的话要传给我。你饭做好了，就端进来，我要祭祀感谢他们。

颜回答道：刚才屋檐上一块黑泥掉进锅里，弄脏了一点饭。我想不动黑泥，担心不干净，扔掉脏饭又可惜。所以我把那块脏了的饭块吃了。已经吃过的饭，不能用来祭祀了。

颜回出去后，孔子对子贡和其他弟子说：你们听到了吧。颜回恭行仁道，我已经了解很久了，他断不是会偷吃饭的人。

子贡等人尽皆叹服。

楚昭王听闻孔子受困，派兵前来迎接，才解开陈人和蔡人的围困。楚国在楚昭王手下，几乎灭亡于吴国。经过十余年卧薪尝胆，养精蓄锐，终于让国家恢复元气。楚昭王久闻孔子贤名，他心有雄图，意欲恢复霸业，有意重用孔子。令尹子西反对说：我们楚国祖先受封于周，只有区区五十里的界地，号为子爵。现在孔子祖述尧舜，宪章文武。如果重用他，我们哪里还能坐拥千里之地，堂堂正正地称王？

楚昭王想赐予孔子一块封地，让他们师徒不再流浪。令尹子西又反对：孔子门下，人才众多。子贡才堪为使，子路才堪为将，宰我才堪为尹，颜回才堪为相。周文王以丰京为根据地，周武王以镐京为根据地，不过百里之大，最后兼并天下。我王赐予孔子封邑，他有众多贤才辅佐，恐怕以后对楚国不利。

楚昭王最后没有重用孔子，也没有赐给他封地，只是热情招待了一番。这一年秋天，楚昭王在城父病逝。

停留在城父的一天，孔子坐车经行市井，一个衣衫褴褛的楚人，踏着疯疯癫癫的步伐，摇摇晃晃靠近孔子车座，唱到：凤凰啊凤凰，为什么世道会衰败成这样？过去的人，已告诉我们他们不能劝谏；未来的路，为什么还辛苦劳碌去追索？算了吧，算了吧！现在尝试从政去改变世道的人，没有一个不失败！

孔子听他意有所指，停下车来，想和他交谈。那楚狂人摇摇晃晃，挤入人群，消失在人海中。孔子望着拥挤地街市，怅然说道：这个楚人，是一个隐士啊，他在批评我不知疲倦地追求功名，梦想改变世道。正因为世道衰败，我才追求改变。如果天下有道，我又去改变什么呢？

孔子想到楚昭王去世后，楚国招待的礼数衰竭，知道自己终不能在这里实现愿望。于是他率领众弟子，从楚国返回卫国。一直到回归鲁国前的最后四年，孔子都居留在卫国。

这段时间，孔子虽然不出仕，但鼓励支持他的弟子从政。早先冉求已在鲁国，担任季康子家宰。而后孔子又派子贡和樊须，到鲁国为官。子路和高柴等，则在卫国为官。孔子仍是布衣之身，但名声和影响力空前巨大。

公元前 484 年，齐鲁交恶，交战于清地。冉求作为将领，带领鲁军取得重大胜利。季康子很开心，问他：你这行军打仗的谋略，从哪里学的？还是生来就会？

冉求回答：是跟老师孔子学的。

季康子问：我久闻孔子大名，在你看来，他是个怎样的人？

冉求回答：诸侯如重用老师，他们的名誉更显贵了。以老师的方法教导百姓，祭祀鬼神，国家就没有遗憾了。

季康子问：我想把他召回鲁国，他会回来吗？

冉求无日不惦念着子赣的叮嘱，自己得意之日，务必帮助老师重返祖国。他说：我的老师是一个有德行的人，只要你不把他当小人物看待，就没有问题。

季康子回想起父亲的遗言，又考虑冉求为自己将兵，子贡为自己出使外国，贡献甚大，他不能不善待他们的老师。于是他派遣使者带上厚礼，前往卫国，隆重迎回孔子。

恰巧，卫国又发生内乱，执政孔圉要讨伐太叔疾，向孔子讨教方策。孔子以卷入满足权力欲望的内斗为耻，答道：祭祀的事情，我稍知一二。打仗的事情，我一无所知。

孔圉离开后，孔子让弟子收拾行旅，将要驾车离去。孔圉听说了，匆忙赶来道歉说：先生误会了！我孔圉岂是为了个人私欲来利用你，我是为了杜绝卫国的患难求教于你啊！

孔圉坚求之下，孔子没有坚持离开。正好鲁国使者到达，请孔子回国。孔子便向孔圉告辞，返回祖国。

## 05 未竟的事业与理想

孔子自公元前 497 年离国，公元前 484 年返回，前后经历十四度春秋。孔子这段游历经历，后人通常称为周游列国。普遍认为孔子在鲁国不受重用，想在别的国家获得赏识，大展拳脚，才会出游。然而深入分析，发现孔子真正处在旅程中的时间很短，相反在他没有得到重用的陈国、蔡国、卫国，却居住很久。如果他的目的是实现政治抱负，不可能允许自己如此虚度光阴。唯一的可能是，他除了这些地方，也没有去处了。他不能回鲁国，只能在异国他乡一站接一站地流浪。至于为什么不能回国，可能他与季桓子之间有不可言说的协议：非经许可，不得擅自回国。所以孔子离开鲁国，绝对不是为季桓子和鲁定公贪恋女色、怠于政事的简单原因。他是被迫离国的，被迫流亡的。

十四年后，形势大变。孔子已经是年近七十岁的老人，季康子不必再同父亲一般，担心他对自己构成威胁。而且鲁国已经离不开孔子的弟子，他不能违逆他们尊师的心愿。于是季康子放下成见，迎接孔子回国。

此时，季康子正大刀阔斧地推行赋税改革制度，以供给日益壮大的军队开支。他通过冉求，咨询孔子的意见。孔子回答：我不懂这些东西。

连续问了三个不同问题，孔子都这样回应。

季康子不满地说：鲁国上下尊敬先生，奉为国老。现在有政策要推行，求教于先生，而先生一言不发，却是为何？

孔子干脆不说话了。

孔子私下对冉求说：君子行政，首先要合乎礼法规定。国家政策，施舍于民众的恩惠，要力求丰厚；征收民众的钱财，要力求微薄；征用民众服劳役和军役，讲究适当。按照礼法规定，之前的税赋制度已满足所用。如果贪婪而不知足，改革之后，还是满足不了需求。季康子愿意遵循礼法行事，则有周公的典章制度做参考。只是想着为所欲为，何必征求我的意见？

按孔子意见，则要循古礼而行，反对赋税改革政策。然而周公时期，鲁国只有百余辆战车。春秋末期，鲁国已是千乘大国。以前的政策收取的赋税，完全供应不了内政和外交的需求。作为一个务实的掌权者，季康子当然将孔子的看法视为迂腐。他不再理会孔子，坚持推行以田赋征税的新政策。

孔子早已预知，自己返鲁的遭遇，将和从前一样，不会被当权者重用。而他年纪也大，从政的心理也变淡薄了。在他生命的最后岁月里，他将剩余的精力，投入到对文献典籍的整理中。

传说古诗原有三千余篇，经孔子筛选删定，只剩三百余篇。孔子曾说："吾自卫反鲁，然后乐正，雅颂各得其所。"可见，现版《诗经》，是由孔子经手过的。儒家以上古为黄金时代，孔子选编《尚书》，以为后世师法。孔子服膺周礼，又选编《礼》记，传授弟子学习。孔子晚年好《易》，爱不释手，令韦编三绝。据说现传《周易》十翼，部分为孔子所作。

孔子所编选和传学的经书，在他之前，皆为官方学问，藏在深阁之中。是他将这些学术文化带到民间，为知识阶层和普通民众所有。从此之后，平民才掌握了知识主导权，掌握了道统解释权。然而，孔子坚持述而不作，对于五经，他更多扮演的是编辑者的角色，而不是创作者的角色。世人公认为孔子创作的作品，只有《春秋》一部。

古来传统，只有官家才具有修史的特权。孔子以布衣身份著《春秋》，打破了官家对修史权的垄断。更重要的是，《春秋》体现了孔子积极干预现实政治、谋求改变世道的态度。毫无疑问，孔子对周室东迁以后的历史发展状况，极为不满意。在他的言论中，已经对礼崩乐坏、王纲失纽导致的乱象提出解决方案。但这些言论，都是从他自己的身份出发，属于自下而上的。因为孔子没有受到国君的重用，它们没有被融合到实践中。眼看自己头发斑白，步履蹒跚，在有限的生命历程中实现梦想，已成为不可能的事，孔子陡然生出危机感。他担心后人不理解自己倡导的仁道政治，担心人们因世象混乱而生出错误的价值观，也担心自己死后名声消默，无人知晓。于是孔子寓褒贬于二百四十二年的历史中，高屋建瓴地创作出亦经亦史的《春秋》一书。

《春秋》的最大特色，就是通过史事来进行褒贬，弘扬孔子的儒学价值观。凡是符合儒学价值的，就被推崇。凡是有悖儒学价值的，则受贬抑。在当时情况下，需要极大的勇气，才敢如此创作。诸如，吴楚僭号称王，孔子却不买他们面子，仍旧按照周朝旧礼，称为吴子和楚子。吴国和楚国看到这样的书，自然不会高兴。这不但影响到他们对孔子师徒的态度，而且关系到儒学在他们地盘的传播。若楚昭王见孔子时，读到《春秋》这样的书，他难免要吃不了兜着走。孔子写作这样的著作，自然预知其中的危险，所以他说："知我者其惟《春秋》乎，罪我者其惟《春秋》乎。"但为了弘扬自己所信仰的仁道政治，孔子一往无前，无所畏惧。

因为其中大量褒贬和指斥王公贵族的内容，孔子不能讲得太明白，所以《春秋》用词极为简略，语意极为晦涩。普通人乍读《春秋》经文，很难明晓深义。因此后世儒学传人，为《春秋》作注，阐明孔子的微言大义，如有《春秋公羊传》《春秋谷梁传》。而记载史事最为详细明白的，还数与孔子同一时代的左丘明所著的《左传》。

因为不结合传注，《春秋》难以通解，人们推测书面记载的《春秋》

经文，应该不是它的全貌。孔子是利用书面文和口头语结合的方式，传播他的历史学和政治学思想。但因为内容忌讳，且当时印刷传播不便，孔子只记录下简约版的经文，相当于一个大纲。而其他内容，则通过课堂讲学传授给弟子。孔门弟子代代传承，便有了后来的传注。因个人听授和解读难免有异，传注也有差别，但大体不离孔子大一统、尊王道、扬周礼、行仁政的核心思想。

孔子晚年，虽不被祖国重用。但鲁哀公敬其为国之宿老，经常来求教问学。文献记载以下这段对话，很能反映孔子乃至儒学思想的要义。

鲁哀公问：请问尼父，治理国家政治的关键在哪里？

孔子回答：治政首要，在于选臣。

鲁哀公问：怎么说呢？

孔子回答：周文王和周武王的治国方略，都记载在书策简牍之上。这样的贤君在世，政治就兴旺；这样的贤君消失，政治就没落。寰宇之内，有三大，它们是天大、人大和地大。天道的责任是化生，它激励万物得以生成。人道的责任是维持正义，它激励人们勤于政事。地道的责任是培植，它激励万物得以长成。先王治理政治，效仿天道之化成。化成的关键在贤人，所以治政首要在选择贤人。

怎么选取贤人呢？贤人有高深的修养，他们的修养以仁的品质为基础。仁的本质就是指人，以关爱亲人为最大要义。其次要有义的修养，义就是合乎时宜，以尊敬贤才为最大要义。有了关爱亲人的差别，以及尊重贤才的等级，于是又产生了礼。礼，就是政治的根本。

所以身为君子，不能不修养身心。想要修养身心，就要侍奉好亲人。想要侍奉好亲人，就要了解人。想要了解人，就要了解天。天下有五类至上的规范，它们分别是君臣、父子、夫妇、兄弟、朋友。天下有三类至上的美德，它们分别是智、仁、勇。了解它们的方法可有不同，但最后悟解了内涵，效果是一样的。实现它们的方法可有不同，但最后成功了，效果也是一样的。

鲁哀公问：治政的重点全包含在内了吗？

孔子回答：前面说的，只涉及个人方面。治理国家，则要从个人延展开去。全部内容，包含九条大法，它们分别是修养身心、尊崇贤人、关爱族人、敬重大臣、体恤百官、爱戴百姓、招徕百工、优待远人、怀抚诸侯。修养身心才能循道而行，尊崇贤人才能没有疑难，关爱族人叔伯兄弟之间才没有怨恨，敬重大臣才没有困惑，体恤百官他们才丰厚报答，爱戴百姓他们才会被激励，招徕百工才会财用富足，优待远人他们才来投奔，怀抚诸侯他们才会畏服。

孔子这段话，将其政治思想和实践理念，阐述殆尽。其论天、人、地三道，原文为“天道敏生，人道敏政，地道敏树”。这不但是儒家思想的根本，也是中华文明的根本。“天道敏生”，说明中华文明的基调，便是赞美生命、崇尚生长、效仿生化。整个宇宙，便是万事万物生长与转化的大场所。中国人既已生存在洋溢着勃勃生机的宇宙，且本身具有生命，自然也就知足常乐了。所以，中国人不思考天堂、彼岸和来世。只有不满足于现时与此世的民族，才创造宗教，创造天堂、彼岸和来世。中华文明不需要宗教，孔子也不需要。

而“人道敏政”，则反映了中华文明的重要特征。政治之政，本意为“正”，即是正义。孔子曾说：“政者，正也。”中国人最初组织成立政府，目的在于维持正义，建设公平、公正、和平、美好、幸福的社会。中国人认为人与人关系是人间最重要的因素，而政治则是处理人与人关系的最高学问。要实现建设公平、公正、和平、美好、幸福的社会的目标，只有通过政治的手段和方法才能完成。所以，整个中华文明智慧关注的焦点在政治，孔子关注的焦点在政治，诸子百家关注的焦点也在政治。《管子》一书对“政”的定义，又比孔子宏大。它说：“政者，正也。正也者，所以正定万物之命也。”政治不但协调人与人的关系，而且赋予万事万物正确的价值与定位。在人类历史上，没有一个民族比中华民族更重视政治，更精通政治。

至于儒学修身和治国的大纲，世人论述甚多。这种基于人治的贤人政治，促进了阶层的流通，给历代帝国输入新鲜的血液和智慧，使王朝能够保持足够的活力与竞争力。中华文明绵延不断，大一统王朝亡而复兴，厥功至伟。但孔子提供的方案，太过依赖个人的道德修养，缺乏对权力有效制约的刚性制度。当个人的道德修养达不到要求时，权力便被滥用，政府组织开始腐败，王朝随之灭亡。在历史上，最后解决问题的方式，都诉之于以暴易暴，屡见而不鲜。

公元前 481 年，鲁哀公在国都西部的大野泽狩猎，叔孙家的车士鉏商捕获一头大怪兽，无人认识。鉏商认为此物不祥，把它送给了管理山泽的虞人。孔子听说后，前去观看，告诉他们说：这就是传说中的麟啊。

他向虞人索取了这只麟，放生回山野中。孔子对弟子们说：河不出图，洛不出书，我的梦想恐怕要成空了。

传说黄河出图，洛水出书，是圣人出现、太平盛世的征兆。而终孔子一生，都没有出现这种瑞兆。他是以知道，自己改变乱世的毕生梦想，终究无法实现。

孔子又叹息说：没有人能了解我啊！

子贡问道：为何说没有人能了解老师？

孔子说：我一生际遇如此，但上不怨天，下不怨人。我只是一个平凡的普通人，但通过勤学不辍，明晓了天命。了解我的，只有苍天吧！

这一年，齐国贵族陈恒势力膨胀，独揽权力在手，弑杀死齐简公。春秋时代王纲失纽、弑君内乱的连续剧，再度上演。孔子闻讯，恭敬地戒斋沐浴，入朝面见鲁哀公，请求出兵伐齐讨逆。鲁哀公无奈地说：鲁国比齐国弱小，众所周知。先生强请出兵伐齐，却是为何？孔子答道：陈恒以下犯上、以臣弑君，败伦乱政，齐国民众不会支持他。以我们鲁国的军队，加上齐国那一半民众，可以击败他。鲁哀公手上无权，也不认同孔子的看法，敷衍道：你去问三桓家族的意见吧。

孔子又向季孙氏、孟孙氏、叔孙氏请求出兵伐齐。三桓拒绝。孔子返回家里，对他的弟子们说：我岂不知道这件事不可能成功，但身为大夫，不得不恪尽职守。

孔子生前，没有看到天下的政治形势往自己希望的方向发展，还往逆反方向沦落、崩塌，心中愈加愁苦。

同年，孔子最挚爱的弟子颜回，英年早逝。孔子悲痛异常，说：上天要夺去我的性命了！

第二年，卫国内乱，子路又死。孔子再遭打击，卧病在床。子贡效职在外，听到消息，匆忙赶回看望老师。他在门外，看到老师手中拖曳一根木杖，正在庭院里徘徊。孔子回头看见他，郑重地说：子贡啊，你再迟一点回来，就晚了。

他翘首苍穹，长歌道：太山就要崩坏了！梁柱就要倾塌了！哲人就要辞别了！唱罢，泪水涟涟，涕下沾襟。

孔子对子贡说：天下无道已经很久了，但却没人接受我的学说。我离死不久，也没有什么遗言交代。夏代人死去，把棺材安放在厅堂东阶。周代人死去，把棺材安放在厅堂西阶。殷代人死去，把棺材安放在厅堂的两根梁柱中间。我昨晚梦见自己坐在两柱之间接受祭奠，我原来就是殷人的后裔，你就按殷人的礼规来办理我的丧事吧。

七日之后，孔子去世。是时为公元前 479 年四月十一日。

鲁哀公亲作诔文吊丧：上天不发慈悲，不肯留下这位茂德的国老，让他指导我治理国政，使我孤独愁闷郁积，难以自已。呜呼哀哉！尼父，没有了你，我失去了所效法的榜样！

孔子之死，宣告一位伟大人物生命的终结。但他的精神、他的事业、他的思想，却没有随之消逝，相反遍结硕果，开满华夏，闪耀历史长河。

很多人会问，孔子这样一个伟大的人物，对中国、对历史、对文明的价值与作用究竟有多大？人们应该如何来认识和评价他？对于这样的热点话题，历来众说纷纭，莫衷一是。基于不同的出发点，会推导出不同的结论；基于不同的目的，也会推导出不同的结论。想要说服所有人，几乎不可能。

我们致力于从历史与政治的视角，来阐述与理解孔子和诸子百家。因为中华文明表现出显著的历史属性和政治属性，诸子百家的思想也必是历史的和政治的。离开了历史和政治，将难以理解他们的思想风貌与精神要义。孔子临死之前，仍旧念叨着："天下无道久矣，莫能宗予。"正是孔子思想蕴含显著的历史属性和政治属性的体现。认识孔子的作用和价值，必先自历史与政治入手。

孔子是谁？孔子是以大仁德心、大慈悲心入世，以宏济天下苍生、靖定百年战乱为己任的千古一伟人。孔子这一名字的首要意义，是人格性的、精神性的、道德性的。唯其圆成了自我，才能外推于他人和社会。孔子基于人格、精神与道德上的魅力，具有非凡的穿透力，犹如阳光普照，给冰冷残酷的人间带来温暖和正义。他虽然不能征服侯王，驯服权力，但是却将众多的精英聚集在身边，跟随他弘扬救世之道。孔子高尚的人格、精神与道德，通过由他创立的儒家学派及三千弟子们的传播，影响力以乘方数、立方数式爆炸扩大，终于改变一个民族内外的精神思想和外在的前进方向。

周王朝衰落，不仅意味礼崩乐坏、王纲失纽，而且预示着一场深刻的文明危机。一方面，人类社会经上千年崎岖发展，使人们掌握到更便利的工具，享受到更丰盛的物质生活。而在另一方面，也助长了人们的欲望。为了夺取更丰盛的物质，人们组织更庞大的军队，使用更坚利的兵器，展开前所未有的搏斗和屠杀。在之前人类历史上，虽有过相似的搏斗和厮杀，但规模和惨况远不能相比。它预示一个令人心悸的结局，便是基于欲望的争夺和残杀无休止发展下去，好不容易建立起来的中国文明，可能被毁于一旦。华夏社会沦落回丛林时代，中国人再度成为原始民族。这样的例子，在人类历史上，并不鲜见。许多民族和国家发展到接近轴心文明的临界点，最终功亏一篑，重返原始民族状态。只有中国人、印度人、希腊人等少数几个民族实现了超越，带领全人类挺进轴心时代。

春秋乱世景象，已非三代留下的遗产所能矫正。历史呼唤，中国需要更高层次的精神超越和哲学突破。于是，孔子出现了，他整合前代的珍贵遗产，尝试精神上的极限体验，实现了前所未有的突破。他将这种突破的成果，传授于他人，由此启迪他们内在的德性与智慧，抑制他们身上的野性和欲望。孔子之后，诸子百家蜂起，他们发起一次又一次的灵魂实验，促成一场又一场的思想革命，使得中华文明实现了本质上的超越。在以孔子为首的一批圣贤指导下，中华文明并没有因为战争与屠杀而向后倒退，而是持续向前发展进步。

在狭义层面，孔子在人格、精神和道德上的高贵，还体现在他开创了慈悲入世、仁德济民的士人传统，不屈从于权势富贵。在中国历史上，众多知识分子受其影响，都秉持着慈悲心和仁德心参与时事与政治，以血肉肩膀，承担人间道义。不少人以为孔子周游列国，不受重用，在政治上郁郁不得志，与权势富贵无缘。殊不知权势与富贵，对孔子来说是唾手可得的东西。只要他愿意妥协，与孔圉讨论应对内乱的方策，与季康子讨论改革赋税的新政，即刻要权有权，要财有财，甚至取之不尽、用之不竭。但孔子这样做了，就跟后代许多无原则、软膝盖的文人如出一辙了。这些人不需要当权者纡尊降贵来求教，就忙不迭跑去跪舔了。孔子开创了诸多伟大的传统，但时间流逝得越久，人们遗失得越多。

孔子的另一大作用与价值，在于为后世中国提供了极佳的政治解决方案。孔子思想的主要内容，聚焦在现实政治上。或者可以说，他是为了解决现实政治问题，创立了独特的思想体系。

孔子解决乱世的政治构想，建立于道德的基石上，并通过礼法加以牢笼规约。他认为人应该具有仁心，人与人之间应该相互爱敬，并按照一定的礼法规则来生活。政府由贤能有德的人才组成，负责教化人民、管理国家。无论对内或对外，政府都应秉持以德服人的方法和策略，不能推崇暴力，鼓励欲望。君王作为政府的首脑，应该通过不断修学与实践，具备高尚的道德和品行。国与国之间没有本质上的区别，天下理应一统，共同遵守一套礼法道德规则。

夏商周三代，权力掌握在政府和君王手中。天命和道统的解释权，也掌握在政府和君王手中。这就导致一种现象，平民没有任何权力和权利，只有无条件接受统治者的统治。周王朝衰落后，周天子已经无法掌控这两种权力。世俗的权力被诸侯国分夺，而天命和道统的解释权，被孔子接收过来。孔子曾称“天生德于予”，就是他接受天命和道统解释权的一种表示。自有这种权力，儒家学派再也没放过手。历来顶尖的儒家学者都以帝王师自居，自认为具有教育、批评、监督帝王的权力。实际上，并不是他们真的具有教育、评判和监督帝王的权力，而是他们在代替天道教育、批评和监督帝王。儒家学者虽然不能控制帝王滥用权力，但在某些方面，他们凌越在帝王之上。两权分割，对权力的运用有制约作用，减缓政府腐败的速度，在历史上具有明显的进步性。它与贤人政治相互融合，显现为中国古代政治文明中独有的特征。

孔子的学说既建立在道德的基础上，其政治解决方案就不能采用暴力方式，只能选择和平手段。这样的选择，在当时的社会条件下，不可能获得立竿见影的效果。所以孔子周游列国，没有一个诸侯国君接受他的方案，并重用他。但当时不被认可，并不说明它不合理，或不具备可行性。三百多年后，汉武帝罢黜百家，将孔子创立的儒学确立为官方哲学。在中国历史上，儒学保持这一独一无二的尊贵地位，长达两千余年之久。可以说，孔子为中国设计出的政治解决方案，获得了巨大的成功。

要完全研究透彻孔子乃至儒学思想，是一项巨大的工程。晏子当年就批评过孔子研究的学问太博杂，“累世不能殚其学，当年不能究其礼”。两千多年后，我们想要了解真正的孔子，更加困难了。现代人类喜欢用分析与归纳的方法解读孔子留下的语录和文载，自认为在如此细致的条分缕析之下，孔子的思想和精神将无所遁形。然而这种方法忽略了孔子所处的历史和社会形势，忽略了孔子作为一个政治思想家、政治实践家的身份，反而使他的面目变得愈加模糊。

中国自古以来赞颂生命和成长，重视现时与此世，相信通过政治组织的方式，可以构建完美社会，为人类带来幸福。孔子秉承这种思想，在道德的基础上提出终结乱世的政治解决方案，同时解答了中国人生存和生活在世的精神性问题。这就是何为孔子的最切实回答，简要而又真实。实际上，人们发现孔子并没有创新出多少东西，他所倡导的事物，以前的历史大多具备。孔子的作用在于，他让所有的事物都实现了超越与升华，达到更高的境界。他解决问题的方法，可以为后来人所借鉴。因为人性决定，人类背叛自己的历史与过去的可能性很小。

# 第七章

# 春秋交战国

## 01 老子的智慧

孔子到王城洛邑见老子时，老子年纪比其为大。据说老子活了一百六十岁，如果属实，他去世的时间，就在仅活了七十三岁的孔子之后。作为悟道真人，老子活得悠闲自在，清净无扰，与心忧天下的孔子对比鲜明。他未必真能活到一百六十岁，但比孔子长寿，应无异议。

老子长期在东周王朝担任史官，眼见周朝衰败沉沦，已无可挽回。考虑到随着年龄增大，自己慢慢老迈得不堪供职。老子向上司辞职告退，要归隐养老。老子的家乡原在陈国，处在洛邑的东方。但在公元前479年，也即是孔子去世那一年，陈国被楚国吞并。故国灭亡，老子成了无家可归的人，他便掉头转向，骑着青驴，行往西方。

据说老子行到函谷关，关尹热情招待。听说老子将西去不返，他就劝说：先生智慧通达，究极天人，我辈深为钦佩。但此去归隐山林，不留下只言片语的教诲，后学诸生将何以进益？盼先生以后世为念，勉强写出一篇讲述道德真义的文章。下官代天下人感激不尽！

老子本无著作之心，却架不住关尹的盛情劝请。又觉得他说得不无道理，若自己就此离去，人间仍旧是原来的人间，不会有任何改变。若留下点什么，或许世界会往理想的方向变化。于是他在函谷关滞留了十余天，为关尹创作出《道德经》一文。写罢之后，老子投笔长叹：我一生崇尚自然，奉尊无为，反对言教，却不料事到临头，做了一件违背初衷的事。罢了！褒我贬我，且由后人评说。

老子骑着他的小青驴，行出函谷关，消失在历史的茫茫暮色中。

历史留下关于老子的记载，就是如此薄寡。除此之外，人们了解不到更多的信息。与同时代的孔子相比，他们俩在人生取向上可谓两个极端。一个积极入世，谋求改变社会；一个一心隐逸，梦想融合自然。志向与趣旨不同，导致人生履历和遭遇差异巨大。

但是，老子和孔子有没有相同点呢？有的。即是他们的哲学思想，都是为当时混乱、无序的社会提供解决方案。只不过相对于传统而言，孔子继承的多，创新的少；而老子继承的少，创新的多。甚至可以说，老子的思想不是继承和创新的问题，而是全盘推倒、重新构建的问题。对于人类累积千年的知识和传统，老子给出全盘否定的答案，他认为人为的、累积性的事物，都是错误的。只有回归无为和原初，问题才得到解决。

从最近几十年出土的汉代竹简中，人们发现古时《老子》的经文排序，与现代有异。汉代时，《德经》排在《道经》前面，现在是《道经》排在《德经》的前面。这可能反映了老子最初思想探索的轨迹。即，老子首先思考的是社会问题的解决方案。在解决社会问题的基础上，又延伸思考到自然问题，最后悟解了道，建立起恢宏广大的道学思想体系。

认为春秋时代天下无道，是孔子和老子的共识，两人都有改变现状的想法。在对待传统规范社会运转的周礼机制的态度上，体现出两人最初的分歧。孔子认为礼没有问题，恰恰因为礼失去规范力，社会才会混乱无序。而老子认为礼是最末流的社会管理方法，是祸乱的根源。正因为人们太过迷信礼，才导致天下大乱。

在反思礼的祸害时，老子表现出前所未有的逆反性思维。他不但推翻了礼，还推翻礼之前的义，推翻义之前的仁，推翻仁之前的德，最后返归于自然之道。在老子看来，所有刻意人为的方法制度和道德伦理，都具有危害性。人类只有遗忘之前积累的知识和传统，复归于自然无为，才能重建和谐宁静的小国寡民社会。时代越是往古，人性越是淳朴。时代越是靠后，人性越是败坏。老子的解决方案，便是让人们恢复上古时代鸡犬相闻、老死不相往来的生活状态。

而孔子的解决方案，建立在丰富的历史学、社会学、政治学论证之上，具有理性的说服力。相比之下，老子最初的方案显得非常单薄。因此，他不得不进一步突破，到自然和宇宙中去寻求支持。老子于是发现了道，实现了中国思想史和哲学史上空前的突破。

道是宇宙规律，也是万物最初的状态。在没有天地之前，就已经有浑然存在的道。道又表现出数学的性质，道生一，一生二，二生三，三生万物。万物生成，世界出现，又按照道的规律运行周转，永不息止。因为道是至高的规律和存在，所有事物都要效法道来运行，才合乎法则。因此人效法地，地效法天，天效法道。而道的最大特征，就是自然和无为。到了这里，老子的社会解决方案，终于和他的宇宙观接轨了。老子鄙薄仁义、否定礼制的思想，在理论上得到来自自然之道的支持。因为小国寡民的社会，符合道的自然和无为的法则，所以它理应是最美好、最恰当的人类生存方式。

在短短五千言经文中，老子描摹出了一个庞大、和谐、圆融的宇宙体系。在这个壮观的宇宙体系中，社会图景和自然图景无间融合，所有现象和物质各归其位，一切显得多而不烦，杂而不乱。在中国历史上，再没有一位哲学家具备老子这样强大的创新能力，实现这样伟大的突破。老子的探索，在某种程度上界定了中国思想和知识的辽阔疆域与它们可以触及的边沿。之后数千年，中国人沿着承袭传统的道路行进，再没有实现类似伟大的突破和创新。

毋庸置疑，老子的宇宙理论，给予了他的社会解决方案强有力的支持。人们不再认为对小国寡民的向往，是幼稚、天真的幻想，而是对道的信仰和复归。在后来的时代，老子收获了众多的信徒，他们组成道家学派，与孔子的儒家学派并驾齐驱，被称为中国思想史上的两大显贵流派。

老子虽然提供了社会解决方案，但并没有身体力行去实践。因为在探索解决社会问题的过程中，他发现了道。道是自然和无为的，是最高的准则。作为悟道者，自己不能悖离它。所以他没有如孔子一般，积极投身于政治，谋求改变社会。而是骑着他的小青驴，悠闲自在地行离函谷关，默然无声地告别历史。如果不是函谷关关尹的坚持，后世可能无法看到这部字字珠玑般珍贵的《老子》。

老子思想的博大精深，不只体现在他构建了宏大的宇宙观和提供了社会解决方案。《老子》中还论及了一系列政治学、社会学、人生学、军事学等问题，皆给出精辟深刻的回答。其中极为可贵的是，他能通过事物表象，深入认识到内在相反的道理。比如人们都了解存在的用处，老子却看到空虚的用处。人们看到坚强的用处，老子却看到柔弱的用处。人们看到运动的用处，老子却看到静止的用处。这种能力，绝非用简单的逆向思维可以解释得了。或者可以说，老子的思想，不是通过传承、推理和思考的方式可以获得的知识，而是通过启示和顿悟才能触及的智慧。因此之故，老子的思想历经数千年，仍旧闪耀光芒，魅力不减。而某些基于传承、推理和思考建立起来的思想理论，很快被人弃如敝屣。

老子长期担任周王朝史官，博览群书，知识渊博，比孔子有过之而无不及。孔子问礼于老子，应非虚构。但是，他没有走上传承与发展传统文化的常规道路，反而发现为学日益，为道日损。从此转向摒弃知识的道路，逐渐损而又损，以至于无为。老子的探索与发现，为传统文化树立起一面不断反思自我的镜像。每有个体或集体自得于自己的创造发明时，老子的教诲总在他们的耳边响起：不，你们不是懂得越来越多了，而是明白得越来越少了。当时，他便是这样提醒年轻的孔子。心怀天下的孔子没有听从劝诫，执意秉学用世，创立了儒教。而老子的道学也后继有人，列子和庄子倡导修真与隐逸，与孟子和荀子的儒学相颉颃。更后来的历史，儒学和道学构成中国人的精神双驱，共同指导中国人在尘世的生活。表面上，它们相互矛盾，不能共融。现实中，它们和谐相处，交汇一体。一面是阳，一面是阴；一面是正，一面是奇；一面在前，一面在后。儒学在俗世中领头行进，道学在精神内鉴照自我。儒进则道退，道进则儒退。它们彼此交换能量，相互促进，使中国文明永葆青春的力量。

## 02　兵家的战争哲学

春秋末期，社会发展促推文化兴盛，私家传学、述著之风兴起。除了孔子创立儒家学派，老子创立道家学派外，接踵兴旺的学科，是军事学。这一现象，不足让人惊奇。因为列国两百多年频繁的战争，积累下了非常丰富的经验。未来的趋势，还会发生更大规模、更加激烈的战争。形势迫使人们对过去留下的战争经验进行研究总结，提炼出常胜之法。

与其他学科一样，军事学也不是在春秋时代才产生的，而是有一个非常漫长的积累和发展的过程。根据文献资料记载，西周时代至少留下两部军事学著作，一部是《军志》，一部是《司马法》。它们奠定了军事学发展的基础，加上春秋时代两百年累积的经验，使军事学具备实现突破的充分条件。这个时候，军事家孙武出现了，他和孔子、老子一样，让一个门派的发展达到高峰。

孙武号称孙子，本属齐国人。因在齐国不受重用，自携兵书，远投吴国。吴王阖闾阅读了孙武著作的兵书，非常赏识他，授予他官职，委以训练吴军的重任。是时，阖庐以伍子胥和孙武为左臂右膀，励精图治，意欲挫败强楚，争霸中原。公元前 506 年，吴军伐楚，五战五捷，占领郢都，几乎灭亡楚国，孙武大有功劳。而后孙武又参加吴越大战，迫使勾践降吴；参加吴齐艾陵之战，大败齐军，确立吴国霸业。吴王夫差晚年昏聩糊涂，信用太宰嚭，冤杀伍子胥。孙武见不再受重视，便辞官归隐，修订兵法十三篇，名为《孙子》，传于后世。

在孙武之前，齐国也有一杰出军事家叫田穰苴。田穰苴与晏子同一时代，比孔子略早。齐景公时，晋国和燕国入侵齐国，齐军战败。晏子向齐景公举荐田穰苴，认为他有军事才能，可以试用。齐景公让田穰苴统帅齐军，与晋燕作战，取得胜利，夺回丢失的土地。齐景公封他为大司马，统管全国军事。但不久遭其他贵卿的谮毁，齐景公将他罢黜。田穰苴居家忧愤，病发而死。据说，田穰苴曾著作兵法，传于后世。田氏代齐后，齐威王以祖先田穰苴所著兵法，附在古《司马法》中，合成一书。流传到现代的《司马法》，应含有西周时代的内容、田穰苴所著内容、齐威王时代学者所著的内容。但彼此的区别，已分辨不清。

战国时代，又有吴起著《吴子》、孙膑著《齐孙子》、尉缭著《尉缭子》、托名姜太公著的《六韬》，军事科学呈现出前所未有的繁荣景象。揆之世界其他地方，没有一个国家和地区能发展出如此发达的军事学。若说军事学的产生与发展，是源于战争的需求。那么其他地方也有战争，为什么埃及没有产生顶级的军事学著作？古希腊没有产生顶级的军事学著作？西亚和印度也没有产生顶级的军事学著作？为什么军事学在春秋战国时代的中国如此昌盛发达，而在世界其他地方却毫无声响呢？

如果承认军事学的发展与战争的对应促进关系，即是战争规模越大、战斗越激烈、战事难度越高，其对应要求的军事学支持越高；军事学支持越高，其所对应的战争规模越大、战斗越激烈、战事难度越高。那么只有一种解释，即是春秋战国时代中国进行的战争，远比世界其他地方同期进行的战争规模更大、程度更激烈，难度也更高。我们说过，中华文明是一个政治属性显著的文明类型。其政治能力强，组织出来的资源必多；组织出来的资源多，发动的战争规模必然大，难度也必然高。只有在大规模、高难度的战争刺激下，对军事学的需求才会如此迫切，它的发展才会如此迅速。而众国林立的形势，又使战争的不确定性增强。很多时候以大打小、以强攻弱，优势明显，却受制于外交和政治，导致无功而退。因而，春秋战国很多战争长时间呈胶着状态，大国扩张兼并的道路很难，中国统一的道路更难。

熟悉中国历史，再对比西方历史，就会对很多战争感到不可思议。

如居鲁士，一场战争灭掉一个大国；仅靠一小队人马，从无到有打出一个世界性帝国。而后波斯帝国发动几十万军队规模，浩浩荡荡进入希腊，不料吃了两个小败仗，就灰溜溜撤退。又如亚历山大，率领三万多人的小军队，从欧洲打到印度，十年时间建立一个世界性帝国。在中国，想通过一场战争灭掉一个大国，无异白日做梦。大秦国历时五百余年的经营，经历了不知几百场艰苦战争，才艰难统一了中国。两相比较，也就明白为什么西方迟迟没有出现顶级军事学了。既然居鲁士和亚历山大的对手都是弱鸡，一击即溃，一打就赢，还需要什么军事学？军事学使战争摆脱低级的蛮力缠斗，上升为高级的智慧斗争。只有同等级别的强劲对手，才会使用军事学上的斗争艺术、斗争哲学。面对弱鸡，谈艺术和哲学太奢侈。

因为中国政治形势的特殊需要，促成了军事学的繁荣。军事学的功用，在于服务政治。在这一点上，它和儒、道、法、墨诸家是一样的。区别的是，它不提供完整的政治或社会解决方案，而只在自己的领域，解决技术性问题。因此，军事学在春秋战国时代虽号称兵学，与其他流派并列，但并非一门综合性学问。孙武、吴起等军事家最直接的目的，便是通过一切手段，让国家以最小的代价，获得战争的胜利。通常，这样狭隘的功用目的，很容易让军事学变成不入流的小道。但是，春秋战国的军事家在这一个问题上实现了超越，他们赋予军事学于道德属性，让国家武力受道德的统帅和支配，使其只能有利于国家和人民，不能有害于国家和人民。这一超越，使军事学家们的精神境界得以升华，摆脱掉穷兵黩武的武夫标志。各家倡导道德仁义的学派，也肯开怀接纳他们。这些兵家书籍，能够传之后世，垂于不朽，与他们的创作者在道德上实现的超越有莫大关系。

作为一个实战型军事家，孙武深刻认识到“兵者，诡道也”。行军打仗，是关系你死我活、国家兴亡的大事，要讲究策略变通，不可死守常理。所以孙武教会人们定战略、判形势、用计策、励将士、布阵列等方法，千方百计去获得战争的胜利。但是，孙武并非一个好战分子。他认为，使用杀戮的方法获得胜利，并不是最好的选择。因为这样的方式，也会对自己造成相应的伤害。最好的方法，就是迫使敌人在还未开战前，就向自己投降。所谓“不战而屈人之兵，善之善者也”。虽然它并非统御孙武军事学思想的纲领，而是被列于“谋攻”的诸种策略之下。但无可否认，这样的提法在表现出孙武军事智慧的同时，也闪耀出道德主义的光芒。因为战争的最高目的，就是保护国家、人民和军队，如果胜负未决，国家、人民和军队就受到伤害了，那无异于另一种失败。为此，他提出身为将帅必须具备的五种品质素质：智、信、仁、勇、严。统领三军，不但要具有智慧谋略，还要具备一定的道德品质。不如此，则不能通过战争的方式，维护国家、人民和军队的利益。

出身于儒家门派的吴起，一生的经历堪称丰富多彩。他亦儒亦法，转仕多国，集军事家、政治家、改革家的名誉于一身。《吴子》一书虽以军事探讨为主要内容，但因吴起政治地位高，所以他的军事思想必然受治国思想的影响乃至被统御。吴起的治国思想分四端，一为道，二为义，三为礼，四为仁。修此四者，其国兴。废此四者，其国衰。吴起强调治国治军，必教之以礼，励之以义。由此可见，他的政治学和军事学思想，具有鲜明的儒学色彩。跟孙武一样，吴起也反对频繁使用武力，发动战争。一味穷兵黩武，反受其害。所以吴起说：“天下战国，五胜者祸，四胜者弊，三胜者霸，二胜者王，一胜者帝。”这种少胜服众的思想，与儒家以德服人思想如出一辙。孙武和吴起作为军事家而反对战争与军事，体现出他们对自我认知的超越。

而《司马法》和《六韬》两书，根据西周时代遗留的内容改编而成，具有更加浓厚的道德色彩。《司马法》开篇第一章，便是《仁本》，倡导以仁德为军事学的本位。按其观点，战争不能带有侵略和掠夺的意图，而要有其正义的目的。如果发动战争，能安定乱局，那就可以发动战争。如果发动战争，可以制止战争，那就可以发动战争。如果攻打他国，能善爱他们的国民，那就可以攻打他国。否则，战争的正义性和必要性都值得商榷。《六韬》更是大篇幅讨论治国怀民的方策，指出“仁之所在，天下归之”“德之所在，天下归之”。先修仁德，而后兴兵伐不道，才能占有胜利的先机。

中国方当春秋战国之乱世，诸侯争霸，战争迭起。此时军事科学勃兴，为时势所需，不足为奇。值得关注的是，这些兵书都不约而同体现出反战思想和重视道德的精神。人们不禁疑问，为什么会出现这种现象？它们又有何意味？

回到探讨中华文明性质的原点。我们认为中华文明具有显著的政治属性和浓厚的道德色彩，其他学科不免受到政治和道德的影响。特别是军事学，它不但在内容上与政治学密切相关，且军事家又隶属于政治统治者管理，注定军事学要受政治学支配。于是，中国传统政治学上的道德内容，便被移植到军事学上。这不但反映了中华文明的道德特征，也反映了军事要服务于政治的现实形势，反映了军事学要服务于政治学的学科特征。政治既哺育军事，又支配军事，便产生了《司马法》《六韬》《吴子》等兼具治政和治军内容于一体的兵书。

当然，人们也不能否认军事家们在道德上自我体悟和超越的努力与成就。在那个动乱和斗争不息的乱世，军事家们目睹了血流漂杵、白骨露野的残酷景象，内心被强烈震慑到。他们由此而知道生命的可贵，和平的不易，以及道德的价值。在经历精神和灵魂的蜕变后，他们提炼总结出“不战而屈人之兵”“以战止战”“战胜易，守胜难”的军事方策，倒向穷兵黩武的另一面。总而言之，这些春秋战国时代的杰出军事家们，虽然手握重器，却没有迷信武力，滥用暴力。他们的军事思想，是在兼顾整体利益和道德价值的基础上，阐发出来的。他们的著作，不但迸溅智慧的火花，而且闪耀道德的光芒。

在轴心时代，世界几大文明中心都在精神智慧上实现前所未有的超越，将人类文明提升到一个新的境界。在中国，这场文明升级，由孔子和老子两位思想大师领衔，以其他百家诸子为核心主力。与其他文明中心不同的是，中国的军事天才们也成为这场文明升级的重要参与者。孙武、吴起、孙膑等人，虽然身不由己，被迫发动或参与不少基于利益诉求的战争。但他们都不约而同地传达出同样的思想：武力应该受道德约束，群体利益必须成为首要考量。虽然他们不能完美践行这些准则，却把它们书写了下来，尽力去影响其他人，努力流传到后世。整个中国文明能挺过春秋战国这场乱世危机，没有因过度的战争和屠杀，出现文明倒退的情况，不能说没有他们的功劳。因为他们本身是军事家，对于他们的教诲，后世的作战者不可能不心生恭敬、重视聆听。在现实中，他们发挥的作用，可能比我们想象的还要大。只是这些成果，很难用量化数据表现出来。

因为军事学属于专门学科，近代以来，人们已习惯不将兵家学派与儒、道、墨、法等大学派相提并论。这样处理的结果，不但贬低了兵家流派的地位，而且忽略了他们作为在轴心时代中国实现文明升级的重要参与者角色，忽略了他们曾经发挥的重要作用。当我们把中国实现文明升级当成一个整体来审视时，必须重新正视那个时代的军事学家们，以及他们留下的煌煌著作。

## 03　文明交融：吴越争霸

春秋末期，华夏地区动荡加剧。除了诸侯国内部在酝酿深刻的变革，处在边疆的一些国家也发展壮大起来，参与到中华文明的变革进程中，有的甚至强大到足以同中原诸侯争雄争霸。北方的燕国，在春秋时代有不少记载，但一向以弱国形象出现。有赖于其地处北疆，少受战祸，经过数百年缓慢发展，逐渐强大起来，后来成为战国七雄之一。而地处河北山西之间的古鲜虞国，频繁与强大的晋国发生军事冲突，却能坚强存活下来。古鲜虞国后来更名为中山国，在战国史中占有不少篇章。

当然，最值得浓墨重彩的，还属在南方强势崛起的吴国和越国。吴、越两国经过长期独立发展，在春秋末期猛然崛起，与各大诸侯争霸中原，称雄一时。吴、越两国的出现，不但改变华夏地区的势力格局，改变了历史的发展路向，也改变中华文明进步的整体进程。因为吴、越两国的加入，中华文明的核心区域被大幅扩大，长江下游的历史面目，变得更加清晰了。

毋庸置疑，吴、越两地积极融入中原文明，在改变自我的同时，也为中原地区带来新鲜血液，促使中原文明进行再变革与再改新。以历史的眼光来看，这对两者发展都有正面影响。除此之外，随着吴、越两国的崛起而涌现出来的杰出人物，诸如季札、伍子胥、申包胥、勾践等，都表现出了尚德礼让、坚毅刚强、殒身爱国、忍辱负重的精神，数千年来一直被人们称道，构筑成中华民族的重要精神品格。因此，吴越历史，是一段不容忽视的历史。

史载，吴国始祖为吴太伯，为古公亶父长子，周文王伯祖。吴太伯及其子孙原有封地，大概在周成王时代，才迁居到长江下游，定都于梅里，为王朝捍御边疆。越国为夏王朝后裔，约在殷商时代，被封在会稽，奉大禹的祭祀。因为地处偏僻，越国没有受到殷周改朝换代的影响，一直传承到春秋时代。越国是否曾处在周朝五等爵位序列中，并向周王朝纳贡，现在无从稽考。

公元前 601 年，吴国和越国第一次进入中原历史的视野。这一年，楚庄王出兵讨伐安徽南部的群舒部落，与吴国和越国结盟，而后返回。从能够行军到大别山地区与楚国结盟判断，两国在当时已具备一定的实力。当然，以他们这样的实力，要想挑战楚国或其他中原诸侯，远远不够。吴国的强大崛起及其与楚国结怨，要从楚国的内乱讲起。而楚国的内乱，要从一件风流韵事讲起。历史的精彩，往往出乎人们意料。

原来郑穆公的女儿嫁给陈国夏御叔，称为夏姬。丈夫死后，她与陈国君臣上下数人私通。儿子夏徵舒不胜其忿，发动政变，杀死陈灵公，驱逐大夫孔宁、仪行父等。孔宁等请求楚庄王出兵，平定陈国之乱，惩罚夏徵舒弑君之罪。楚庄王谋求称霸，于次年出兵攻破陈国，杀死夏徵舒，夺得夏姬。楚庄王久闻夏姬美色，欲纳她为妃。大夫屈巫劝谏说：我王出义兵讨陈，是惩罚他们的罪过，天下为此称颂王的恩德。如今纳夏姬为妃，诸侯以为王是为女色而灭人之国，非议将至。我王欲谋霸业，膺服诸侯，必不可纳夏姬为妃。

楚庄王尚属贤明，听了劝谏，就断了念头，不再打夏姬的主意。

屈巫表面上大义凛然地劝谏楚庄王，内心却打着自己的小九九。其实他贪恋夏姬美色，本意想据为己有。楚庄王不明屈巫心思，以为他劝谏自己不要，内心也看不起夏姬，就把夏姬赐给司马子反。屈巫又劝子反说：这个女人是个不祥的人，亡国、亡君、亡父、亡子。沾上了她，霉运不远。天下美貌女人多得是，何必非她不可？

子反被他说得冷汗直冒，回禀楚庄王，拒绝了夏姬。

于是楚庄王又把夏姬赐给了楚军将领连尹襄老。屈巫不好意思再去劝谏，心想连尹襄老年纪已大，不久将一命呜呼，到时自己再做打算。公元前 597 年，晋楚爆发邲之战，楚庄王获得大胜，由此奠定霸业。连尹襄老却不幸牺牲，尸首不知所踪。夏姬又克死一个丈夫，再度独守空房。

屈巫色心不死，看到机会来了，暗中派人向夏姬通话，告诉她：我在楚国，身不由己。如果你能返回郑国，我一定明媒正娶聘娶你。他又派人假扮郑国使者来报，谎称已经找到连尹襄老，请夏姬去迎接。夏姬心明屈巫计策，就向楚庄王禀告，要到郑国迎接回丈夫的尸体。楚庄王心有疑虑，征求屈巫意见。屈巫表示连尹襄老为国捐躯，应该支持夏姬去找回丈夫的尸身。楚庄王不知两人诡计，便放夏姬北归，还派使者送行。夏姬告别送行使者，假作悲伤地说：此行若寻不回丈夫的尸身，我就没脸回来了！

回到郑国，夏姬就在老家居住下来，根本没去寻找只做过一年夫妻的丈夫的尸首。

计策成功一半，屈巫尚不敢贸然行动。等到楚庄王去世了，屈巫借着出使齐国的机会，带着儿子和全部家产出国。到了郑国，他让随从带着礼物返回楚国，禀告楚共王自己心系夏姬，不能完成国家交给他的任务，请另择贤能。屈巫在郑国请人说媒，征得郑襄公的同意，明媒正娶了夏姬。郑国国小，不能庇护自己，屈巫打算逃亡齐国。恰巧晋齐爆发鞌之战，齐国战败。屈巫自言：我不能居住在战败的国家，他们保护不了我。于是屈巫带着夏姬，投奔楚国世仇晋国。

得知屈巫叛逃，子反才知道他早就觊觎夏姬美色，自己不幸中了奸计。子反向楚共王建议，以重财贿赂晋国君臣，令他们不接纳屈巫。楚共王却说：屈巫这个人，为了一个徐娘半老叛逃国家，是有些过分了。但他劝谏先王不纳夏姬，也是忠心的表现。现在他把祸水带离楚国，这不是一件好事吗？至于晋国接不接纳他，重不重用他，主要看他对晋国是否有利。我们贿赂再多的钱财，又有什么用？

因此，屈巫得以在晋国落脚下来，受到晋君重用。

子反内心不忿，联合原与屈巫有矛盾的左尹子重，迫害屈巫宗族，将屈巫的几个宗族子弟和连尹襄老的儿子黑要杀害，瓜分他们的家财。屈巫在晋国得到消息，写信告诉他们说：你们以贪婪侍奉君王，枉杀无辜，此仇深大。我发誓，一定会让你们疲于奔命而死！

于是，屈巫将家仇变成国恨，他向晋景公请求出使吴国，联合吴国对抗楚国。晋国对南方知之甚少，听闻吴国可以对抗楚国，当然乐得同意。

公元前 584 年，屈巫代表晋国出使吴国。时值吴王寿梦继位第二年，吴国纪年从此被清晰地纳入中国历史中。屈巫以晋吴结盟、对抗楚国为本纲，向寿梦提出一揽子合作计划。他答应帮助吴国改革军事，训练士卒，并提供楚国机密信息。寿梦大悦，当即与屈巫签署条约，正式结盟晋国。屈巫亲自教导吴人制造兵器和行军布阵之法，将中原先进的军事技术和军事经验带到南方。他还把儿子狐庸留在吴国，担任寿梦的外交官。在晋国的扶持和屈巫的规划下，吴国迅速强大起来，不断出兵北上，侵略楚境。原来归顺于楚国的巢、徐等部落国家，纷纷倒向吴国。

楚国在北方要应付晋、郑、宋等国家，在南方要应付新崛起的吴国，楚军南北奔波，疲于应对。最繁忙的一年，子反和子重两位统帅，要往来南北有七趟之多。屈巫发誓要让他们疲于奔命的誓言，果然应验了。

所谓祸起萧墙，楚国的吴国之患，多起于自身。屈巫的背叛，让吴国壮大。而伍子胥和伯嚭的背叛，几乎让楚国灭亡。在吴国崛起压倒楚国的进程中，原来隶属于楚国的臣子们扮演了至关重要的角色。

公元前523年，时值楚国的楚平王时代，伍奢和费无极分别担任太子建的太傅和少傅。费无极诬陷伍奢和太子建阴谋造反，楚平王听信谗言，杀害伍奢和伍尚父子，逼迫太子建逃亡国外。伍奢另一个儿子伍子胥辗转郑、宋、陈等国，经由昭关，逃亡到吴国。伍子胥之所以选择吴国，因为吴国是为数少有敢与楚国敌对，且有力量战胜楚国的国家。伍子胥背负血海深仇，发誓报复要楚国和楚平王。唯有强大的吴国，能帮助他实现愿望。

初到吴国，伍子胥没有获得信任。吴人不愿仅为了给伍子胥报仇，发动对楚国的大规模战争。无奈之下，伍子胥只得筑庐于吴都门外，耕种农田以糊口，默默等待时机。伍子胥发现吴公子光心怀异志，暗中与他结交，并为他物色了刺客专诸。公元前515年，吴王僚利用楚平王去世的机会，出兵讨伐楚国。公子光趁着国内空虚，指使专诸刺杀吴王僚，自立为君，是为吴王阖闾。阖庐既得志，提拔伍子胥进入政府，参谋国事。两人精诚合作，意图灭楚称霸。

不久，楚国内部又爆发政斗。费无极挑拨令尹子常和左尹伯宛的关系，子常杀害伯宛。伯宛的儿子伯嚭听闻伍子胥在吴国受到重用，也逃亡到吴国。伍子胥与伯嚭同仇敌忾，将他引荐给阖庐。阖庐任命伯嚭为大夫。伯嚭出自晋国郤氏家族，其曾祖伯宗因反对三郤专权被害死，祖父伯州犁逃亡到楚国，被楚王任命为太宰。伯嚭父亲再遭政难之厄，他又逃离楚国。伯氏祖孙四代，历三大国而皆居显职，可谓传奇经历。伯嚭后来虽以奸佞和贪婪闻名，但不可否认他有一定的政治才能。在他和伍子胥，外加世界级的军事家孙武辅佐下，阖庐励精图治，很快帮助吴国强盛。六年之间，吴国与楚国三战，皆获全胜。

公元前 506 年，吴国联合唐、蔡两国，尽起六师，讨伐楚国。历经五战五捷，击溃楚国主力，攻破郢都。楚昭王仅能脱身自保，亡命山泽之间。伍子胥欲报父兄大仇，寻觅昭王不到，将楚平王坟墓掘开，取出其早已腐烂的尸体，痛鞭三百，发泄心头之恨。如此行为，传闻出去，惊骇耳目。

伍子胥在楚国的旧友申包胥派人转告他，说：你以这样的方式报仇雪恨，不也太过分了吗？我听说，拥有强力，可以一时违逆天意。但天网恢恢，终究会惩罚强暴的人。你从前也是平王的臣子，曾经面朝北方侍奉他。今天却鞭辱他埋葬已久的尸身，简直是无视天道达到了极点！

伍子胥告诉传言者：你帮我回报申包胥，我伍子胥以罪人之身，逃亡国外十余年，数度濒临死亡边缘。我日夜忧虑，惊恐随时死去，不能在有生之年，亲报父兄大仇。为了达到目的，我不得不颠倒常理，逆道行事。我的忧虑和悲愤，不是寻常人能够理解。

申包胥听罢回报，日夜兼程，不眠不休，赶往秦国求救。楚国侵凌欺压中原诸侯上百年，他们听到楚国将亡的消息，无不额手相庆。当时天下，有可能拯救楚国的，只有远在西陲的秦国。但秦哀公忌惮劳师远征，迟迟未下决心。申包胥日夜啼哭于秦国朝堂之外，七日七夜滴水不进，形销骨立。秦哀公怜悯道：楚国当政者虽然无道，但拥有这样忠诚的臣子，是上天注定他们还没到灭亡的时间。他吟诵起秦国的诗歌《无衣》:“岂曰无衣?与子同袍。王于兴师,修我戈矛,与子同仇!岂曰无衣?与子同泽。王于兴师,修我矛戟。与子偕作!岂曰无衣?与子同裳。王于兴师,修我甲兵,与子偕行!”五百乘战车驰出武关,南下救楚。秦军和楚国残军相合,一败吴军于稷地,二败吴军于雍澨。楚国赖之帮助,才能亡而复立。

春秋战国时代,严酷的内外斗争,使华夏地区变成一个宏大的人性试验场。那些有名或无名的人物,将人性的丰富与深刻表现得淋漓尽致。伍子胥忍辱负重、志在报仇,是基于人伦价值的要求。申包胥形销骨立、殒身救国,是基于国家价值的要求。在不得不行、不得不做之间,两人把人性的率直、复杂和纯粹表现到了极点。后世人在同样范畴内表现出的人性精神,很难再超越他们。因为人性积蕴深厚,爆发力量大,作用也就大。所以伍子胥能在十余年之间,翻天覆地,复其大仇于楚国和楚君。而申包胥积蕴的人性,又打动了秦哀公,挽救回楚国。在此之间,即是实力的较量,智慧的较量,也是人性的较量。

楚国能亡而复立,一个重大原因是秦国出兵南下,助楚抗吴;另一个重大原因是更南方的越王允常窥觑吴国空虚,趁机侵入吴国。一时之间,吴国遭到秦、楚、越三国压力,终于表现疲软。但是阖庐不愿放弃灭亡楚国这个千载难逢的时机,坚持留在楚国不走。他派遣老弟夫概回国抵御越军,不料夫概野心勃勃,竟然自立为君。阖庐只能弃车保帅,率领主力军返回祖国,击败夫概,扫清叛逆。他吞灭楚国的大计,最后功败垂成。

吴国与越国怨仇难解,公元前496年,阖庐得知允常病薨,少子勾践继位。趁着越国国丧,亲征越国。勾践率领越军抵抗,与吴军遭遇于槜李。越军派遣死士两次进攻吴军前锋队,都不能扰乱其阵列。于是勾践想出一个事后思之犹令人心颤的计策，他让越国的罪人排成三列，将剑架在脖子上，走近吴军阵列，大声喊道：两国交战，臣子触犯军令，在国君面前表现无能，不敢逃避处罚，谨此请求一死！

说完，这些人以剑抹断脖子，血流如注，倒毙而亡。在场吴军士兵，看得胆战心惊。人皆有爱生畏死之心，越人如此无视生命，视死如归，谁能与之为敌？越军在勾践号令下，向吴军发起猛烈进攻，吴兵心理崩溃，倒戈溃散。越军乘势逐之，大败吴军。越国将领灵姑浮追击阖庐，砍断他一个脚趾，连鞋都给拉拽下来。在逃离槜李七里远的半途上，阖庐伤重身亡。

吴越槜李之战，堪称一场军事史上绝无仅有的人性试验场。自此以后，人们再也没有看到在战争中有谁再使用这样惨烈的方法。后世的战争可能规模更大，死亡更多。但战场上成群结队自杀之事，再未闻有。槜李之战结束了，但吴越恩怨没有结束，人性试验场也没有结束。阖庐的儿子夫差继位为君，为了时刻提醒自己不忘父仇，报复越国，他特别命令一名士兵站在内宫的庭院中，每当看到他进出，就直呼其名喊道：夫差！你忘了越王勾践杀害你父亲的大仇了吗？

夫差神情转为严肃，恭敬答道：不！我没有一日敢忘记。

槜李之战，本是勾践出奇制胜，吴国实力仍然十分强大。在伍子胥和孙武辅佐下，夫差整修国政，厉兵秣马，时刻准备复仇越国。勾践明白形势，与其等敌人准备好了进攻自己，不如先发制人。于是他罔顾范蠡的劝谏，发动军队，再次进攻吴国。夫差率领吴军精锐应战，哀兵贾勇，大败越军于夫椒。勾践带着五千名残兵败将，遁逃回会稽。吴军一路追击，重重包围会稽，越国濒于灭亡。

勾践命大夫文种出城，向夫差求和，自己甘愿为吴王下臣，妻子吴王可以任取为妾。勾践为了活命延种，接受的投降条件卑微到了极点。吴国出自周王室，颇为讲究古代兴废继绝的规矩。看到勾践卑躬屈膝投降了，夫差便想答应。但伍子胥坚决反对，极力主张吞并越国。

文种回报勾践，和议不成。勾践性格刚毅坚忍，马上想杀死妻子和儿女，烧毁宫室宝库，带领残军与吴人死战到底，玉石俱焚。文种已窥探清楚吴国内情，劝请以重金贿赂太宰伯嚭，或能改变局势。勾践于是尽出国内宝玉名器美女，贿赂伯嚭。伯嚭本性贪婪，既得宝货，就充当起勾践的说客。夫差宠信伯嚭，不顾伍子胥坚决反对，同意了议和。伍子胥哀叹：勾践能亲近士民，慷慨施舍，百姓都为他卖命。越人用十年时间生育繁衍，用十年时间教育训导，二十年之后，吴国宫室恐怕要变为废池了！

虽然达成和议，签订城下之盟。但越国财货被搜刮一空，瞬间一贫如洗。勾践在夫差面前屈膝而行，国格和人格皆失。勾践哀叹：天哪！我就要这么屈辱地死去吗？

文种劝道：从前商汤王被囚禁在夏台，周文王被囚禁在羑（yǒu）里，晋文公出奔翟国，齐桓公出奔莒国，最后都称王称霸。上天降下灾祸考验大王，焉知没有后福？

勾践一度被夫差带回吴国，禁锢在都城之内。勾践自贬身份，以奴仆的姿态侍奉夫差，不敢有丝毫懈怠。又兼文种、范蠡数年征收越国税赋，都贡献给吴国。三年之后，夫差有所感动，赦免勾践，令他返回越国主政。

勾践返国后，痛定思痛，自苦其身，以励其志。他放弃君王的尊荣生活，居住在简陋的屋子，睡在木柴叠就的床板上，亲自下田耕种粮食，夫人织布绣衣。两人食不重味，衣不兼采，与平民无异。勾践还在房内悬挂一枚动物胆，他每天清早起床，每天晚上睡觉，以及每次吃饭之前，都先品尝一下苦涩的悬胆，然后自问道：勾践，你难道忘了吴人在会稽赐予你的耻辱吗？

这种自励和自勉的方式，超越了夫差，几乎达到变态的地步。

勾践将国内政治托付给文种管理，将军事和外交托付给范蠡管理。范蠡以重宝贿赂和离间策略麻痹吴国君臣，为国家恢复元气赢得宝贵时间。勾践大力鼓励农业生产和人口生育，施惠于民。又以身作则，与人民同甘共苦。在正确引导下，越国经过一段时间休养和积聚，实力慢慢恢复。

而获得大胜的夫差，以为越国、楚国都不足挂齿，将目光投向遥远的中原，意欲与诸侯争霸。在夫差指挥下，吴军数度北上伐陈、伐鲁。原来齐悼公继位后，向夫差请兵伐鲁。两国距离遥远，吴兵北上途中，得知齐国又与鲁国媾和。夫差大怒：请我来就来，要我走就走。寡人愚昧，将亲帅将士求教于贵国君主。

于是夫差反过来联合鲁国，攻打齐国。齐国上下恐惧，杀死齐悼公求和。夫差假作悲凄，要为齐悼公伸张正义，派船队从海上进攻齐国，不胜而归。第二年，即是公元前 484 年，夫差卷土重来，与齐人战于艾陵，大败齐军。齐国屈膝求和，吴国威震中原。

两代吴王连败楚、越、齐三国，服陈、宋、鲁、卫诸国，于是夫差谋求会盟诸侯，确立霸主地位。此前，勾践曾率领越国上下到吴国朝见，贡献甚多，礼节恭敬，夫差很满意。唯独伍子胥预感隐患重重，劝谏：越人重财厚礼，态度卑下，不过想麻痹国君。越国与我国接壤，世代为仇，才是国君的心腹大患。现在国君专意于遥远的北方，而忽略眼皮底下的敌人，恐怕会养虎遗患。希望国君警惕勾践！

夫差没有接受劝告，反而越来越反感伍子胥处处违逆自己的意思。

他甚至不想再看见伍子胥，就打发他出使齐国。伍子胥见夫差执迷不悟，明白吴国难逃灭亡的命运。他不想自己全家被卷入灾难，遭受毁灭。就带了儿子出使齐国，将他托付给齐国贵卿鲍氏家族。返回之后，夫差得知实情，认为伍子胥私通敌国，阴谋叛变。赐其镂剑，逼其自尽。伍子胥悲愤对使者说：请在我的坟墓边种上槚树，它是做棺材的好材料，以后你们会用到的。请把我的眼睛挖出来，悬挂在国都的东门，好让我看越国的军队攻入吴都。

说罢，持剑自裁。

公元前 482 年，夫差尽起国内精锐，千里行师，北合诸侯于黄池。只留老弱病残的士兵，交给太子姬友守国。吴国远离中原，其欲争霸诸侯的劣势显露出来。勾践得知吴国空虚，深感复仇良机不可失，倾巢出动，发兵五万，兵分两路，攻向吴国。太子姬友、王孙弥庸、寿于姚率军迎战，兵败被俘。越军洗劫吴都，杀害太子姬友。

消息传到黄池，正值结盟的关键时刻，夫差正与晋国争论谁该当老大。吴人认为，论辈分，太伯是古公亶父长子，在王室中最尊贵，理应位次第一。晋人认为，自己也属姬姓，而且向来是中原霸主，理应位次第一。双方争得面红耳赤，久议不决。此时，听到吴都被攻破，儿子被杀的消息，夫差感受到晴天霹雳的打击。若诸侯了解实情，不但自己谋霸不成，还将颜面尽失。为了封锁消息，夫差把前来报信的使者，以及左右听到消息的护卫一共七人，全部杀死。但他已经方寸大乱，没有心思再与晋国争论，假作礼貌，让晋定公先为歃血。

盟毕，夫差匆匆南返。旧仇楚国也趁火打劫，进攻吴国。吴国精锐原在中原大战中死伤不少，再上短期奔波南北，疲劳倦怠，战斗力锐减。面对楚、越两国军队，再占据不到优势。夫差采取保守策略，一面谨慎防御楚军，一面遣使向越国求和，交出巨额赔偿。三年之后，即是公元前 478 年，勾践再次发动大规模进攻，与夫差交战于笠泽，大败吴军。遭此战略性溃败，吴国大部分土地被越军占领，夫差困守孤城之内。越军围困吴军，足足有三年之久。

晋国贵卿赵无恤正服父丧，听闻吴国之难，想起从前在黄池结盟，申明双方好恶与共、同仇敌忾。但吴国僻处江南，在当时的条件下，要调动大军从山西、河北南下江苏南部参战，何等困难？他内心悲伤，特为吴国减损服丧期的饮食标准，并派遣楚隆南下，向夫差表示歉意。楚隆抵达吴都，情况已经非常恶劣。经由勾践同意，方能进入围城。

楚隆向夫差致歉：我国国君的臣属赵无恤，特命我来向大王告罪说：从前在黄池结盟，晋、吴申明好恶与同，凡有敌国攻打我同盟，第二方要出兵助战。我国不敢违弃盟约，无恤也不惮行军的劳苦，但如今晋国国力不足，实在不能南下助战。其中苦衷，盼大王谅解。

夫差岂不知道千里行军南下对晋军的危险性，他根本就没指望过晋国能拯救自己，赵无恤肯派使者来，已经表明心意了。回想起来，自己数次劳师远征，争霸中原，是何等愚蠢。

夫差回答道：寡人不能侍奉越国，给大夫带来忧患，请替我拜谢他的好意吧。

夫差幽幽叹息许久，又对楚隆说：吴国与越国结怨深重，勾践必不让寡人的余生解脱忧患，寡人恐将不得好死。

他赠送楚隆一盒珍珠，送他离城。

夫差也曾企图与勾践媾和，让勾践以当初会稽之盟的条件，应允自己投降。投降条件虽然卑屈，但至少能保存国家。然而勾践是吃过亏的人，岂能让夫差效仿自己复仇之举。他让范蠡派士兵鼓噪，驱赶夫差使者，以重罪处罚威胁。使者无奈，哭泣离去。后来勾践又觉得，毕竟夫差曾饶恕过自己，不能让世人评论自己薄情，于是派遣使者通报夫差，说可以赦免他死罪，但要迁徙到越国东边的甬东，接受百户人家的供养。如此刻薄条件，相当于让夫差做个富贵囚徒。夫差拒绝说：我老了，不能再卑躬侍奉他人。

说罢，以布巾覆面，自缢身亡。之所以以巾覆面，因为夫差深感无面目再见伍子胥于地下。勾践依礼埋葬了夫差，诛杀伯嚭。

勾践吞灭吴国之后，俨然成为巨霸。他渡淮北上，与诸侯相会于徐州。为了膺服诸侯，勾践返还吴国侵占的各国土地，楚、宋、鲁皆受恩惠。勾践还派使者向周王室纳贡，周元王回赠以祭肉，钦命其为伯。越军一时纵横于江淮之上，成为春秋末代霸主。有鉴于吴国僻处江南，地理遥远，不利于争霸，反导致亡国的教训。勾践一度将首都迁徙到山东南部的琅琊，加强与中原地区的交流，密切与中原诸侯的关系。勾践以异乎寻常的积极姿势，融入先进的中原文明之中。

吴越争霸的故事，让春秋历史在行将结束之际，再度高潮迭起。其精彩程度，丝毫不亚于中原诸侯争霸的故事。然而，撇除了快意恩仇的精彩，人们能不能从吴、越两国的争霸，寻找到一点对文明和历史进步的意义呢？

毋庸置疑，吴、越两国原来就属在华夏文明区域内。这一点可以从越国为夏王室后裔，吴国为周王室后裔上，得到确凿的证明。然而华夏文明又分核心文明区域和外围文明区域。核心文明即是中原地区的文明，外围文明则是吴、越、燕等地区的文明。其中吴、越两国，在春秋中出现最晚。但两国后发先至，竟比燕国更早扮演历史主角的角色。吴越的崛起，最重大的意义在于使华夏文明的核心区域得到大幅扩张。它们所属的江南地区，第一次全部地并入华夏国家的版图。

吴越两国为何能并入华夏核心文明圈中呢？有两个要素在发挥作用。第一是中原文明对外围文明的吸引和改造，第二是外围文明通过主动变革，积极向中原文明靠拢。我们发现，促使吴国进步发展的一些关键性人物，都来自中原大国。第一个教导吴国军队战阵之法的屈巫，来自晋国，其祖先又来自楚国。在吴国发挥才能的世界级军事家孙武，来自齐国。伍子胥是地地道道的楚国人。伯嚭来自楚国，其先本自晋国。而越国两大贤达范蠡和文种，都来自楚国。正是在中原大国人才的帮扶下，吴、越两国才能在短时间内强盛起来。如果没有他们，仅凭吴、越两国本身实现奇迹，几乎不可能。

另一方面，吴、越两国也认识到自己的落后和不足，积极延揽人才，主动进行改革，才能显著提升国力。富强之后，两国积极北上，参与诸侯会盟，向周王室纳贡，加入中原政治序列，遵守中原政治规则。越王勾践，甚至将国都迁往琅琊，其融入中原的决心，极为坚定。正是在内外合力、双方互动的条件下，中原文明才迅速扩散到江南地区，将其全盘并入华夏国家的版图。

其次，吴越争霸涌现的杰出人物，表现出的精神力量和品格素养，为中华民族的集体精神性格构成提供了优质养分，同时也为后人树立了闪亮的榜样。这些杰出人物，包括季札、伍子胥、孙武、勾践、范蠡等。后世人每当读到“有志者，事竟成，破釜沉舟，百二秦关终属楚。苦心人，天不负，卧薪尝胆，三千越甲可吞”的诗句时，难免胸怀激烈，意气风发。我们不赞成勾践的所有行为，但绝对赞赏他卧薪尝胆的精神。历史上众多遭遇磨难考验的仁人志士，都视勾践为楷模，努力去学习他、效仿他。可是，现实中又有几人能做到勾践的程度呢？很难。

春秋战国是一个伟大的时代，人们不但在对知识和智慧的求索上做到了极致，还在人性的尝试和表现上做到了极致。就像我们很难触及老子和孔子的智慧深度，我们也很难触及伍子胥和勾践精神力量的深度。那个时代留下的遗产，大多数时候，只能供后人回味、模仿和膜拜。

## 04　九鼎震，三晋分

吴、越两国虽然在春秋末期抢了中原诸侯的风头，但毕竟身处边疆，社会发展起步晚，整体文明程度无法与中原地区相比。当时的中原各大诸侯国，尚代表华夏文明的最高水准。在吴、越两国北上争霸、抢占风头时，他们的内部正进行着深刻的裂变。裂变完成后，他们又以傲然的姿势屹立于世。

在多数人的印象中，春秋战国是乱世。但与其他时代的乱世不同，春秋战国期间华夏地区并没有出现人口锐减、生产凋敝、社会倒退等现象。相反，在这段时间内，人口爆炸式增长，技术革新促进农业发展，文化呈现出前所未有的繁荣，社会制度也在不断嬗变升级。这种反差巨大的结果，很难让人们将它与其他乱世时代相提并论。但就实际考察，可以发现每一项变革都有其深层土壤及内在必然性。

人口增长，是各大诸侯国为了增强国际竞争的优势，鼓励人口生育的结果。农业丰收，是人口增长和技术革新促进的结果。文化繁荣，是周文化的传承、士阶层的崛起和国际竞争促进的结果。制度升级，是阶层更迭、新老交替和国际竞争促进的结果。春秋战国时代的很多条件，是其他乱世不具备的。最特别的一点就是，各大诸侯国都是长期存在且具有合法性的政权。这让它们可以从容有余地推行各种改革政策，等待收获成果。而后世的许多乱世，割据政权依赖武力自存，没有更高的政权赋予它们合法性。它们每日过得提心吊胆、岌岌可危，担心被其他政权吞没。这样的情况下，很难有余力来制定和推行什么改革政策，等待收获成果。

终春秋之世，虽然天子失势，诸侯跋扈，但表面上的政治秩序，尚能维持着。然而春秋末期、战国初期发生的巨变，让延续了五百多年的政治秩序濒临瓦解，周王朝丢掉了最后一层遮羞布。这场巨变，便是诸侯国内的贵卿取代旧主，成为新的诸侯，且得到周天子的承认。它以两大事件为标志，分别是三家分晋和田氏代齐。众所周知，晋国和齐国是春秋时代两大霸主，它们命运的终结，标志一个时代的结束。中国最伟大的两名历史学家司马迁和司马光，都对这个事件给予非常大的关注。公元前 403 年，周威烈王被迫任命韩、魏、赵三家领袖为诸侯，司马迁特别写下“九鼎震”的记录，司马光则从这一年开始着笔叙述他的《资治通鉴》。

时至今日，人们不能再以先人的眼光来看待历史。但仍然认为，三家分晋和田氏代齐，是春秋战国的一大变化。要了解春秋战国之世的社会和文化，洞见其中变革的原因，不能不了解清楚这段历史。

早在骊姬之乱时，晋献公任命太子申生驻守曲沃，重耳驻守蒲城，夷吾驻守屈城。从此，晋国便确立一条不成文的规矩。即是国君亲子不能留在国都，参与政治，而要出居于外。一直到被确认为继承人，方能回国继位。晋文公虽然是这种制度的受害者，但他返国之后，仍然遵守旧制。这样，就导致晋国政治与其他诸侯的不同。其他诸侯更多受亲近公族控制政权，而晋国则受外族和疏远的公族控制政权。

自晋文公以来，晋国有狐氏、先氏、赵氏、胥氏、栾氏、郤氏、士氏、荀氏、魏氏、韩氏十大显贵家族。其中先氏、荀氏、韩氏、栾氏、郤氏姓姬，是晋公室较疏远的分支。魏氏据说是毕公姬高的后裔，虽属姬姓，但与晋公室没有关系。其他的，都是外族异姓人士。晋国国内的政治情景，与国外一般，都是互相倾轧，以大欺小，以强吞弱。在一百多年的倾轧斗争中，最先灭亡的是狐氏家族和先氏家族，继而灭亡的是郤氏家族和胥氏家族，再而灭亡的是栾氏家族。到了公元前 500 年的晋定公时代，只剩下知氏、中行氏、士氏、赵氏、韩氏、魏氏六大家族。其中，知氏和中行氏为荀氏分衍出来。晋国向为中原霸主，实力在春秋时代独一档。因为频繁的内斗，导致它在春秋后期颇为萎靡。霸主之名，有些名不符实。公元前 550 年爆发的栾盈之乱，得到齐庄公的支持，使晋国国力受到极大损耗。导致晋国后来不得不与楚国弭兵，维持和平局势，以恢复元气。公元前 497 年，晋国再次爆发内乱，绵延长达八年之久。致使晋国无法好好利用楚国暂时衰落的良机，强化自己的中原霸权。吴、越两国北上争霸时，作为老牌霸主的晋国不得不敬让三分。

此次内乱，源起赵氏家族的内斗。而赵氏的内斗，又与晋国外交相干。原来晋国在外交上侮辱了卫灵公，卫灵公与晋国决裂，转而投向齐国阵营。晋国赵鞅率军攻打卫国，卫灵公被迫屈从，交出五百名人质。这五百名人质被扣押在邯郸城，由赵鞅的同宗兄弟赵午看管。后来赵鞅下令给赵午，让他把人质押送到北方的赵氏家族大本营晋阳。赵午宗族不欲听令，便私自攻击齐国，想乱中谋利。后来计策不能成功，还是把人质押送到了晋阳。赵鞅追究责任，以家法处死赵午，命邯郸赵氏再立新主。邯郸赵氏拥立赵稷为新主，却宣告叛变赵鞅。

赵鞅于是说服晋定公，派上军司马籍秦攻打邯郸。与此同时，中行氏和士氏却联合到了一起。原来中行氏首领中行寅的妹妹，即是赵午亲娘；而士氏家族又与中行氏家族有婚姻关系。于是，中行寅和士氏首领士吉射联合起来，准备借助邯郸的机会，扳倒赵鞅。

赵鞅在察知形势之后，决定按兵不动。当初为了协调国内众多贵卿的关系，维持稳定，晋君与他们盟约，哪个家族最先挑起战争事端，就是违反盟约，犯了死罪，理应成为众矢之的。中行寅和士吉射仗恃实力强大，无所顾忌，毅然出兵攻打赵氏。赵鞅逃往晋阳，婴城自守。

中行寅和士吉射围攻晋阳，却久攻不下，情况发生巨变，知、韩、魏三大家族倒向赵鞅一边。他们胁迫晋定公，盟约规定最先挑起战争的人，就犯下死罪。中行寅和士吉射率先挑起祸乱，应该受到惩罚。形同虚设的晋定公当然支持人多势众的一方，于是知、韩、魏、赵四家合力，进攻中行寅和士吉射。两人不敌，逃往朝歌城和邯郸城，坚守不出，并向各国求救。

本来属于晋国的内斗，却牵动起大半个中原的政局。原来对晋国隐忍已久的齐国、卫国、鲁国、郑国都联合起来，支持中行寅和士吉射。甚至连周王室，也倒向了处在劣势的一方。赵鞅率领晋军围攻朝歌和邯郸两城，足有七年之久，才艰难攻下。在此期间，齐、卫、鲁、郑、中山国等既出钱、出人，又出力，支持中行寅和士吉射抵抗晋军。还数次出动军队，直接与晋军交战。公元前 493 年，齐景公资助一千车粮草，由郑国军队出力，送往朝歌。赵鞅率领军队半路截杀，击溃郑军，缴获全部粮草。朝歌粮尽力竭，于翌年宣告失守。中行寅和士吉射逃入邯郸城，与赵稷负隅顽抗。赵鞅集中兵力攻打邯郸城。一年之后，邯郸城投降。中行寅和士吉射的内乱，基本宣告结束。赵鞅又花一两年时间，才彻底靖定余逆。

长达八年的内耗，不但让晋国实力大损，而且国际上的盟友也损失殆尽。除了宋国外，几乎没有死心塌地的小跟班。晋国上下要花上很大的力气和时间，才能慢慢恢复从前的信誉与威望。在公元前 482 年的黄池之会上，晋国疲态尽显，不得不与吴国平分霸权。春秋后期的晋国，在对外战争上没有遭遇大败，却因为内部的分裂斗争，露出孱弱之态。

然而晋国的孱弱，只是他们不团结的孱弱，并非总体实力的孱弱。其实在平定中行寅和士吉射的叛乱中，一直以赵鞅的赵家军为主力，其他知、韩、魏三家并未全力参与。而当时晋国的首席执政官，乃是知氏的荀跞。赵鞅能在关键时刻解除晋阳之围，与荀跞的主动转向有重要关系。但荀跞并非完全支持赵鞅，他一面同意讨伐中行氏和士氏两族，一面也要赵鞅处死挑起祸端的得力助手董安于。整个事件，荀跞仿如置身事外，看着内斗者厮杀，自己坐收渔翁之利。这一方面体现出晋国的强大，仅凭以赵家军为主的军力，就能打败齐、卫、郑等国扶助的叛军。另一方面也预示知氏的崛起，未来他一家力量将凌驾于韩、魏、赵三家之上。

中行氏和士氏灭亡后，晋国传统的三军六卿制度，改为二军四卿制度，由知、赵、韩、魏四大家族掌控。两个家族的领地，却以晋君代为领有的方式保存下来。荀跞死后，由赵鞅继任执政。赵鞅死后，由知氏荀瑶继任执政。当荀瑶登上历史舞台时，时间的指针已经指向战国时代。

荀瑶是一个贪权爱利、傲慢自大的人物，在他治下，晋国发动了数次对齐、郑、卫等国的战争，皆获得胜利，助长了他的傲慢。他既不礼敬晋出公，又常欺压赵、韩、魏三家领主。公元前 458 年，荀瑶按捺不住贪欲，在他主持下，四大家族瓜分了中行氏和士氏的领地。荀瑶独占大份，获益最多。

此一变化，让晋出公非常受伤。此前他已经被架空，现在更是空上加空。他图谋反击，意欲联络齐、鲁两国，攻击四大家族。此策莫说难成，即便齐、鲁两国肯帮助，倾尽全国之力来，战胜四大家族的可能性也很小。四大家族得知消息，先行攻击晋出公，将其驱赶出国。晋出公逃亡齐国，途中薨逝。荀瑶拥立年幼的晋哀公为新主，独揽国政。

荀瑶欲壑难填，吞下了中行氏和士氏大部分领土，还未满足。他的血盆大口，又向韩、赵、魏三氏张开。他首先向韩康子索要一万户城邑。韩康子畏惧，不敢不给。接着荀瑶又向魏桓子索要一万户城邑，魏桓子也给他了。最后荀瑶指明向赵襄子索取蔺邑、皋狼两座城邑。赵氏实力逊于知氏，在其他两家之上，且赵襄子屡受荀瑶侮辱，心怀不满已久。因此他没有答应荀瑶的要求，将城邑白白送出。

荀瑶终于找到借口，联合韩、魏两家攻打赵家。他向他们承诺，灭亡赵家后，三家共分赵地。韩、魏两家出于贪婪的目的，遂与荀瑶结成同盟。赵襄子不敌三人，逃回本家大本营晋阳。四十余年前，他的父亲赵鞅就是在这里抵抗住中行氏和士氏的围攻。如今赵襄子面临更大的压力，他要面对晋国其他三家联军的围攻。

荀瑶、韩康子、魏桓子强攻晋阳三月不下，改为围困，指望城内粮水枯竭，守军思变投降。无奈赵氏数代经营晋阳，城内储藏物资丰富，军民团结一心，坚持抵抗，不为所动。最后迁延岁月，对晋阳的围困拖至两年之久。围城逼降之计不成，荀瑶掘开河堤，引汾水倒灌晋阳。河水将晋阳淹没，城内人们无立足之地。危急时刻，赵襄子遣信使出城，游说韩、魏两家倒戈。韩康子、魏桓子与赵襄子达成秘密协议，共同对付荀瑶。翌日赵襄子孤注一掷，尽出精锐进攻荀瑶大营。韩、魏两家不但不救，反从两肋偷袭荀瑶。变生不测，等荀瑶明白是怎么回事，本军早已溃败。赵襄子逮捕荀瑶，将其斩首，还将知氏全族屠灭。

灭亡荀瑶后，赵、魏、韩三分其地。晋国国内贵卿，至此只剩三家。此时的晋君，只剩绛邑和曲沃两座城市。三大家族连基本上的规矩也不守了，他们不再朝见晋君。相反晋君畏惧三大家族，还要朝见他们。在这一点上，可看出诸侯国君与周王的区别。几百年来，诸侯擅自改易的事情多了去。但周王独一无二的天子资格和名号，一直没有被改变，更不会不堪到要朝见诸侯。周王赖祖宗功业留下的底子，尚能保住基本的脸面。三代传下的九鼎，存放在京师洛邑。诸侯国君一旦失权，各种窘迫难堪，乃至性命不保的事情，接踵而来。由晋君之朝见赵、魏、韩三大家族一事，可见一斑。

荀瑶家族灭亡，发生在公元前 453 年。之后三家分晋，晋国已经名存实亡。赵、魏、韩三家，名为贵卿，实为君主。但是，他们的诸侯资格，一直没有得到周天子的承认。按周朝五等爵序列，赵、魏、韩三家领主称“子”，是晋国封内的子爵，而非王朝外封的子爵。他们的各项权利，受制于晋君，没有独立与其他诸侯相互朝聘和建立邦交的资格。三家分晋后，他们已经具备诸侯的实力，但周天子不为所动，坚持不赐予他们诸侯的资格。

周朝统治下的各大诸侯，主要由西周初期封建而来。虽然在数百年的时间里，有迁徙的、有提升的、有贬黜的，但凭空增加的诸侯，少之又少。回顾历史，发现只有一个大国例外。即是西周覆亡之际，秦襄公千里护送周平王东来，立下重大功劳。周平王特别恩准秦国升为诸侯，准予其与各大诸侯相互朝聘，建立邦交。这么一比较，赵、魏、韩三家没有为王室立过大功、做过贡献，周王自然没有动力将他们提升为诸侯。而且，当时有齐、楚、秦、越等强国在，他们也不敢逼迫周王。于是，赵、魏、韩三家空有诸侯之实，而无诸侯之名的尴尬局面，维持了整整五十年之久。

一直到公元前403年，齐国发生内乱。赵、魏、韩三家介入，在廪丘与齐军大战，杀死齐兵三万人，缴获战车两千辆。而后围攻平阴，逼近齐国长城。田氏主政的齐国被迫低头，向三晋求和。三晋没有要求齐国赔偿金钱，也没有要求他们割让土地，仅提出一项要求，就是要齐康公陪同他们去朝见周王，并向周王提出，晋升赵、魏、韩三家为诸侯。田氏家族将徒有其名的齐康公推了出去，让他去满足三晋的要求。于是，齐康公便陪同魏文侯、赵烈子、韩景子一起到洛邑朝见周威烈王。

此时的周威烈王是什么心理，已经无从知晓。很大概率与普通人一样，以现实利益为首要的考量。若赵、魏、韩能给予他很大的利益，不妨晋升他们为诸侯。若他们一毛不拔，自己也无须白做好人。至于礼制，几百年来毁得差不多了，不差这么一着。至于宗族情缘，出了五服，谁还念那点旧情？晋、鲁两国姓姬，平时也没见他们多孝敬王室。况且，韩氏和魏氏，追究起来不也姓姬吗？

因此，周威烈王对赵、魏、韩的态度，无可无不可。既然事实已经不可改变，何不从权求利？从前三晋没有馈送来什么大利益，就让他们维持不上不下的尴尬。现在不同了，赵、魏、韩三家挫败了强齐，威震中原，如今挟持着齐康公到来，气势咄咄逼人。齐国和三晋合力，相当于天下半壁江山，周威烈王只是个空头司令，很难拒绝他们的请求。最后，他无奈地发布命令，任命魏国、赵国、韩国为诸侯，具有与齐、秦、越、鲁、燕等大国同等权利。

对于周威烈王而言，这道命令只是一纸文书，他没有获得什么，也没有失去什么。但对于后世恪守儒家教义的历史学家而言，却相当于天崩地裂的大事。司马迁在他的《史记》中记载，在周威烈王正式发布命令前，藏于洛邑六百余年的九鼎突然发生强烈震动。九鼎，据说为大禹所作。大禹设九州，命州牧贡献金属原料，铸成九鼎。每一鼎指代一州，在鼎上绘制本地的奇珍异物以作象征。九鼎代表天下权力，为最高统治者持有。九鼎最先藏在夏都，殷商灭夏后，据为己有。周武王灭亡，将九鼎从朝歌迁移到洛邑。楚庄王伐陆浑之戎，曾问九鼎的重量与大小。九鼎的特别意义，众所周知。

周威烈王被迫任命赵、魏、韩三家为新兴诸侯，为周朝六百年历史所无。这意味着，周朝的王权和它所确立的礼制，遭受到巨大打击，根基被强烈动摇。虽然九鼎仍旧握在周王手中，但天下格局，已经发生质的变化。从前以儒家知识分子为主体的士人，以维护旧制度和旧权力为理想追求。经此一变，一切看来已无可挽回。后来的孟子、荀子等仍以仁和礼为宗旨，谋求改变乱世。但目标指向，已经没有孔子那么明确。他们身处一头乱麻的世界中，正被汹涌的潮流裹挟向不可预知的未来。

其实，作为没有生命的物体，九鼎自行发生震动的可能性很小。司马迁有意提到九鼎震动，只为强调周王朝的权力和制度遭到了致命伤害。以后的历史，将更朝着尚力弃礼、乱上加乱的方向发展。无独有偶，一千多年后的司马光书写《资治通鉴》，也以周威烈王任命赵、魏、韩为诸侯作开端。他认为，这一年发生的事，标志着旧时代的结束，新时代的开始。当然，司马光内心的新旧，与常人相反。他怀念三代盛世，怀念礼乐文化，但诸侯争雄，将所有希望都毁了。战国历史，全篇无足称道，徒让人扼腕叹息。

## 05　田氏篡齐，世变战国

姬姓晋国称霸春秋两百年后，被赵、魏、韩瓜分灭亡。而另一霸主姜姓齐国，也已经被田氏家族架空，正走向灭亡的终途。

田氏原为陈国公室支脉，其始祖田完，本名陈完，是陈厉公儿子。因陈国政斗，田完于公元前 672 年，逃亡到齐国。当时齐桓公在位，很喜欢田完，任命他为工正，主管国家建筑营造事务。因食邑于田，又号称田氏。作为异族外姓，田氏在齐国一向小心翼翼，低调行事。一百三十余年后，田氏才作为一支重要的政治力量，登上齐国历史舞台。

田氏家族的崛起，有两个人物发挥了重要作用。一个是军事家田穰苴，其活动年代，在公元前 550 年前后。除了他指挥参与过对晋、燕两国的战争，以及写作《兵法》，人们对田穰苴知之甚少。但可以推知，田穰苴在军事上取得的胜利，对田氏家族的崛起起到相当大的作用。

另一个重要人物，即是田桓子田无宇。公元前 545 年，田无宇与鲍、栾、高三大家族发动政变，驱逐了庆封。公元前 532 年，田无宇又联合鲍氏发动政变，将栾氏和高氏驱逐到鲁国。田无宇本想和政友瓜分栾氏、高氏的领地，中饱私囊。晏子劝田无宇，应该崇尚德义，讲究礼让，将它们献给齐景公。田无宇便以退为进，将栾氏、高氏领地献给齐景公。同时广施恩惠，将部分封地返回从前因政变被剥夺了食邑的贵族，救济落魄的公室后代，抚恤贫困的百姓。田无宇因此大得民心。当他提出告老退休的请求时，齐景公非但没有同意，反而加赏给他高唐的田地。

晏子曾经访问晋国，羊舌肸向他了解齐国国情。晏子叹息说：大概快到了齐国的末世了吧。现在国内的人都知道有田氏，而不知道有公室。君侯遗弃百姓，百姓也抛弃他了。

晏子的慨叹，是有感于田氏大肆在国内收揽人心，而齐景公毫无察觉，听之任之。据说田无宇放贷粮食于民，经常用大斗放出，用小斗收回。贩卖木材于民，不计运输的成本，与在山林之中同一价格；贩卖渔盐于民，不计运输的成本，与在海边同一价格。这样的经营方法，让田氏损失不少，但也因此收获了民心。相比之下，齐景公重刑厚敛，令百姓备受荼毒。虽然晏子号称智慧过人，忠心辅君，但仍无法扭转形势。

齐景公死后，田无宇的儿子田乞违背齐景公遗愿，使计策剪灭国、高两氏，废黜幼子，拥立齐悼公。田乞独揽相权，可惜他支持的君主决策无方，导致齐军在艾陵大败于吴鲁联军。齐悼公被弑，同年田乞也死去。之后齐简公立，以田乞儿子田常和监止为左、右相。田常再发动政变，杀死监止，弑齐简公。之后返还所侵鲁国和卫国土地，放低姿态与诸侯结交，确保国内外局势的稳定。

田常拥立齐平公后，对他说：以德施于人，受人爱戴，请君侯独行此事。以刑罚于人，受人厌恶，请让臣下来执行。

实际上这不过是田常剥夺了齐君的实权，而在表面说的漂亮话。自此以后，齐国大权尽归田氏，他人再不能插手干预。为了确保优势，田常大开杀戒，诛灭尽齐国旧贵族。举凡国氏、高氏、鲍氏、宴氏，以及公室强大支系，都被他斩草除根，无一遗留。齐国境内重要城邑，都被安置有田氏家族人员或由田常本人的心腹把守，排除异己。而田常本人领有的封邑，已超过身为君主的齐平公。春秋末期，齐国主弱臣强的局势已经形成。未来田氏代齐的结局，早已注定。

齐国和晋国内部的新陈代谢，表现为开明、先进的新贵族，取代没落、腐朽的老贵族。但一族取代一国，与三族取代一国，所面临的压力毕竟不同，田氏受到的批评和攻击会更多。因此，田氏家族表现出异乎寻常的忍耐性。他们不急不躁，表面上仍尊奉姜氏齐君为主子，私底下揽权吞利，闷声发大财。只有当适当的机会来临时，他们才会采取革命性举动。

一直到将近一百年后，即公元前386年，被称为田太公的田和与魏武侯相会于浊泽，当时魏齐关系和睦，田和就拜托魏武侯请求周王立自己为诸侯。为了巩固同盟关系，魏武侯答应了托求。自三晋被立为诸侯后，口子被打开。对新立诸侯的事，天下人已见怪不怪。时任周安王无法拒绝魏武侯，违逆田太公，只得任命田氏为诸侯。田太公没有更改国号，仍因循旧号称为齐国。而末代齐君齐康公，被放逐山东海滨。齐康公死后，田氏不立其后，姜齐遂彻底灭绝。齐康公在历史上是个无足轻重的人物，但他亲自见证了三家分晋，亲身经历了田氏代齐，履历独特，堪称难得。

至此，春秋时代彻底结束，历史进入战国时代。无论春秋，抑或战国，在更大的历史框架上，都被归之于东周时代。周王朝虽然衰弱没落，形同虚设，但由它一手打造成的天下格局，仍在某种程度上存在。但春秋战国跨越五百余年的时间，社会变化巨大，对两个时代，不能等同视之。不少历史研究者已经注意到这一点，但在实际区分时，受限于史料缺失严重，难以将它们分别清楚。今天想要重新界定两个时代，仍然不能克服这种困难。但谈及春秋和战国，人们不能不对两个时代以下明显的不同特征有所认识：

第一，春秋时代邦国林立，战国时代只剩十余个国家。西周封建，确定了华夏地区的政治秩序。但具体有多少国家，已无从稽考。根据学者考据，春秋时代存在的邦国，有两百余个。这两百多个邦国，在两百余年的兼并趋势下，几乎被消灭殆尽。前书曾提过，楚国兼并国家四十二个，为诸国翘楚。晋国兼并国家十八个，排名第二。因此晋、楚两国，成为春秋两大霸主。在这种兼并形势下，到了战国时代，偌大华夏，只剩“万乘之国七，千乘之国五”。七大万乘国家，即是秦、齐、楚、赵、魏、韩、燕七雄。五个千乘国家，为宋、鲁、郑、卫、中山五个国家。这样的发展趋势，在当时人看来，纯粹是恃强凌弱、以大欺小。而在后世看来，却是一个结束分裂，重新走向统一的过程。客观分析，当时人和后代人的看法，都有其合理性。当时人亲身经历战争的苦难和道德体系的崩溃，对现实充满悲愤，更多持批评态度。然而因为置身其中的局限，人们看不到以战止战、以暴止暴的最后结果。后代人观察到社会的变化全方位趋于进步，更多持肯定态度。然而这样置身事外的肯定，漠视社会动乱带来的苦痛，也未显公允。

第二，社会制度急剧变革，君主集权制不断加强。有周一朝，无论内外或上下，都实行封建制，各层级的封邑主具有独立的军事权和财政权。随着人口的繁衍、城市的发展和经济的富裕，封邑主的实力越来越强。三家分晋、田氏代齐，就是封邑主发展壮大之后，颠覆其旧主的反映。随着时代发展，这种自我削弱的政治模式，逐渐被当权者抛弃，各国开始加强君主集权。郡县制的设立，便是集权的重要体现。诸侯国设立郡县，派任专业官僚管理，直接对中央政府和君王负责。郡县长官不能世袭，也没有独立的军事权和财政权，这就避免了国家内部出现分裂的可能。楚国在公元前600年以前，就有设置县的记载，可能是历史上最早设置县的国家。而最早设置郡的国家，则是晋国。与后世不同的是，当时郡是比县小的行政单位，县比郡大。随着时代发展，郡县制被普及于各国。在秦始皇统一中国之前，战国七雄都不同程度地实行了郡县制。

君主集权的另一制度体现，便是爵位制的改革。周朝有公、侯、伯、子、男五等爵位，到了战国时代，全部被废除，只设置君爵，授予立下重大功劳的功臣和宗室亲近兄弟。如商鞅被封为“商君”，乐毅被封为“昌国君”，田文被封为“孟尝君”，赵胜被封为“信陵君”。君爵享有封邑内的部分财政权，不享有军事权。众所周知信陵君窃符救赵的故事，信陵君魏无忌偷窃了兵符，才能号令魏军救赵，可见他原来是没有兵权的。剥夺了君爵的兵权，将国家的权力全部集中到君主手中，这是未来中央集权制成形的先兆。

第三，在道德观念和社会风气上，也有巨大改变。数百年前，顾炎武就讲得很清楚了。他说，春秋时代，人们尊礼重信，战国七雄绝口不言礼与信；春秋霸主尊重周王，战国七雄彻底无视周王；春秋列国讲究祭祀和朝聘，战国七雄则毫不讲究；春秋列国重视宗姓氏族，战国七雄则毫不重视；春秋贵族经常宴会赋诗，战国权贵无此习惯；春秋列国发生大事，经常派遣使者告知他国，战国七雄无此惯例；不待秦始皇统一天下，周文王和周武王的治道已遗失殆尽。按顾炎武所言，只是杂列表面现象。概括言之，战国时期，周朝确立的道德体系和制度体系，面临双重崩溃。革故鼎新，中国正处在一个千年未有的大变局中。百家蜂起，深层意图便是尝试建立起新的道德体系和制度体系。当然，更多的人深陷泥淖中，缺乏指引，只能摸着石头过河。

第四，社会结构扁平化，崛起的士人发挥出越来越重要的作用。公、侯、伯、子、男爵制被废除，整个社会被压缩成君王、官僚、庶民几个阶层。普通人不为官，即为民，身份变换频繁而剧烈。从前世卿世禄的贵族阶层，很大一部分已消失灭亡。士人阶层是一个具有很强灵活性的团体，他们可上又可下。当被权力拥有者赏识，士人即可实现晋升，荣任为官。得不到赏识，即使知识再多，也是平民，要去耕田。因此之故，中国历代知识分子，都爱以布衣（平民）自称。

因为国家规模扩大，统治者需要大量掌握知识文化的士人，帮助实现国家机器的运转，这成了士人的主要出路。许多平民看到前景光明，踊跃投靠名师，学习文化，又造成士阶层的壮大。为了获得国际竞争的优势，权贵们还兴起养士之风，如孟尝君、信陵君、春申君、吕不韦等人，养士皆过千人。平常白吃白喝供养士人，危难之时，他们便十倍供职卖命。

大多数的士人，最后进入政府基层，成为国家机器的螺丝钉。只有少数精英，成为顶尖的政治家、军事家和思想家。但普通士人转变成职业官僚，对历史产生的作用，常常被忽略。人们更关注吴起、苏秦、孟子这些顶尖的士人，关注它们在历史上留下的传奇故事。在人们看来，他们才是最纯粹的士人，是知识分子的真正代表。但反过来思考，假若没有普通士人，没有职业化基层官僚，一个集权制的国家如何建立起来？一个大一统的中央帝国如何建立起来？从春秋战国到秦汉帝国的社会变革，如何能够实现？也许英雄人物的传奇更加精彩，但在寻绎社会进步的贡献时，不应忽视普通士人发挥的重要作用。

第八章

# 儒学的发展

## 01 古代文明的继承者

孔子生前，他的主张没有得到实行。孔子死后，他的思想却被发扬光大。在他之前，中国没有独立的思想流派。在他之后，儒学成为中国最大的思想流派。究其原因，在于孔子并不只是一个伟大的思想家，还是一个伟大的教育家。他秉持“有教无类”的原则，一生授徒三千人，受业通身的弟子有七十七人。依靠这些数量众多、才华横溢的弟子们弘扬，孔子的思想在他死后得到广泛的传播，儒学遂成为中国第一显学。

通常人们认为，孔子是儒家学派的创始人。他的众多弟子，是儒家思想的传播者。实际上，孔子只想传播自己理解的王道政治思想，没有意识要创立一个思想流派。但经过弟子们广收门徒，代代相承，又与其他学派争鸣，方始形成独树一帜的儒家学派。但是，儒家真的是一个思想流派吗？它仅仅是一个思想流派吗？不是。儒家只是伪装成一个思想流派的古代文明的传承者。如果不了解这一点，就不了解中国学术文化变迁的源流。

被儒家奉为经典的六经——《诗》《书》《礼》《乐》《易》《春秋》，除了《春秋》一经为孔子所著，其他都是传自古代的经典，孔子只起到了编辑、整理的作用。普通的思想家都喜爱创作，喜欢通过作品来表达和传播自己的思想。但孔子不一样，他并没有锐意创作，而是坚持“述而不作”。他晚年的主要精力，都花费在对古代典籍的编辑整理上。之所以如此，因为他觉得古代典籍表述的内容接近完美了，没有必要再标新立异。孔子认为文武周公提倡的礼和德思想，并未过时。相反正是礼和德思想的缺失，才造成种种祸乱。要矫正乱世，必须借鉴古代圣王的智慧。因此他做的主要工作是传承与发扬，而不是颠覆和创造。

因此孔子不是一个反传统者，而是传统的继承者。他不是一个叛逆的思想家，不依靠否定来证明自己。他将藏在王官的古代文化典籍，一股脑儿取了出来，传播于民间。那些原来属于王官的典籍，属于古代的文化，被深深打上了孔子的烙印，打上了儒家的烙印。孔子剥夺了向来只为权力所有者拥有的文化话语权，成为古代文明的最大承继者。他和他的弟子们，将中华文明历经上千年沉淀才形成的优秀文化，据为“独家财产”。所以，儒家学派并不是严格意义上的单一思想流派，它的内部承载了中国数千年文化的精华。准确地说，儒家是一个微缩型的文化综合体。在孔子之时，已是如此。在孔子之后，更是如此。人们无法将《五经》和儒家剥离开来，也无法将《二十四史》、杜甫、苏轼与儒家剥离开来。

因为儒家囊括了古代文化精华，而孔子又是开创民间教育的第一人，在后来的发展上，先天具有很大的优势。普通人要学习文化知识，必须要拜儒家学者为师。因为这里有一套全面而完整的课程体系，是其他地方不可比拟的。儒家学派自诞生起，就承担起培养天下学人的责任。无数平民子弟世代耕种，全赖儒家的培养，才能转换身份成知识分子。因此战国两百余年，儒家虽然在政治上不得势，仍然贵为天下显学，执百家学术之牛耳。儒家学派在教育上广为播种，深耕细作，收获硕果累累，但也培养出不少叛逆者。检阅学术历史，人们发现墨家、法家、阴阳家、名家这些流派，都与儒家有割舍不断的关系。他们的创始人，多数从师受学于儒家学者，后来发现儒家理论不够实用，难以得到当权者的支持。因此抛弃所学，开宗立派，自创学说。他们所信仰既与儒家理论不合，又有竞争关系，便开始敌视对立，相互攻击。春秋战国号称有百家学派，但许多学派并非独立产生，而是依托儒家这片肥沃的土壤，派生出来的。因为以儒为师的前提决定了，中国学术文化的命脉，始终掌握儒家学派的手中。

认识儒家学派并非一个单纯的思想流派，而是一个微缩型的文化综合体，也就明白了为什么它能在孔子逝世之后，迅速发展壮大起来。孔子确立了儒家学派的基石和框架，再经过他优秀弟子们的充实与弘扬，儒家学派逐渐成为体系完备、理论严密、影响巨大的天下显学。孔子完成了创立儒学的工作，而发展儒学的工作，则要由他的弟子们来完成。

孔子门下弟子众多，他曾经品评他们，颜回、闵子骞、冉伯牛、仲弓以德行著称，冉有、子路以政事著称，宰我、子贡以言语著称，子游、子夏以文学著称。这些人，在孔子生前已经学有所成，并在实践中有所成就。其中有明确记载的，颜回以内修德行著称，先于孔子去世。

子路、宰我任职卫、齐两国，在政变中不幸丧生。子贡既是出色的外交家，也是一位成功的商人，曾仕鲁、卫，终老于齐。子夏比孔子年轻四十四岁，孔子逝后，他才开始发光发热。子夏后来担任魏文侯师傅，政治改革家、军事家吴起，丞相李克，名贤段干木，都是他门下弟子。魏国在战国初期号称天下最强，与子夏师徒有很大关系。其他人的生平发展，留下记载的很少。

韩非曾说，孔子逝世后，儒家分为八个派别，有子张之儒，有子思之儒，有颜氏之儒，有孟氏之儒，有漆雕氏之儒，有仲良氏之儒，有孙氏之儒，有乐正氏之儒。其中子张和漆雕开可以明确是孔子的亲传弟子，其他人则是不同时期的儒家后学。但子张和漆雕开的著作没有流传下来，无法得知其内容。在孔子之后和孟子之前儒家学派的发展，需要关注两个支派：一个由子夏开创，注重政治实务和理论研究的西河学派。另一个由曾参和子思领衔，注重内在修养的心性学派。子夏和曾参是孔子的年少弟子，子思是孔子的孙子。

## 02 西河学派和心性学派

儒士的身份是知识分子，儒家学派是一个知识分子团体。儒学的理论教义，鼓励他们积极参与政治。但他们的身份特征，又限制了他们在政治上无限发展。自孔子将道统和政统分割之后，将两者合二为一的圣王再不可能出现。因此，后来的儒士将人生最高理想确定为帝王师，即人间帝王的教诲者和指导者。在自贬身份和自抬身价之间，儒士们找到了与权力所有者合作的平衡点。自儒家学派创立后，第一个实现了帝王师理想的儒家学者，便是子夏。史载，子夏为魏文侯师傅。魏文侯实为战国第一霸，其地位不亚于后来战国诸王。因为子夏的学说讲究经世致用，他的不少弟子们，都积极参与政治。其中吴起和李克，在魏国军、政两界的权势炙手可热。田子方性情恬淡，不好为官，以教育为己任。魏国不少公室子弟，都出自其门下。

子夏门下，也有对政治实务不感兴趣，致力于政治理论研究的弟子，如公羊高和谷梁赤。子夏受《春秋》于孔子，又传之于公羊高和谷梁赤。因《春秋》言简意赅，两人担心后学无法理解其中深意。于是，他们以祖师孔子和老师子夏的授解本意为基础，再加上个人的理解，撰成《春秋公羊传》和《春秋谷梁传》两书。与《春秋左传》注重叙事不同，此两书注重义理探讨，阐发大一统、尊王、亲亲、保民等儒学的历史观念和政治学思想。经过三代的努力，儒家的历史观和政治观更加丰富和明晰。

曾参父亲曾皙原是孔子学生，曾参又拜孔子为师，是父子俱师孔子。在历史上，曾参以孝行称著，被认为是《孝经》的作者。曾参三十一岁时，父亲去世，他泪如泉涌，七日七夜滴水不进，将孝哀的情感表现到极致。以后每次读到《丧礼》，曾参想起父亲，都泣下沾襟。《二十四孝》中，还有一则他的故事。讲述某日曾参到山上砍柴，家里来了客人，母亲无法通知他，于是就猛咬自己手指。曾参感到心中一阵抽痛，知道母亲召唤，匆忙赶回家中。故事说明曾参孝爱母亲，达到心灵感应的地步。

“孝”是中国一种传统的伦理观念，在上古时代已经萌芽。传说舜帝父顽母嚚，屡屡虐待和加害虞舜。虞舜没有记怨在心，仍旧以孝道侍奉父母兄弟，最后感动了他们。在《尚书》保留的西周文献中，周公等作者就多次褒扬孝的行为。西周倡导的治国法则中，孝的地位虽然没有礼与乐高，但也是一种重要的法则。作为一种具有悠久历史的伦理观念，孝理所当然被儒家继承下来。儒家不但继承了孝的思想，而且发扬光大了孝的思想。自从儒家倡导孝行，曾参著《孝经》之后，孝行孝道成为中国人最重要的行为道德标准之一。

常言的孝，指对父母敬爱的情感。曾参总结说，最上等的孝，是尊重父母；次等的孝，是保证父母不受辱；下等的孝，是能够赡养父母。这样的孝，是从生物伦理的角度进行定义。因为父母是生我的人，养我的人，遵循有恩报恩的道德原则，子女必须尊重和善待父母。如果曾参仅仅阐发这种狭义的孝，那么与上古时代没有什么分别。儒家之所谓孝，不仅有生物属性的孝，还有社会属性的孝、政治属性的孝，是谓广义的孝。

《孝经》按照周王朝的爵级序列，分别给天子、诸侯、卿大夫、士以及庶民下了孝的定义。其中庶民的孝，是要求最低的孝，也是最基本的孝。《孝经》要求庶民遵守四季循环的天道，利用好地形地利，勤劳耕种播种，节俭消费，从而赡养好父母。这段话不仅要求庶民履行赡养好父母个人责任，还要求他们恪尽职守，履行好播种耕种、生产粮食和供应物品的社会责任。曾参从孝的天性本能，推导出个体需负有社会职责。实际上是通过伦理概念内涵的延伸与扩张的方式，实现了理论的创新。

士人的孝，与庶民不同。士人比庶民高一等级，不参与生产劳动，他在孝上的义务与职责，分别体现在对待父亲、母亲和君长的态度上。《孝经》要求，士人对待母亲以爱为标准，对待君长以敬为标准，而对待父亲则以兼备爱与敬为标准。单独的爱与敬，与孝无关。但若以爱侍奉母亲，以敬侍奉君长，以爱敬侍奉父亲，便成为孝的行事。士人以孝行事，能保住自身的禄位，守住祖宗的祭祀，才是孝的完成。

卿大夫的孝，与士人不同。《孝经》要求，不是先王制定的规章制度，卿大夫不可遵行；不是先王宣言过的权威观点，卿大夫不可谈论；不是先王倡导的道德观念，卿大夫不可践行。遵守了先王制定的礼、确定的言、倡导的德，而让他人对自己没有批评怨念，守住祖先宗庙的祭祀，才是卿大夫对孝的完成。

庶民、士人、卿大夫虽有区别，但在更高层面，他们都隶属于民。因此孝对他们要求，仅及社会职责上。而更高的级别的诸侯和天子，属于君的层面，孝对他们的要求，又有了政治考量。《孝经》要求，诸侯高居上位，一面要谨慎谦虚，切勿滋长傲慢，才能居高不危；另一面要严守制度，节约财用，才能充盈不虚。居高不危，能保其贵；充盈不虚，能保其富。富贵在身，守住社稷宗庙的祭祀，让百姓和悦，才是诸侯对孝的完成。

天子是最高统治者，孝对他的要求，既有普通人以爱敬侍亲的标准，还有兼济万民的标准。《孝经》说，天子以爱敬的态度侍奉亲人，用道德教化百姓，以此作为四海的表率，就是他的孝了。由此可见，天子的孝分两个层面，一个是个人生物属性的孝，另一个是集体政治属性的孝。天子要对天下万民负责，以包含孝在内的道德作为四海的表率，才是他对孝的完成。

因此，《孝经》说："夫孝，始于事亲，中于事君，终于立身。"孝是一种道德修养，也是一种行为规范，从个人推及他人，从个体推及集体。后世王朝宣称以孝治天下，就是《孝经》所言的广义的孝。在《孝经》中，不同阶层的人都可以找到孝对自身的要求，其中不仅有出于生物天性的孝的要求，还有社会职责的孝的要求，政治职责的孝的要求。只有这样广泛的孝，才使“以孝治天下”成为可能。

从孝的思想的变化中，可窥见儒家对古代文化并非机械、单一地继承。经他们加工改造的孝，不但内容扩充了，思想升华了，意义也提高了。因为儒家赋予的特殊价值，古老的道德伦理概念再次迸发非常的活力，灌溉于中国人的骨血与灵魂中。但其实岂止是孝，今天我们所见认识的礼、乐、德、义、信等概念，在西周甚至比西周更古老的年代已经存在，但多是呆板、单薄、僵硬的定义，只有在儒家赋予了丰富的内涵与意义之后，它们才显现出鲜活的价值，历久弥新。面对春秋乱世，在制定解决方案时，儒家没有采用后世惯常用的推倒重建方法，而是选择了走承继更新、维持传统的道路。这是儒家与其他思想流派的最大不同之处。

除了《孝经》，曾参还留下不少作品，被广泛收录在《大戴礼记》和《小戴礼记》中。其中最重要的一个篇章，便是《大学》。与《孝经》一样，《大学》主旨也是以道德治平天下。不过前者注重于承旧，后者可贵在开新。虽然《大学》引证了不少古典经文作为佐证，但从概念到体系，都是创新的；而且其纲目与步骤，十分明晰。

我们知道，孔子批评乱世，主要批评礼崩乐坏。改造乱世，首要是“正名”，即是“正”礼之“名”。而礼之能得到规范，一方面依靠强权的压力，另一方面依靠道德的自律。使用强权，是政治家和军事家的选择，思想家不掺和。而道德的修养与自律，儒家学派到了曾参，才有了全面的论述。

《大学》其文虽简略，规模却不小。按后人划分，其内容分三纲八目。三纲是明明德、亲民、止于至善。八目是格物、致知、诚意、正心、修身、齐家、治国、平天下。在这里，曾参展现出了在《孝经》中一样的野心，其所论述，将个体和集体、庶民和天子、道德和政治问题全部涵盖。他想要通过一个简单的支点，翘起解决全部问题的杠杆。而在现实中，曾参也得偿所愿。《大学》受到后世前所未有的重视，被视为儒学入门第一读物。

概而言之，《大学》认为，人心之中本有高尚的德性，应以追求至善境界为目的。人只有认识了外部世界，才能获得究竟的知识。获得了究竟的知识，才能触达心中的诚意。触达了心中的诚意，才能修正自我的心灵。修正了自我的心灵，才能达到修身的目的。修身之后，才能成功治理家族。成功治理家族，才能成功治理邦国。成功治理了邦国，才能成功治理天下。在众多步骤中，修身处于中轴位置，它是前面步骤的终点，也是后面步骤的起点。这意味着修身的作用，至关重要。《大学》强调："自天子以至于庶人，壹是皆以修身为本。"

曾参在《大学》中，搭建了一个从外部世界到内部世界、从精神世界到物质世界的体系。这个体系连环相套，循序而成，圆融自满。这在中国思想史上，实现了一个特别的突破。轴心时代以前，中国人建立起来的知识系统，几乎全是关于外部世界的。涉及心灵思想和精神世界的内容，少之又少。进入了轴心时代，中国人重新审视自身，深入到心灵与灵魂深处闹革命，发现新领地。曾参的探索和创造，极大弥补孔子太过强调礼乐作用显露的弱点，在儒学发展史上具有重要意义。

受限于传统，曾参进入心灵和精神世界后，没有陷入漫无边际的幻想中。他在里面转了转，发现除了诚和心外，没有什么东西了，又将头探回现实世界。最后得出结论，要解决心灵和精神问题，得依靠知识；

而知识来源，就是外在的现实世界。只有“格”了现实的“物”，才能获得知识，从而循步解决后面的问题。这样的观点，颇似所谓的唯物论。究其原因，在于中国传统文化精神注重现时和此世。中华大地，向来不是宗教产生的沃土。过去的历史，中国人没有依靠浮想联翩来创造知识。作为传统文化继承者的儒家，当然不会创造出宗教来。曾参进入心灵和精神世界游荡一番，而后折路返回，这已是儒家对内部世界探索的极致。自此以后，儒家学派对于心灵和精神深度世界，再未予以特别的重视。

在《大学》末尾，曾参表达了自己的义利观。曾参反对搜刮民众，聚敛财富，主张以正义和道德统御一切，赢得民心。他指责专门设置官员，想方设法榨取民脂民膏，是小人短视的做法，将招致祸害。君子为善，应该以义抑利，才能长治久安。这不但是曾参的观点，也是孔子和孟子的共同观点。儒家既想积极参与政治，又不卖力为统治者搜刮利益，当然不会讨他们喜欢。因此春秋战国数百年，儒家都不受各国统治者待见。儒家的学者不是蠢人，相反是那个时代最聪明的人。他们坚决不投统治所好，是因为他们追求的不是个人利益，而是国家和天下的利益。这种违逆，体现了他们对信仰的忠诚。在信仰力量的支撑下，财色不能使他们懈怠，强权不能使他们恐惧，贫贱不能使他们改节。如颜回、原宪、曾参，生前无权无势，贫穷落魄。依靠着信仰给予的力量，他们才能顽强地活下来。

曾参的儿子曾申曾问子思，说：屈身侍奉王侯以弘扬道义，和坚守志节而甘于贫穷，你怎么选择？

子思说：弘扬道义，当然是我的心愿。但当今天下王侯，又有谁能够真心弘扬道义呢？所以，与其委屈自己侍奉权贵，不如坚守节操而贫贱。委屈自己则受制于人，坚守志节则无愧于道义。这种做法，常被认为是不知通变的迂腐。然而因为他们的坚持，儒家学派失去暂时，却赢得了永久。而那些被利益摇动，改换门庭的学派，赢得暂时，却失去了永久。在儒学的发展历史上，义利观绝对是值得被重点研究的话题。

子思是孔子的孙子，父亲孔鲤先孔子而逝。子思因是幼孙，孔子临死前，将他托付于曾参。子思长大后，拜曾参为师，从他就学。子思继承了曾参的心性修养哲学，将它进一步发展，孟子又继承了子思的衣钵。后人将子思和孟子并列，合称思孟学派。追溯源头，曾参是这一学派的开启者。子思流传下来的最重要的著作《中庸》，有着很明显的曾参理论的痕迹。

《中庸》传达的中庸之道，曾为孔子道及。但孔子强调的，仅是一种身心修养与处世法则。子思推而广之，让中庸之道扩张为自然法则和天道法则。他认为，中为天下大本，和为天下达道。当宇宙达到了中和状态，天地开辟，万物发育生长。因此，人进行身心修养，必须效仿宇宙的中和状态，也就是中庸之道。在自然，就称中和；在社会，就称中庸。

在个人身心修养上，子思继承了曾参“诚”的思想。什么是诚呢?子思解释，诚是天道的根本。人为什么要修诚呢?因为诚是人道的根本。人不修诚，不明人道，遑论天道。怎么去修诚呢?子思告诉人们，诚即是明善，修诚即是要选择与善为伍，永远坚守不移。当达到了至诚的境地，就能不勉而中，不思而得，从容中道，充分发挥上天赋予人的固有本性。发挥了固有本性，就能调动一切人固有的本性。调动了一切人的固有本性，就能充分领悟万物所固有的本性。领悟了万物固有本性，就能协助天地化育万物，与天和地同等并列为三。

子思的哲学思想，以孔子的“中庸”和曾参的“诚”为主体，而又有所扩张。我们知道，孔子甚少谈天道和鬼神。因为人道浩博，尚且不能明尽，何况天道与鬼神。子思不但谈了天道，而且极力想将它描述明白，甚至说出“天地之道，可一言而尽也”的话。子思不但谈了鬼神，而且称赞鬼神为德盛大，甚至要求君子行道，要“质诸鬼神而无疑”。由此可见，儒家学派探讨研究的领域，在孔子逝后，不断加深扩大。

子思除了发展孔子和曾参的思想，还对道家哲学有所借鉴。其所言致中和而天地位、万物育，人与天地并立为三的思想，就有老子万物化生、和谐相处思想的痕迹。其所言“天地之道，为物不贰，生物不测”，就是“道生一，一生二，二三生，三生万物”思想的转化。其所言“不见而章，不动而变，无为而成”，不但用了老子的思想，还用了老子的语言。总而言之，《中庸》并非纯粹的早期儒家思想，而是由早期儒家思想和道家思想融合而成。因为孔子的思想言论集中于人道秩序，甚少谈及天道法则，与道家相比，不免有缺憾。后来的学者鉴于此，将儒家思想探讨的领域扩展到天道，扩大了自身的体系。但从无到有创生一种天道法则，非常困难。子思不得不借鉴老子的某些智慧，来完成儒家体系的搭建。虽然他融合转化的工作做得不错，但还留下不少道家思想的痕迹。

## 03 理想社会和形而上学

《大戴礼记》和《小戴礼记》收录了不少孔子后学的作品，除了

《大学》和《中庸》，另一篇对儒家思想发展有重要意义的篇章为《礼运》。《礼运》的主题是阐述礼的起源、发展、演变及完善，它以孔子和言偃对话的形式表现出来。但从其中含有阴阳五行等思想看来，它不可能是孔子的作品，也有很大可能不是言偃的作品，而是由比言偃更晚的后辈学子为了完善儒家学说创作而成。

《礼运》最有价值的地方，不在对礼的历史的演述，而在对儒家理想社会的设定。众所周知，儒家是一个崇古师古的学派。儒家学者认为尧舜时代及夏商周三代的社会，是美好的；春秋战国时代的社会，是恶坏的。但究竟怎么美好法，孔子也没明白阐述。恐怕不是他不想阐述，而是很难进行完美的阐述。因为已经确定了三代以上是美好的社会，就回避不了当时文明发展尚且落后的事实。他又不能和老子一样，认同结绳记事、小国寡民、百姓老死不相往来是美好社会的说法。

于是，儒家学派对理想社会设定的工作，被推迟下来。一直到《礼运》出现，它用一种道德化的、艺术化的、美学化的语言来描述儒家理想社会，终于使它摆脱历史现实的陷阱，顺利征服人心，成为儒家学派以及大多数中国人的共同理想。《礼运》开篇云："大道之行也，天下为公，选贤与能，讲信修睦。故人不独亲其亲，不独子其子，使老有所终，壮有所用，幼有所长，鳏、寡、孤、独、废疾者皆有所养，男有分，女有归。货恶其弃于地也，不必藏于己；力恶其不出于身也，不必为己。是故谋闭而不兴，盗窃乱贼而不作，故外户而不闭，是谓大同。今大道既隐，天下为家。各亲其亲，各子其子，货力为己。大人世及以为礼，城郭沟池以为固。礼义以为纪，以正君臣，以笃父子，以睦兄弟，以和夫妇，以设制度，以立田里，以贤勇知，以功为己，故谋用是作，而兵由此起。禹、汤、文、武、成王、周公，由此其选也。此六君子者，未有不谨于礼者也。以著其义，以考其信，著有过，刑仁讲让，示民有常。如有不由此者，在埶者去，众以为殃。是谓小康。”

《礼运》中关于儒家理想社会的提法，在历史上影响巨大。20世纪，孙中山先生仍以“天下为公”和“大同社会”，激励国人完成革命。21世纪的今天，中国人仍竭力改革开放，以实现小康社会为目标。大同社会和小康社会的提法，体现了儒家学派的远大理想和终极关怀，不但使他们从容超越其他百家流派，而且也具有了某些宗教方面的特征。多数宗教的教义，都设有彼岸世界，如佛教有佛界，基督教有天堂。因为彼岸世界的存在，才能监督和激励信众坚定信仰，努力修行。儒学属于世俗学派，没有彼岸世界。如果说有，那么大同社会和小康社会，勉强称得上是彼岸世界。因为儒家理想社会的存在，中国人时刻审视到自己与当今的不足，不断督促、鞭策自我向前发展与进步。在某种意义上，它们起到的作用与宗教的彼岸世界是一样的。

体现儒家思想发展成绩的另一部著作，是《周易》。《易》是现存中国最古老的典籍，其诞生的源头，可追溯到三代之前。最早的《易》，是一套占卜预测的方法。先民观象画卦，起始于他们对世界的朴素认识，其中隐含哲学的萌芽。这种渊源在《易》形成的漫长时间内，不断被积聚。它的内涵，愈加丰富，也就愈加玄奥。到了周代，经周文王和周公之手，被改造成《周易》。孔子青年时代，并未对《易》予以重视。五十岁后，因在政治上迟迟不得意，他转而对《易》产生浓厚兴趣，喜欢上思索与推敲卦爻背后的德义内涵。史料记载，孔子在家时，卧席之上必着放一本《易》；出行时，行囊之中必装一《易》。他对《易》爱不释手，勤于翻阅，竟让编连书简的皮绳三次断绝。

孔子想从《周易》中得到什么呢？1973年长沙马王堆出土的帛书《要》中，有一段关于孔子谈《周易》的记录，很好地回答了这个问题。孔子说：研究《易》，我的主要兴趣在探讨发挥其中的德义观念，占卜预测的功能倒在其次。对于《易》，崇拜神明而不了解事物背后规律的人，叫作巫。了解事物背后的规律而不明白其中的德义的人，叫作史。我研究《易》，只探讨其中的德义观念。我和史巫，同途而殊归。由此可知，孔子对于《易》的理解，自我标榜与众不同。

什么是《易》的德义观念呢？例如，《乾》卦中《象》的解释“君子以自强不息”；《坤》卦中《象》的解释“君子以厚德载物”。从卦象中推演出与人相关的精神或道德属性，即是孔子说的德义。先民在《易》中，发明了一套朴素的天地观念，以解释宇宙世界。但这套系统，未能完整地将人间秩序包含在内。随着时代的发展，人们越来越需要一套囊括宇宙和人事的思想系统。特别是孔子在遭遇老子后，了解到他创立的道的思想，愈发觉得自己理论的缺失。他不能再单独谈礼，单独谈仁，而要将理论从人事扩展到宇宙层面，完成天人合一体系建构。孔子于是从《易》入手，借助《易》来阐发他所理解的宇宙规律和人间道德。孔子关于《易》的理解的话录，被弟子记载下来。之后经过近百年的润饰、修改、增删，以“十翼”的形式，附在《易》的正文中，遂成今日所见的《周易》。

“十翼”分别为《彖上》《彖下》《象上》《象下》《文言》《系辞传上》《系辞传下》《说卦》《杂卦》《序卦》。其中《系辞传》上下篇比较完整地阐述了《易》的哲学思想，最为重要。

《系辞传》云：“易有太极，是生两仪，两仪生四象，四象生八卦，八卦定凶吉，凶吉生大业。”是《易》的宇宙本源说。宇宙的规律又体现为“易简”，易知而易从。所以圣人象法天地，指导人民遵循规律地生存与生活。

而抽象的宇宙概念，又如何与人间道德联系在一起呢？《系辞传》又云：“一阴一阳（两仪）之谓道，继之者善也，成之者性也。”“显诸仁，藏诸用。”人间道德由此与宇宙本源的道和易联系在一起。《中庸》认为，修诚以到达中庸境界的方法，在于择善而固执之。这与一阴一阳对立存在，形成中和状态，也即是最初的道，是相通的。《系辞传》和《中庸》的理论，在“善”这一处被沟通起来，并不冲突。联通“善”与“仁”，天人合一的体系便建立起来了。

《易》的另一个重要观念，是“生”。《系辞传》云：“生生之谓易”“天地之大德曰生”“乾以大生，坤以广生”。孔子还曾说过：“天道敏生。”生，即是生命、生长、发展和变化的意思。宇宙的最高准则，鼓励生命生长、发展和变化。人间也应该遵循宇宙的准则，鼓励生命生长、发展和变化。“生”虽然仅有一字，却是重若千钧。如果要从数万汉字中选择一个对中华文明最重要的字，这个字不是“道”，不是“德”，不是“仁”，不是“义”，而应该是“生”。因为信奉“生”道，所以中华民族才能生生不息、繁荣昌盛直到今日。

从《春秋公羊传》《春秋谷梁传》《大学》《中庸》《周易》等文本，得以了解到，在孔子去世后，孔门后学在政治学、道德学、礼学、形而上学等方面，对儒学教义进行全面的发展。经此发展和扩充，儒学不但是一份政治解决方案，一份社会解决方案，还是一份人生解决方案。可见孔子的思想，并非只有《论语》和《春秋》那么单薄。但也并非是所有《大戴礼记》《小戴礼记》《周易》中的“子曰”，都是孔子所说。其中大部分是孔门后学为了发展本派教义，借孔子之口以立言。

儒家学派发展其理论教义，为中华文明创造出众多思想资源和精神财富，值得赞许。但也应该看到，他们对古代经典的扭曲误解，蒙蔽了它们原来的面目，误导了人们，其中尤以《易经》和《诗经》为著。《易》本以占卜为主要功能，但儒家却强行赋予它道德和政治含义，对各种卦爻进行歪曲解释。如“履，德之基也。谦，德之柄也。复，德之本也。恒，德之固也。损，德之修也。益，德之裕也。困，德之辨也”，等等。几乎所有卦辞，都逃脱不了被强行附会的命运。更荒唐的是，《系辞传》认为先有《易》，后有人类文明的发展和进步。各种先进的器物和制度，都是受到《易》的启示，才被创造出来，堪称颠倒头尾、返本为末之极致。在各种歪曲误解和穿凿附会下，《易》的内容越来越深奥晦涩，面目越来越模糊不清，终使人不堪卒读。孔子一心于《易》中求“德义”，将许多不属于《易》的东西强加在它头上，遂使《易》失去原始本真。

再如《诗经》，《桃夭》本是一篇歌咏新婚之乐的民间诗歌，《大学》偏要引用“桃之夭夭，其叶蓁蓁；之子于归，宜其家人”来证明“宜家而后可以教国人”。原本风马牛不相及的内容，被强行联系在一起。《伐柯》本是一篇寻求媒人说亲的民间诗歌，《中庸》偏要引用“伐柯伐柯，其则不远”来证明“道不远人”的意思。可见断章取义，不只是不学无术者的作为，孔子、子思这些通儒硕学也这么干。

总而言之，儒学是一个以继承古代文化为主体的学派，在继承中有创新。但许多创新的内容，他们并不独自著书立说，而是强行附会到《易》和《诗》等经典中，扭曲了它们本来的意义。因为儒家的显赫地位，后世一直以曲解了的意思来理解经典。数千年来，谈到《关雎》，人们不会认为这是一首单纯的爱情诗，而是联想到什么“后妃之德”“治政表率”。今天阅读《易》和《诗》，不将儒家的这些枝条瓜蔓清除掉，是读不明白的。让《易》的归《易》，《诗》的归《诗》，儒家的归儒家，还其本来面目，才能各有所得。

# 第九章

# 墨家的兴衰

## 01 墨学的创立

孔子开创了儒家，子夏、子贡、曾子、子思等发扬儒学，遂使儒学壮大成为当时最显赫的学派。凡有人想学习文化知识和礼仪制度，无不投在儒家学者门下，上自名门显贵，下至平民百姓。众多拜入儒家门下的弟子，对儒学教义拳拳服膺，恪守终生。少部分务实的人，认为师门方法不切实际，难以实践。他们离开师门，投入官场后，开始说一套做一套。屈指可数具有顶尖智慧的人，甚至反出儒门，主张截然相反的理论，与儒家针锋相对。墨子墨翟，就是这样的人。

现在可以了解到的关于墨子的信息，非常稀少。我们只知道，他生活在比孔子稍晚些的战国初期，约与孔子第三代传人同期。墨子可能是鲁国人，也可能是宋国人，早年受业于儒者，学习孔门六术。学成之后，墨子觉得儒学提倡的礼节太过繁缛，丧葬制度奢靡伤生，于民不便，于国不利。于是墨子舍弃了儒家立场，置身于儒家的对立面，提出节葬、非礼、非乐、非命等主张，创立墨家学派。

墨家学派在战国初期、中期，发展极为兴旺。《吕氏春秋》曾言："孔、墨之弟子徒属满天下""孔、墨徒属弥众，弟子弥丰，充满天下。"这是从杂家的视角，看当时学界的景况。孟子又有言："杨朱、墨翟之言盈天下，天下之言，不归杨，则归墨。"这是从儒家的视角，看当时学界的景况。可见墨家学派的规模和影响力，曾经与儒家学派并驾齐驱。而墨子，也被视为可与孔子相提并论的圣人。

不过墨家的繁荣，没能持续长久。墨学的传承在战国后期遽然中断，这个曾盛极一时的门派，就此消失在历史长河中。《墨子》一书虽然被保存下来，但若不是通过其他典籍的记载，人们决然不会知道，墨家还有过一段如此显赫的历史。墨子是什么样的人？他是如何创立墨学的？又是如何传播自己的思想？墨学鼎盛时期徒众人数多少、分布如何？它为什么在历史上消失得如此彻底？这一系列问题，因为史料的缺失，已很难给出明晰的答案。除了其他典籍留下的零星记载，人们仅能通过《墨子》一书，来了解墨子和墨家学派。

墨家学派的创立，是建立在对儒家的批评之上的。那么，墨子因何要对儒家进行批评呢？他是一个纯粹的学者吗？他做出的批评仅出于对真理的追求吗？不是的。墨子的批评，完全基于实用的目的。他和孔子一样，是一个实践型政治家。他发明学说，创立学派，并非为了在学术上好勇斗狠，而是想将它们实践于现实，改变社会。准确地说，墨子的学说，是一份政治解决方案，也是一份社会解决方案。他和孔子一样怀有梦想，想要改变眼前战乱频仍、百姓备受荼毒的乱世。墨子可能在很多方面不如孔子，但论对生民一视同仁的博爱，他却有过之而无不及。

墨家学说最根本的支点，就是兼爱。什么是兼爱呢？兼爱是一种推而广之、无有差别的爱人之情。墨子要求，人要爱他人如爱自己，爱他家如爱己家，爱他国如爱己国。如此，则天下就没有分别、争斗和战争，世界归于和平，每个人从此受益。为什么提倡兼爱呢？因为墨子思考分析战国乱象，认为祸乱之起，源于人们互不相爱。不相爱则视他人如他人，视他家如他家，视他国如他国。如此，则天下有分别、争斗、战争，祸乱四起，生灵涂炭。要彻底解决乱世问题，就要人人发挥爱心，兼爱他人，实践爱行。

在兼爱思想基础上，墨子又发明出尊天事鬼的思想。中国的思想传统，承认天和天命的存在。但很少有人以正面说理的方式，来谈论天的话题。鬼亦是如此。但墨子无视传统，反其道而行之，正面论述天和鬼的话题，承认它们的存在。天和鬼不但存在，而且它们主持正义、福善祸淫，所以人们要尊天事鬼。人之所以要兼爱，是因为上天兼爱万物和生民，令他们蓬勃生长。人要效仿天道，顺从天意，兼爱他人。墨子认为，天和鬼昭示了一种正义的行为准则，人们必须以之为规矩方圆，不可违逆。

尊天、事鬼和兼爱，共同组成了墨学周圆的信仰系统。墨子告诉人们，世界不仅有人的存在，还有天的存在和鬼的存在。所以人的行为，不能恣意而行，而要有所依傍和约束。最高尚的人的行为，就是兴利除害。所谓兴利，就是上利于天，中利于人，下利于鬼。若人追求利己，危害道义，最终会招致天和鬼的惩罚。

墨子的社会政治学思想表现为“节用”“节葬”“非礼”“非乐”“非攻”“尚同”“尚贤”等内容。

墨子批评了王公贵卿们竞相奢靡、穷奢极欲的生活作风，指出崇尚奢靡，不仅违反道德，而且损耗民力，危害国家。执政者应该效仿古代圣王，崇尚节俭，取财有度，才能利益人民，保证长治久安。墨子特别批评了儒家强调的厚葬之礼，认为它夺生人之不足，以供死人之有余，逆反常理。

而对儒家理论核心的礼乐制度，墨子采取了激进的否定态度。他认为，礼制臃肿繁缛，耗费学者的心思精力，侵占百姓劳动生产时间，有害于人事。乐歌使贵族沉湎于享受，萎靡精神，荒怠政事。一个健康有活力的社会，应该摒弃礼乐，让人民恢复淳朴的本真。

在政治策略上，墨子坚持以一套标准贯通上下。百姓思想和行动要同于官卿，官卿思想和行动要同于诸侯，诸侯思想和行动要同于天子，天子思想和行动要同于天志。如此上下贯通，协调一致，才能齐心合力，成就万事。墨子认为人有贤愚不肖之别，所以国君治政，必须亲近士人，选贤任能，摒弃奸佞。墨子旗帜鲜明地反对所有战争，反对大国对小国的侵凌和兼并。他提倡以道义的方式，而非暴力的方式，征服他人。

墨子的修身和非命思想，探讨的对象是个人。他勉励君子应通过修身，让品德和修养达到高尚境界。品德和修养提高了，才能格局恢宏，理想远大。墨子批评命由天定的观点，相信事在人为。人生的命运，并非生来就确定。富贵的人不会一生都富贵，贫穷的人不会一生都贫穷，命运可以通过人为改变。他鼓励人们努力向善，坚持不懈，从而收获好的回报。

以上信仰思想、社会政治思想、道德修养思想，构成了墨子思想的核心。其中大部分的内容，与儒家思想对立，建立在对儒家思想的批判之上。在某种意义上，人们可以认为，如果没有儒家，就不会有墨家。墨家以批判儒家自立，儒家是孕育生长它的母胎。其中少部分的内容，墨家保持了和儒家一样的观点。如尚贤的人治观念，儒家在政治实践中也非常重视。如修身的道德观念，是儒学心性学派思想的重心。再如上面没有提到的崇古观念，两个学派也表现一致。墨子虽然没有直接言明上古时代是黄金社会，但在论述很多观点时，都引述尧舜禹汤的例子，称他们为先圣先王，膜拜无比。至于倡导以和平方式而非暴力方式结束乱世局面，以道德而非利益作为世俗价值的衡量标准，儒墨同理，自不待言。

## 02 走向衰落的根因

墨学在历史上的意义，以及它体现出的思想价值，主要表现在与儒家之“异”上。墨学因异而别开生面，因异而与众不同，因异而自成一派。后人要了解墨学、认识墨学，必须从它的“异”入手。墨学因斯而盛，也因斯而衰。

在整个信仰观上，墨子将儒家的旧观念全部扫除。儒家相信天命，但甚少谈论天。因为天不可知、不可测，非人格化。墨子却直接谈论天，认为天的意志可以了解，天的行为预知。他心目中的天，已经具有初步人格化的色彩。同理，儒家相信鬼，但甚少谈论鬼。因为鬼不可知、不可测，非人格化。墨子却直接谈论鬼，认为鬼的意志可以了解，鬼的行为可以预知。他心目中的鬼，已经具有初步人格化的色彩。将天和鬼人格化，意味着什么？意味着墨子的思想，已经不是纯粹的世俗哲学，而是在往宗教方向靠拢。

儒家讲仁，建立在礼的基础上。仁是爱，但是有差别的爱。墨子用兼爱取代了仁，摧毁了礼，让人们讲究无差别的爱。在没有其他哲学理论支撑下倡导无差别的爱，又体现出其宗教特征。无差别的爱太无私、太伟大，需要牺牲自我，勇于献身，非常人所能实行。只有在宗教（如佛或基督）的强大信仰力量支撑下，这种观念才有可能被普遍接受。

墨子倡导尊天、事鬼、兼爱，不但在义理上批驳儒家，而且在精神上与之背道而驰。墨家表现出脱离世俗哲学的迹象，往宗教上靠拢。但是，它止步于半途，最终没有完成宗教化的转向。墨子将天和鬼人格化，却仅仅是初步人格化，没有达到宗教完全人格化的程度。更重要的是，墨子从天鬼中发挥出的，更多是惩恶扬善的功能，缺少宗教偶像普遍具备的道德和智慧象征。宗教偶像让人感到亲近，墨子的天鬼则让人敬畏。宗教偶像让人感到温馨，墨子的天鬼让人感到冰冷。宗教偶像与信仰者通过情感交流，墨子的天鬼只能通过理性理解。宗教偶像能源源不断、绵绵不绝且是无偿地给予人力量，墨子的天鬼却像一个精明的生意人，吝于施舍、一毛不拔。

因此，墨子的信仰观涵盖天、地、人，表面看起来周圆，实质上是一个异常冰冷空洞的躯壳。人置身其中，感受不到信念的温暖。墨子创立墨学，主要是因为他对儒家不满。在没有整体思路指导下，也没有宗教资源借鉴下，事事反儒学而行之，最后杂合而成一个宗教不像宗教、哲学不像哲学的思想流派。墨学初创，有很大缺漏。但事已至此，墨子只能硬着头皮走下去。他既提倡兼爱，又提倡非礼、非乐、非攻、节用，只能以肉身苦行，表率于人，征服信徒。

墨子自言，大禹治洪水，以帝王之尊，身任辛劳，亲自手操工具挖掘江河坝堤。他奔走天下，沐风栉雨，劳累到小腿内无肉、外无毛。圣人犹然辛劳如此，普通人怎能幻想安于逸乐？墨子以大禹自勉，激励徒众。被墨子感召，投入到墨家门下的人，无一不以苦行自励。墨家徒众给人的普遍印象是身穿粗衣，脚穿草鞋，居室简陋，吃粗食野菜，形容枯槁，终日奔走不息。他们不让自己一日安逸下来，如果这样做了，就违背了大禹之道，称不上是墨者了。

在特殊的历史场合下，墨子确实感召了一批人，征服了一批人，让他们奉从自己的教诲。墨家之鼎盛，一时与儒家并驾齐驱。但这之后不久，人们对墨家的苦行方式望而生畏，避而远之。墨家的吸引力不再如前，慢慢就衰落了。道家学者评说："墨子的学说也太刻薄，活着要人勤劳，死了要人薄葬。使人忧虑，让人悲伤，实现起来很难做到。违背了天下人的心愿，人们不堪忍受。墨子虽能坚持苦行，实践自己的学说，又怎么能强迫天下人都达到他的标准。"一语道破墨家走向没落的真相。

探究墨家没落的根源，一个重要原因就是：它有宗教化的趋向，却没有真正实现宗教化。苦行是许多宗教的重要特征，几千年后，人们仍然可以看到不少佛教徒还在坚持苦行的修炼方式。为什么佛教倡导苦行，能流传千年；墨家倡导苦行，却百年没落呢？因为佛教的偶像能源源不断、绵绵不绝地给予信徒们力量，而墨家不能。在既没有精神力量支撑，也没有现实物质回报之下，已入围的墨家信徒不再虔诚执着，而外围的人也望而却步。墨家的香火道脉，遽然断绝。

确切地说，墨家也不是宗教偶像输出的精神力量不足，而是它根本没有偶像。墨家讲究尊天事鬼，但无论天或鬼，都没有达到宗教偶像的标准。作为学派创始人的墨子，自始至终只是一个凡人。他没有神化自己，也无法成为宗教偶像。总而言之，墨学信仰系统里的天、鬼、人，都没能成为宗教偶像，墨家信徒从那里得不到精神支持，只能依靠坚韧的理性意志来践行教旨。

进一步探究，墨家为何没能产生宗教偶像？这与中国的传统文化有关。中国的传统文化精神务实而理性，重视人生，关注现世，甚少天马行空之类的联想。夏、商、周三代留下的神话内容和宗教资源，少之又少，甚至可以说没有。处在战国初期的墨子，在创立墨家时，除了传承了古代文化主体的儒学外，几乎没有其他知识或思想资源可以借鉴。春秋战国虽然说是一个大创造、大创新的时代，但所有创造和创新，都会受到传统土壤的影响，有其极限。百家诸子再聪慧，再有革命的勇气，也不可能在那个时代创造出佛教、基督教这样的宗教。因此，墨子不可能在传统中国的土壤之上，创生出全新的宗教。他本初的理想，也只是创立一个与儒家对峙、更能呼应现实政治和社会诉求的世俗学派。

墨子既没有把自己的学派发展成为宗教，也无须研究儒家礼学那样庞杂的知识系统，节省出大量时间和精力。墨子把这些时间和精力投入到其他方面的研究，以支撑自己的理论在现实中的实践。墨家与百家学派最不同的一点是，它的学说包含了许多科技研究的内容。这些内容包括工程建筑、器械制造、军事防御等应用学科，也包括物理学、数学、逻辑学等理论学科。后者是墨家后期的研究重点，它是由前者发展出来的。而前者则是墨子基于墨学实践的需求，展开的研究。

墨子为人所知的第一身份是思想家，第二身份是一名工程发明专家。墨子虽然流传下来的事迹很少，但他与被誉为中国工匠始祖鲁班的一段故事，却被广为传颂。这段故事不但体现出墨子“非攻”止战、“兼爱”无私的思想，而且展示了他在工程制造和军事防御上的杰出才华。

墨子身在齐国，听说鲁班帮助楚国制造攻城器械云梯，要攻打宋国。他想阻止这场战争，就从齐国出发，急行十日十夜，抵达楚国郢都，面见鲁班。

鲁班问道：先生不远千里而来，所为何事？

墨子答：北方有个人侮辱我，我想请你帮我杀了他。

鲁班默不作声，表现出一脸的不高兴。墨子再说：我奉送上十镒黄金，请一定帮助我实现愿望！

鲁班忍不住生气说：随便杀人，是不义的事。你把我当成杀手，又贿赂我黄金，未免太侮辱我了！

墨子看他落入话套，就转入主题说：先生知道杀人不义，为何又助楚攻宋呢？我在北方听说你为楚王制造了精巧的云梯，用来攻打宋国。请问宋国有什么罪？宋国无罪而攻打他们，称不上仁。楚国地广人稀，去杀害自己缺少的，争夺自己多余的，称不上智。你若不明白这个道理，那便是愚。你若明白这个道理，而不劝谏楚王，那便称不上忠。如果你劝谏了，楚王没有采纳，那便称不上有能力。你知道杀一个人不义，反助纣为虐，要杀一国人，又何其自相矛盾！

鲁班顿时哑言，吭声不得。

墨子又说：你不能说服我，那么应该停止行动了。

鲁班开口道：这不行，我已经答应楚王了。

墨子说：请你把我引荐给楚王，让我来说服他。

鲁班于是将他引荐给楚王，墨子对楚王说：请问大王，如果有一个人，自己有华丽的彩车，却去盗窃邻居的破车；自己有锦绣衣裳，却去盗窃邻居的破烂衣裳；自己有山珍海味，却去盗窃邻居的粗粮野菜，他是为了什么？

楚王不解道：怎么会有这样的人？如果有，他一定犯了盗窃的疾病。

墨子继续说：现在楚国要攻打宋国，不也是相同的道理吗？楚国的疆域方五千里，宋国的疆域方五百里，就好像华丽的彩车对比邻居的破车；楚国内有云梦湖和长江，江湖之间，山林之中，飞禽走兽遍地，而宋国土地贫瘠，连野鸡、兔子、狐狸都很稀少，就好像山珍海味对比粗食野菜；楚国有长松、文梓、楩楠等珍贵木材，而宋国连棵大树都没有，就好像锦绣衣裳对比破烂衣裳。大王以富有的楚国去攻打贫弱的宋国，即使胜了，又有什么实际的益处呢？我担心大王伤害了正义，最后却一无所获。

楚王面现赧颜，说：先生说得有道理，但鲁班已经制造了云梯，寡人必定征服宋国。

墨子知道究竟不能以理打动当权者，不拿出一点真本事，楚王是不会知难而退的。于是说：大王只知道云梯是攻城利器，却不知道天外有天，人上有人。楚军如果使用云梯攻打宋国，我自有方法克制它。如果不信，请让我用道具与鲁班演示一番。

楚王兴趣陡增，答应了请求。

墨子于是解下腰带围作城池，两人以木片作为攻城器械。鲁班采取九种不同策略攻击城池，九次皆被墨子击退。直到鲁班手上的木片消耗完，墨子手中还有剩余。鲁班束手无策，半晌后才说：我知道击退你的方法了。

楚王问：有什么方法？

鲁班又沉默不言。

墨子洞穿他的心思，说：鲁班的方法，就是杀死我。他以为我死之后，无人可以保卫宋国。但他想错了，我的弟子禽滑釐已经率领三百名徒众，在宋国等待楚军入侵了。他们手里的器械，都是我刚才演示用的。所以楚王您即使杀了我，也不能征服宋国。

鲁班听罢，面色转为颓然。楚王不能屈服墨子，只得说：好吧。我同意不攻打宋国了。

墨子凭借他的努力，终于使楚国对宋国的侵略战争消弭于无形之中。他开始晓之以情，动之以理，并不能说服对方。楚王和鲁班两人互打太极，推来送去，极尽敷衍。直到墨子亮出硬实力，让他们了解攻宋的困难，他们才放弃侵略计划。由此可见，墨子不但是个政治实践家，而且是个工程实干家。他一面努力传播非攻思想，一面潜心研究军事攻守防御之道，让他的思想在现实中能得到实践。假若墨子是一个只会空谈的纵横家或儒家文人，他就不可能让楚王和鲁班改变主意。

这则故事透露出的信息，说明墨家学派当时已经具备了很强大的实力。仅防御宋国，就能调动三百徒众。在其根据地的齐鲁，应当还有不少力量。典籍记载墨家学派盛于一时，与儒家并称，实不虚言。其中尤值一提的，是墨子的首席大弟子禽滑釐。禽滑釐原为子夏门下弟子，服膺儒教。结识墨子后，对他的学说深为钦服，不惜改宗易派，转拜墨子为师。可见儒墨竞争激烈，互为争夺信众。

禽滑釐恭敬侍奉墨子，一切奔走役使的活计，皆亲力亲为，以致手足胼胝，面目黧黑。《墨子》中关于军事学的内容，都是由墨子与禽滑釐对话整理而成。墨子研究军事学，与孙子、吴子、司马子有很大不同。关于军事学的方方面面，他都有论及。而墨子主要研究军事防御学，关于侵略战争和对外战争的内容一概不谈。因为他的军事思想是“非攻”，不论是有德战争，还是无德战争，全都反对。所以他的军事策略主要表现在防御上，目的是通过防御来制止战争。墨子指出，墨家学派有义务帮助小国抵抗大国，帮助弱国抵抗强国。他派禽滑釐率三百徒众守卫宋国，就是其中表现之一。

根据《墨子》记录，墨子不但制止了楚国对宋国的战争，还制止了楚国对越国的战争、齐国对鲁国的战争、鲁国对郑国的战争。墨家教众在这方面的成就，可谓不俗。但墨子用心良苦，并非人人理解。大国统治阶级见墨家总是帮助小国与自己作对，自是不会对他们产生好感。更为重要的是，列国兼并，走向一统，是战国时代不可逆转的历史趋势。墨家凡战必阻，逆潮流而行，难以获得良性回报。墨家教众徒然拥有一颗炽热的心，想要将正义洒遍天下，但终究难抵当权者的打压和排斥，再加上历史前进车轮的无情碾压，墨家日渐衰落，乃至于灭亡。

墨家走向没落，文本传播的消极作用也是其中一个原因。思想家用语言概括思想，通过文本表现出来，传播于世。这个时候，思想不再是纯粹的思想，而是语言的思想，语言的艺术。如果表现思想的语言达到很高的艺术水平，无疑有利于思想的传播。《老子》五千言，能流传千秋万世，与它表现出高超的语言美有很大关系。同理，儒家的典籍《礼运》《大学》《中庸》和《孟子》等，撇开其中的思想不谈，单看语言艺术水平，也是顶级的文学作品。千载而下，仍让人百读不厌。对比《墨子》，通篇枯燥无味，啰唆拖沓，不堪咀嚼。在流传下来的诸子作品中，可归入较差一类。究其原因，除了墨家学派不在意语言文字的锤炼外，也与其教众的出身有关。墨家学派的教众多来自贫苦阶层，文化水平不高。墨子要令他们易于接受教义，不得不将道理讲得更直白、更明细。《墨子》的文本基于同样的考虑，将口语化的记录不加修饰地保存下来。导致《墨子》一书的艺术性，表现很差。《墨子》一书在文学语言上的失败，加剧了墨家思想由盛转衰的速度。在内外压力夹击之下，这个曾创造了一时繁荣的学派，没有等到战国乱世终结，便中途夭折。孔墨之徒遍天下的记忆，被历史无情忘却。司马迁在《史记》中关于墨子，只留下少得不能再少的两三句记载。

墨家学派虽然没能显贵后世，但不可否认墨子是一个伟大的人物。在一个私欲纵横、道义缺失的世界，该有怎样的勇气和节操，才能提出“兼爱”这种思想？又该有怎样坚韧的意志和牺牲精神，才能为了天下人，不惜摩顶放踵，自苦其身？确切地说，墨子不像一个世俗意义上的思想家，而像一个宗教意义上的救世者。他和世界上伟大宗教的创始人一样，具有勇敢的献身精神。他是那个残酷、无情、污浊的世界中，最纯粹、最无私、最仁慈地活着的人。在他博爱的心灵中，一直搏动着天下苍生的命运。为了拯救他们，他不惧飞蛾扑火，置身苦海。只有在那个伟大的时代，才能产生墨子这样伟大的人物。只有在那个伟大的时代，才能产生与墨子同样伟大的教众。他们一同飞蛾扑火，殒身不恤，也没能以自己的方式拯救世界。但是，这样博爱、无私、献身的精神，不应该被遗忘。

## 03 墨学的余晖

墨子死后，墨家学派并没有马上式微。相反，在之后将近一百年的时间里，还获得了很大的发展，成为一个与儒家双峰并峙的学派。根据学者统计，在历史上留下姓名的墨子弟子有十五人，再传弟子三人，不知师承的墨者有十七人。韩非又记载，后期墨家分为三大支系，分别是邓陵氏的墨者、相夫氏的墨者、相里氏的墨者。《吕氏春秋》和《孟子》也有相关墨者的记载，但寥寥数语，缺头少尾，无法获得更多的信息。

公元前380年，楚悼王任用吴起改革国政，极大增强楚国实力，但也损害了不少贵族利益。楚悼王死后，贵族联合起来，袭击吴起。吴起逃入王宫中，伏身在楚悼王尸身上，想以此求得保护。贵族们用箭射击吴起，错射到楚悼王尸身。楚肃王继位后，追究侮辱父亲尸身的罪人，杀死一批当事人。被追责的贵族中，就有一位阳城君。阳城君信任墨者首领孟胜，将封邑交给他把守，自己逃亡到国外。

楚肃王派兵攻打阳城君的封邑，孟胜率领弟子一百余人坚守。封邑即将失守，孟胜想要自殉报主。弟子徐弱劝道：如果死了对主君有益，这是可以的。但实际是老师白白死了，阳城君却一无所得，反而墨家的传承有断绝的危险！

孟胜说：你不明白啊！阳城君善待我，不只将我当作臣子，还当成师友。如果我不献出生命报答他，今后还会有谁请我们墨者当老师，与我们墨者交朋友、做君臣？为师、为友、为主而死，是墨者的道义，你不必再劝我了。至于墨家的传承，宋国的田襄子是个贤明的人，我会将首领的位子传给他，你不必有墨学失传的忧虑。

徐弱说：老师心意已决，就请让我先死开路！

说罢，刎颈自尽。孟胜派遣两名弟子给田襄子报信，然后自杀身亡。一同殉身的墨家弟子，有一百八十余名。两名报信给田襄子的人，完成了任务，准备返回楚国陪殉。田襄子说：孟胜已经把首领位子传给我，我命令你们不能去死。

两人说：我们之前接受过老师的命令，不能再听你的命令了。于是，相携返回楚国自杀。

这次集体自杀，让墨家学派受到重创。当然，墨家并没有因此灭绝。大概五十年后，还有墨者谢子、唐姑果、腹䵍等在秦国活动，与秦惠文王有直接往来，地位不低。但一次事故，就让墨者死亡一百八十余人，损失不可谓不大。后来墨家的灭绝，应该与这种随意的自戕有很大关系。墨子立教，倡导奉献和牺牲，但流传至今的《墨子》，并没有表现出什么愚忠思想。孟胜的思想和行为，可能是后来的墨者发展出来的。

与儒家一样，墨家也在不断充实与发展本门学派的理论。后来的“别墨”和“墨辩”，即是墨学发展的结果。《墨子》中《经上》《经下》《经说上》《经说下》《大取》《小取》六篇，便是其内容体现。这六篇文章，不但是《墨子》中的异数，也是传统文化中的异数。它探讨的内容，不但超出墨子思考的范围，也超出了传统文化的惯常研究领域。

举凡物理学（光、声、力）、数学、逻辑学、认识论、名学、辩论术等学科，都能在《墨子》六篇中找到相关内容。在那个时代，从未有一本书能涵盖如此广泛的内容。可以说，墨家学派不但极大扩张了传统知识体系，而且在新型领域也达到顶尖水平。现代意义上的物理学、数学、逻辑学等学科内容，在古代知识体系内寻源，最早只能追溯到《墨子》这里。因为中华文明的传统讲究实用，重视政治，所以相关自然科学方面的知识，向来被轻视。一直到了墨子，因为他“非攻”的思想，墨家学派积极参与军事防御作战，才展开对相关物理学、数学、工程学等内容的研究。而名学、认识论、逻辑学、辩论术等学科，部分有其传承。如老子谓“名可名，非常名”，孔子谓“必也正名乎”，虽然具体含义不同，但都是名学的源头端绪。认识论和逻辑学，可以在道家和法家找到其发端。辩论术的兴盛，与士人崛起、百家争鸣的社会局面有密切关系。

《墨子》虽有相关物理学、数学、逻辑学的内容，但不能看作这些学科的萌芽。一个真正的学科，应该具备独立性、理论性、系统性等特征。《墨子》六篇，只是把各式各样、五花八门的内容杂乱凑在一起而已。它谈论光，却意识不到独立光学与物理学的存在，而只是对某种现象的研究。它谈论数，却意识不到独立数学的存在，而只是对某种事物数学现象的研究。它谈论逻辑，却意识不到独立逻辑学的存在，而只是对某种概念关联现象的研究。总而言之，墨家学派对于各门学科，都是浮光掠影、蜻蜓点水而过，并没有完成现代意义的学科构建。

或许有人认为，这样的评价，对于墨家太过苛刻。在其他学派都重视社会政治议题的背景下，他们独树一帜，开辟出自然科学等新研究领域已经很不错了，如果后学继续发扬墨学的遗产，中华文明的性质和历史的走向会被极大改写。这是一个美好的假设。既是假设，就不可能完全证实，也不可能完全证伪。但《墨子》六篇的研究，都是基于实用的目的，最后还是回到实用的层面，它不太可能发展出独立的现代科学。即使墨家逃过最后灭亡的命运，中华文明的性质和历史的走向也不会有大的改变。人和团体可以灭亡，但知识不会灭亡。《墨子》六篇中的名学、逻辑学、辩论术，被后来以惠施、公孙龙为代表的名学家和以苏秦、张仪为代表的纵横家所继承，唯独对自然科学的探索后继无人。这充分说明，墨家灭亡，并非其对自然科学的探索同步消亡的原因，而是中国人的文明偏好和思维方式决定了，自然科学不会得到特别关注。哪怕墨者已开其端绪，仍旧没有激发出人们的浓厚兴趣，将对自然科学探索继续发扬下去。后来在中国得到发展的，是“方技”，或称为“科技”，但不能称为科学。正因为中国的“方技”，没有发展成为“科学”，没有与政治产生意识形态的冲突，它才能在被漠视情况下，安然发展数千年。所谓的古代“四大发明”，是方技的成果，而不是科学的成果。

其实墨家有关自然科学的遗产没有得到传承，并非中华文化的遗憾。这些东西，归根结底属于“方技”，而不属于现代意义上的科学。墨家兼爱思想没有得到传承，才是中华文化的重要损失。因为以儒家思想倡导入世，与政治结合，儒者不免受到权力和利益的腐蚀，为其附庸，变得越来越市侩。而兼爱思想倡导无私与奉献的精神，足以抵御现实的腐蚀。如果墨家学派能够传承下来，中国知识分子的精神与灵魂，应该能表现得更为高尚与纯粹，不至于被权力和利益扭曲。墨家虽绝，但不可否认墨子是个伟大的智者。他制定的标准太高，以致于后人无法跟上他的步伐。

第
十
章

# 法秦的崛起

## 01　法家百年渊源

选择在儒家、道家、墨家之后，才谈法家，并非因为法家出现晚。相反，法家渊源之久远，甚至在其他学派之前。只不过因其与政治密切结合，被安上法家头号的时间较晚而已。

在正式谈论法家之前，必须明确何谓法家？它究竟是怎样一个法？因为近现代有法律、法治、法制的概念，不明其由的人，将其混淆，以为战国时代法家讲的法，与现代没有区别。一个轻微的误差，导致最后理解有天壤之别。

实际上，法家所讲的法，与近现代意义上的法，形式相近，内涵相差万里。法有两种，一种是中国古代的法，可称为官僚法学。另一种是近现代意义上的法，可称为契约法学。所谓官僚法学，是专门服务于统治阶级，用以统治、驭制和驯服平民百姓的工具。官僚法律根据独裁者的意见制定，无须征求平民百姓的意见，它不明确统治者的义务，不明确被统治者的权利，也不限制权力的滥用。而近现代意义上的法律，则是一份服务于大众的契约。契约法律征求所有阶层人民的意见制定，明确所有人的权力和义务，限制权利滥用。因为这样的区别，官僚法学并不是真正意义上的法治，而是人治。近现代意义上的契约法学，才是真正摆脱了人治的法治。

中国人治法学、官僚法学的历史，可以追溯到遥远的上古时代。传说皋陶是舜帝的得力助手，他创立刑法，建造监狱，帮助治理人民。在古代，皋陶一直是司法和监狱的象征。西周时代，周穆王命吕侯制定《吕刑》，分墨、劓、剕、宫、大辟五刑，条文三千目。可见在战国之前五百年，刑法已经非常精密发达。但当时的刑法，只是国家治理的辅助手段，在更宏观层面，周王朝还是坚持以德治国、以礼治国。当有人主张法律应该成为治理国家的主导思想和方法，取代德和礼的地位，他就称得上法学家了。当法律真正取代了德和礼的地位，成为治理国家的主导思想和方法，这个国家就称得上法治国家了。商鞅变法后的秦国，就是此类人治法学、官僚法学的典型国家。

法律作为国家治理手段之一，其地位上的提升，有一个缓慢的过程。春秋后期，政治家们意识到，利用严酷的法律治理国家，可以起到立竿见影的效果，逐渐强化了对它的依靠。这些变化，最早发生在中原国家。公元前 536 年，子产在郑国为相，不但修订了刑法，而且将之刻在大鼎上，广示于众。其用意，一方面是让人们学习理解刑法，另一方面是警示人们切勿犯法。鼎在周人心目中，是非常庄严隆重的器物，一般只记载天子的政令赏赐、祖宗的功业勋德等大事。刑治法律向来被士君子视为末道，不予以重视。子产的行为，耸人耳目，引起了士大夫们的讶异和非议。

晋国贵族羊舌肸听说了此事，亲自写信给子产，说：原先我认为你是一个贤明达礼的人，对你抱有很大期望，现在不这样认为了。从前先王治政，通过衡量犯罪的轻重来判断处罚，不制定固定的刑法，就是担心人民启发争心。即使圣明的他们如此行事了，还不能禁止人民犯法。所以他们又用道义加以防范，用政令加以约束，用礼仪加以引导，用信用加以保持，用仁爱加以奉养，用禄位加以鼓励，用刑罚加以威慑。又担心不能奏效，所以他们又用忠义来教诲人民，用模范行为来激励人民，用专业知识来教导人民。他们温和地使用民力，敬重地对待人民，威严地管理人民，刚断地判决人民。这样做了之后，还要访求圣明睿智的卿相、明察事理的官吏、忠诚守信的长者、慈爱和惠的导师，协同治理。这样，才有可能取得理想的效果，国家不会发生祸乱。

羊舌肸指出刑法的症结：如果人民知道有了法律，便不再忌惮管理他们的君长。他们开始产生争心，为非作歹，还征引法律条文为依据，使自己得以逃脱处罚。这样的情况，治理人民的难度反而更大。从前夏朝有乱政，他们制定了《禹刑》。商朝有乱政，他们制定了《汤刑》。周朝有乱政，他们制定了《九刑》。三部刑法的制定，都在王朝的末世。当权者本想依靠严酷的刑法震慑乱民，挽救大局，最后无一不失败。

羊舌肸批评子产说：自从你成为郑国的执政后，一改旧制，重新划定田界水沟，实施备受批评的政策，又效仿末代刑法制定法律，将它们铸在大鼎之上。想用这样的方法来管理百姓，不是太困难了吗？人民知道了争端有了依据，将会抛弃礼仪而征引法律条文，一字一句都要辩个明白。那么，触犯法律的案件就会增多，贿赂到处流行。这样一来，最久到你去世，郑国也就衰亡了。古训有云：国家将要灭亡，法律随之增多。说的就是这样的情况吧！

子产看罢来信，并没有进行反驳，只是简单回复说：如果像你说的这样，就是我的才干不足，不能考虑到子孙后代。我所作所为，只是考虑如何挽救现在的郑国而已。虽然不能接受您的教导，但不敢忘记您替我着想的良苦用心。

子产没有为自己辩护，继续在郑国推行重法政策。毫无疑问，对于羊舌肸所言的先王之政，他是有所背叛的。那么，子产的背叛之路，究竟走了多远，他算得上一个真正的法家人物吗？在与羊舌肸的往来书信中，子产没有给出答案。但在十五年之后，他去世前留给继任者的遗言中才将他内心的想法表露无疑。

子产对子太叔说：我死之后，必定是你继任执政。除了一句话外，我也没有其他嘱托于你。就是：只有具备圣明道德的人，才能以宽和的政策使民众顺服；不具备圣明的道德，只能退而求其次，采用严猛的政策，使民众畏服。就如火性猛烈，民众远远看到畏惧避开，很少人死于火；水性柔弱，民众轻慢而玩弄它，很多人死于水。为政力主宽和，虽然名声很好，但却是很难的事。

言外之意，子产建议子太叔效仿自己，为政以严猛不以宽和。

从此处可以看出，子产为政虽然尚法，主张严猛驭民，但他并不认为重法治民是最高明的策略。最高明的策略是什么呢？就是以德治国，以宽服民。但子产自认自己没有达到以德服人的境界，所以退而求其次，选择以严猛之法驭民。在个人思想上，子产并没有叛离羊舌肸所言的先王之道；在实际行为中，他又偏离了先王之道。因此，子产难以答复羊舌肸的质难，只能寥寥数语，谢而不从。

孔子了解子产的苦衷，知道他迫于郑国的非常形势，不得不采用严猛的政策。他称赞道：子产真是明晓为政之道的贤人啊！政策宽和，则民众轻慢；民众轻慢，则纠正以严猛的政策。严猛过度，则民众会受伤害。民众受伤害，就要纠正以宽和政策。只有严猛和宽和的政策相互调剂，政治才能达到和谐。

听说子产死后，孔子悲哀流泪道：他是一位具有古代仁爱遗风的伟人啊！

羊舌肸说严刑峻法，是衰世的象征。但古代圣王治政，并非完全不用刑法。舜帝算是圣王的典范，尚需治狱大神皋陶辅佐。大禹、商汤和周文王，更不必言。即如孔子，也认为刑法治政是必须的。他上任鲁国司徒不足七日，就诛杀少正卯，就是重视严刑峻法功用的一面。所谓先王之道和儒家德教，从来不反对使用刑法，就看你怎么用，用到什么程度而已。当然，子产将刑法铸刻在鼎上，是前所未有的逾越举动，因此引起保守士大夫的惊异和批判，也是必然的事。但子产不是空谈的道德家，他是郑国的执政者，要考虑务实的政治问题。为了改变郑国积弱积贫的状况，只能强化法治，以取得速效的成果。但归根结底，子产还是认同德治法则。无论从他的遗言或孔子的评价看，他都不算一个真正意义上的法家人物。

但羊舌肸忧虑的，也不是没有道理。自子产重法治、铸刑书后，郑国好法尚法的风气便盛行起来。还出现了一个叫邓析的人物，专门钻空子、挑毛病，与政府作对。政府出了什么法令，邓析必深入钻研，对之进行歪曲、解构和矫改。子产知道后，不得不再更改法令。每次更改后，邓析又再歪曲解读，寻找漏洞。不论政府更改多少次，邓析总有方法应对。于是法律变得越来越繁杂，越来越混乱。人民看到朝令夕改，不知所从。

逐渐地，邓析法律专家的名号闻名遐迩，人们都抢着让邓析帮自己打官司。他规定，大的官司要缴纳一件上衣的费用，小的官司要缴纳一件短衣或裤子的费用。邓析还开门授学，进行有偿的法律知识和诉讼方法培训。一时之间，门庭若市，学徒盈堂。邓析营生之道，就是教人钻法律漏洞，以是为非，以非为是，从中牟利。人人都学会了文过饰非的方法，必导致法律失去了是非的标准，众口喧哗，人心大乱。后来郑国的执政驷歂忍无可忍，杀死了邓析，制止歪曲法律的风气再蔓延。邓析著有《竹刑》一书，驷歂杀了他后，又觉得此书不错，将它推行于国内。

受物质条件的限制，当时文字传播还很不方便。无论子产铸刑书于鼎，还是邓析写刑法于竹，都是尽量精简文字，能少则少。因此之故，在简略的法律条文中，暴露出大量腾挪空间。不法之徒从中入手，大做文章。法治之途，困难重重。随着书写载体的不断进步，法律在语言上的表达越趋于精密，暴露出的歧义越来越少；可以从中作文章的可能，也越来越小。后来法学蔚然成风，法治帝国成为可能，与物质条件的改善有很大的关系。

子产铸刑于鼎，首倡法治改革，遭到晋国的羊舌肸非议。羊舌肸不曾想，没过多久，自己的晋国也效仿子产，将刑法铸刻在鼎上。公元前513年，晋国的赵鞅和荀寅率领军队在汝水之滨修建城防工事，向晋国民众征收“一鼓铁”铸造铁鼎，并在鼎上铸上范宣子士匄所制定的刑法，公之于众。

晋国铸鼎之时，正值孔子壮年，他听说后，严厉地批评道：晋国恐怕要灭亡了！因为它丧失了法度。从前，晋国能谨守始祖唐叔虞传下来的法度，作为治理百姓的准则。卿大夫按照他们的位次来维护它，人民因此尊敬贵人，贵人因此能保守家业。贵贱分明不错乱，就是所谓的法度。现在丢弃了法度，改作刑鼎。从此之后，人民只知道刑鼎上的法律条文，贵人还怎么保持尊贵？无法保持尊贵，又怎么能守住家业呢？贵贱没有等级秩序，又怎么治理国家呢？

子产铸刑鼎时，孔子年纪尚少，无法进行评论。最后“宽猛相济”的评价，是结合他一生治政成效与声誉给出的。而对于晋国铸刑鼎的评论，完全是就事论事。确切地说，孔子是反对铸刑于鼎的行为的。因为刑法的精神，与儒家倡导的礼法精神相悖逆。礼法区别贵贱，刑法平视尊卑。一旦强化刑法作用，礼法的规则就会坍塌。礼法一坍塌，政治秩序和社会秩序将无法维持。所以儒家和法家，在精神本质上是不融洽的，两者不能和平共处。这就是孔子为何严厉批评晋国铸鼎的原因。

当然，刑法所谓的平视尊卑，并不是绝对平等，而是相对平等。具体言之，法家的刑法在百姓之中，是平等的；一旦加入君王和权贵，就不平等了。平民犯了法，会被追究；但君王犯了法，没有人敢追究。甚或说，法家的刑法里面，根本没有针对君王的条文。而面对权贵时，有时会被追究，有时不会被追究。会不会被追究，不取决于法律本身，而取决于君王的喜怒意志或形势需要。出现这种情况的根本原因，在于权大于法。法为权所用，法只是权的工具。所以法家的法律，只是人治的法律，官僚的法律。即便只是齐同了卿士大夫于平民，不触碰君王，也已经对儒家理论造成重大伤害。所以后来的历史，儒法两家相互攻讦，誓不两立。

晋国制刑鼎，强化法律的作用。这种传统，在晋国瓦解后，被韩赵魏三国继承下来。魏文侯重用李悝，推行一系列农业、经济、法制的改革，使国力大幅增强，称雄于战国初期。因修订了《法经》和著作《李子》，李悝被视为法家的始祖。《李子》据说有三十二篇，现已失传。

《法经》据说是李悝参考借鉴各国法律，删繁就简，取其精要，编纂而成的法律大典，现在只存六篇目录名称，分别是《盗法》《贼法》《囚法》《铺法》《杂法》和《具法》。根据目录推断，这只是一部具体、实用的刑法典籍，并非阐述以法家思想统御国家治理大计的著作。实际上，当时的魏国也不可能是一个彻底法治化的国家。因为魏文侯除了任命李悝为相国，还拜儒家大师子夏为师，与名贤段干木、田子方为友。魏文侯的策略，应是儒法结合，皆为我所用。儒以致虚，法以务实。

李悝制定的农业政策，目的在最大程度开发利用土地，增加粮食产量。他将城市郊野土地精细划分，除了山地、河流、村庄外，其他都划归耕地，统统予以开发。住宅的周围要种桑，菜园子里种蔬菜，田埂之间的空地也要物尽其用。他通过精细计算得出每亩田地的产量为标准，督促农官和农民协力完成任务。为了预防各类自然灾害，他还要求农田尽量杂种五个种类的粮食作物，增强国家的抗风险能力，避免一出现灾害，就导致饥荒。

李悝还发明了“平籴法”，使用国家调剂的方法，平抑粮价，维持社会稳定。他把收成好的年份分为上、中、下三等，把收成不好的年份也分为上、中、下三等。遇上好年成，政府按好年成的等级价格，购入一定数量粮食。遇上坏年成，政府按坏年成的等级价格，卖出存仓的粮食。因有政府的把控，人民不会因一时收成的好坏而损失太大，不良奸商从中牟利的空间也缩小了。这种国家干预经济的方法，是后世王朝均输法、常平仓法的开端。

在李悝主持推行改革措施下，魏国一跃而成为战国初期最强大的国家。魏文侯文武并用，东征西讨，成就了开疆拓土的功业。

魏国首都安邑，地处山西南部，南北被赵、韩两国包围，空间逼仄。当初瓜分晋国，三国约好同仇敌忾，互不侵犯。魏国要开拓生存空间，只得往东西两个方向发展。东面有卫、郑、鲁、齐等老牌国家，形势复杂；而西面只有一个国力衰弱了的秦国，毗邻魏国。魏文侯于是想从秦国下手，扩张国境。

公元前 419 年，魏军渡过黄河，在西岸的少梁城修筑军事据点，以备扩张。秦军数次反攻，都不能拔掉眼中钉。为了遏制魏国的扩张，秦国沿着黄河南北修筑不少防御工事。两国争夺西河地区大剧，拉开了帷幕。

不久，魏文侯得到从鲁国前来投诚的吴起，将争夺西河地区的重任，交托给他。吴起改革军制，建立起专业化的精锐武卒队伍。在这位杰出军事家率领之下，魏国对秦国的战争取得节节胜利。公元前 413 年，吴起率领魏军深入秦国五十千米，攻下郑地。翌年，魏军攻破与少梁对峙的秦军堡垒繁庞。公元前 409 年，吴起进一步扫荡秦军据点，占领了临晋、元里、洛阴、郃阳、王城五座城市。魏军占有了大片黄河西岸领土，设立西河郡，任命吴起为郡守。魏国的西扩战略，取得重大胜利。

在取得西方胜利后，魏文侯腾出兵力，吞并了北方的中山国。中山国即是古鲜虞国，与魏国隔着个赵国。晋国时代，中山国便常与晋国作战。三家分晋后，赵国与中山国毗邻，单独承担了中山国的压力。赵烈侯无法压制中山国，魏文侯就向赵国提出，如果允许借道行军，魏国可以帮助兄弟国家消灭中山国。赵烈侯怀有渔翁得利的私心，大方答应了。魏文侯于是命乐羊为前锋，太子魏击为后勤，穿越赵国，攻打中山国。经过前后三年艰苦卓绝的战争，终于灭亡中山国，将其地据为己有。魏文侯命太子魏击镇守中山，命子夏弟子李克为相。赵烈侯本想坐收渔翁之利，没想到魏国能一口吞下中山国，他不好反悔，只得独自咽下苦果。事实证明，魏国是三晋之中最强大的国家，赵、韩两国，只能唯魏文侯马首是瞻。

公元前 405 年，齐国发生内乱，叛变的田会占据廪丘，向赵国求救。赵烈侯掂量仅凭赵国力量，无法击败齐军。便向魏文侯请求，三晋一齐出兵。于是魏、赵、韩三国合兵，介入齐国之乱，在廪丘大败齐军，歼灭齐军三万，虏获战车两千乘。联军长驱直入，包围平阴，攻入齐长城。此时的魏文侯，心中想的已经不是土地财帛的蝇头小利，而是他相望已久却没有得到的名分。他围而不攻，想让齐国屈从于自己的要求。最后齐康公无奈，只得答应三晋，跟随他们前往朝见周威烈王，请求正式任命他们为诸侯。公元前 403 年，周威烈王正式册封魏、赵、韩三国为诸侯。魏文侯一生事业和名声，达到了顶峰。

公元前 400 年，为了应付楚国势力扩张，魏文侯率领三晋联军伐楚，在桑丘大败楚军，楚国被迫将榆关交还于韩国。魏国在南面修筑酸枣，在东面设置邺县，巩固自己的势力范围。

魏文侯在位五十年，是中国历史上少有的长命君主。在他治下的魏国经济富裕、文化昌盛、军事强大，号称战国第一强国。这一切的成就，与魏文侯坚持以儒法结合的开明政策治国分不开。特别是李悝主持下的一系列变法改革，强化了国家的管控能力，将国家隐藏的潜能发挥了出来。

魏文侯去世后，魏国的强盛并没有保持多久。拥有杰出才能的吴起遭到猜忌迫害，逃亡楚国，受到楚悼王的重用。吴起在楚国推行改革，制定新法，革除旧弊，让古老的楚国再次焕发活力。吴起的改革，借鉴了魏国不少成制，带有鲜明的法家彩色。可惜部分措施，因为旧贵族的抵制，没有得到落实。八年之后，楚悼王死去，吴起失去后台，被群起而攻的旧贵族杀害。虽然这场变法以失败告终，但凭借吴起的改制，楚国南收扬越，北并陈蔡，拓土广境，也重振了一番旧昔霸主的雄风。

## 02　商鞅变法出强秦

公元前350年左右，有三位著名法家人物活跃在历史的舞台。他们分别是卫人商鞅、郑人申不害、赵人慎到。法家又分法、术、势三派，商鞅是重“法”派代表，申不害是重“术”派代表，慎到是重“势”派代表。

所谓“术”，指的是国君驾驭、考察、考核、任用、利用官员的方法，亦可理解为权谋术。权谋术的目的在于强化君权，为独裁头目服务。申不害虽然也在韩国推动了法制方面的改革，但他对体系化建设不感兴趣，却醉心于权谋术研究。作为相国，他向韩昭侯贡献了种种驾驭臣子的暗黑秘法，帮助君主将自己树立成为不可挑战的权威。这么做完，就完成他作为臣子的义务了。无论在法学理论建设或现实政治改革上，申不害取得的成就很有限。他的著作没有流传下来，韩国也没有因此由弱变强。

所谓“势”，便是效仿自然之势和社会之势，来制定施政的原则。自然有大小、高低、阴阳之别，社会有尊卑、上下、强弱之分，如果顺势而为，就会事半功倍。慎到敦促君王注意观察形势，因循自然和社会的大势，有所作为。虽然是法家，但慎到没有那种服务君主的愚忠观念。他直接言明，人民拥立天子，并非为了让天子享受逸乐，而是为了让他治理天下，普惠人民。所以天子和君主的举措，首要顺应民心。至于法令制度，只是一种便利治理的外在工具，因其有用，才被利用。因为慎到这种“势”的观念，与道家的“道法自然”思想相似，许多人认为法家与道家源出一脉。司马迁就以为，慎到“本黄老而主刑名”。其实法家之内，只有慎到勉强能与道家攀上一点关系。申不害、商鞅和韩非这些玩暗黑艺术的主，与道家实质相差千里万里。不过慎到在政治上并不得意，只是一名纯粹的学者，所以我们看不到他的思想主张实践后的效果。

说到法家代表，人们第一个想到的还是商鞅。商鞅不单是一个法学思想家，一个政治改革者，也是一个改变历史进程的奇人。商鞅，本是卫国公族后裔，又名公孙鞅、卫鞅。追溯起来，他也算周文王后代。周王朝虽然没落了，但姬姓家族没有退出历史舞台，他们的后裔尚能推动社会发展。这么想来，对姬姓王族也算是个小安慰。

商鞅少好刑名之术，学成之后，游仕于魏，在国相公叔痤幕下任中庶子。公叔痤知道商鞅很有才华，但他那时才三十岁出头，尚属年轻，所以不着急推荐给魏君。直到公元前 361 年，公叔痤重病卧床，生死只在旦夕。魏惠王前来探望，非常担心地说：相国如有不测，魏国社稷将托付给谁?

公叔痤道：国君，老臣幕中有一人，名叫公孙鞅，年纪虽轻，却身怀大才。老臣此病恐难痊愈，此番正式向大王荐举公孙鞅，希望大王信任他，将魏国上下托付给他。如此，老臣死也瞑目了。

魏惠王第一次听到商鞅的名头，嘴上嘿嘿不语，心里想：相国是不是病糊涂了，竟然让寡人将国家托付给一个小小的中庶子? 一阵敷衍后，魏惠王将要离去。公叔痤叫住他说：如果国君不能重用公孙鞅，请千万杀掉他。否则让他效命敌国，一定是魏国的祸患。

魏惠王觉得老相国病得不轻，已到语无伦次的地步。他随口答应他，离开后对随从说：老相国病入膏肓，令人悲伤。他竟然让寡人将国家托付给公孙鞅，太荒谬了！

魏惠王走后，公叔痤召来商鞅，告诉他事情经过，说：向国君荐举你，是为了国家。告诉你实情，是为了你。你还是逃走吧！看来大王不会重用你，留在这里很危险。

商鞅不慌不忙地说：感谢相国的厚爱！但国君既然认为我是个小人物，不足以委以重任，又怎么会浪费心思精力来杀我呢？

公叔痤一下子被噎住，说不出话来。

商鞅猜得没错，魏惠王只把公叔痤临死前的交代当作病重者的呓语，从来没将他放在心头。公叔痤死后，商鞅毫无顾虑地又在魏国待了一段时间。魏惠王莫说杀他，恐怕连他是谁都忘了。虽然没有性命之忧，但公叔痤此番推荐不被采纳，商鞅知道自己在魏国已经没有前途。要有大作为，实现心中抱负，必须离开魏国，再投效明主。

正当商鞅为前途烦恼时，秦国求贤的消息传来。原来秦魏交战多年，秦国失去河西故土。秦献公发愤图强，将都城从西边的雍城迁到东边的栎阳，亲临战线，激励军民誓死捍卫国土。虽然秦献公很努力，但他对魏国的战争没有取得多少战果，无法收复故土。秦献公死后，儿子秦孝公继位。有人告诉他，魏国之所以能强大，是因为他们拥有子夏、段干木、田子方、吴起、西门豹这些贤人。这些人大多不是魏国本地人，而是从外国招徕的。秦国要强大，不能只依靠自己，要吸引外国贤才为我所用。秦孝公觉得有理，甫一继位，就颁下诏书求贤，承诺若有人能富强秦国，必定高官尊待，裂土厚赏。

商鞅了解详情，知道秦国就是自己施展才华的舞台，秦孝公就是自己寻求的明主。他打包行旅，悄悄逃离魏国。来到秦国后，得到宠臣景监的引介，顺利见到秦孝公。开始商鞅想要探测秦孝公心意，只挑歌颂尧舜禹汤圣明事迹的话来说。秦孝公听得犯困，直想打瞌睡。商鞅离去后，秦孝公恼怒地对景监说：你引荐的客卿真是一个吹大牛的人，他说的话一点用都没有！

景监回来责备商鞅。商鞅回答道：我以帝道游说国君，只是他没开悟而已。

过了五天，秦孝公又召见商鞅，两人交谈许久。秦孝公谈兴甚浓，但还觉得商鞅的话没有完全符合心意。他又埋怨景监，景监再责备商鞅。商鞅回答道：我以王道游说国君，也不合他的心意。我已心中有数，请求再次觐见。

秦孝公第三次召见商鞅，对他更加满意了，但觉得他提出的措施还不能施行。他知道商鞅心中有货，便对景监表扬说：你推荐的客卿很有才，可以同他讨论国策了。他鼓励商鞅，让他贡献出更好的策略。

商鞅听说之后，说：我以霸道游说国君，他差不多要采纳了。再见国君，就没错了。

商鞅第四次觐见，秦孝公被他议论吸引，一边听着，一边不自觉地往他身边靠拢。接连数日密谈，丝毫不感到厌倦。

景监事后问道：你究竟和国君谈了什么，他如此兴致勃勃？商鞅回答：前三次，我分别以帝、王、霸三道游说君王。他说，成就这样的功业，太费时间，光阴苦短，我不能等待。我了解国君想要急速成功，名显当世，便以强国之术迎合他。国君非常高兴，因为我符合了他的期望。虽然秦国能通过强国之术变强大，但这样的结果终究无法比拟殷周两朝的功德。

如果这段被正史记载的对话属实的话，那么可以推断出，商鞅本是正统渠道培养出来的正统的知识分子。他的世界观和价值观，与普通知识分子没有区别。甚至可以武断地说，商鞅是按儒家规范培养出来的儒家式知识分子，他精通所有儒家学派的知识，并在很大程度上认同他们的观念。那么，是什么原因让商鞅最终没有成为一位儒家宗师，反而成为法家的代表呢？改变他人生取向的关键在于，他和秦孝公一样，都是急于求成的人。秦孝公追求及身之世，拓土开疆，称霸诸侯；商鞅追求及身之世，高官厚禄，富贵盈门。两人一拍即合，一同抛弃了帝道、王道、霸道，选择了具有速效功能的强国之术。

但商鞅作为一个具有深厚知识根底的人，内心深深知道，“术”与“道”是不能相比的。“术”是狭隘方法，狭隘方法能使国家强大；“道”是普惠价值，普惠价值能使人心归服。商鞅选择了以捍卫统治阶级利益为目的的“术”，虽然短时间内能使国家实力爆棚，达到现实目的。但这种强大，是以损害、掠夺和奴役为前提的。大多数人民，在商鞅式“法”制国家里，都是被利用者、受迫害者。法家的制度做不到普惠，就得不到人民的支持；得不到人民的支持，就无法长治久安。秦朝在一统之后，没有迅速矫正错误，导致早早亡国，这在商鞅变法之初，就已埋下伏笔。商鞅早在变法之初，就已明白，他所促成强大的秦国乃至秦朝，因无道无德，没有普惠价值，在历史上不会获得太好的名声，与殷周两朝不能相提并论。但他不愿作被人嘲笑的迂儒，不愿及身之世触及不到荣华富贵，于是一退再退，从帝道退到王道，从王道退到霸道，从霸道退到强国之术，终于与秦孝公达成共识。他最终选择了做一个务实的政治家，而不是一个终日阳春白雪、高谈阔论的书生。

获得信任后，商鞅将酝酿在脑海中许久的法家改革计划，上呈给秦孝公。秦孝公被商鞅征服，马上就想推行改革。但一些保守的元老，如甘龙、杜挚等，对于商鞅其人及其提出的改革措施表示质疑。商鞅驳斥了他们事必师古、抱守残缺的观点，劝勉秦孝公不要被世俗成见所囿，只有为人所不能为，方能成人所不能成。年轻的秦孝公，被商鞅点燃胸中的激情热火。他力排众议，决定支持变法改革。于是，商鞅发布第一道变法命令——《垦草令》，拉开中国历史上最成功的一次变法改革的序幕。

所谓《垦草令》，并不仅是一项开垦荒地的政令，而是用尽一切手段，调动一切资源，来加强发展农业生产的政策。之所以首先改革农业，因为在古代民以食为天，国以农为本。只有农业发达，社会才能安定，人口才能增加，国家才能强盛。很多政治家和思想家都认识到这一点，但没有一人能如法家的商鞅一样采用狠硬的手段来发展农业。

商鞅要求，确定统一的标准，以此征收全国田赋。有了统一标准，百姓感到公平，生产的积极性才会提高。商鞅要求，增加官员的工作强度，提高官员的工作效率。如此，官员们就不会有空闲去滋扰百姓，让他们得以集中精力耕种田地。商鞅要求，提高征收供养食客的达官贵人的赋税。如此就能逼迫达官贵人散退食客，让他们回归农业，增加农业劳动力。

商鞅要求，禁止商人卖粮食，禁止农民买粮食。如此，商人无利可图，转而从事农业；农民没有保障，更加卖力耕田。商鞅要求，登记商人家庭的人口数量，加重他们的赋税徭役义务；加倍役使商人团体，逼迫他们转而从事农业。商鞅要求，提高关口市场的税收，抑制商人牟利空间。如此农民就不会羡慕商人，更加积极开垦耕种。

商鞅要求，将山海森林的资源收归国有，禁止农民擅自渔猎砍伐。农民在别的地方获取不到利益，就更加辛勤地从事农业了。商鞅要求，轻罪重罚，建立连坐制度，使性格暴躁、凶狠强悍的顽民不敢犯法，变成顺民，一心一意地耕种土地。商鞅要求，禁止游学风气，禁止诡辩之谈，禁止颓废的艺术与娱乐，使农民的心志不被蛊惑，精力不被分散，专心致志于农业生产。

如此种种励农政策，不一而足。这虽然是商鞅改革的一小部分内容，但已将法家核心精神体现得淋漓尽致。法家核心精神是什么？就是国家主义、集权主义！法家思想以维护国家利益为目的，以集权方式为手段，来主宰控制一切资源。在法家政令笼罩下，世界上没有自由元素，一切都属于国家所有。国家可以使用一切手段，任意干预自然与社会，将自己的利益最大化。哪怕其中策略有违背公平与正义，也无所顾虑。

商鞅的思想和政策，算是一种发明吗？绝对是的。商鞅虽然受到李悝等法家先驱的启发，但在他之前，没有一个人将国家主义和集权主义发挥得那么淋漓尽致。在他之后，无数人赞叹：原来治理国家可以如此操作！原来统治人民可以如此妄为！原来一个国家可以开发和利用的资源如此之多，只要狠下心采取强硬的手段，获得的回报超乎想象！但这是一套放之四海而皆准的真理系统吗？答案是否定的。在商鞅变法获得巨大成功后，山东六国并没有群起效仿秦国的行为。可见法家式的国家主义和集权主义，没有得到普遍认可。商鞅取得成功，与他身处的秦国的土壤和民风有很大关系。假若他没有因为秦孝公的求贤令来到秦国，而是去往齐国或楚国，有很大可能遭遇失败的命运。

商鞅的励农政策，就像对几十条分支溪流进行围追堵截，将它们都汇流到一条大河中。当整个社会的主要力量都被强制归引到农业领域，农业发展自然获得显著效果。初步变法收成效，秦孝公再任命商鞅为左庶长，深入推进改革。商鞅发布八大改革措施，并将李悝在魏国制定的《法经》改造，更名为“律”，在秦国颁布推行。

其八大措施分别为：第一，改革户籍编制制度，以五家为一伍，十家为一什，设置相、牧、司管理，采用连坐制，凡一家有罪，牵连官民皆被株连。第二，鼓励举报，举报者与前线杀敌者同功，包庇者与前线降敌者同罪。第三，一家有两个成年劳动男子，要双倍加征赋税。第四，鼓励公战，禁止私斗。有战功的，按功劳大小赏于军爵；私下斗殴，按犯罪轻重处于刑罚。第五，努力耕种，缴纳公粮有功的，可以在某种程度上免除徭役。第六，游手好闲、不务正业之民被举报，其妻子孩子被罚没为奴。第七，宗室子弟不参军战、不立军功，剥夺爵位。第八，明确尊卑等级秩序，每个级别拥有的土地宅屋和穿戴的服饰各有规则，不得逾越。立功者尊贵荣显，无功者即使富裕，也不能享有高级待遇。

审视商鞅变法的细则，很多条例值得商榷。如连坐制，他人有罪，让无辜的人受罚，有悖于公平正义；如举报制，鼓励血缘宗亲相残，有悖于伦理道德；至于尊卑等级制度，与儒家礼制大同小异，说明法家从来不主张建立平等社会。商鞅的目的，就是要整个国家、所有阶层的人民，都服从于最高统治者，为最高统治者服务。谁要是敢违逆，权力的无情屠刀就会砍过来。当然，商鞅也讲究软硬兼施、赏罚兼行。如果人民服从他制定的法律，按照规则为国家做贡献，他就会赏赐他们。

但秦政府向来缺少信义，商鞅担心他的法令不能取信于人。于是心生一计，在都城南门树立一根三丈高的木材，向市民宣布，谁能把它扛到北门，官府奖赏十镒黄金。因为奖赏太过丰厚，市民以为是个骗局，没有人肯干。商鞅把奖赏加到二十镒黄金、三十镒黄金，市民们议论纷纷，还是没人动手。最后加到五十镒黄金，终于有个壮夫说：不过是扛到北门罢了，即使得不到奖赏，也没有什么损失。他扛起木材，送到了北门。商鞅履行诺言，当众奖赏给他五十镒黄金。周围市民见状，都后悔不迭。从此秦国民众明白，政府的奖励制度是认真的，大家就更加卖力朝政府引导的方向去干了。

历史记载，商鞅实行变法，第一年秦国百姓深感不便，叫苦不迭。不少公室宗亲，因为利益被侵犯，对商鞅心生怨恨。秦孝公的太子嬴驷，更是以身试法，目无法纪。商鞅对秦孝公说：法令被漠视，因为公卿贵族没有带头遵守。现在太子犯了新法，应该受到处罚。但他是国君的继承人，不可接受耻辱的刑罚。追究起来，都是因为太子的师傅教导无方，没有引导好他遵纪守法。国君若要实现富国强兵的愿望，必须坚持变法。卫鞅我恳请严厉处罚太子的师傅，以儆效尤！

秦孝公同意了商鞅的要求，以最重的刑罚惩处了太子的两位师傅公子虔和公孙贾。商鞅又在渭水论决囚犯，一日之内，处死七百余人，渭水为之尽赤。

自此以后，举国上下屏息敛声，不敢轻言犯法。商鞅严苛的律令施行三年后，秦国百姓慢慢习惯。社会风俗改变，道不拾遗，山无盗贼，人人勇于公战，怯于私斗。经济富庶了，军事也强盛起来。公元前 352 年，商鞅率秦军包围魏国都城安邑，逼迫对手签订城下之盟。秦魏近百年来的攻守形势，从此逆转。秦孝公酬赏商鞅，任命他为大良造，集军政大权于一身。

公元前 350 年，秦国营建新宫城，迁都于咸阳，商鞅推行二次变法。其内容有：第一，彻底废除井田制，重新划分田界，按大亩制授土于民。第二，改革行政建制，在全国范围内设置四十一县，任命专业官僚管理。第三，统一度量衡，颁布标准规定。第四，废除按田、按户征收赋税的旧法，严格按照人口征收赋税。第五，革除残留戎狄风俗，如禁止父子兄弟同居一室。

经过商鞅两次改革，秦国一跃成为一个制度先进、经济富庶、军事强大、人民团结的国家，国力直逼齐、魏、楚等老牌大国。中原各国都察觉到秦国的崛起，周天子特派使臣来赐予秦孝公祭肉，命其为伯。秦孝公和商鞅想进一步拓展境土，将目标对准毗邻的魏国。公元前 339 年，商鞅率领强大的秦军渡过黄河，侵入魏国。魏惠王派遣公子卬（áng）统领魏军，抵御秦军。

从前商鞅在魏国时，就与公子卬相识。他假惺惺地写信给公子卬，说：从前我与公子是至交好友，现在却成对峙两军的将领。回忆起从前的交情，实在不忍拔刀相向。我诚意邀请与公子相会，把杯欢饮，商谈和解方案，永结两国同好。

公子卬是个天真的人，以为商鞅真的念着旧情，想要谋和。于是轻装赴会，与商鞅把酒言欢，高歌共舞。不料宴饮一罢，商鞅翻脸，埋伏已久的甲士冲进来俘虏住公子卬，再挟持着他攻打魏军。魏军群兵无首，乱作一团，被秦军杀得溃不成军。经此大败，魏国元气难以恢复。魏惠王将河西之地全部割让给秦国，又将国都迁往中原的大梁城，躲避秦国的锋芒。临去前恨恨而言：寡人后悔当初没有听从公叔痤的劝告，杀掉这忘恩负义、背信弃义的混蛋！

## 03　商鞅之死和法家益害

克魏之后，商鞅一生的事业，达到顶峰。秦孝公将商於十七座城镇封赏给了他，从此之后号称商君。商鞅得意于自己的功业，沾沾自喜，更加恣意使用严刑酷法，为所欲为。凡有敢违逆者，必穷治其罪，决不赦宥。举国上下，胆战心惊。商鞅制法用法，又特别针对骄横的贵族公子们，以致他们之中有人恐惧到数年不敢迈出大门。在个人生活上，商鞅也飞扬跋扈。凡一出行，必由勇猛魁梧的勇士驾车，满身盔甲的武士开道，上十辆尾车相随，招摇过市。缺少一物，他就坚决不出门。秦国之内，商鞅是一人之下，万人之上。传言有称，人知有商鞅，不知有太子。

然而好日子没有维持多久，不久秦孝公去世，商鞅随之垮台。新继位的秦惠文王与商鞅有旧怨，他的师傅和下属都被商鞅治罪过，大家都痛恨他。反对力量看到商鞅没有靠山，联合起来诬陷他谋反。此刻商鞅才发觉，给他带来无限光荣的权势、富贵和法律，就像烟云般虚幻。危急时刻，没有一样能依赖。欲加之罪，何患无辞？现在的形势，百口莫辩。思来想去，唯一活命的策略，就是溜之大吉。

趁着月黑风高，曾经不可一世、威风八面的商鞅打包行囊，像窃贼一样逃离咸阳。夜行晓宿，一路往函谷关方向奔去。深夜时分来到关下，商鞅想投宿一家客栈，等待第二日出关。开门的厮役拒绝说：不好意思客官，商君定的法律，没有舍人验定的单据，我们擅自收留过客，会犯死罪的。

商鞅退下，唉声叹气道：没想到由我制定的法律，最后却害了自己！

函谷关查验严密，难以通行，他折而往北，打算投奔魏国。来到魏国边城，魏国人想起从前他欺骗公子卬大败魏军的往事，拒不收留。商鞅想通过魏境逃往他国，魏人也不同意，反把他赶回秦国。商鞅仰天大叹：我自作聪明，采用欺骗的诡计来战胜魏军，想不到最后害的却是自己！天亡我，无路可逃也！

他返回封地，发动民兵向东进发，想要攻破渑池逃亡。秦军闻讯追击，在渑池杀死商鞅。尸首运回咸阳，秦惠文王恨没泄够，又将他五马分尸，再诛灭商鞅全家。

杀掉商鞅，并不代表秦惠文王否定新法。商鞅改革二十年，成果斐然。作为新的统治者，他乐于接手一个强大的秦国。而且，秦国民众早已习惯新法的内容，没有必要将它们废除。于是，秦惠文王杀其人而用其术，继续在秦国贯彻商鞅的改革，国家的实力越发强盛了。

商鞅变法，让秦国从一个落后的边陲小国，一跃成为战国最强大的国家，彻底改变秦国的命运。以后秦国六代君主持续扩张兼并，终于结束东周五百年分裂局面，再次统一中国。因此也可以说，商鞅变法，改变了中国历史的走向。在这个意义上说，商鞅不愧为一位奇才、一大传奇。

但是我们要问，商鞅对法家思想的发展是偶然的吗？他在法家发起的改革是偶然的吗？他在历史上发挥的作用是偶然的吗？

答案是否定的。商鞅的法家思想，无疑比在他之前及与他同时代的法家人物更为系统全面，更加具有可执行性。但是，这些成果他并非灵光一现，凭空创造出来的，而是在前人智慧和经验的基础上，总结发展出来的。特别是商鞅来自魏国，那里有法家始祖李悝留下的《法经》和《李子》，它们是法家实践派集大成的内容。商鞅无论在具体的律令法规或改革的指导思想上，都继承了李悝留下的遗产。如果没有李悝和魏国的经验作为基础，商鞅在秦国的成功是难以想象的。

然而商鞅因何非要改革呢？他不改革不行吗？或者说他仅仅因为个人功成名就的目的，才发起了改革？从宏观层面观察历史，就发现问题不是这么简单。自周室东迁，天下分裂以来，整个华夏地区一直在谋求统一。楚、晋、齐等大国不断蚕食兼并，扩大疆域。春秋初期，华夏地区存在两百多个独立的国家，到了战国中期，只剩十余个国家，说明统一的趋势已不可逆转。此时的问题是，由谁来完成最终的统一任务？毫无疑问，是最强大的国家。那么谁是最强的国家呢？谁都有可能。谁变法改革更彻底，更有成效，谁就有可能成为最强大的国家。李悝在魏国改革，吴起在楚国改革，申不害在韩国改革，邹忌在齐国改革，公仲连在赵国改革。每个国家都有强烈的危机感，若不改革图强，就会被对手消灭兼并。正是在这种忧患意识下，秦孝公发布了求贤诏，请求外国英贤前来主持变法，挽救秦国。正是在这样的历史大背景下，商鞅弃魏投秦，发动变法，才成为可能。

就个人层面而言，商鞅又选择怎样的知识和方法，来帮助秦国改革呢？他最初与秦孝公的对话，涉及帝道、王道、霸道等内容，证明了自身知识的渊博。对于诸子的学问，商鞅皆能通晓。但他最终没有采用儒家、道家、墨家或其他门派的知识或方法，来指导改革，却选择了法家。为什么？因为商鞅有眼可见，有目可睹，这些门派的方法，没有帮助其他国家强大起来，也不可能帮助秦国强大起来。唯一有可能实现秦国强国梦的，只有法家的思想理论。但李悝的探索和魏国的经验，程度上还有欠缺。他商鞅要百尺竿头，更进一步，将法家思想的政治实践，发挥到极限。他要一手打造出一个比魏国更强大的秦国，打造出一个比山东六国更强大的秦国。他的极限法家方法，与秦孝公急于求成的愿望，一拍即合，最终有了这场在秦国发生的商鞅变法。也许商鞅不知道，在他完成了缔造一个强大的秦国的梦想时，也为中国的统一给出答案。他开创的事业，彻底改变了历史的走向。

因此，无论是在历史趋势或个人选择上，商鞅可活动的空间很小。他最大的创造，便是认定法家道路是最好的选项，并且一条道路走到黑，将法家政治推到极致、推到极限、推到极端。战国之际的国际形势非常复杂，七大强国并立，要实现统一，排除和平选项（实际上，和平选项也是最不可能的），只能是一个国家兼并其他六国。换而言之，就是让一个国家比其他六个国家都强大，让一个国家打败其他六个国家。这是一个多么困难的任务啊！“战国七雄”的称号，说明七个国家都是强国，而不是一个是强国，六个是软蛋。要以一胜六，除了具有特异功能，唯一的方法就是将自身的力量发挥到极致、发挥到极限、发挥到极端。在商鞅的法家式变革驱动下，秦国终于完成了这一看似不可能的任务，兼并六国，统一华夏。

然而，是否统一了中国后，就算大功告成了呢？否也！统一中国后，还要治理人民，维持统治。法家的理论即便不能让秦朝千秋万代，至少也要维持上三四百年的统治，才算成功。但是它做到了吗？没有。而且还失败得很彻底。秦始皇统一中国后仅十五年，秦朝便土崩瓦解，颠蹶覆灭。事实说明，商鞅的法家理论存在巨大的缺陷：它解决了分裂的问题，却没解决统一的问题；它解决了乱世的问题，却没解决治世的问题；它解决了秦国问题，却没解决天下的问题。

那么，究竟商鞅的法家理论有何优势与劣势，以至于它成功得如此令人震撼，又失败得如此彻底呢？我们将法家和其他学派理论比较，发现它有以下几个鲜明特征：

第一，商鞅是一个反道德主义者，他的理论是一个反道德主义体系。在商鞅的法家理论中，没有道德的立足之地，只有冷冰冰的法律和奖罚。他制定出成千上万条苛刻法律规定，要求人民严丝合缝地照章遵行。稍有违逆，就遭严刑峻法处罚。对于百分之百服从的人，他则根据二十等军功爵予以奖励。有功则赏，有过则罚，整个社会就按这两个规则运行，简单得不能再简单。

对于正义、仁善、礼敬、贤德、孝悌这些行之千年的价值标准，商鞅的态度是完全否定和彻底抛弃。他认为，价值标准和道德观念对于政治治理毫无用处，相反还扰乱人心，影响效率。只有撇除了这些负担，把整个社会的资源和力量集中到农业发展和军事战斗上，才能真正壮大国家。

无疑，商鞅的理论在某种意义上是正确的。他的反道德主义政策，确实在国家治理上取得简便、集中、高效的成果，秦国因此而成为前所未有的强大国家。但商鞅的成就，与秦国的国家规模和民俗民风有很大关系。当秦国扩大成为秦朝，秦国人民扩大成为天下人民，再把这套方法强套上去，效果就适得其反了。

商鞅的统治方法，概括起来就是武力加刑法，外加之于奖罚，非常简单。但若治理天下那么简单，周文王、周武王、周公何必发展出那么繁缛的礼制？何必继承那么复杂的伦理道德思想？治理天下有治理天下的视野、胸襟和法则，与治理宗族、城邦、国家不同。把后者的方法套到前者头上，失败就不足为奇。但当商鞅之时，秦国也只是一个僻居西隅的落后国家，以天下为己任来要求他，未免强人所难。

第二，商鞅的理论过度物化人民，制造官民对立。商鞅一向鄙视普通百姓，没把他们当成一个有尊严的人看待，而是当成一种可以被利用的工具。初始议政，便发宏论："论至德者不和于俗，成大功者不谋于众。"一副鄙视凡民的嘴脸，跃然纸上。在他心中，普通百姓只有从事两种职业，才有价值。一种是农民，为国家缴纳粮食；一种是战士，为国家去打仗。其他的都不是良民，应该被严厉限制和打压。

更荒谬的是，商鞅认为百姓的利益和国家的利益是对立的。只有百姓弱了，国家才能强。如果让百姓强了，国家就会弱。所以他的治国秘诀，就是弱民、疲民、辱民、愚民和虐民。在《商君书》中，就专门有《去强》《说民》《弱民》三个篇章讲解弱民之法。商鞅对这方面的研究和洞悉，可谓极为深刻。

这种赤裸裸地宣扬官民对立、牺牲人民利益的做法，假如在山东六国推行，商鞅可能会被人生吞活剥了。但在秦国，它们竟然奇迹地被践行了，并取得巨大的成就。一直到秦朝灭亡，秦地没有爆发出一次人民对政府的抗争，不得不令人对秦国人民的品性和习俗刮目相看。秦始皇统一中国后，弱民政策在全天下推行，强迫关东人民戍边远征、修筑长城和皇陵，关东人民不买账，很快揭竿而起，推翻秦朝。

第三，商鞅的理论宣扬军国主义，过度穷兵黩武。秦国的军国主义，体现在两方面，一方面是国内管理的军事化，另一方面频繁发动对外侵略战争。在商鞅的治理下，整个秦国的资源和力量都被引导到两个庞大的蓄水池，一个是农业，另一个是军事。农业生产提供社会基础，军事战争保证国家安全。

因为引导有道，秦国的农业和军事空前强大起来。秦孝公之后，历代秦君已经不满足于保证国家安全的需求，遂坚决走上侵略扩张的道路。除了个人野心膨胀之外，畸形的体制也是导致路线变化的重要原因。因为秦国内部只有农业和军事两个蓄水池，如果长久维持和平状态，蓄水池就会暴涨，溢过堤防，引发灾害。要防患于内部，必须适时排泄，将蓄水池恢复到平衡状态。而这种排泄方式，就是战争和侵略。所以商鞅变法后秦国频繁发动对外战争，愈战愈勇，乐此不疲。当农业和军事两大蓄水池的积聚和排放同时达到平衡状态，秦国便无敌于天下了。

但通过军事方法排泄内部压力，太过依赖外部对手。当秦国消灭了所有强大的对手，统一了中国，秦始皇拔剑四顾心茫然，今后再去哪里挑起战争，排解内部压力呢？面对空前巨大的人口规模，他无法再将他们全部引导到农业和军事两个蓄水池上了，这样做导致的后果会让秦朝自我爆炸，灰飞烟灭。迷恋法家思想的秦始皇拒绝以道德教化百姓的建议，继续穷兵黩武。没有敌人，他便制造敌人。一方面，他北伐匈奴，南征百越，将国界扩张到前所未有的蛮荒之地。另一方面，他开始自戕，奴役百姓修筑长城和皇陵，以解决人口过多的问题。因为百姓对于官方而言是一种工具，一个人不种田，也不打仗，只有去当苦工，才能获得认可。

就好像一张巨弓，被拉曳过度，最后折断掉，大秦朝坍塌了。秦朝的失败，早在商鞅设计秦国的畸形体制时已经注定。让一个国家集中精力搞农战，是一种简单化的处理方法。这种治理方式，符合战乱不休的战国，却不符合大一统的王朝。秦始皇统一中国、举世无敌后，不知矫正其策略，沿着商鞅的惯性戕人和自戕下去，终于自食其果。《司马法》云："国虽大，好战必亡。"岂不信乎?

第四，商鞅一个是反智主义者，推行愚民政策。他认为，愚昧单纯的百姓，最好治理；掌握文化知识的人民，不务正业，还妖言惑众。所以，秦国禁止人民学习《诗》《书》《礼》等传统文化和百家学说，只允许学习律法。非但如此，商鞅还断了游学之士的后路，禁止士人出游讲学，还禁止贵族权臣供养食客。商鞅忘了，他原来的身份也是游士。若非秦孝公赏识，他只能落魄街头。不料得意之后，反过来对游士赶尽杀绝。为了实现自己的农战策略，商鞅堪称做到不择手段、六亲不认的程度。

秦国敌视文化的政策，最后发展成为秦朝灭绝文化的政策。秦始皇焚书坑儒，乃是中国历史上最著名的反文化、反文明事件。这样的倒行逆施，激怒了知识阶层，他们毫不犹豫地投入到反秦阵营中。陈胜、吴广起义不久，作为当时知识界领袖、也是孔子正宗后裔的孔鲋，便与他们展开合作，表现出与暴秦誓不两立的决心。失道寡助，愤怒的浪潮席卷全国，终于将大秦王朝连根拔起，摔碎在地。翻身的知识阶层一直将秦朝的灭亡作为反面教材，警示后来的统治者。

总而言之，商鞅变法是一场成功的改革，却埋下失败的伏笔。无论评价商鞅本人或是他的法家思想，都不能仅着眼于当时，而要俯瞰前后百年大变局，才能得出公允的结论。当然，历史的具体形势非常复杂，绝非从商鞅到秦始皇一条线索能解释明白。秦国一统的武功应该被承认，但六国自我走向灭亡的原因也不应该被忽视。此上彼下，此起彼伏，最后才有了一统的结果。但商鞅的改革和秦朝的成就，确实有非常强大而且持久的震撼力。以后每当中国再遭遇分裂和衰落时，它们的价值总会被人民回忆起来。20 世纪初，中国融入现代世界后，积弱积贫达到极点，学术界泰斗章太炎公然为秦朝翻案，声称秦朝之所以灭亡，乃是六国遗民不接受当亡国奴，图谋复国的结果，否认秦朝施暴于民。这样渴望和向往一个铁血强国的梦想，缠绕着中国人的心灵和灵魂一百余年，至今不息。

## 04　四海称王

公元前 4 世纪后半期，中原诸侯争霸和兼并形势加剧。战国初期依靠魏文侯用人有道，加之推行一系列改革政策，魏国实力跃居列强之首。但半个世纪后，第三代传人魏惠王昏聩平庸，错失众多机遇，终于使魏国从霸主宝座上跌落下来。

公元前 369 年，魏武侯去世，没有做好继任人选安排，以致魏罃和公中缓诉诸武力争夺大位。赵、韩两国被魏国压迫已久，趁着两虎相争，魏罃得势之际，起兵来伐。魏罃举兵应战，被联军击溃于浊泽，陷入重重包围之中。正当形势对赵、韩有利之时，两国却出现分裂。赵国主张杀掉魏罃，拥立公中缓。韩国主张将魏国分而为二，魏罃统治一半，公中缓统治另一半，如此则不会对赵、韩两国产生威胁。两国都不同意对方建议，最后韩国负气离去，赵国孤掌难鸣，也只有退兵。魏罃奇迹般重生，铲除公中缓，继位为魏惠王。

坐稳君位后，魏惠王采取报复措施，讨伐韩赵两国，并击败他们。得意之际，更加迷信武力，出兵讨伐齐国，却被齐国击败。魏惠王知道，真正对魏国造成致命威胁的，不是东方的齐国，而是卧榻之侧的秦国。公元前 364 年，他联合恢复关系的赵、韩两国，攻打秦国，被秦献公击败，损失六万人马。两年之后，魏国再度与秦国交战于河西少梁城，主帅公叔痤被虏。最后魏惠王通过外交妥协，赎回公叔痤。但这一仗让魏国士气低落，颜面尽失。之后又放走本国人才商鞅，加速敌我力量消长速度。导致后来对秦国的战争，节节败退。

公元前 354 年，魏惠王起用庞涓，再次发动对赵国的战争。赵国向齐国求救，齐威王派田忌为统帅、孙膑为军师，率军救赵。原来庞涓和孙膑是纵横家大师鬼谷子的徒弟。庞涓学成之后，先到魏国效力，受到魏惠王重用。孙膑后来也来到魏国，投靠庞涓。本着师兄弟的情谊，庞涓向魏王推荐了孙膑。后来庞涓发现，孙膑的才能比自己高，如果让他留在魏国，定会压自己一头。于是庞涓心生诡计，要除掉孙膑。他在魏惠王面前诬陷孙膑，说他是齐国派来的间谍，意欲对魏国不利。昏头呆脑的魏惠王没有查明真相，就将孙膑投入深牢。最后孙膑被处于刖刑和黥刑，就是挖掉膝盖骨和在脸上刻字。之所以没被立即处死，因为庞涓怀疑孙膑得到师傅鬼谷子的秘传，想要他交出秘诀，是于虚情假意在魏惠王面前请求网开一面。

残废了的孙膑虽然被释放出来，但已不能行走，只能拖曳爬行，一日三餐要人伺候。遭遇如此重大的伤害，令孙膑心灰意冷。但他秉性聪慧，很快识破庞涓阴谋，认识他的面目。愤怒让孙膑重燃求生欲望，开始计划逃离魏国，进行复仇。他一面敷衍庞涓，一面等待良机。终于在经历长久等候后，他辛苦联系上来访的齐国使者，请求他们帮助自己逃离魏国。使者通报齐国大将军田忌。田忌认为孙膑具有非常价值，可以帮助齐国与魏国争霸，下令务必将他救出。齐国使者用重金贿赂看管孙膑的左右之人，蒙骗过庞涓，用马车将他偷运回齐国。

虽然孙膑是个残疾人，但英明爱贤的齐威王并不介意，与孙膑相谈甚欢，大为钦服他的军事见解。孙膑在齐国被尊为上宾，得到齐威王本人及国相邹忌、大将军田忌的尊敬。孙膑为齐国的政治和军事建设出谋划策，尽心竭力。

接到赵国求救的消息，齐威王本想任命孙膑为大将军，统领军队救赵。但孙膑认为，自己是一个受过重刑、身体残疾的人，不宜在军队中树立威望，推辞了重任。齐威王于是任命田忌为大将军，孙膑为参谋，共同出军救赵。田忌本意想直抵赵国，与魏军正面交锋，速解邯郸之围。但孙膑建议，南下攻击魏国陪都大梁，吸引魏军南下拦截，既可解救邯郸，又能疲劳对手。田忌采纳了此建议，大张旗鼓往西南方行军，故意将消息传播给正在赵国的魏军。庞涓得知讯息，果然方寸大乱，急忙攻克邯郸，带领魏军南回堵截齐军。公元前353年，魏军和齐军在桂陵遭遇，庞涓被对手击败，狼狈逃跑。第一次围魏救赵的策略，取得了大胜。

因为占领了邯郸，魏国成为宋、楚、齐、韩等诸侯的共同敌人，西面又有秦国的巨大压力，魏惠王一时之间，左支右绌。无奈之下，只得将邯郸交还赵国，化解与诸侯的矛盾。修和之后，魏惠王俨然以诸侯霸主自居，要重现春秋时代霸主们的伟业。经过一段时间的筹谋，公元前344年，魏惠王召集十二位诸侯在逢泽结盟，共同朝见当时的天子周显王。这些诸侯，以宋、卫、邹、鲁等小国为主，大国只有秦国和赵国参加。秦孝公肯派儿子来参会，仅仅因为周显王刚尊他为伯，并非听令于魏惠王。魏惠王却认为自己尊天子，服诸侯，已经是天下霸主，陶醉于其中不能自拔。

公元前341年，因韩国不参与逢泽之会，一直对魏国不顺，魏惠王决定惩治韩国。韩国向盟友齐国求救。齐威王又命田忌为大将军，孙膑为参谋，出兵救韩。齐军再次进逼大梁，吸引魏军前来决战。魏惠王动员全国精锐，命庞涓为帅，太子魏申监军，迎击齐军。齐军到达大梁后，孙膑命令全军折返，并使用智计迷惑魏军。退军第一天在宿营地建造十万个炉灶，退兵第二天建造五万个炉灶，退兵第三天建造两万个炉灶。造成齐军食用越来越少，军队溃散减员的假象。庞涓聪明反被聪明误，乐呵呵笑道：我早知道齐国人胆小怯懦，却没想到胆小怯懦到这个程度。退军不到三天，减员过半。此时不穷追猛打，以后再没有机会！

于是让精锐骑兵与步兵分离，加快速度追击齐军。

孙膑退到马陵，在险峻的狭道伏下重兵，又在一棵大树上刻下“庞涓死于树下”的字样，等待敌人落入罗网。入夜时分，月光如雪，庞涓追赶到狭道，看到了树上的刻字，心知中了埋伏，来不及命令撤退，四周火光闪耀，万箭齐发。魏军伸手不见五指，惊恐四散。庞涓知道孙膑必不放过自己，拔剑自刎，临死前愤愤不平地说：我轻敌大意，让竖子轻易成名了！

在此次伏击中，魏军骑兵全军覆没。孙膑乘胜追击，又击败魏军步兵军团，俘虏太子魏申。

马陵之战，以齐国大胜，魏国主帅殒命、太子被虏、主力被灭告终。这一战，将魏惠王从高高的神坛打落凡间。秦国看到魏国新败，第二年起大兵入侵魏国核心地区河东。商鞅使诈计欺骗公子卬，击败魏军，迫使魏惠王屈膝求和。秦兵退去后，魏惠王知道魏国在河东再待不下去，将首都从安邑迁到东方的大梁城，以摆脱秦国的威胁。从此魏国的外交军事策略，由扩张转入防守，再不敢以霸主自居。

魏国衰落后，各大国实力相当，中原没有了霸主。从前魏国实力高出一档的时候，魏惠王乐于奉承周天子，以霸主姿势睥睨众国。变成普通国家后，他就不想理睬周天子了。因为有名无实的王朝，再不能给他带来任何荣耀。相反，魏惠王开始无视、蔑视周天子，寻求自尊、自乐的法子。

公元前 4 世纪后期，中原世界发生的最大变化，无过于诸侯开始称王。诸侯称王，始自楚国。当周厉王之时，熊渠便自称楚王，并分封三个儿子为王。他当时的借口是，楚国是蛮夷人，不采用中原王朝的爵位法。吴、越两国受其影响，其君主也自称为王。但他们的自我标榜，得不到周王朝和中原诸侯的承认。在后者心中，楚国和吴国，仍旧是子爵级别的国家。天下只有一个王者，就是周王朝的天子。

因为得到众多中原国家的承认，周王朝又勉力维持了四百余年。而到了公元前 4 世纪后期，情况开始发生变化，依靠改革和兼并不断变强的中原诸侯，渐渐从实力上无视周王朝，发展到名分上无视周王朝。从前三家分晋和田氏代齐，他们还千求万求，希望王朝给予名分。现在形势大变，他们开始自己给自己名分，互相给对方名分。周王朝的存在感本就不强，现在又加倍被淡化。

公元前 334 年，魏惠王和齐威王在徐州结盟，互相承认对方为王，以对抗威胁越来越大的秦国。本书之前称魏惠王和齐威王，是用他们后来的名号。实际上两人正式称王，是到了今年才发生的事。魏、齐称王，比三家分晋和田氏代齐更具有历史意义，前者还在周朝的制度范围内行事，后者已将周朝的脸面和制度践踏在脚下。从此以后，魏、齐两国便是与周朝具有同等地位的国家，魏、齐两王便是与周王并驾齐驱的王者了。

魏、齐两国首先破坏规则，起到榜样作用，其他诸国马上跟进。当时秦国是实力处在第一级别的强国，没有理由别人称王了，自己还顶着诸侯的小帽子。公元前 325 年，秦惠文王自尊为王。公元前 324 年，魏惠王尊韩国国君为韩宣惠王，以对抗秦国。公元前 323 年，魏国发起“五国相王”运动，令魏、韩、赵、燕、中山五国相互承认其他君主为王。赵国、燕国、中山国也在这一年，加入王国行列。公元前 318 年，国力日渐衰弱，国土日渐沦陷的宋国，也称王了。至此，当时还存在的华夏国家，除了鲁、卫外，都称王了。

四海称王，将周王朝降低到了与诸国同等位置。在后来的历史中，周王再没有春秋时代的特殊待遇。但聊以自慰的是，他尚有一个“天子”的名号，无人敢僭越。所谓“天子”，即是接受天命、统治天下的上天之子。这个称号，得自周文王和周武王，传承了数百年。虽然后来没有统治天下的事实，但因为没有取代者，周王的“天子”称号一直被维持着。战国群雄虽然称王，但没有一个人敢僭越号称“天子”。因为能称“天子”者，必定要统一中国，奄有华夏。毫无疑问，群雄此时的疆土和功业，距离自称“天子”尚远。公元前 256 年，秦国灭亡周朝；至公元前 221 年，秦朝统一中国。中间一段时间，被历史学家称为“天下无主三十六年”。因此，四海诸侯虽然称王了，但在法理上，后世仍然认为周朝存在，周天子仍然是中国的最高统治者。

战国中期，有些老牌强国没有跟上形势，被其他国家攻灭兼并，退出历史舞台。公元前 375 年，郑国被韩国消灭，韩国迁都到新郑，取而代之。从周宣王时代姬友建国，到郑国灭亡，历经 432 年。公元前 324 年，楚国灭亡越国，吞并吴越全境。自勾践称王到越国灭亡，历经一百六十四年。参考吴国占郢，有伍子胥为父兄报仇、申包胥千里求救的故事；秦国灭燕，有荆轲刺秦王的故事。郑国和越国这些曾具有光荣历史的国家灭亡，必有不少可歌可泣、哀感动人的故事。可惜史记毁绝，令历史真相被掩埋掉。后人叙述到此，仅能一笔带过。

另一个具有悠久历史的国家卫国，在群雄争抢僭号之时，自知无力与人竞争。公元前 346 年，卫成侯将自己从公爵贬为侯爵。公元前 320 年，卫嗣君又将自己从侯爵贬为君。此时的卫国，已经从一个国家变成一个城邦，仅仅占有一座濮阳城。因为卫国是如此识时务，以致各大强国不忍心再欺压，最后让它又活了一百余年，成为除了转化成秦朝的秦国外，最后一个被灭亡掉的周朝诸侯国。

## 05 秦惠文王武力扩张

却说秦国经过商鞅变法后，国力空前强盛。秦惠文王虽杀其人，不废其道。在出色的纵横家张仪辅佐下，秦惠文王借助法家的改革成果，连续启动对外战争，拉开统一中国的帷幕。

继占有河西之地后，公元前 331 年，秦国与魏国大战，俘虏魏元帅龙贾，斩首八万人。公元前 329 年，秦国渡过黄河，占领魏国河东地区的汾阴、皮氏两城。同时兵出函谷关，占领河南地区的焦城。第二年，秦国又攻下蒲阳。张仪出使魏国谈判，以蒲阳、焦城加和平的承诺，换取魏国割让在陕西北部设置的上郡十五县。公元前324年秦国撕毁和平协议，再次攻占焦城。两年之后，又攻占山西地区的曲沃、平州两城。不断遭受秦国的蚕食，使魏国几乎丧失尽祖居之地，其政治和文化中心被迫转移到黄河下游的大梁城。

面对秦国咄咄逼人的侵略，魏惠王深知以一己之力，根本无法抵抗对手。于是首倡合纵策略，联合各大国家抵抗秦国东扩。公元前323年，魏、赵、韩、燕、中山“五国相王”，便是由魏人公孙衍发起，旨在组建对抗秦国的政治联盟。由于张仪从中破坏，这个联盟不久便告失败。公元前318年，公孙衍再次发起合纵联盟，除了魏、赵、韩三晋，齐国和楚国也加入进来。联盟以楚怀王为约长，约定共同出兵，攻击秦国。然而名为同盟，却各怀鬼胎。特别是齐国，因为距离秦国遥远，战胜了也没好处，所以一直在开小差。五国兵临函谷关下，秦兵开关迎战，却没有一个国家想打头阵，不战而散。秦军追击，在修鱼与三晋军队激战，斩杀八万余人，俘虏韩国大将申差。

公元前318年的这场合纵同盟攻秦，乃是历史上第一次东方大国联军攻秦。其失败的根本原因，并非实力不济，而是诸国各怀鬼胎，都打着自己的小算盘，以致联军合力不齐，被秦国抓住破绽击败。后来东方联军多次联合攻秦，都犯下同样的错误，要么无功而返，要么有了一点小胜利，马上军心瓦解散去。秦国赖此而能转危为安，再度重整旗鼓，东进扩张，继续一统的征程。

最为愚蠢行为的是，在诸国联盟的大好时机，不尽全力去打击秦国，却在自己落单后，逞一时怒火，跟霸秦单打独斗，最后大败亏输，成为历史的笑料。楚怀王就是这样一个愚蠢而又可笑的人。

公元前313年，秦国听说楚国要和齐国结盟，派张仪出使楚国，向楚怀王承诺：若楚国与齐国断绝关系，秦国不但与楚国结为兄弟之国，而且赠送楚国六百里商於之地。天真的楚怀王信以为真，不顾大臣反对，果断与齐国断绝关系。又特地派一名勇士到齐国辱骂齐宣王一番，向秦国示诚。齐国遭到羞辱，转而与秦国结盟。

之后楚国向秦国索取赠地，张仪在地图上画了一个圈，说：呐，这里方圆六里的土地，是赠送给你们的，赶快派军队来领取。

使者愕然道：不是说是六百里吗？怎么是六里？

张仪装作吃惊道：使者可别乱说，明明六里的，怎么变成六百里了？要是六百里，我有十个脑袋也不够给我们国君砍啊！

楚怀王听到回报，知道秦国出尔反尔，怒火猛燃，不顾后果，发动大军攻击秦国，意图以武力夺下商於之地。秦国出师迎战，两国大战于丹阳，楚国溃败，损失八万人，主帅屈匄被俘。秦国军队乘胜南下，楚怀王征召全国将士，会战于蓝田，战势不利。韩、魏两国得到消息，不但没有帮助楚国，还联兵南下，攻略楚国城池，想分一杯胜利的羹汤喝。楚怀王在双重威胁下，不得不屈膝投降，以割让六百里土地的代价求和。秦国在夺得的楚国土地上设置汉中郡，将疆土扩张到汉水流域。

除了对东方的魏、韩、楚战争取得大胜，秦惠文王还征服了西北方的义渠部落和南方的巴、蜀两国。因公孙衍第一次发起合纵联盟时，联络义渠部落共同攻击秦国。秦惠文王派军击败义渠，将它设置成秦国的一个县。公元前316年，巴、蜀两国交战，都向秦国寻求支持。秦惠文王派大将司马错率军南下，征服蜀国。蜀国首领虽被保留，但称号从王降为侯，政事一任秦人主宰。拿下义渠、蜀国后，秦国的疆土不但成倍增加，粮食财用的补给也更充沛了，大力支持了秦国对东方六国的侵略扩张战争。

秦惠文王登基继位时只有十九岁，在位二十七年，去世时四十六岁。虽然统治时间不算太长，但他治下的秦国将商鞅变法的成果展现出来，极大改变了华夏地区的政治格局。秦惠文王在位期间发动的战争可能有几十次，具体成果已难统计清楚。但仅算三次大战，歼灭魏、韩、楚三国共二十四万精锐，战果就非常丰硕了。至于领土，更是扩大了三四倍以上。义渠、巴蜀固然荒凉，但物产丰盈；从魏国、楚国、韩国虎口夺食抢到的土地，都是已经开发过的文明地区。兼并这些土地和人口，极大增强了秦国的实力。

从秦惠文王开始，秦国的实力跃居于六国之上，成为独一档的存在。当时国际联盟流行合纵和连横两种形式，无论哪种形式，都是以秦国为中心：合纵以抵抗秦国为主题，连横以附从秦国为主题。秦国一心想的是，如何吞并六国。六国时而想抵抗秦国，时而又想从联盟国家身上捞取利益，三心二意。秦国从中挑拨，恩威并施，常常轻易瓦解合纵联盟。又逢上秦国英主和文武贤臣辈出，保证扩张政策持续推进。从秦惠文王到秦始皇，经历一百余年，终于完成了中国一统的大业。

后人评价秦始皇统一中国，是“奋六世之余烈”。如果说六世之祖秦孝公变法，为秦国强大打下根基。那么作为六世二祖的秦惠文王，将变法成果落地，迈出了扩张的步伐，拉开了强秦吞并天下的帷幕。自秦惠文王之后，历史形势就非常明朗了：秦国进取，务在一统；六国守成，务在独立。但自春秋以来，二百余国的诸侯奔走而不得保其国，仅剩下的六国，凭什么能保住他们的国家呢？历史趋势浩浩荡荡，不以人的意志为转移。

# 第十一章

# 诸子争鸣

公元前4世纪至公元前3世纪的一百年，当属春秋战国历史中思想最活跃、学术最繁荣的一段时间，堪称轴心时代的巅峰时段。随着国际竞争形势的加剧，政治统治者们迫切需要得到知识界的支持，先后出台招贤令，抢着招纳罗致士人，给予他们丰厚的待遇。不再受到强权的挟制，使士人们得以自由展开想象力的翅膀，恣意遨游在思想的天空，创造出令人叹为观止的精神成果。这一时期的重要思想家有杨朱、列子、庄子、孟子、鬼谷子、商鞅、孙膑、惠施等，以及群贤荟萃的稷下学派。这些奇才神奇地聚集在一个时代，一起反思，一起求索，一起创造，将中华文明推到了新的高峰。

可惜的是，由于史料缺失，后世已经很难清晰地梳理出思想史的演变轨迹，甚至连思想家的面目也变得很模糊。今天，人们想要了解这一百年创造出的文化奇迹，思想家们的作品是最可靠的依据。但并不是所有思想家的作品，都能保存下来。部分思想家需要依靠别的思想家的转述，才被人们所了解。还有一部分思想家，其学术思想和人生经历资料全部遗失。这些结果，诚然令人感到遗憾。但在漫长历史演进过程中，文明成果的保存难免遭到不可预测的减损。并不是将之归咎到某一个人或某一件事上，就可解释明白。

纵然如此，流传下来的部分作品仍旧让人们感到震撼与惊奇。它们表现出来的思想和精神，不但在中国历史上极为罕见，即使在世界历史上，也是极为罕见的。在这个时代之后，中国人取得了众多辉煌成就，包括政治上的、军事上的、艺术上的、商业上的。但在哲学层面，再也没有表现出同样水准的创造力与智慧。不论是哪个时代的中国人回忆起轴心时代的英贤，都会怀抱无限地神往、仰望乃至膜拜的心态。甚至有的时候，会产生一种陌生的感觉：这就是曾经的自己吗？我们曾经可以如此吗？

是的，他们太过遥远，所以产生距离；他们太过优秀，所以产生隔阂。但越是如此，就越驱使人们去回忆和回味。只有在回忆和回味中，才能寻找到业已失去很久的自由精神，寻找到不惧艰险的探索精神，寻找到勇敢无私的殉道精神。后人不独需要先秦诸子创造出的精神成果，同样需要他们创造出成果所借助的精神形式。没有这种形式，便没有那成果。只有忠实地继承了这两者，才真正继承了他们的事业，才有可能再一次创造辉煌。

但在拥有梦想和野心之前，人们必须心存敬意地去学习和一再温习，因为那是中国的轴心时代，是人类思想史上三座高峰中的一座。“高山仰止，景行行止”，不舍地追随先贤的步伐，才能开阔视野，激荡胸怀，升华境界。在充分吸收他们留下的养分后，才能纵谈历史，品评现在，展望未来。

# 01 杨朱的唯己哲学

在这一百年中，首先认识的这位思想家，是杨朱。这是一位他或他的学派著作已遗失，只能通过其他思想家的转述，才能有所了解到的思想家。之所以先谈杨朱，除了他生活在公元前 4 世纪较早年代，还在于其他思想家对他的极高评价。儒家巨子孟子说：“杨朱、墨翟之言盈天下。天下之言，不归杨，则归墨。”我们曾经从孟子的言论中，了解到墨家。现在又从他的言论中，了解到杨朱。但毕竟墨家的著作有《墨子》流传下来，而杨朱的学说，却没有流传下一部专门的著作。很难想象，既没有专门著作，也没有被史料详细记载的杨朱学派，曾经能与儒、墨家两大宗派分庭抗礼。这说明了，历史遗失了的信息，比保留下来的多得多。

那么这个曾经显赫一时的杨朱学派，其理论学说究竟是什么呢？孟子作了简单介绍：“杨子取为我，拔一毛而利天下，不为也。墨子兼爱，摩顶放踵利天下，为之。”就此看来，杨朱学派思想主张是与墨家学派对立的，墨子主张兼爱，杨朱主张为我。墨家学说的产生，是在建立对儒家学说的批判之上。杨朱学说的产生，又在建立对墨家学说的批判之上。由此可见，当时士人之间已经形成自由学习和批判的风气。正是在这种风气的滋养下，促成了百家争鸣的繁荣局面。

关于杨朱“一毛不拔”的观点，有一场有名的辩论，发生在杨朱师徒和墨翟弟子禽滑釐之间，事情如下所述：

杨朱说：古代的人，即便损伤一根毫毛能够施惠天下，也不愿意付出，伯成子高就是这样的人。但大禹却相反，一心治理洪水，三过家门而不入，儿子出生也不关心，手足胼胝，身心劳瘁。人间最辛苦的人，莫过于大禹。即使拥有了天下，又有什么值得高兴？追究起来，天下之所以需要救济，还不是因为每个人被损害太多？如果人人都像伯成子高一样，坚持一毛不损，那么天下也就不需要救济了。人们一毛的利益都不被损害，就不需要古代大禹这样的救世主，也不需要现在墨翟这样的救世主。如果这样，天下就达到大治了。

大禹是墨家崇拜的偶像，墨翟是自己的老师，禽滑鳌当然不能同意杨朱的观点，他反问：假如损害你的一根毫毛，能救济天下的百姓，你干吗？

杨朱说：岂有此理？天下不是一根毫毛能救济得了的？

禽滑鳌追问：假如能够呢？你干吗？

杨朱闭嘴沉默，不回答他。

禽滑鳌从房间出来，把两人的对话告诉杨朱的弟子孟孙阳。孟孙阳说：你还不了解我老师的深意，请让我打个比喻说明一下。假如伤害你的肌肤，可以得到万镒黄金的赔偿，你愿意吗？

禽滑鳌说：我当然愿意。

孟孙阳又说：假如砍断你一段肢体，可以得到一个国家的赔偿，你愿意吗？

禽滑鳌闭嘴沉默，不回答他。

孟孙阳说：毫毛小于肌肤，肌肤小于肢体，这是谁都明白的道理。但不正是有了一根根毫毛，才能组成肌肤和肢体？一个人不能失去肢体和性命，又怎能失去一根毫毛呢？

禽滑鳌沉默了一阵，方说：我回答不了你的问题。但若用你的话去问老子和关尹，他们会认为你是对的。用我的话去问大禹和墨翟，他们会认为我是对的。

孟孙阳没再搭理他，转过头和其他人说话去。

这场论辩的矛盾在于，杨朱一派以理论来谈理论，而禽滑釐则以实际来非难理论。只有就理论来谈理论，不拔一毛而天下大治，才成为可能。而现实中人人一毛不拔，或者一毛不被拔，是不可能的。所以禽滑釐从现实角度盘问杨朱，杨朱就岔开话题，或者置之不理。而孟孙阳呢，则在理论上对人的身体进行无限划分，以此来解释一根毫毛也很昂贵，不可轻易弃之。杨朱和孟孙阳的话头，讲好听了是就理论谈理论，讲不好听了是诡辩。若孟孙阳的解释成立，那么一个非常饥饿的人，吃一粒米饭，是不会感觉饱的，以此推断他吃第二粒、第三粒乃至第一千粒都不会饱，所以他不用吃饭了。

禽滑釐当然不能同意孟孙阳的观点，所以他说，老子和关尹同意他的看法，而大禹和墨翟同意自己的看法。老子和关尹是道家人物，杨朱学派师承了道家率性自然的观点，会得到他们的支持。而墨家讲究兼爱济世，贡献牺牲，与道家和杨朱学派格格不入。所以禽滑釐与杨朱、孟孙阳的辩论，不可能达成共识。

实际上，这场辩论极有可能是虚构的。禽滑釐先是子夏的弟子，再转投墨子门下，辈分很高。而杨朱学派，是建立在对墨家学派的批判之上的。其产生年代，必不能早于墨家创教之初，所以杨朱不可能以居高临下的态度对禽滑釐说话。这则辩论，应该是杨朱学派为了传播本门学说，虚构出来的内容。要理解杨朱学派，除了从它的对立面墨家入手，还要从它的继承面道家入手。

道家讲率性自然，不逆万物。杨朱也讲率性自然，不逆万物。但道家主张恬淡寡欲，顺势而为。杨朱却主张纵情恣欲，一切迎合欲望念想。身体害怕辛劳，那就让它安逸。口舌害怕饥饿，那就让它吃饱。肌肤害怕寒冷，那就让它温暖。人们害怕事业穷困，那就让它显达。

杨朱认为，天之所以生长出人的各种器官，赋予它们性能，目的就是让它们施展用途。如果人体器官的用途不获施展，就有违天道与人性。因此，人长耳朵，是用来聆听的，不能拒绝音乐；人长眼睛，是用来鉴赏的，不能拒绝美色；人长鼻子，是用来嗅闻的，不能拒绝香味；人长嘴巴，是用来饮食的，不能拒绝美食。摒弃了残害身心的念头，让人服从于天赋的欲求，欢欢喜喜活到老死，就是所谓的养生。这样顺从欲望的养生，发展到极致，就是“为欲尽一生之欢，穷当年之乐”。在杨朱眼中，欲望带来的快乐，不但是至道的体悟，也是人生的价值。

杨朱不同于道家，还在于他对人生持有一种悲观消极的看法。人生苦短，百年为上限。能活百岁者，万中无一。在短促的人生中，成长和衰老的时间占去一半，睡眠时间又占去一半，病痛哀愁、失意困顿的时间再占去一半。数来算去，人能够好好掌控，选择过怎样日子的时间，不过十来年。况且五情好恶，古代和现代是一样的。四体安危，古代和现代是一样的。世事苦乐，古代和现代是一样的。变易治乱，古代和现代是一样的。人生一世，已经足够，不求来生。所以悟道的高人都听从心灵的指挥，不放弃自己的欲望追求。且尽生前乐，不论死后事。

杨朱的历史观支持他的人生观。他认为，太古时代的历史，已经灭失；三皇时代的历史，若存若亡；五帝时代的历史，若觉若梦；三王时代的历史，或显或隐；当代的事情，或闻或见；眼前的事情，或存或废。从伏羲到现代共三十万年，所有人间的贤愚、好丑、成败、是非等评价和事迹，都在按照时间的快慢程度渐次消亡。所以，人在今生今世活得怎么样，根本没有意义。与其背负道义受苦，不如随任性情享受！

杨朱歌颂人是天地之中最有灵性的物种，却没有终止在个人价值膨胀上，而是返回到道家自然造化的怀抱中。身体虽然长在人身上，但它的所有权并不属于人，而是属于自然造化。面对身体长在自己身上的事实，人不能强行去改变，只能顺遂自然去活着，顺遂自然去满足欲望。既然身体都不是自己的，自己不能占有；那么外物更不是自己的，更不能占有。强行占有了，便是侵占了自然造化的权利，违逆了它的意志。人虽生于身，养于物，但只有做到彻底地无私，即将自己当成自然造化的公有品，才能达到至人的最高境界。杨朱“不拔一毛”的教旨，在此呈现出全部面貌。

杨朱学派的主旨理论，如上所述。至于他们是否也有社会政治学上的具体方法，则不得而知。毕竟仅凭“不拔一毛而天下大治”的观点开宗立派，未免显得浅薄。但历史并没有留下更多的资料，无法作深入探讨。无论如何，杨朱一派在公元前 4 世纪成为显学，是不可置疑的事情，否则孟子不会忧心忡忡地要“距杨墨之徒”了。

总而言之，杨朱学派其生也奇，其行也盛，其亡也速。从它身上，可以总结出一些经验。

首先，公元前 4 世纪，是人们思想最为活跃、想象力最为丰富的时代。知识分子们依靠相互辩难和批判，不断推进哲学的发展。墨学反儒学，杨朱反墨学，它们立教创派的线索非常明显。而作为中国最大两个宗派的儒家和道学，完全不是如此。儒学以继承为主，它的核心内涵，传承了三代文化的精华。道学以创新为主，老子几乎从无到有，创造出一个全新的体系。儒学因有雄厚的社会基础，践行的阻力相对小。老子创造力千年一出，征服人心迅速。然而，像儒道这两种形式创立的思想流派，毕竟不能常有。后来的思想流派，更多是建立在理性批判的基础上的。墨家学派和杨朱学派，便是在一波一浪相继地怀疑和批评下，诞生出来的。

其次，基于理性批判创立的思想流派，其怀疑和否定精神值得褒扬，但这种怀疑和否定，容易走到极端，虽然短时间能迎合人心，造成大势，却缺乏长久的生命力。墨家的诞生，建立在对儒学的全盘批判和否定上，走到了一个“兼爱”“非礼”“非乐”的极端。而杨朱学派的创立，建立在对墨学的核心观点“兼爱”的批判和否定上，走到了一个“不拔一毛”的极端。极端具有新鲜感，又迎合普通人的逆反心理，短时间内容易被接受。但新鲜感和逆反心理一疲惫，人们就会抛弃这种教义，转而趋向更理性、更务实的思想。杨墨学派以理性作为批判的工具，但并不是说明他们反推出来的教义，是理性的表现。相反，基于理性批判推出的结果，往往是癫狂的极端。特别是杨朱学派，几乎到了为理论而理论，为学说而学说的地步，丝毫不具有现实的可行性。因此，它们快速盛行，又快速衰退，也是理所当然。

再次，杨朱的思考和探索，向人们展示了生命价值的另一种取向。他告诉人们，人不仅能为家人活着，为朋友活着，为国家活着，也能为自己活着。人可以只思考自己，只专注自己，而不用背负外物的累赘。当然，杨朱的个人主义最后返归于道家的率性自然，与近现代的个人主义主张大相径庭。饶是如此，这在向来讲究集体主义的中国，算是荒漠中的一株绿苗。过度推崇个人主义，容易导致私欲膨胀，令社会失序。过度推崇集体主义，也会导致个性被压抑，创造力被扼杀。两者和衷共济，相互促进，也许是最理想的社会模式。但是，倡导集体主义的法家和儒家当道后，强力扼杀个人主义，终使之绝迹于中国。站在当代回顾中国历史，不可否认杨朱的学说存在缺陷和纰漏，但其独特之处，也彰显出不菲的价值。数千年来，没有几个人敢跟杨朱这么说、这么做，说明人们不独缺乏他的智慧，更缺乏他的勇气。杨朱和他的学派终归于消亡，但其独树一帜的教旨，具有永远被历史铭记的价值。

## 02 列子的道仙哲学

列子是介于老子和庄子之间的一位道家哲学家，其生平事迹已散佚。在老子之后，许多思想流派都在某种程度上继承了道学思想，但只有列子，称得上正宗的道家哲学继承者。实际上，列子不但是一位道家哲学家，他还开启了后世道教神仙世界信仰的源头。

关于列子的哲学思想，不得不先谈宇宙论。在列子之前，《老子》和《周易·系辞传》都构建有自己的宇宙论。《老子》说"道生一，一生二，二生三，三生万物""天下万物生于有，有生于无"，《周易·系辞传》说"易有太极，是生两仪，两仪生四象，四象生八卦，八卦定吉凶"。两者内容相异，共同特征表现为数学化和玄学化。这样的宇宙论是模糊的、非逻辑的，人们难以用理性对它进行思考和批判。

到了列子，宇宙论被阐述得相对明白了。列子同意老子有生于无的基本观点，又对从无到有的变化过程进行描述。世界最初产生的时候，空无一物，连气都没有，名为太易状态。后来产生最早的气体，名为太初状态。而后产生最早的形态，名为太始状态。次后产生了最早的性质，名为太素状态。气体、形态、性质全都具备了，它们混合在一起不分离，名为混沌状态。最后混沌混杂化合，轻清者上为天，重浊者下为地，阴阳分野，生化万物。人，便是阴阳冲气和合产生的作品之一。

列子认为，所有一切客观事物，都有造成它之所以如此的本原。在生命之外，有生命的本原，是它造成外在的生命的。在形体之外，有形体的本原，是它造成外在的形体的。在声音之外，有声音的本原，是它造成外在的声音的。在颜色之外，有颜色的本原，是它造成外在的颜色的。在味觉之外，有味觉的本原，是它造成外在的味觉的。从本原到外在，便是客观世界形成的过程，造化者无为的结果。人们可以看到的、摸到的、嗅到的事物和世界，有生灭消亡的转变，都不是真实的，而是幻象虚影。

毫无疑问，列子的宇宙论，比《老子》和《周易》更加具象化了，他着眼于从物质外在属性的演化来解释世界的创生，摆脱了传统的数学和玄学思维影响，已颇有自然哲学的味道。而在解释客观事物时，他的观点与柏拉图的“理念论”也有类似之处。但列子毕竟师承道学，最后他的解释，返归于无为造物的旧说。无论如何，列子在对宇宙和世界的认识上，确实迈出了超越前人的一步。

宇宙论和世界观是《列子》首先阐述的主题，但却不是《列子》的重点，《列子》的重点是论述人如何面对虚幻世界的态度以及养性修身的方法。因为后者多神神怪怪的内容，向来受到正统学者鄙夷。不少学者在修编《中国哲学史》时，直接将列子忽略，好似从来没有这个人存在。这样的做法，无疑是错误的。作为轴心时代的中国涌现出众多思想巨子中的一员，列子的思考和探索，不但属于中国哲学思想演进过程中不可或缺的一环，而且他还能想前人所未想、发前人所未发。列子对《老子》和《周易》有所改造的宇宙论和世界观，无疑是中国哲学思想中的异数，也是他的学说中的精华。从数学化、玄学化的思维，转变到具象化物质的思维，表面上看是一个微小的变化，实际上是一个重大的跃迁。列子本人或其后继者，如果继续从气体、形态和性质的物质开端探索下去，其收获可能超乎人们的想象。因为这不是普通的实用知识，而是宇宙论，是统筹一切知识和现象的开端。如果开端点被改变，一切将发生翻天覆地的变化。

但列子毕竟没有继续他在宇宙论上的探索，后人也没对这个话题产生兴趣。仿佛中国人历来对独立的宇宙世界话题很冷漠，他们倾力关注的，要么是建立社会秩序的话题，要么是如何自在生存的话题。列子自以为已经完成了对宇宙论的构建，接下来的就是按照这样的宇宙秩序来生存的问题了。

列子认为，整个宇宙是平衡的，物质与能量无时无刻不在流转变化、生长消亡过程中。一个事物在这里亏损了，必在另一处充盈了；在这里完成了，就在那里毁坏了。人也处在一个不断变化的过程中，从出生之始，人就慢慢发展壮大，达到一个充盈的状态，而后衰老，又慢慢走向亏损与毁坏。人的死亡，是一个变化过程的终止。但这个变化终止了，另一个变化又开始了。列子认为，生物的生命是可以相互转化的。如青蛙可以变为鹌鹑，鹌鹑又可以变为水草，水草又可以变为幼虫，幼虫可以变为蝴蝶。如竹子可以变生出青宁虫，青宁虫可以变生出豹子，豹子可以变生出马，马可以变生出人，人死回归自然，又变生出各种生物。为了解释生死流转的学说，列子使用了极为荒诞不经的事例加以证明。这样的说法，当时未能使人心服口服，现在也得不到科学验证。这是列子常受人诟病的原因。

既然生命流转不变，人的死亡，就是必须的；追求长生，是不可能的。推导出来列子的生死观，便是坦然面对生命变化，坦然面对死亡降临。他认为，活着的人是生命的行客，死亡的人是生命的归人。就像现实中旅行在外的人总要回家，活着的人终归要死亡。他赞颂死亡是君子安息的地方，德性回归的开始。因此面对死亡，人不应该有哀凄、忧愁、痛苦的感情。乃至面对人生，人也不应该有哀凄、忧愁、痛苦的感情。人应该以乐观、豁达、从容的态度，参与自然造化的生灭成败、流转变化的过程。

列子既主张人和其他生物的生命相互流转，那么人的情感与意志也与它们相通，就理所当然了。人和兽的区别，不是以外在的长相论定。如夏桀、商纣、鲁桓、楚穆几位王公，虽然状貌类人，但却具有禽兽的野性，干出禽兽的行为。而伏羲氏、女娲氏、神农氏、夏后氏虽然蛇身人面，牛首虎鼻，却具有圣人的德性。列子认为，太古时代的圣人，晓知万物情态，故会而聚之，统而治之。鬼神魑魅、禽兽虫蛾与人民同处并行，和谐交往。后来人类沦落，再也不能够沟通其他生物，它们才惊骇走散，别地而居。随着人类文明的发展，双方的差别越来越大。列子说："一体之盈虚消息，皆通于天地，应于物类。"可见人并非独立的存在，而是置身在一个天与地之间的生态大系统内，与万事万物密切相连。

基于这样的思想，列子的修行方向，指向了常人能力范围之外，他的哲学由此进入仙学。列子心目中的修行达人，能在水中游泳而不窒息，在火种踩踏而不烧伤，甚至上窥青天，下潜黄泉，挥斥八极，神色不变，号为"至人"。在《列子》一书中，记载了很多此类寓言故事。他信誓旦旦，想要说服人们超越凡俗、从容驾驭万物，是能够实现的。但多数违反常理的行为，让人们感觉匪夷所思。当时的人很少相信他，后代相信的人更少了。姑且举下面一故事为例：

有一个单纯的穷人叫商丘开，听说贵族范子华权势显赫，能使人生人死、人贫人富。他想改变命运，便投到范子华家当奴仆。有一回，商丘开与一众家人登上高台，管家开玩笑说，谁敢从高台上跳下去，奖赏黄金百两。当下无人应答。只有商丘开信以为真，纵身往下跳去。半空中形如飞鸟，缓然落地，毫无损伤。

众人以为偶然，又教唆他，在一个深潭下有宝珠，如果他游得过去，就能得到宝珠。商丘开又相信了，跳下潭中游到对岸，果然找到一枚珍奇的宝珠。这下众人惊诧了，都以为商丘开是奇人，具有特异功能。范子华听说后，肃然起敬，提升他的身份级别，赏赐给他丰厚的酒肉衣帛。

不久，范家发生火灾，火焰冲天。范子华对众人说，谁能从着火的屋子里救出那些昂贵的锦缎，就都赏给他。商丘开二话不说，冲入炎炎烈火中，搬救出一匹又一匹锦缎。他不但来回自如，而且衣服没被熏黑，身体也没被烧伤。

范氏家人彻底心服口服，郑重向他道歉说：我们不知道先生拥有道术而欺骗了先生，不知道先生是神人而侮辱了先生。先生就把我们当成聋子、瞎子和傻子吧！请教先生用的是什么道术？

商丘开懵然说：我并没有什么道术，我只诚心而已。开始我听说范家能让人死人活、人富人贫，便抱着改变命运的真诚想法，前来投靠。来了之后，把你们说的话都当成真的，一心一意去执行，哪里顾得上考虑身体处在什么境地，锱铢计较利害有多或少？现在听说你们是骗我的，我内心慌乱猜忌，开始左顾右盼。回想起从前侥幸没有被水溺死、被火烧死，心胆震裂，哪里再敢靠近它们？

列子恐怕还没将这个故事的道理讲明白，又假借孔子之口说：至信的人，打动天地，感化鬼神，纵横六合，尚且没有阻碍，何况仅是进入水火之中呢？

这样人的情感和意志可以战胜自然力量的故事，在《列子》一书非常多。然而列子一本正经、喋喋不休地讲述，并不能说服人们。因为这些事例近在眼前，人们可以轻易验证其真实与否。现实中，一个人从山崖上摔下不死，走入烈火中毫发无伤，绝对违反客观常理。不论他的精神再怎么集中、心灵再怎么虔诚，都不可能克服肉体的脆弱性，这是由世界的物质属性决定的。聪明的人开动脑筋想一想，就放弃了轻信的念头。愚蠢的人按照商丘开的方法去实践，不死也会落得个残废。列子对于人的精神和心灵力量的理解与教导，无疑是幼稚的。他在这一点上非但没有赢得信众，相反还受务实派学者诟病。

商丘开超人力量不能取信于人，原因在于他是个凡人。若商丘开不是一个凡人，而是一个道法高明的仙人，人们怎有理由去怀疑？列子在他万物通情、生命流变的思想基础上，将具有超常规力量的人升级，创造出仙人的概念。他的哲学由此进入神学领域，后来盛行一时的燕赵神仙方术之士，有很大可能是列子学派的余绪。道教虚拟创造的神仙群体和天境仙界，也与列子不无关系。

《列子》写道，在遥远的大海中有一座仙山，叫列姑射山。上面住着一位神仙，他吸风饮露，不食五谷；心如渊泉，形如处女。他不亲不爱，但神仙圣人都臣服于他。他不威不怒，但忠厚老实的人都甘愿供他役使。他不施舍不惠赠，但人们物质财富自然充足。他不聚财不敛物，但自身从不困顿贫乏。那儿阴阳调和，日月明朗，四季和顺，五谷丰登。没有瘟疫，没有夭折，没有灾患，也没有鬼怪作祟。列子用如椽巨笔，描述出一个美轮美奂的桃源仙境，上面居住着的神仙法力通天又无为自化。这样完全与现实对立的社会和个体，成为他的最高理想追求。

《列子》还写道，在渤海之东亿万里的地方，有个无底的深谷，名叫归墟。天上地下八极九方的滔滔流水灌注到这里，归墟并不因此而有所增减。在它之上有五座仙山，分别名为岱舆、员峤、方壶、瀛洲、蓬莱。每座山高低方圆达三万里，山顶上有九千里平地。山与山之间相隔七万里。山上的亭台楼阁都由金玉所造，奔驰的飞禽走兽皮毛雪白，珍珠宝玉一般的树木在山上遍地生长，花朵和果实滋味甜美，吃过之后长生不老。在群山之间，居住着众多的神仙，他们在天上飞来驰去，难以数计。但五座仙山的根基不稳，经常随着波涛起伏，上下颠簸，来回漂移。神仙们为此事烦恼，向神仙中最崇高的天帝申诉。天帝于是命令十五只大鳌拖顶起仙山，稳固它们的位置。因为这个活很耗力气，天帝让它们每六万年轮休换班一次。这样瑰玮壮丽的描述，达到想象力的极限。对于神仙和超能力的向往，是战国后期一股社会热潮。秦始皇后来被术士忽悠到瀛洲和蓬莱去寻找神仙，想必也读过《列子》一书，深受其中描写叙述吸引。

《列子》不但创造了大批仙境和仙人，还将列子本人神化了。书中记载，列子拜老商氏为师，与伯高子为友，修习他们的道术，最后做到“乘风而行”。尹生听闻之后，前来拜师学艺。列子告诉他：我修习道术，经过九年之久，才达到内外皆尽的境地。从此之后，眼如耳，耳如鼻，鼻如口，五官没有什么不同。心神凝聚，形体消融，骨骸与血肉融合，感觉不到身体有什么依赖。脚下好似踩踏什么，好似又没有什么踩踏，只是随着风吹的方向，东西飘荡，就像落叶的枯木和飘零的竹壳。到了最后，竟不知是我乘着风，还是风乘着我了。

列子虽然相信有仙人的存在，但认为他们与人并没有本质的差别。人可以通过某种方式的修炼，达到仙人的境界。列子本人，就是由人进阶至仙的典型。列子本人有一定的道行，是不容置疑的。但将他神化，可能不是列子的本意。因为《列子》一书，并非由他亲自创作，而是后学弟子们根据记录编撰成集的。庄子就是列子的后学弟子之一，受到他很大影响。《逍遥游》里面就写道 ：“夫列子御风而行，泠然善也，旬有五日而后反。”庄子心目中的先师列子，宛如神仙，驾御风云来回于天地之间，无所凝滞。对于神化列子一事，忠诚的后学弟子们不遗余力。

总之，《列子》一书中不乏缺乏逻辑、难以取信于人的内容。但作为春秋战国时代的一位思想巨子，列子的影响力不容小觑。在哲学上，他前承老子，后继庄子。由是之后，道家舍弃宏大理论的构建，更偏重于内在身心修炼。在宗教上，他第一次创造出绚丽多彩的神仙境土，在重视现实世界的中国人的思维上裂出一道口子，派生出后来道教庞富的神仙世界。在社会政治上，他的学说迷惑秦始皇三番五次到东海求仙，劳民伤财，与秦朝灭亡不无关系。在文学艺术上，他极富想象力的表现方式，被庄子发挥到极致，成为一种具有鲜明风格的散文流派。庄子散文中许多形式、意象都传承自列子，没有列子，就不可能有这样的庄子。

## 03 形名学迷途

春秋战国时代中国人创造力大爆炸，促成了学术文化的大繁荣。人们掌握的知识量，翻倍迭增。在这场前所未有的文化变革背后，人们也开始思索 ：我们认识的世界是真实的吗？我们创造的知识是正确的吗？我们思考的方式是否毫无破绽？这种对人类自我认识能力、思考能力、逻辑能力和已有知识的反思和再审视，衍生出了形名学和诡辩术。

老子曾言“道可道，非常道 ；名可名，非常名”，就切入了形名学。子路曾问孔子为政之先，孔子说：“必也正名乎！”也是形名学的内容。但形名之名，涉及广泛，老子和孔子都只谈到了其中的一部分。一直到稷下学派的尹文子，才对形名学下了比较明确的定义。他说，形名之“名”，有三层意义：第一指客观事物及其性质的名称，如石头、马、方、圆、白、黑等；第二指客观价值评价的名称，如善、恶、贵、贱等；第三指主观情感评价的名称，如贤、愚、爱、憎等。第一类的名称，对应有客观事物，即是“形”，是以称形名。第二、第三类的名称，没有对应的客观事物，而有其理念实存，即是“实”，是以称名实。对于形名、名实的研究，统称形名学，或名学。

老子虽然没有正式提出形名学的概念，但他的疑问，却是形名学诞生的源头。老子悟道后，想要通过语言和文字表达出来，传授给他人。这时他的疑惑来了，“道”是一种自在的存在，可以通过语言和文字表达出来吗？通过语言和文字表达出来的“道”，是否还是真正的“道”？这不但是老子的疑惑，也是全人类所有圣哲的疑惑。当他们创新进取，自认获得不少成就后，都会反躬自问：它们是真实的吗？是确定的吗？或者只是一场自我迷惑的虚幻？特别是经过语言和文字将其表达出来后，更加疑惑了。老子认为“道常无名”，真实的“道”是不可以用语言和文字准确表达出来的。他之所以写作《老子》一书，是一种无奈的选择。真正要修道、悟道，就不能太拘泥于文本。

岂但玄妙的“道”是如此，普通事务也是如此。当人们想通过语言来传达某种意思时，接受者的理解常常并非唯一。有的人理解为此，有的人理解为彼。有的人理解为一，有的人理解为二。这有可能是语言存在缺陷，它不可能准确表达出某种意思来；有可能是人认知理解能力缺陷，人不可能准确地概括和理解某个意思；也有可能是意思本身造成的假影，世上本来不存在这个意思。无论如何，当人们借助语言和文字的手段来表情达意时，常会显露很多破绽。在人们的想象力非常活跃的春秋战国时代，那些自认为聪明的士人，不会放过这样一个显摆自我、为难他人的机会。

春秋时代的邓析，就是这样一个人。子产铸刑书，公示于众，作为刑罚的标准。但邓析对刑书的权威性不以为然，利用书面语言的漏洞，肆无忌惮地对它进行解构，变生出许多内涵相异但又逻辑合理的解释。郑国的执政者本想借助法律，传达出准确的意思，维护稳定的社会秩序。却不料被邓析利用，成为他谋生的来源。他致力于研究法律的条文和程序，从中找出破绽，帮助百姓在诉讼中保护自己，从而获得利益。邓析可以说是中国最早的民间法律学者，也是形名学最早的诡辩师。他一意与权威作对，终于让执政者忍无可忍，手起刀落，将他杀害。

杀掉邓析后，执政者发现他所著《竹刑》有可用之处，便采纳推行了。有人会疑惑，邓析不是以非难法律为己任吗，怎么又偷偷写了一部刑书呢？这反映出邓析具有两面性人格特征，他一面在行动上以非难法律为乐，从中谋利；另一面在意识上又觉得法律有其合理性，未来政治的治理，离不开法律。不但对于法律如此，对于诡辩，邓析也是表里不一。在流传下来仅有两章的《邓析子》中，记录着他对辩论的独特见解。辩论在邓析心目中，被分为大辩和小辩两种。所谓大辩，即是对道有所了悟，能区别天下人行为的善恶，能分辨天下事物的真伪，选择善举而贬退恶行，适时采取相宜的措施，从而得以建功立德。所谓小辩，喜好纠缠于细枝末节，以语言相互攻讦，以行动相互挞伐，表面上虽然获利，实际上却使人们更得不到要领。他还说：“若饰词以相乱，匿词以相移，非古之辩也。”毫无疑问，邓析在现实中的诡辩，即是小辩的行为、“非古之辩”的行为。

邓析在历史上一直以“操两可之说，设无穷之辞”的诡辩术士闻名，但他在理论建构上的主张却与此相异。他说：“循名责实，实之极也；按实定名，名之极也。参以相平，转而相成，故得之形名。”这是关于形、实、名的最早定义，也是形、实、名相合的最早主张。落实在具体政治上，“循名责实，案法立威”，便是圣明君王治政的最高准则。明王督任大臣，要根据他个人能力道德授予相应名分的官职，根据官职责求他的行政措施，根据行政措施责求他的办事实效。再根据确定的法律进行奖励惩罚，那么官员们就不敢阳奉阴违、隐匿逃遁了。

邓析流传下来的言论，甚少关于纯粹知识和逻辑问题的探讨，更多是关于政治上“名实”问题的议论。尹文子关于形名学三个层面的定义，邓析更为注重后两个层面。他的理论思想，还是倾向于建立一种类人治与法治结合的国家模式。而他在现实中的诡辩行为，被后人继承下来，用于纯粹知识和逻辑问题的探讨。

惠施是战国中期最有名的形名学家，他继承和发扬了邓析的怀疑思想和诡辩术。据庄子言，惠施是个知识渊博的学者，他的藏书多达五车。掌握的知识越多，惠施越是对人造知识的确定性产生怀疑，最终走上了一条为怀疑而怀疑、为辩论而辩论的道路。惠施晚年进入政坛，受东迁后的魏惠王重用，担任魏国丞相。他策划合纵同盟，联合东方诸侯，阻止秦国东进。但惠施没能帮助魏国再次强大起来，最终郁郁而终。可能因为投身于政治的缘故，他没有精力进行述著。惠施为数不多的言论主张，依靠他的哲学家好友庄子的记录，才保存了下来。

惠施最有名的言论，被称为“历物十题”，即是他辩论生涯中的十大论题。其内容如下：1. 至大无外，谓之太一；至小无内，谓之小一。

2. 无厚不可积，其大千里。3. 天与地卑，山与泽平。4. 日方中方睨，物方生方死。5. 大同而与小同异，此之谓小同异。万物毕同毕异，此之谓大同异。6. 南方无穷而有穷。7. 今日适越而昔至。8. 连环可解也。9. 我知天下之中央，燕之北，越之南也。10. 泛爱万物，天地一体也。

关于这十大论题，《庄子》一书并没有更详细地阐述，要展开讨论，非常困难。但统而视之，不难发现其中共同表现出惠施对于人造知识确定性的焦虑，即对人通过感性认识获得知识的怀疑，对人通过理性思考获得知识的不信任。如根据常识，人们了解到生与死的区别。两者的意义，截然不同。但惠施就以逆反思维提出生物在它开始诞生那一刻也开始了死亡，生与死是同义的。如根据常识，人们了解到时间具有不可逆性，现在永远在过去之后。但惠施就以逆反思维提出过去在现在之后，今日前往越国，而昨日已经到达了。如根据常识，人们之道天下之中央，在越国的北面，在燕国的南面。但惠施以逆反性思维提出天下之中央，在越国的南面，在燕国的北面。惠施的潜在话语，即是对中国人创造出的整个知识体系持否定态度，认为它们不具有确定性，不是真理。

惠施知道，他提出这样的论题，会遭到百家流派质难。但他毫不畏惧，还很享受辩论的过程，乐此不疲。据他自言，当时最显赫的儒家、墨家和杨朱三派的主要代表，都是他锋利舌头的手下败将。惠施经常与好友庄子辩难，庄子不屑于惠施的诡辩之术，惠施也对庄子的道家哲学不以为然。庄子固然聪慧超凡，但在惠施口下也讨不到便宜。

有一次两人到濠水上游玩，路过一座桥时，庄子看到河水下鱼儿在嬉戏，脱口而出道：鱼儿在水中自在悠闲地游着，它们真快乐啊！

惠施瞥了他一眼，非难的兴致又起，质疑说：你又不是鱼，怎么知道鱼是快乐的呢？

庄子反驳道：你又不是我，怎么知道我不知道鱼是快乐的呢？

惠施笑笑说：我诚然不是你，无从知道你是否知道鱼快乐与否。你也诚然不是鱼，无从知道鱼是否快乐。我们的辩论，已得到答案了。

庄子顺着惠施的逻辑反驳，陷入他设计的陷阱。后面再反扑，也难扳回败局。

惠施擅长辩论，且在辩论场上战果累累。然而这个特长和成绩，并没有为他带来好的评价。庄子就直言，惠施之辩，可以服人之口，而不能服人之心。因为他没有寻找到究极真理，只能为了辩论而辩论，为了胜利而辩论，就好像用声音来止住回响，让形体和影子竞走一样，永远没有结果。荀子也批评说，惠施好立怪论、玩弄口舌的行为，虽胜无用，虽劳无功。虽然他在当时暴享大名，但留给后世的只有一个轻薄的名声，没有留下任何有价值的知识或精神财富。

虽然庄子和荀子都是从各自教派的立场，对惠施进行评价。但并不说明这样的评价带有偏见，惠施在历史上的地位和形象，确如他们所言。近代以来，不少著名学者给予惠施及形名学加倍的关注，认为他们代表了中国思想史上的另类现象，理应获得更高的评价和地位。然而这只是一厢情愿而已，无助于改变什么。惠施及其形名学的思想，在任何时代都激不起一丝回响，没有一位重要的思想家在搭建自己的体系时，有借鉴过他的智慧，这就是惠施不应获得更高评价和地位的最好佐证。

实际上，形名学的产生，意味中国人理性思维的深层次觉醒，暗示着一种伟大转向的可能。众所周知，轴心时代的中国哲学家们，着重思考的是社会性、政治性、道德性、伦理性的问题，对于纯粹认识论和逻辑学的问题，缺少关注。但随着哲学家们思考创造出来的成果越来越多，部分人开始怀疑，这些知识真的正确无疑吗？除了引证于古代圣王的言论和权威著作外，有没有其他方法来论证它们的正确性？形名学应时而生，运用理性思辨、感官认知、逻辑推论等方法来质疑和解构已有的知识体系，企图对它们的真实性进行一次再确定。

然而这本来该是一场严肃的思想运动，最后却沦落成市井中一场喧哗的诡辩聚会。参加这场聚会的形名学家们，一门心思哗众取宠、邀名射利，忘却了来到这里的初衷。他们各取所得，满载而归，而思想和知识一无所获。形名学始于质疑和解构，止于质疑和解构，原地踏步，兜兜转转，毫无进步。这场原本可能帮助中国人实现思考中心转向的运动，最后演变成一场歇斯底里的精神娱乐，以失败告终。

形名学思想运动的失败，使中国无法在轴心时代建立起科学的认识论和逻辑学方法，与一笔巨大的财富失之交臂。究其原因，与邓析、惠施等个人理想取向和中国传统文化土壤都有很大关系。这个结果，有其偶然性，也有其必然性。形名学辩士们本身行为不严肃、不正经，详细探讨他们失败的原因，似乎没有必要。总之，从邓析到惠施近两百年，辩士们还停留在逞口舌之利的肤浅层面，没有在理论上取得深层次的超越，就已注定这个学派的存在意义不大。战国末期，还出现了公孙龙这样名气更大的辩士，但他的行为和言论，除了增添人们酒余饭后的谈资，没有任何值得称道之处。

## 04　庄子的逍遥哲学

如果说惠施的思想是质疑知识、解构知识、毁灭知识的话，那么庄子的思想就是质疑人生、解构人生、毁灭人生。不同的是，惠施没有找到否定知识之后的方向与道路，所以他劳而无功，辩而无用。庄子在否定人生之后，投入到道和无为的怀抱，为人们指出了新的方向与道路。庄子在后世，与老子一起并称道家哲学的两大代表。

庄子之所谓道，混同是非，齐同万物，无此与彼，无对与错。他喜欢与惠施辩论，不过享受与聪明朋友交流的乐趣，并非要跟他辩个对与错。对于辩论本身的意义，庄子是否定的。他认为，两个人相互辩论，只能辩出谁胜谁负，不能决定谁对谁错。即使依靠仲裁，仲裁本人也有其偏向，不能确保做出客观中立的判断。因此，从人与人之间的辩论中，永远不能获得究竟真理。解决这一问题最好的方法，就是借助天道来调和一切对立观点。认同“是”即是“不是”，“不是”即是“是”；“然”就是“不然”，“不然”就是“然”。那么，辩论就没有必要了。人的最高生存原则，即是要忘掉义理、忘掉岁月、忘掉自我，逍遥无为在无事无非的境界中，直到生命的尽头。

庄子否定辩论的意义，但不否认形名学的存在。不过对于道来说，形名学只是等而下之的小技。在庄子的思想体系中，道拥有至高无上的地位。道的下一层次，是天。天的下一层次，是道德。道德的下一层次，是仁义。仁义的一层次，是分守。分守的下一层次，才是形名。所以从道开始，经过五次变化，才有了形名。不了解道而骤然谈论形名，便是舍本逐末，会使人越来越迷惑。在庄子心中，惠施便是这样一个走入歧途的人。虽然他哀叹惠施死后，没有人能与自己辩论。他赞赏惠施的渊博学问和辩论技巧，却从来不附和他的观点。

因惠施和形名学的影响力太过微弱，庄子从没有将他们视为自己思想的主要对手。庄子之质疑人生、解构人生、毁灭人生，并延及社会，主要还是针对儒家、墨家、法家等世俗学派。这些学派都各有一整套社会解决的方案，并确信它被付诸实行后，会取得完美的效果。庄子继承了老子的思想，对有为的做法嗤之以鼻，认为社会将会被他们越管越乱。只有遵循无为自然之道，人类个体才能得到解脱，社会才能返回理想状态。

虽然与老子同为道学宗师，但庄子的视角，与老子明显不同。老子从“道”与“德”的高点俯视，致力建设一个涵盖宇宙人生的宏大体系。而庄子是从人的生命个体出发，在寻找自由之义和自在之途的思考中，悟解到大道的无上价值。两人起点不一样，但终点是相同的。

在从生命个体到自然天道的行程中，庄子以“齐物论”破解遮蔽凡人的迷障，当为他理论中的最大发明。在最开始的时候，庄子与惠施的步骤一致，怀疑人类具有知识的确定性。大真的是大吗？小真的是小吗？大小真的对立吗？善真的是善吗？恶真的是恶吗？善与恶真的是对立的吗？只不过在惠施自鸣得意于舌灿莲花的口才时，庄子找到了道来调和一切。

在《秋水》一文中，庄子借助河伯与北海的寓言对话，形象地阐释出“齐物论”观点。话说秋季雨水丰沛，百川之水先后汇集到大河中，河水充盈暴涨。河水之神河伯不免沾沾自喜，以为天下的美好尽在于己。河水向东奔驰，流入大海。河伯从汪洋大海中抬起头，四面一望，浩瀚不见涯际，方始感到自己的渺小。他对北海之神叹气道：我从前听俗语说：自我感觉懂得很多道理的人，总认为别人不如自己。这话说的就是我自己啊！今天我看到你的疆界浩无涯际，才感到从前骄傲的幼稚。如果不是见到你，我就贻笑大方了。

北海之神说：夏虫不可语冰，因为它们的生命太过短暂，不知道冬天的存在。跟孤陋寡闻的人，不能谈论大道，因为他们被俗学束缚得太深。现在你从陆地上的江河，来到汪洋大海中，已经了解自己的渺小和局限，稍微可以跟你谈论大道理了。

北海之神开始对河伯说教，告诉他岂但他不能自命为大，自己也不能自命为大：天下的水，没有比海洋更多的了。百川东注，永远没有盈满的时候。春秋代序，永远没有干涸的时候。即便如此，我也不敢有丝毫自大。因为我受气于阴阳，得形于天地。我在天地之间，就好像小石小木在大山之中一样。岂但是我，即便是四海，在天地之中，也只像石头的空缝在大湖泽中一样。即便是中国之大，在天地之间，也只像一粒小米在粮仓中一样。

破解了万物中大小之辩后，北海之神进一步破解人对自己的成见：天地有万物，人只属于其中的一种。人在天地之中，就像一匹马中的一根毫毛一样。其实人是如此，人的思想和行为都是如此。五帝的禅让，三王的相争，仁人的忧虑，能士的辛劳，都如毫毛一样渺小。伯夷叔齐为名节而饿死在首阳山上，孔子以博学多闻知名于世，就像你以河水的丰沛向人夸耀一样，不免见笑于大方之家。

河伯说：既然不能以所见为大，那么以天地为大，以毫毛为小，可以吗？

北海之神之前否定的是人的所见所闻知识的确定性，河伯问的是感性认识知识的确定性。对当时人而言，在感官可以认识的极限范围内，天地为最大，毫毛为最小。

北海之神又否定了：不可以。事物是不能数尽的，时间是没有止境的，得失是没有恒定的，生死是没有不变的。人所掌握的知识，远远没有他没掌握的多。人的生命，远远没有非生命的时间漫长。所以以自己的寡薄和短暂，去追问宽广无垠的宇宙的极致，就会辛劳而忘了归路，迷乱而没有收获。因此，即使是天地，也不能说它是最大的；即使是毫毛，也不能说它是最小的。

河伯问：那么说最微小的事物没有形状，最广大的事物不可包围，这是对的吗？

感性认识被否定后，河伯又对理性认识知识的确定性发问。没有形状和不可包围，是基于理性思考的一种表达，人的感官无法认知得到。

北海之神否定了：从小的事物的视角看大的事物，总看不到全貌。从大的事物的视角看小的事物，总看不分明。世界上大小粗细的事物，都各有其便利之处，这是造化的大势使然。因为事物有了精微的形状，人们才可以谈论；因为事物有了广大的范围，人们才可以思考。如果没有了精微广大的形状和范围，怎么还可能谈论和思考呢？人岂能谈论和思考一半的知识，而又不能谈论和思考另一半知识呢？所以最完美的方法，就是顺遂自然造化的潮流，不追问人事的是非对错，不分辨事物的精微广大。对于掌握至道的人，万事万物都是同一的。

至此，北海之神抛出了“齐物论”。

河伯又问：在事物内外，又如何分别贵贱、大小呢？

前面探讨外在世界大小的极限，这个问题转而探讨事物本身大小的分别，以及引申到人在行为实践中的贵贱价值问题。

北海之神回答说：对于道来说，事物没有贵贱之分。对于事物本身来说，总以自己为贵，对方为贱。对于世俗来说，贵贱不是本身固有的性质。以大小的差别来看，顺着事物大的一面认为它是大的，则万物都有大的一面。顺着事物小的一面认为它是小的，则万物都有小的一面。了解到贵与贱、大与小相对立而又相依存，就了解了事物的功效和本分了。因此执着于分别是错误的，物性永远没有恒定的规律。

北海之神通过事例加以说明：从前尧、舜通过禅让，得以称帝，名垂后世。后来燕王姬哙禅让于丞相子之，却让自己灭亡。他们崇让礼德是一样的，但结果相异，可知得失因时而异，没有恒定的规律。商汤王和周武王诉诸武力征伐，夺得天下。白公胜诉诸武力征伐，却灭亡了自己。他们诉诸武力的心理是一样的，但结果相异，可知得失因时而异，没有恒定的规律。所以，执着和夸耀事物的一面的行为，是行不通的。河伯啊，最好沉默吧，你哪里找得到大和小、贵和贱的门径？

北海之神之谓的沉默，即是泯灭贵和贱、大和小、是和非的分别与对立，超然于世俗成见之外，归心于大道。达到了这种境界，就是切中了道枢，可执一应万，应对无穷。以道安身立命的人，就能够明察安全和危险的境地，安心于穷困和通达的处境，谨慎地对待进取和退守的问题，不被外物所伤害。

虽然庄子师承老子，但他的表达欲望更强。许多老子含糊其词的问题，庄子对之不吝口水。比如，庄子认为道是真实的存在，恬淡寂寞且没有形态；可以精神领悟，不可相互传授；可以心神体认，不可以耳目闻见；它自生自长，没有天地之前，大道就已经存在；是它创造了鬼魂和神灵，产生了天和地；在太极之上不算高，处六极之下不算深，生于天地之先不算久，长于上古也不算老。老子恐怕言多失道，庄子则无此担忧。

既然认识了大道，就要向它靠拢，这个过程称为修道。修道达到极高的境界，有圣人、神人、至人三种层次。圣人忘记名利的诱惑，神人无意建功立业，至人则完全忘记自己。庄子批评了世上汲汲于功名利禄的俗人，匆忙了一生，却一无所得，最终无知地死去。对于前辈大师列子，他也敢于批评。他认为列子御风而行，犹凭借外物而动，没有达到修行的最高境界。庄子对修道要求之高，可见其然。

庄子介绍了许多关于修道、养生、处世的方法，普通人可以循方修行。如在《人间世》一文中，假借孔子和颜回之口，阐释了“心斋”的修行方法。何谓心斋呢？即是专一心志，不用耳朵去聆听，而靠心灵来体认。做到这一阶段后，再尝试不用心灵来体认，而靠气来感应。耳朵的作用仅限于听闻声响，心的思虑仅限于与外物相合。只有气，才能以虚空容纳万物。真道只聚集于空明虚静的心境，这就是心斋的妙义。

庄子深入解释，把眼前的事物看作虚空，就能使自己心境空明而发出纯白的自然之光，吉祥就会集聚于虚明之心。如果心境不能空明虚静，则是形坐而心驰。使耳目等器官内通于心而排除心智在外，鬼神将来冥附，万物将被感化。伏羲、黄帝等古代圣人，都以此法应物御世。

在《大宗师》一文中，庄子同样借助孔子和颜回之口，介绍了“坐忘”的修行方法。何谓“坐忘”？即是专心打坐，让意念进入虚寂状态，泯灭耳目聪明的功能，遗忘形体，摒弃心智，与大道混同为一，达到对万物无所好恶、循变化无所执常的境界。

在《在宥》一文中，庄子借助白云与鸿蒙的对话，介绍了“养心”的方法。何谓“养心”？即是人做到自然无为，则能随物生化。忘掉形体，抛弃智慧，忘理忘物，与混混茫茫的自然元气混同为一体。解除有知觉之心，抛弃有思虑之神，无知无识就像没有灵魂。万物纷纭众多，各自归复到本真无妄的道根中，又要意识不到它。身处道中，不要动念询问它的名称，不要动念窥视它的实情。只有始终保持浑然无知的状态，方能不离于道，随物生化。

庄子种种关于道的理论和修行道的方法，反映到生命实践上，主要表现为逍遥无为的处世态度，以及乐观看待生死的豁达精神。

万物皆有功用，人使用物品，必有其目的，这是俗理常情。但庄子不这样理解。惠施告诉庄子，魏惠王送给他一个大葫芦的种子，种植成熟后，果实容量有五石大。拿这个葫芦果来盛水，常人的力量举不起来。剖开来做瓢，它又太大，没有适合装置的东西。庄子说：你担心这个葫芦果大而无用，何不把它造成樽舟，乘坐它浮游于江湖之上呢？

惠施又说，他有一棵臭椿树，树干疙瘩盘结，树枝弯弯曲曲，木匠都认为它没有用处。它长在路边很久，都没有人砍伐。庄子说：你有这么一棵大树，为什么不把它种在虚寂的土地上、广漠的旷野中，无所作为地悠游于树旁，逍遥自在地躺在树下，享受生命自得的乐趣呢？庄子认为，因为事物没有功用，才不被外物所害。人生不追求现实的目的，才合乎大道的旨趣。

在某种意义上，这种一意追求无用和无为的思想，乃是对人生价值的一种解构，甚至毁灭。庄子否认人类文明累积的成果，否认知识的创造和传播，否认人类一切带有目的性的所作所为。庄子没有历史观，也没有发展观。在他看来，世界只有两个层次，一个是道与自然的层次，一个是人间社会的层次。人的所作所为，只有以逍遥无为的处世态度，追求和道与自然混为一体，才是正确的选择。其他的刻意作为，都是错误的行为。庄子为人们指引的道路，便是否定人间，否定社会，否定人生。

生命有其开始，必有其终结，这是天道之自然，不以人的意志为转移。生死交替，乃是最正常不过的事情，人不必为其有特别的感情。当生命尚在时，人自然享受其中乐趣。当死将至时，人无须为之恐惧战栗。

庄子将死之前，听说弟子们计划要厚葬他。他召来他们，说：我把天地当作棺椁，把日夜当作双璧，把星辰当作珍珠，把万物当作送葬品。我的丧葬品难道还不齐备吗？还有什么比这更好的呢？弟子们说：我们担心乌鸦和老鹰吃掉先生的遗体。庄子说：遗体放在地上要被乌鸦和老鹰吃掉，埋在地下要被蝼蚁吃掉，你们把我从那边夺过来交给这边，为何这样厚此薄彼呢？由此可见，庄子对于死亡之坦然与豁然。他死之后，天地万物都是随葬品；他生之时，天地万物都是随生品。生死虽然乖别，天地万物却从不曾离去，人又有何喜何忧呢？

在道家思想演进史上，觉悟的老子，构建出涵盖宇宙人生的宏大理论体系。老子谈哲学，以居高临下的态度来说教。列子因万物通情通志的思想，发展出修仙之学。而庄子受战国辩士之风影响，在义理上对道家思想进行深入阐发和扩展。他运用的许多方法和形式，都与朋友惠施有相似之处，最后却不受形名学所囿，归宗回老子。老、列、庄三子的思想本质一致，但发展和表现各有其异趣。老子认为“多言数穷，不如守中”，所以只写了五千言，便绝笔不书。而庄子洋洋洒洒十万言，阐发了“齐物论”“无用论”“心斋”法、“坐忘”法等一系列悟道、养生、处世的方法。老子固然是简而约，庄子不失为繁而精。庄子通过逻辑辩论的方法，来阐述自己的思想，又没有列子那些怪诞离奇的杜撰，更易于为人理解和接受。后来谈论道家，人们习惯以老子和庄子并列为两大宗师，列子稍显逊色。

《庄子》一书内容丰富，除了阐发庄子思想外，还逐一对各家思想流派进行评判。庄子认为，天下大乱之后，道德的统一标准丢失，人人标举相异的见解，立说创教。人人都以为掌握了真理，其实只是窥到真理的一隅。庄子悲叹，百家迷乱纷争而不知返回本真，道术将为天下裂。他指名道姓批评了墨翟、杨朱、惠施、尹文、慎到、田骈、彭蒙等著名思想家，认为他们只窥一隅而不知全体。只有与自己思想相似的关尹和老子得到了褒扬，他称赞他们是古代的博大真人，领会了大道的奥秘。对于作为当时最大思想流派的儒家，庄子当然也是否定的。但比较奇怪的是，庄子许多的思想和言论，都通过寓言的形式，假托孔子之口说出来。对于儒家五经，他也认为它们保存了部分大道的真义，有其不凡价值。可能因为孔子是百家争鸣时代的开创者，儒家是古代文化的主要传承者，庄子才在心中对他们保有一份特殊的尊重。

庄子的思想，对后世影响非常大。特别是在儒学成为统治思想后，名教礼学对人性束缚越来越大。士大夫们表面上服膺于三纲五常的教义，内心中却又对庄子定义的充满个性与自由的生活方式无限向往。在求而不得中，庄子哲学成为他们内心中私密的灵魂栖息地。历史上许多有名的文人士子，都是儒道兼修，以出世的精神做入世的事，外儒而内道。在魏晋时代，曾涌起一波叛逆的思想潮流，当时的士大夫奉《周易》《老子》《庄子》为玄学三经典，对抗高居庙堂之上的儒学。魏晋名士的思想和行为，深受庄子影响。此外，庄子的语言艺术和创作风格独树一帜，对后世文学影响极为深远，许多文学大家都从这里汲取到丰富的营养。可以说，庄子是一位伟大的哲学家，也是一位伟大的文学家。《庄子》的思想，在任何时代都不会过时。

## 05　黄老学派的治世方案

老子开创道家，列子和庄子深化和发展了其哲学内容。三者之间微有差别，但大同小异，都以道为宇宙最高的原理，以无为为最根本的法则，属于出世的哲学。在此之外，还有一个学派继承了老子道的思想，却背离了无为的法则，走出一条入世的道家哲学分支来。这个学派，便是黄老学派。黄即是黄帝，老即是老子。黄帝是上古时代的政治家，老子是无欲无为的哲学家，两者本无共同点。但一些有世俗进取心的修士，取法老子的思想，假托黄帝治世之言，创造合成了黄老学派的理论学说。

黄老学派诞生于战国中期，流行到汉初，而后因为典籍散佚，长时间消失在人们视野内。文景时代流行的黄老思想，在历史上聚讼纷纭，无人能道其究竟。一直到公元 1973 年，长沙马王堆挖掘出大量帛书，其中包括失传达两千年之久的《黄帝四经》，人们才得以了解到这派思想的具体内容。《黄帝四经》重现于世，不但极大丰富了轴心时代中国哲学的内容，而且让人惊叹于当时中国人的深邃的思想力和巨大的创造力。人们有理由相信，那个时代创造出来的思想和知识成果，远远比现在知道的还多得多。只不过因为各种各样的原因，它们没有全部被传承下来而已。

黄老学派认同道是万物之始、宇宙创生的原动力。《道原经》述称宇宙诞生之前，一切混混沌沌，处于太虚状态。没有物质存在，也没有名称概念，道周流远转，开辟天地，生化万物。虽然《道原经》的描述语言更丰富了，但其核心还是因袭老子的思想，并没有表现出列子式宇宙论的创新性。而黄老学派之所为黄老学派，就是它在道之后，跳跃过无为思想，直抵法度形名，为治平天下出谋划策。它不像列子和庄子一样关注个人的修行解脱问题，而是像儒家和墨家一样关注社会政治问题。所以说黄老学派虽属道家，却是入世的道家。

黄老学派认为，从最开始的混沌状态创生出世界，必然伴生出种种繁杂凌乱的事物。要分别清楚和正确判断这些事物，必须依赖法度和形名。道在创生世界时，伴随创生了法度和形名。要认识自然世界，治理人类社会，必须依靠确立统一标准的法度和形名。“居则有法，动作循名”，法度和形名是世界的最高准则，其涉及范围极广，涵盖自然知识、法律条文、道德伦理、礼仪尊卑、尺度衡量等所有内容。它表面上是一套人为创造的知识体系，但依存于道。只有建立成这样的体系，天下的事物才能分别定义清楚，得到正确判断，让奸邪枉曲无所逃匿。在此治理下有秩序的社会，方能称为治世。

黄老学派还颠覆了道家无常和齐物的核心观点。如庄子认为天地无常，人的理性不能穷尽物性天理；万物齐同齐一，没有是非、长短、高低、贵贱等区别。黄老学派却认为天地有恒久固定的规律，百姓有所要从事的固定职业，贵贱品级有固定不变的待遇，管理下臣有固定不变的方法，使用民力有不能超越的量度。这样的思想，完全投入了世俗的怀抱，与道家原初宗旨已相去甚远。它不但否定无常，否定齐物，而且推崇有为的方法。其认同尊卑等级的思想，还与儒家和法家有共通之处。总之，黄老学派的理想，不是追求个人身心的自由与超越，而是在人间建立一个秩序井然的美好社会。黄老学派的名称，将作为政治家的黄帝置于作为哲学家的老子之前，已表露其倾向。

在具体方法上，黄老学派主张文武并用，德刑兼施。天道有生有杀，政治应循而用之。根据天时，开发土地，种植粮食，发展生产，宽减赋税，以厚养生民，即为文之道。根据天志，惩罚奸邪，诛杀不轨，讨伐不道，以安保国家，即为武之道。文武并用，则国家大治，天下皆从。同理，德主养生，刑主杀灭，与文武之道异曲同工。德如日，刑如月，政治兼而施之，犹如日月并辉于天。先德后刑，德刑相养，不乱先后，不偏一隅，才能合于大道。这种为武力和刑罚张目的观点，不但不合于道家思想，也不合于儒、墨两派思想，倒与法家思想酷似。后世以法家与黄老学派同出一源，重视形名法术，主要来源于此。

除此之外，《黄帝四经》中还有不少政治治理、军事兵战、修身立德的杂论。其中既有道家的思想，也有类似儒家、法家、兵家的观点。因为黄老学派以老子发明的道为统御一切事物的最高范畴，又托言于黄帝，所以它仍被归为道家的一个分支。虽然有门户的界线，但这个入世的、有为的道家与其他派别的差异，明显不如列子和庄子来得大。甚或有的时候，人们会产生错觉，辨别不出黄老学派与法家或杂家的差别。

从道家倡导清虚无为的出世主义，转变成讲究法度形名的入世主义，黄老学派的跨越不可谓不大。虽然《老子》中表现出的薄弱的政治思想，已有其转变的端倪。但人们更愿意相信，这是在应和强烈的时代需求的条件下，道家学士做出的自我改变。时值战国，随着七雄兼并速度加快，中国走向一统的趋势已不可逆转。对于完成一统的政治策略，各大学派都有其理论。在这方面，道家显露出自己的缺点，它强调个人修行，轻视社会治理。笃信天道学说的士子不满于此，便借用老子的理论，再假托黄帝之言，综合创造出一种入世的、有为的道家政治思想来。有了这种思想，他们便可以与儒家、墨家、法家展开竞争，争夺天下一统的政治话语权。

现实中，黄老学派作为一个独立的哲学派别，并没有在政治上发挥很大的影响。但它的思想，却渗入了法家、杂家理论之内。《韩非子》《吕氏春秋》和稷下学派编撰的《管子》中，都留下了它明显的印记。秦朝灭亡后，黄老思想异军突起，在汉初成为社会政治思想的主流，很好地衔接了从法家统治到儒家统治的过渡阶段，立下不小功勋。之后它离奇失传，仿佛在验证“功成，身退，天之道也”的至理格言。两千年后，《黄帝四经》在古墓中重现真容，领略到黄老学派的思想奥义和他们的创新风采，谁人不为之赞叹称奇？

## 06　孟子的性善哲学

公元前 4 世纪，诸子争鸣，百家迭起，作为古代文化传承主体的儒家学派，也不遑多让。这个时代涌现出来最伟大的儒家思想家，是孟子。在后世儒家宗师排序中，孟子被尊为亚圣，地位仅次于创派的孔子。孟子字轲，是鲁国三桓家族之一孟孙氏的后裔，出生于邹。史载孟子受业于子思的门人，应为子思的徒孙辈。即是自孔子始，四传而至孟子。孟子的思想，主要继承了曾子、子思一系的教义，从心性修养入手，以仁政为本，推广而及天下的治平。孟子曾游说齐国、魏国、滕国的君王，但他的政治方案被认为迂阔不切实际，得不到采纳。最后返归故里，与弟子著书立说，传于后世。与孔子一样，孟子活着的时候不得意。他对后世的影响，主要通过思想来实现。

孟子继承了《大学》从天子至庶人一系相连的思想，认为天下的根本，在于国家；国家之根本，在于家族；家族的根本，在于个人。又继承了《中庸》诚心修身的思想，认为诚是天道，求诚是理所当然的人道。做到至心诚意，就没有不能打动的人了。孟子还认为尽力了解心灵，才能知晓人的本性。知晓了人善良真诚的本性，才能明晓上天的意志。只有时时保全澄明纯净的心灵状态，培养善良真诚的本性，才能恭敬地侍奉天意。

孟子对心性思想的最大发展，便是提出了人性本善的观点。人性善恶问题的提出，意味轴心时代的中国思想家对人的心灵和精神的思考与探索，达到了新的高度。它与形名学众多诡辩的命题一起，成为长达两百年时间内思想家们争论的焦点。对于儒家学派而言，这也是意义非凡的。众所周知，孔子重视礼教名学，更多从外在层面着眼入手，来解决社会政治问题。而孟子则返还人身之内，捕寻心灵中的幽眇精微，发现其中的善与仁。在实现了自我的拯救和升华后，再推及他人，改变社会政治。心性学经过曾子和子思的发展，至孟子而获得大成。

与孟子同时代的另一位思想家告子，主张人性无善无恶，外力可以迫使人为善或为恶。告子以历史事例为证，周文王和周武王当政，人民趋向于善；周厉王和周幽王当政，人民趋向于恶。是贤君令人向善，暴君令人向恶。可见人之善恶与否，不在本心，而在外力。

孟子反驳说，我所谓的人性本善，是指人人都具有为善的潜质。至于某人不为善而为恶，并非他本性使然。所以看到一个人为非作歹，或是他在别人指挥下为非作歹，并不能证否人性本善的观点。

那么如何证明人性本善呢？孟子以事例说明。一个人看到陌生的孩子攀爬水井，快要掉下井里，他的内心都会产生担心怜悯之情，想要过去拯救那孩子。这种情况，无论放在哪个国家、哪个民族、哪个时代，都是如此。对身处险境的孩子自然而然产生担心怜悯之情，放之四海皆准。孟子把这种担心怜悯的情感，称为恻隐之心，它是善和仁的发源。因此，人是天然具有善和仁的本性的。

不独如此，孟子还扩而充之，认为人的心灵天然具有四种能力，它们分别是恻隐之心、羞恶之心、辞让之心、是非之心。恻隐之心，就是仁和善的体现。羞恶之心，是义的体现。辞让之心，是礼的体现。是非之心，是智的体现。至此，孟子将人的内在心灵与外在的四个道德伦理概念联系起来。在他构建的体系下，人人信仰儒学，恪守教义，仿佛成了必然之义务。

告子又以流水为比喻，证明人性无善无恶。流水从东方来，便流向西方；从西方来，便流向东方。人性之无善无恶，犹如水之不分东西。孟子答道：水固然不分东西，难道不分上下吗？如果不是东方高，水怎么会流向西方？如果不是西方高，水怎么会流向东方？可见，没有水不向下流动。同理，没有人不向善靠近。外力的作用虽然能使水往上流，但违背自然之道。外力的作用也可以引人作恶，但违背人善的本性。

孟子认为，仁、义、礼、智四端都内含于心，人生来就拥有。只不过常人被外物迷惑，丢失了本性而已。只要加强修养，就可以复原仁、义、礼、智的本性。

告子同意仁是人内在拥有的本性，但认为义生自外。例如，一个人看到年长的人，就会产生尊敬的心理。他是经过感官认识到外在的人年长，才产生尊敬之情，所以说义自外生。孟子反驳他，人通过感官认为外界的一匹马很老，也会产生尊敬之情吗？不会。所以说外在的年长并不是义产生的原因，它是从人内心内部产生出来的。而且义的情感是通过这个人的行为体现出来的，并不是通过年长者体现出来的，也说明了这点。

仁、义、礼、智即是内在的本性，必定可以表现出来。就如种植大麦，在春天翻松了土地，撒播了种子，到了夏天就蓬勃生长，穗果累累。收成的多或少，还与土壤的丰瘠、雨水的充乏、劳动的勤怠有关。但无论如何，有了相同的过程，必有差别不大的结果。人之存心养性，也同此理。

在此观点下，孟子认为普通的人和圣人在本性上是同一的，人人都可以通过加强学习和修养，成为尧舜这样的圣人。一个人穿尧舜一样的衣服，说尧舜一样的话，做尧舜一样事，那么他就是尧舜。相反，他穿桀纣一样的衣服，说桀纣一样的话，做桀纣一样的事，那么他就是桀纣。顺性而为，即是为善；逆性而为，即是作恶。人可以为善或作恶，关键在自身的选择。

人性论是孟子哲学的基础，以“人性本善”“人皆可以为尧舜”为前提，他提供出的社会政治解决方案极为简单。概而言之，就是施行仁政，以民为本。仁者爱人，即使杀死一人而获得天下，也不会去干。一国之内，人民是最尊贵的，社稷其次，君王最轻。只要施行了爱民仁政，百姓就会守法安分，专务本业，国家自然而然就安定、富裕、强盛。邻国百姓听闻，纷纷扶老携幼、荷篓担筐，前来投奔。天下百姓听闻，也纷纷扶老携幼、荷篓担筐，前来投奔。如此，万国万民尽皆顺服，便是完美的王政了。

如果问孟子具体的行政措施，他来来回回只有几句话：“五亩之宅，树之以桑，五十者可以衣帛矣；鸡豚狗彘之畜，无失其时，七十者可以食肉矣；百亩之田，勿夺其时，八口之家可以无饥矣；谨庠序之教，申之以孝悌之义，颁白者不负戴于道路矣。老者衣帛食肉，黎民不饥不寒，然而不王者，未之有也。”魏惠王问他，他如是回答。滕文公问他，他也如是回答。

为什么孟子没有更严密、更切实的政治策略呢？因为他觉得没有必要。他的哲学基础决定，政治方案必然简略疏阔。因为人性本善，人人都是尧舜，没有必要搞那么多手段来针对人民。只有不信任人民的统治者，才制定严密和苛刻的律法来管制他们。君子之德风，小人之德草，风行草偃。只要君王在上面以身作则了，百姓就会在下面紧紧跟随。一人行仁政，而举国尽向善。邻国受苦受难的百姓，都引颈期盼、箪食壶浆，等待圣君来拯救他们。仁者，最后必无敌于天下。

孟子的理论在哲学上固然自成一派，但以如此简略疏阔的解决方案来游说君王，要求改革政治，未免太过一厢情愿。于哲学而言，他是一个理性思考者。于政治而言，他却是一个理想主义者、浪漫主义者。在当时国际竞争激烈、战争刺刀见红的严峻形势下，各国君主没有采纳孟子的意见，也就不足为奇了。孟子以德服人式的仁政，或许在西周之前国际竞争不那么激烈的时代，可以付诸实行。但在稍有不慎，分分钟丧土亡国的战国时代，万不能推行。

孟子的政治解决方案，在当时固然不可取。但他的某些政治思想，发人所不能发、不敢发，在整个中国古代都是弥足珍贵的。在这之中，尤以民本思想为代表。孟子的民本思想，可从贵民、保民、乐民三个层面来理解。所谓贵民，即是在一个国家之内，人民是最重要的，比社稷和君王都重要。可以为了人民，舍弃社稷和君王；不能为了社稷和君王，舍弃人民。所谓保民，即是保爱人民。孟子以珍禽奇兽作为比喻，让君王以爱珍禽奇兽之心，推广为爱人民之心；以爱护自己家的老人之心，推广到爱护别人家老人之心；以爱护自己家孩子之心，推广到爱护别人家孩子之心。以此推恩则足以保四海，不推恩则不足保妻子。善于保民，则为王政，天下没有敌手能对抗。所谓乐民，即是与民同乐，独乐乐不如众乐乐。君王可以欣赏美妙音乐，修筑苑囿尽情田猎。但若与民同乐，人民就会忧君王所忧、乐君王所乐。若不与民同乐，人民就会与君王离心，以君王所乐为忧，以君王所忧为乐。与民同乐，国无不兴。不与民同乐，国无不衰。

除了尊崇人民，孟子还敢于对君王作出尖锐的批评。孟子明确指出，君王统治人民，其合法性是由上天赋予。尧之传位于舜，禹之传位于启，虽然禅让和世袭制度不同，但都是天意的体现。天意不予，而强行夺取，就是篡位。天意给予，即使强行夺取，也是合法的。

有一次，齐宣王问孟子：听说商汤王流放夏桀，周武王讨伐商纣，有这样的事吗？

孟子回答：实有其事。

齐宣王又问：商汤王是夏桀的臣子，周武王是商纣的臣子，以下犯上，以臣弑君，这种行为学者们也认同吗？

孟子冰冷答道：破坏仁的行为叫作贼，破坏义的行为叫作残，既残又贼的人叫作独夫。我只听说诛杀一个名叫纣的独夫，没有听说弑杀了国君。

儒家非常讲究君臣尊卑之分，这是礼制的规定。但孟子的思想中，仁爱和天意高于礼制。君王违反仁爱原则和上天意愿，那么就没有资格再成为人民的统治者。所以汤武暴力革命，顺乎天而应乎人，不存在什么弑不弑君的问题。这样前卫的观点，孔子恐怕听到也要大吃一惊。

还有一回，齐宣王与孟子讨论高级官员的异同问题。齐宣王问：高级官员之间有什么不同吗？

孟子说：当然有不同。有同姓的高级官员，有异姓的高级官员。

齐宣王问：同姓高级官员处事有什么原则？

孟子答：君王有大的过错，他们就要劝谏。再三劝谏君王都不听，就可以废掉旧君主，拥立新君主了。

齐宣王乍一听，整张脸黑了下来，强压着一腔怒火，半晌不作声。由此可知，在孟子心中，没有永远不变的君王。只要他违反了仁爱原则和上天意愿，臣民随时可以进行废立。孟子的观点言论触犯了统治者的忌讳，这也是他不被重用的一个重要原因。

孟子对君王的不恭，还表现在对他们具体行政措施的批评上。魏惠王晚年，东败于齐国，西败于秦国，丧地达千里。东迁大梁后，魏惠王励精图治，谋求复兴。他向孟子请教：寡人对于国家，可以说是尽心尽力了。河内发生灾荒，我分拨河东的粮食救济河内，还将部分百姓迁徙到河东。河东发生灾荒，我也如此处置。对比邻国的政治，没有比我更用心的了。然而邻国的百姓没有减少，我国的百姓没有增多，这是为何?

孟子指出，表面上魏惠王忧国忧民，实际上与邻国那些奴役百姓、使他们遭受饥寒冻馁之苦的统治者没有本质的差别，不过是五十步笑一百步而已。他说：厨房里有肥肉，马厩里有肥马，百姓却面带饥色，饿死于野外。这样的政治，相当于率领野兽来吃人。野兽相互残杀，人尚且厌恶，何况人率领野兽来吃人？现在魏国的政策，在厨房里大量囤积肥肉，在马厩内将马养得白白胖胖，却让城外的百姓忍受饥饿的折磨，濒临死亡的边缘。这样的政策，与率兽食人有何异？我王不推行仁政，本国百姓尚且不能自保，更不要指望邻国百姓前来投靠了。

直面指斥君王“率兽食人”，那是相当严厉的批评。遇上喜怒无常的君王，极有可能会掉脑袋。所幸战国是一个开放的时代，统治者对知识分子非常宽容。魏惠王虽然对孟子的批评很不爽，但也没有追究他的责任。从此一谏言，可见孟子性格刚正率直，敢言敢说，不畏权势。这样的事，相信孟子不是第一次干，也不是最后一次干。他经常捋虎须，君王们自然不喜欢。所以他周游列国，最高也不过获得一个客卿身份，始终无法跻身政坛。孟子理想的仁政，终其一生都没有被实行。

去世之后一千多年的时间里，孟子在中国人的心中，还只是普通儒学大师的身份。汉唐时代，儒学尊崇的至圣先师是周公和孔子。孟子地位的崛起，得益于儒家对佛教的反击。唐代佛学大盛，侵入社会各个阶层，引起儒家学者的警觉。主张排佛的韩愈认为，佛学讲心性和精神修养，是向来注重外在制度礼仪的儒学忽视之处。它们趁虚而入，所以节节获胜。于是他梳理儒学发展史，重新发现主张心性修养的孟子，给予了他极高的评价。在韩愈建立的道统论中，尧帝传给舜帝，舜帝传给大禹，大禹传给商汤王，商汤王传给文武周公，文武周公传给孔子，孔子传给孟轲。孟子死后，道统失传。韩愈希望重振孟子的心性哲学，抵挡佛学对中国人思想和精神的入侵。

到了宋代，儒、佛两派继续竞争。北宋神宗年间，《孟子》被列入科举考试科目。南宋朱熹特别从《礼记》中取出《大学》和《中庸》两篇，将它们与《论语》《孟子》合编为《四书》。儒学内部心性哲学的发展脉络，得于梳理清楚。曾子、子思和孟子的地位，大幅被提高。公元 1330 年，元文宗追封孟子为“邹国亚圣公”。公元 1530 年，明朝嘉靖皇帝追封孟子为“亚圣”。孟子在儒家历史上仅次于孔子的地位，正式被官方确认。无论是韩愈的道统论、朱熹的理学或王阳明的心学，都是儒、佛对抗竞争表现出来的结果。历代儒家后学，不断地从孟子身上汲取营养，充分说明孟子哲学思想具有恒久的价值。

除了发展了心性哲学，《孟子》一书取得的文学成就也非常高。孟子讲心性修养，自称善养浩然之气，其气至大至刚，充塞天地之间。孟子文章，也表现出这种特征。《孟子》的风格阳刚雄健、气势昂扬，诵读间不觉奇风突生于唇齿，浩气荡然于胸腹，有凛然俯视万物的豪情。孟子言：“夫天未欲平治天下，如欲平治天下，当今之世，舍我其谁也？”若没有他那存心养性的修养，也说不出这等话，写不出这等文字。

孟子文式的雄浑风格，千载以后，罕有人能望其项背。贾谊稍得其健，失之于薄。杜甫稍得其雄，失之于悲。苏轼、辛弃疾稍得之豪，失之于杂。自此之后，称得上水平的阳刚雄健式风格的文章，绝迹天下。

## 07　纵横家的奥秘

公元前 4 世纪诞生的另一个思想流派，是纵横学派。严格来说，纵横学派不是一个与儒学、道学等相提并论的哲学流派，而是一门实用学科。纵横学是为了满足当时政治、外交、军事以及士人个人的需求，发展出来的综合谋略学。以今日眼光来看，它的学说涵盖权谋术、心理学、社会学、情报学、辩论术、修身法等众多内容，跨越学科颇多。但纵横学既没有形而上的思考，也没有提供社会政治解决方案，和兵家一样，它仅提供实用性知识。有人将如《孙子兵法》之类的兵书称为武将的谋略学，将《鬼谷子》称为文士的谋略学，兵家和纵横家便成为一家了。这样的划分，不无道理。

纵横学的开宗立派的大师号称鬼谷子，无人知道他的姓名履历。鬼谷是鬼谷子隐居的地方，他因此得名。鬼谷子之所以名扬天下，除了他留下《鬼谷子》这部著作外，还因为他教育出了庞涓、孙膑、张仪、苏秦四位大名鼎鼎的弟子。对于后一点的真实性，不少人持有怀疑。因为四个人活动年代相距甚远，不太可能都是他的弟子。特别是苏秦，有观点认为他活动时间约在公元前 3 世纪早期，与张仪没有交集，更不用说庞涓和孙膑了。由于史料缺失，这个问题已难有确定的答案。但毫无疑问，庞涓、孙膑、张仪和苏秦四人都是战国时代的权谋大家，有一人出自鬼谷子门下，已足以让他名誉倍增。

纵横学的理论认为，世界上万物生灭，人情是非，都是变化无端的。要让自己立于不败之地，必须洞悉人心的微妙，预知变化的征兆，采取最有效的应对措施。这样一套处理人事的方法，纵横学称为捭阖。

所谓捭阖，指一对既相互对立又能相互转化的行动策略。可以把捭理解为开，一种进取的行动策略；把阖理解为合，一种退守的行动策略。也可以把捭理解为开口游说，它同样是一种进取策略；把阖理解为闭口沉默，它同样是一种退守策略。根据具体情况，或使用捭的策略，或使用阖的策略，或使用捭阖相结合的策略，探知对方的实情和欲求，制定出周密的应对措施，以获得对自己有利的结果。鬼谷子认为，捭阖之道合于阴阳变化的道理。天地之间四季变换，万物生化，无不遵从捭阖的原则。要精通人事，做到制人而不制于人，必须深谙捭阖的奥义。

更具体的，鬼谷子将捭阖分成两类相反的概念。捭代表长生、安乐、富贵、尊荣、显名、爱好、财利、得意、喜欲等；阖代表死亡、忧患、贫贱、苦辱、弃损、亡利、失意、有害、刑戮等。采用捭类概念的方法，多在于启动策划的时候。采用阖类概念的方法，多在终结计划的时候。捭动而行，阖止而阴。捭动而出，阖隐而入。高明地将捭阖方法结合使用，将无往不利，可以游说他人，游说大夫，游说国家，乃至游说天下。

在捭阖原理指导下，鬼谷子又总结出五个类型权谋方法和谋划大事的五个步骤。

五个方法分别为反应、内揵、抵巇、飞箝和忤合。反应即是交换立场，审查形势，反复验证，以求掌握最准确的信息。内揵即是打开游说对象的心扉，触动他的情感，建立起双方信任亲密的关系。抵巇即是寻找事物之间的缝隙和破绽，根据己方的需求，加以利用。飞箝即是故意褒扬对方，使之解除戒心，流露真情，进而钳制对方。忤合即是根据己方的需求和计划的目标，适时改变立场和目标，不拘泥坚守原则。

五个步骤分别为揣、摩、权、谋、决。揣即是测探对方内心，掌握真实的信息。摩即是在揣的基础上，充分打动对方，建立起信任亲密的关系。权即是根据己方利益考量，突显优势，回避劣势。谋即是以目的为导向，充分利用掌握的资源，策划达成目的的方法。决即是研究促成决断的各种条件，以期到达缜密无误的结果。

但掌握了外在的理论和方法，就能确保纵横之士无往不利、所谋必成吗？并非如此。如果一个人只了解外在的理论和方法，没有高深的内在身心修养，在执行方策时，就容易“差之毫厘，谬以千里”。因此，鬼谷子又总结出《阴符七术》，传授于弟子。“阴符七术”分别为盛神法五龙、养志法灵龟、实意法螣蛇、分威法伏熊、散势法鸷鸟、转圆法猛兽、损兑法灵蓍。经过此“七术”修炼后，纵横术士才能神清志定，思路清晰，处变不惊，驰骋于公侯权贵面前，无所滞碍。《战国策》记载苏秦游说秦国失败，返回洛阳，悬梁锥股苦读《太公阴符》，终于大成。抑或《太公阴符》，即是鬼谷子的《阴符七术》？

鬼谷子的纵横捭阖之术，说好听了是顺和天地阴阳之道，来应对人事。说不好听，就是首鼠两端，唯利是图，没有原则。纵横家们莫说没有孔、墨那样崇高的道德人格，就是最基本的处世为人原则，他们也是缺乏的。张仪欺骗楚怀王，空口白舌将赠送六百里地变成六里，便是毫无信义的表现。苏秦配六国相印，朝三而暮四，便是毫无忠诚的表现。无忠无义，无诚无信，便是寡廉鲜耻。

纵横学派诞生于战乱不休的乱世，其理论教义，大有用武之地。上至各国谋求合纵连横，下至士人谋求荣华富贵，都离不开鬼谷子的教导。它纯任计谋、不讲原则的策略，在某种程度上呼应了时代需求，无情地促成强国愈强，弱国愈弱，最后终结了中国政治长久分裂的局面。在完成中国再次统一的进程中，纵横学发挥了与法家类似的作用。虽然他们采用的手段不值得赞扬，但取得的成效，不应否认。就如人们不倡导使用武力，但有时候不得不承认以暴制暴确实能取得不错的效果。张仪和苏秦的道德人品备受诟病，但他们在促成新的政治局势上发挥的作用，未容小觑。

除了《鬼谷子》，苏秦和张仪著有自己的作品传世，流传到汉代。但随着战国局面的终结，纵横学也失去了生存的土壤。汉武帝刚继位，下诏征求贤良方策。彼时尚有学习纵横术的游士，不知究底，上书大谈纵横捭阖之道。汉武帝一看，心头大怒。当时汉帝国内尚有不少分封的同姓诸侯国，如果他们供养和任用纵横游士，生起祸乱，将危害无穷。于是汉武帝下诏严厉打击学习纵横术的游士，禁止诸侯国供养或任用他们。儒家和道家也斥纵横学为末技小道，用之败国亡家，不足效习。在后来的历史，纵横学派势衰，不但无复往昔辉煌，且永久性退出政坛和学术的中心领地。当然，作为一种谋略秘术，《鬼谷子》永远有它存在的价值。无论在哪个时代，总有汲汲于名利之徒，偷偷捧着《鬼谷子》，研究和揣摩捭阖之法、阴谋之道，想以此求取权名富贵。

## 08　稷下学派和《管子》

以上述及的诸子，都是以他们的思想理论来划分流派。在战国时代，还有一类学术团体，以聚集地得名。齐国的稷下学派，便是这种类型。自春秋时代士阶层崛起后，各国的政治贵族便与他们建立起密切关系。士人谋求得到政治贵族的权力和财政支持，政治贵族谋求得到士人的知识和智慧支持，双方便发生相互利用的关系。孔子周游列国，久居陈国和卫国，便得到司城贞子、蘧伯玉等当地权贵款待资助。魏文侯的兄弟魏成子，以自己封邑收入的十分之九供养游客，为魏文侯招徕田子方、段干木、李克、乐羊等贤才，实现了魏国的霸业。《商君书》中记载商鞅变法，严厉禁止公卿贵族供养游士，可见养士之风一度在僻处西陲的秦国流行。齐鲁之地，号称春秋战国时代文化氛围最浓厚的地区，养士的风气更盛。前有齐宣王时代的稷下学派，后有孟尝君养客三千，都在历史上享有美誉。

稷下是一个地名，位处齐国首都临淄的西门。齐宣王（公元前 319 年—前 301 年在位）喜好文学游谈之士，在临淄西门修筑官邸，款待和供养他们。齐宣王尊贤重士的名声传遍四方，各国游士辐辏而至临淄，聚居在稷下。齐宣王赐予七十六名最有学问和名望的士人上大夫的爵位，好吃、好喝、好住供应着，无须参与政事，专门从事学术研究。鼎盛之时，稷下学宫供养的游士，达到上千人。

根据史料记载，留下姓名的稷下学派学者，有田骈、田巴、徐劫、兒说、慎到、季真、接子、环渊、邹奭、邹衍、淳于髡、彭蒙、尹文、宋钘等人。儒家大师孟子和荀子，也曾到访稷下学宫，在这里开坛讲学。可以说，齐国汇聚当时知识界的顶尖人才。这些英才聚集在一起，既没有物质匮乏的担忧，也没有政治迫害的压力，他们自由地进行交流和探讨，畅所欲言。上至宇宙神灵问题，下至人间伦理问题，大至国家政治问题，小至饮食男女问题，无不在他们思考和辩论的范围内。数代齐国君主都坚持开放的文化政策，促成了当时思想学术少有的繁荣局面，创造了一个难以被再复制的现象。当然，借助这些延揽到的人才的能力，也增强了齐国的实力。后来秦国睥睨群雄，单独拉拢齐国一起称帝，与稷下人才给它带来的巨大声望与实力，有很大关系。

可惜的是，稷下诸子的著作，大多没有保存下来。他们的主张和言论，被零散地记录在《庄子》《荀子》《韩非子》《吕氏春秋》等著作之中。依靠这些稀少的信息，很难准确地概括出他们的思想要义。但是，这不代表对稷下学派没有能述说的内容。在学术界，《管子》一直被认为是一部成书于战国中晚期、由稷下学派修撰完成的作品。《管子》中的大部分内容，基本反映了稷下学派学者们的思想。退一步说，它至少代表齐国统治者所认同的思想。认识《管子》，理解《管子》，就是认识和理解了齐国及其所代表的学术文化精神。

然而《管子》是一部内容宏富的杂家著作，其中既有儒家的理论思想，也有道家的理论思想，法家的理论思想，阴阳家的理论思想，兵家的理论思想。更复杂的是，它有时还表现出矛盾的观点。比如在此一篇章中轻视打压商业，在彼一篇章中又重视扶持商业。这样的情况，就很难简洁地概括出《管子》的思想要义。而且，儒家、道家、法家等思想，前面已经论述过，没有必要再讨论。我们只要着重去研讨那些其他流派没有，只有《管子》具备，体现出稷下学派特别的创造性的那类内容。这类内容，《管子》有吗？有的，就是经济学思想。

在中国历史上，乃至在世界历史上，有关专业经济学的理论和方法，产生得很晚。间或出现一些相关经济的言论，也是夹杂在政治与道德的论述缝隙中。人类懂得系统地利用经济学方法来建设和管理社会，是到近代才实现的事情。但早在春秋战国时代，齐国便出现了以专业经济学方法发展经济、管理社会的探索和实践。它们的某些内容，与现代经济学理论惊人的相似，堪称是现代经济学的先声。那么，《管子》中表现的先进经济思想，具体有哪些呢？

第一，轻重论的发明和使用。所谓轻重，指价格的高低和贵贱。因为古代以金属为货币，价格高货币重，价格低货币轻，所以把价格的高低和贵贱，称为轻重。齐国的学者们认识到，当一种物品供应增多时，价格就会降低；当它的供应减少时，价格就会增高；当供求平衡时，价格就会稳定不变。那么，政府就可以通过对价格的控制，来调配物品的供应。或通过物品的供应，来控制物品的价格。因为“民以食为天”，粮食在古代社会生活中非常重要。粮食价格昂贵，那么其他物品价格就低贱；粮食价格低廉，那么其他物品价格就昂贵。所以，国家可以通过控制粮食的供应和价格，轻易控制其他物品的价格和供应。这种认识，实质就是现代经济学中的价值规律理论和供求关系理论。现代国家经常采用价值规律和供求关系的方法来发展经济，维护市场稳定。但人们难以想象，早在两千多年前的齐国，就已经认识到和使用了这种方法。实际上，齐国不但使用轻重术控制国内经济发展，而且将它运用在国际贸易和政治斗争上。《管子》记载，齐国曾用抬高绸布价格的方法，迷惑鲁国和魏国农民从事织布产业，使得两国粮食大幅减产，不得不有求于齐国，增加了齐国在政治谈判上的筹码。齐国还使用了“天下低我高，天下轻我重，天下多我寡”式逆反策略，对内刺激出口，对外引入重要物资，保证在经济上立于不败之地。说明齐国统治者对轻重理论，不但有认识深刻，而且使用非常熟稔。

第二，国家参与产业经营，垄断核心产业。齐国是产盐大国，政府牢牢将盐业控制在自己手中。市场出售的盐，都附加了税价。每卖出一份盐，政府就有一份收入。此外，齐国还根据形势，不时调整盐的生产和出口政策，从国际贸易中牟取暴利。铁的开采和冶炼，也是关系到国计民生的一个大产业。齐国规定铁矿属于国家所有，但允许私人开采，获利进行三七分，政府取三分，私人取七分。齐国还控制粮食谷物的流通，多余时低价买入，匮乏时高价卖出，从中赚取差额利润。国家参与重要产业的经营，甚至垄断核心产业，以增加政府收入，是现代国家经常采用的经济手段。但在两千多年前，齐国已认识到经济国有化的益处，并将之付诸了实践。

第三，实行“寓税于价”的政策。齐国学者认为，直接向人民征税，纳税者有被掠夺的感觉，会产生愤怒，甚至以行动抗拒。但如果把税价隐藏在商品中，商品交易后，税价也收了，人民却察觉不到，就不会对政府有负面情绪。齐国实行的很多税收政策，就是把税价加入到商品价格中，通过商品买卖来完成抽税过程。这种策略，不但是高明的税收手段，也是很好的社会治理方法。一直到今天，许多国家还采用“寓税于价”的策略来向人民抽税。

第四，鼓励以奢靡消费刺激需求，促进经济循环发展。一个人有钱了，把钱堆积在家里，对自己和社会都没有益处。但如果拿出来消费了，就创造了需求。有了需求，就有就业。有了就业，经济就能循环发展。齐国学者们说，如果有钱的富人都进行奢侈消费，盖大楼，穿锦缎，骑宝马，喝美酒，葬厚棺，那么一千年也没有人出来乞讨。因为富人的奢侈消费，为穷人带来就业机会，解决了他们衣食温饱问题。这种以消费创造需求的方法，现代经济学称为有效需求论。齐国认识和实践这种理论，比西方早了两千年。

除了以上四点，《管子》还记载了众多运用于国内的经济奇谋，以及运用于国际的贸易诡略，皆取得非常成效。它们思想之超前和创意之新颖，即使放在今天，也还令人称奇。或许无法认定《管子》所录的经济理论和经济案例，有多少被真正实践过。但即使有部分仅是假想，它迈出的这种理论探索步伐，也足够让人仰望。《管子》的经济思想，在诸子争鸣时代，是一朵智慧的奇葩。它走过一条荆棘之路，创造出其他流派没有的理论，收获了其他流派没有的成果。

杨朱、列子、惠施、庄子、孟子、黄老学派、稷下学派，这些在本章讨论到的思想流派，就是公元前 4 世纪到公元前 3 世纪，中国人创造出的全部智慧成果吗？绝非如此。在这一百年中，还诞生了伟大的医学著作《黄帝内经》、伟大的地理学著作《山海经》、伟大的工艺著作《考工记》、伟大的文学著作《楚辞》，等等。中国人在这个时代取得的成就，横跨众多领域。按班固《汉书・艺文志》的记载，诸子共有 189 家，总计 4324 篇（章）。被记录下来的书目，大部分是春秋战国时代的作品。而在春秋战国五百年中，公元前 4 世纪又是思想最为活跃、想象力最为奔放的时代，创造出的成果也最为丰硕。可惜的是，不少作品在流传过程中散佚失传。班固见到的，只是当时创造的一部分。我们今日见到的，又只是班固见到的一部分。所以，人们不得不通过管窥蠡测的方式，来认识那个时代的浩渺壮丽、汪洋恣肆。本章的论述，虽然至此罢笔，但必须承认，轴心时代中的巅峰时段的精彩程度，绝不仅于此。

第十二章

# 军国主义大战

## 01　赵国胡服骑射改革

在百家争鸣的同时，中原诸国先后进入军国主义状态，兼并形势达到白热化程度。在这个时代发生的战争，不再是春秋时代数万人对数万人的杀伐，一次伤亡几千人。而是上升到十万级别乃至数十万级别的对抗，一次伤亡几万甚至几十万。这样的数据，不但冠绝当时世界，在后来时代也是鲜见的。据统计，战国时代秦国长期动员整个国家 8% 至 20% 的人口数量参加战争，而同期罗马共和国的动员参战人数只有总人口的 1%，希腊希洛同盟动员参战人数最高达到总人口的 5.2%。贯穿公元前 3 世纪的兼并统一战争，堪称华夏天下的“世界大战”。这页殷红的史书，长久惊悚着中国人的记忆。

因商鞅变法，使七国争雄的格局转变成一超多强。任何国家凭一己之力，都不能对抗秦国。只有多国联手，才能抵御秦军东进。毗邻于秦国的魏、韩、楚三国，都曾大败于秦军，亡师丧地。赵国与秦国虽有接壤，但因国境偏北，没有成为秦国的主要打击对象。随着魏国丧失河西与河东，秦国领土扩张到山西地区，对赵国的威胁陡然增大。赵国在东面临中山国（被魏国灭后复国）、燕国、齐国的压力，在北面临林胡、楼烦的压力，在西面临秦国的压力，南面与魏国、韩国两个兄弟国，也没少发生龃龉。在重重压力下，赵武灵王于公元前三四世纪之交时刻，发起胡服骑射改革，谋求增强国家实力。

所谓胡服骑射，即是改穿胡人短装，束皮带，用带钩，戴着插有貂尾或鸟羽的武冠，穿皮靴，便利于训练骑兵在马上射击作战的技术。进行胡服骑射改革，是赵武灵王经过长期与北方的东胡、林胡、楼烦作战，总结出来的经验。北方胡人用骑兵，穿短装，行动方便，来去迅捷，战斗力强。而赵国人习惯宽衣大袖，使用重步兵和车战，行动迟缓，战斗力差。两相比较，对手的优势和自己的劣势，一目了然。赵武灵王酷好行军作战的生活，长期身处战争一线，没有华夏文明种族轻视边夷的心理。他奉行的准则，就是以实用为导向。既然胡人穿短装，用骑兵，便利而强壮，为什么我们不能学他们呢？于是在继位十九年后，即是公元前 307 年，赵武灵王正式发起胡服骑射改革。

满朝文武听到赵武灵王的决定，都很不开心。他们自认是中国之人，以先进的礼乐制度、器物文明傲视蛮夷。让他们身穿胡服，仿效胡人行动，简直是一种耻辱。反对派以公子成、赵造、赵文、周绍、赵俊为代表，赞同者只有楼缓与肥义。

赵武灵王对肥义说：我从来没怀疑过实行胡服骑射改革，会增强国家和军队的实力。但我担心天下人民议论纷纷，对我不利，怎么办？

肥义说：臣听说做事优柔寡断，就不会有功劳。行动瞻前顾后，就不会有美誉。大王既然已不顾浅陋俗人的劝谏，就不要再在意天下人的议论了。愚蠢的人看不到眼前的事情，智慧的人却能预知未来。请大王不要犹豫了！

赵武灵王叹道：愚蠢的俗人会嘲笑我的行为，但智慧的贤人会明白我的用心。国民们如果都遵从我的命令，那么它带来的利益将难以想象。我下定决心了，即使要被天下人嘲笑，终我之世，也一定要吞并中山国和北方胡人之地！

赵武灵王决定身穿胡服上朝，派遣使者晓谕叔父公子成，让他服从大局，也身着胡服上朝，为众人表率。公子成仍然不能接受这样的行为，以患病卧床为借口，拒绝胡服上朝。赵武灵王听到消息，亲自造访公子成府邸，向他说明“儒者一师而俗异，中国同礼而教离”的道理。并表露心迹，他之所以推行胡服改革，并非为了个人逸乐享受，而是为了继承祖先遗志，报国家大仇，消除未来隐患。公子成最终被说服，接受了赵武灵王赐予的胡服，第二天便穿着它上朝了。

虽然朝中还有反对力量，但已不能阻止胡服令推行下去。胡服骑射改革，是赵国在原有社会基础之上，推行的一项军事改革。其内容虽有波及社会和文化层面，但对赵国的立国基础不构成损害。它只学习胡人之形，而不用胡人之实。赵国的政治制度和文化教育，仍旧秉承华夏中国的传统。赵武灵王的改革力度，远没有秦国来得彻底。但它取得的成效，也非常巨大。赵国军队的战斗能力，猛然提升。赵武灵王凭此开疆拓土，辟地千里，使赵国成为战国末期的一大强国，也是抵抗秦国最重要的力量。

胡服骑射后第二年，赵武灵王发动对中山国的战争。经过连续十年的胜利，终于在公元前 296 年，灭亡中山国，吞并其土地。对东胡、林胡、楼烦的战争，也取得一系列胜利，拓地北至燕、代，西至云中、九原。沿边境修筑长城，派重兵驻守，防止胡兵南下。战国末期，北方的少数民族逐渐强盛起来，对中原威胁越来越大。在战国诸雄中，赵国承担着最为繁重的抗胡任务。长期与胡人交战，磨炼出来一支经验丰富、敢战敢打的赵国军队，驰名天下。

赵武灵王力排众议、果断坚决地推行胡服骑射改革，堪称明主式表现。然而这种英明的表现，却没能贯彻始终。没过多久，他因为一个不成熟的政治决策，又牵囿于亲情，在继承人问题上摇摆不定，遭致死于非命的悲惨结局。

赵武灵王好动、好武，在都城内静待不住，经常率领军队巡边，与敌人交战。然而身为国王，这样频繁外出，远离国家政治中心，是非常危险的事。难以预料何时发生政敌夺权，或自己在外遭遇不测。为此，赵武灵王想出了一个“两全之策”，把王位传给幼子赵何，自己晋升为太上王，号称主父。这样，都城内有正宗的国王镇守，既不用担心政敌发难，也无须害怕在外发生不测，有动摇国本的忧虑。从此赵武灵王展开他雄健的翅膀，任意翱翔在自由的天际。

赵武灵王不但好动好武，还有野心和胆略。他的目标，不只是吞并中山国和击退胡骑，还跃跃欲试，想与当世最强的秦国一决雌雄。他谋划许久，想从北边的云中和九原出奇师南下，袭击秦国。但苦于对秦国境内道路交通和城邑布防不了解，迟迟不敢行动。某次心血来潮，假作本国使者，出使秦国，一路侦查军防措施，了解风土人情。赵武灵王直抵咸阳，在秦国的朝堂上面见秦昭襄王，没人发现他的身份。离开之后，秦昭襄王回想起他气度不凡，可能不是普通人，急派人追赶。但赵武灵王快马轻骑，早已离开秦国。最后得知假使者竟然是赵主父，秦国上下吃惊不小，赶紧加强边境布防，防备赵国突袭侵略。由此可见，赵武灵王不但具有政治家和将帅的才能，还具有间谍特务的才能。若不是他因政变意外死亡，秦国直接与这样一位具有胆略和才能的对手较量，恐难讨到便宜。

赵武灵王尚在年富力强的时候，便禅位于幼子赵何，本已是个错误。之后又因对长子赵章心怀愧疚，对他大加赏赉，逾越常制，更是错上加错。赵武灵王态度的转变，助长了赵章的气焰。他一直不甘心位居异母弟赵何之下，自认为得到了父亲的支持，开始阴谋政变。公元前295年，赵武灵王偕赵何（此时是赵主父和赵惠文王）出游沙丘，两人异宫别居。赵章团伙假传主父命令传召赵惠文王，想要将他杀害。相国肥义察觉有异，拦下赵惠文王，先行入内查视。赵章团伙杀死肥义，率军攻击赵惠文王。可惜赵惠文王正位已久，与文武大臣君臣名分已定。众人都支持赵惠文王，不支持赵章。公子成和李兑率军击败赵章团伙，赵章走投无路，逃往赵武灵王行宫避难。赵武灵王不忍见儿子惨死，开门让他入内。原本对赵武灵王忠心耿耿的公子成和李兑，此刻也不念旧情，让将士冲入宫内杀死赵章。之后两人谋议，若让赵武灵王平安出来，以他的性格追究报复，他们将死无葬身之地。于是封锁宫门，将旧主囚禁在内，断绝食物供应。赵武灵王饥饿难耐，吃尽宫内一切可吃的动物和植物。在度过三个月痛苦的煎熬后，终于无以为继，活活被饿死。雄姿英发了半辈子的赵武灵王，以悲惨无比的笔调画上人生的句号。

## 02 秦昭襄王独称西帝

赵武灵王死得不可谓不惨，但若比惨，同时期的楚怀王也不遑多让。本书前述，楚怀王昏聩幼稚，数番被张仪算计，遭秦国欺凌。惨痛的教训，没有让楚怀王吃一堑长一智，直到搭上性命，还没有觉悟。

公元前302年，秦楚关系有了短暂缓和，楚怀王将太子芈横送到秦国充当人质，以换取信任。然而没料到，芈横在秦国惹出了祸端。在一次与秦国大夫的私人争端中，他动怒杀死了对方。鉴于秦国之前的所作所为，极有可能是蓄意欺压凌辱芈横，挑起争端。芈横也是骄纵惯了的公子哥，无法忍受恶劣的态度，冲动之下诉诸了武力。杀了人后，芈横不辞而别，逃亡回国。

秦国领导集团大怒，向楚怀王索取太子芈横。就此将儿子送回秦国，必然凶多吉少，楚怀王拒绝了要求。第二年，秦国采取军事报复行动，大破楚军。楚兵伤亡两万余人，大将军景缺阵亡。楚怀王非常恐惧，将芈横送到齐国作为人质，一方面希望获得齐国援助，另一方面希望祸端离开后，秦国不再针对楚国。秦国不为所动，第三年继续攻击楚国，夺去八座城市。之后秦昭襄王写信给楚怀王，希望两人在武关相见，捐弃旧隙，重申盟好。

楚怀王左右为难，去了怕被欺骗，不去又怕秦国生怒，变本加厉报复。但楚怀王的儿子子兰不知出于何种目的，竟然劝父亲前往赴约。颟顸的楚怀王蠢蠢然来到武关，看不到秦昭襄王的身影。秦军关闭武关大门，将楚怀王架到咸阳城。楚怀王知道又遭秦国诓骗，悔之晚矣。

在秦廷上，秦昭襄王仅以外国藩臣之礼对待楚怀王，倍加无礼。秦国向楚怀王索取西南方的巫郡和黔中郡，作为秦楚和平结盟与释放他的条件。楚怀王答道：好，你把我放回去，就将两郡割让给你。但秦国不为所动，坚持让楚怀王先割让土地，才放他回去。楚怀王再傻，也不可能再犯一次低级错误，他拒绝与秦国结盟。秦昭襄王便扣留住他不放了，加紧施压无君统领的楚国。

楚国上下没有屈从，从齐国迎回太子芈横，立为顷襄王，拒绝秦国所有谈判条件。秦国领导集团恼羞成怒，于第二年又兵出武关，击杀楚兵五万人，占领十五座楚国城市。楚军屡战屡败，说明此时楚国从政治到军事全面腐败，实力已经同秦国不在一个档次。虽然在战场上有斩获，但秦国并不敢放肆吞灭楚国。因为此时，由齐国孟尝君领导组织的合纵联盟已经组成，齐、韩、魏、赵、宋五国联军，正在向秦国进发。秦国采取分化瓦解策略，分别与韩国和魏国谈判，向韩国归还武遂，向魏国归还封陵。韩、魏两国罢兵，合纵联盟瓦解，联军兵行到河东的盐氏即折返。期间孟尝君向秦国提出释放楚怀王的要求，但联盟瓦解后，秦国置之不理。

遭到扣押的第二年，楚怀王一度摆脱秦人监视，逃出咸阳。秦昭襄王寻找不到他人，重兵封锁通往楚国的道路，严查各大关口。楚怀王和当年商鞅一样，折返往北走。此时河东地区已不是魏国的领土，与秦国接壤的是赵国。赵武灵王不久前禅位于赵惠文王，此刻正率军在北方边境巡视。赵惠文王年幼、胆小，不敢得罪秦国，没有收留楚怀王，拒之于境外。秦兵追赶上来，将楚怀王押送回咸阳。楚怀王又羞又怒，气急攻心，不久患上重病，一命呜呼而去，客死异国。秦国封敛尸体，送还楚国。

楚怀王虽然昏聩无能，但毕竟是国家的代表和象征，如此被秦国欺诈囚禁至死，让人民忘记了他的不好，反而抱有巨大的同情，同时对秦国产生极大愤慨。楚人夹道迎接楚怀王棺柩，涕下沾襟。秦国种下的仇怨和给予的羞辱，楚人刻骨难忘。九十年后，天下爆发反秦大起义，作为最高领袖的刘邦和项羽都是楚人，在巨鹿之战中歼灭秦朝主力军队的也是楚人。“楚虽三户，亡秦必楚”的口号与精神，根植于此。

时间进入公元前 3 世纪，秦国对诸国发动侵略战争，越来越频繁，也越来越残酷。战国末期的战争，动辄死伤十万、八万人，实属正常。一次战争死亡达到二十万人以上的纪录，很快也被创造出来。创造这个纪录的将领，即是日后被称为战神的白起。因为史料缺失，现在已经无从知道战争发生的详细背景。但它造成伤亡的惨烈程度，长久震撼着人们的心灵。公元前 293 年，韩国与魏国合兵，向秦国开战。秦相国魏冉向秦昭襄王推荐了初出茅庐的低级军官白起。秦昭襄王用人不疑，让他代替将军向寿，担任作战指挥官。白起率领秦军，在河南地区的伊阙大破韩、魏联军，斩杀敌军二十四万人。这个数字，是中国有明确历史记载以来一次战亡的最高数据。毫无疑问，韩、魏两国主力精锐遭到致命打击，在政治上几乎无条件屈膝退让，割让了大片国土。白起一战成名，被秦昭襄王任命为国尉，统管全国军队。因楚怀王之死，楚国与秦国断绝外交关系。伊阙之战后，楚顷襄王吓破了胆，不得不接受与秦国联姻的建议，以免成为新的打击对象。

韩、魏、楚都已经屈服，秦国的下一个征服目标，就是赵国了。赵国毗邻齐国和燕国，若它们联合起来，秦国不好对付。因此秦昭襄王在发动战争前，必须完成分化赵国与齐、燕的联盟。因为拥有赫赫战功，秦昭襄王开始不满足于王的称号，他想要称帝。但诸国尚在，名义上的周天子也在，他一个人这么干，难免要受众议指责。所以秦昭襄王想拉着齐湣王一起改换名号，他称西帝，齐湣王称东帝。这样，两国结成伙伴同盟，齐国就不会妨碍秦国攻打赵国了。

公元前 288 年，秦昭襄王在没有告知任何国家的情况下，自行在境内称帝。事后派遣使臣出使齐国，请求齐湣王改号称帝，与秦国结盟。齐湣王有一瞬间被虚荣心迷惑，接受了秦国的提议。恰巧燕国使者苏代来齐，齐湣王询问他的意见。苏代指出，秦国的目的在于联合齐国打击赵国。赵国是齐国的屏障，若赵国被灭，那下一个即是齐国了。与其听从秦国去攻打赵国，还不如自己吞并宋国有利。而且，空头周天子尚在，贸然称帝，会被天下人声讨。齐国最好除去帝号，让秦国自受其咎。齐湣王恍然大悟，第二天就宣布除去帝号，也没有同秦国结成同盟。秦昭襄王一厢情愿，被泼了一盆冷水，讪讪不好意思除去帝号，恢复王号。秦国和赵国的大规模决战，也因此被推迟了二十多年。

## 03　齐湣王吞宋咽苦果

常言道当局者迷，又道事后诸葛亮。后人看战国历史一片纷纭，恨六国短视自利，只知相互倾轧，终被强秦所吞灭。然而置身其中者，又怎知到最后统一天下的会是秦国，而不是自己呢？秦国诚然在扩张，但战国时代，哪个国家不在扩张？魏国曾经渡河西进，设置河西郡、上郡，几乎逼亡秦国。楚国东并越地，南开湘黔，领土之辽阔，曾经一时无两。韩国灭亡郑国，尽占中原膏腴之地。赵国吞并中山，北却蛮胡，攘地千里。当这些国家强盛之时，怎知道自己不是最终吞并天下的“强秦”呢？

齐国也是如此。当秦昭襄王送来“东帝”的称号，齐湣王乐呵呵地接受的时候，就是把齐国当成是与秦国并驾齐驱的超级大国。天下英雄，唯秦昭襄王与他齐湣王尔。你秦国有野心，要扩张。我齐国也有野心，要扩张。这不，推拒了“东帝”称号没多久，齐湣王就发动灭亡宋国的战争，要尽吞其地。然而齐国三面列强环伺，地形平坦，没有秦国那样表里山河的优越地形。它吞灭宋国的行动，招致列强反对，各大国组成合纵同盟，攻破临淄，扫荡齐国全境。偌大齐国，被推到生死存亡的边缘，差一点没能翻身续命。

说到齐国这场空前劫难，不能不谈之前它与燕国的一段恩怨。公元前 316 年，燕王哙退居幕后，禅位于相国子之。子之大权独揽，与太子姬平矛盾激化。公元前 313 年，太子姬平得到齐宣王的支持，与将领市被发动军事政变，攻打子之。双方激战数月，死伤数万人，不能决出胜负。后来子之招降市被，太子姬平实力受损，兵败身亡。齐宣王闻询，出动大军攻入燕国。边境燕城驻军同情太子，没有抵抗，打开城门，任由齐军一路北进。齐军攻破蓟城，杀死子之和燕王哙。

轻易占领燕都，让齐宣王萌生贪欲。他并不想恢复秩序，重立燕王，而是想将整个燕国一口吞下。齐军久留不去，激起燕人不满，双方爆发冲突，进而演变成为燕人抵抗侵略的卫国战争。齐军在镇压过程中，手段极为狠辣，烧杀抢掠无所不用其极。齐宣王的行为，遭到国际强烈谴责。鉴于赵、魏、韩、楚等国的强大压力，齐宣王不得不命令军队退出燕境。赵武灵王将原来在韩国充当人质的燕王哙的小儿子姬职，护送回燕国。姬职继位为燕昭王。

燕人虽然复国，但因齐军的残酷镇压以及杀死燕王哙，两国从此结下仇怨。燕昭王图谋复兴报仇，高筑黄金台，卑身厚币招揽贤才，改革政治。于是乐毅从魏国前往投奔，邹衍从齐国前往投奔，剧辛自赵国前往投奔。燕国境内，一时贤才云集。燕昭王在他们辅佐下，奋发图强，励精图治。一面吊死问孤，与百姓同甘苦；另一面训练士卒，壮大军备。经过二十年的沉淀，燕国慢慢富强起来。

燕昭王虽图谋复仇，但在最好时机没有来临前，他一直坚持卑恭侍奉齐国，唯齐国马首是瞻。齐国要什么支持，燕昭王给什么支持；齐国要什么表态，燕昭王给什么表态。他用意在麻痹齐人，使他们不对自己产生警惕。皇天不负有心人，韬光养晦二十余年后，燕昭王终于迎来复仇良机。

公元前 286 年，齐湣王再也按捺不住侵略扩张的野心，出动大军，攻灭宋国。末代宋偃王逃亡魏国，客死他乡。宋国全境，尽为齐国所有。宋国一向恭顺侍奉秦国，秦昭襄王大为不满。第二年派蒙武借道韩、魏，攻拔齐国九座城邑。但因为距离太过遥远，后勤不继，旋即退兵。于是秦昭襄王想要结成诸国同盟，共同讨伐齐国。

经过一年的联络商讨，秦、赵、魏、韩、燕五国达成协议，结成伐齐的军事同盟。协议决定胜利果实如下瓜分：秦国和韩国获得劫掠的金银财货，赵国占有河间之地，魏国占有宋国旧地，齐国本土视燕国能力去占有。因燕国阴谋最大，出力最多，所以众国推燕国相国乐毅为总统帅，指挥五国军队。

公元前 284 年，五国军队以泰山压顶之势，攻入齐国。齐湣王倾尽全国之力，与联军会战于济西。结果齐军大败，将士半数被俘，半数逃亡。乐毅将夺取来的金银财货，赠送给秦国和韩国军队，请求他们退兵。又请赵国军队去占领河间地区，请魏国军队去占领宋国故土。四国各取所需，满意离去。剩下燕国军队向齐国本土推进，攻占齐都临淄。之后乐毅采取怀柔与强攻并行的策略，一面优待贤才，施惠百姓，另一面强攻硬取，武力征伐。不久，燕军就占领齐国本土七十二城。偌大的齐国，仅剩莒城和即墨两座城市还在为齐王坚守。

齐湣王兵败之后，逃往卫国。但他在卫国趾高气扬，被卫人赶走。

投奔鲁国，鲁国不接受，只能返还莒城。众大国之中，只有楚国站在齐国一边，派遣将军淖齿率军前来支援。淖齿到达后，发现齐国差不多丢失完所有领土，齐湣王已经没有什么价值。于是他阴谋与燕国瓜分齐国，就在莒城杀死齐湣王。而后齐人王孙贾杀死淖齿，拥立太子田法章继承王位，是为齐襄王。

乐毅虽然占有齐国大片领土，但却有两座城池，始终不能攻克。一座是齐襄王所在的莒城，一座是贵族将领田单镇守的即墨城。乐毅掌握三军大权，久居在外，劳而无功，不免有流言蜚语产生。说他故意不攻下两城，是另有所图。燕昭王对乐毅是百分之百的信任，不为谣言所动。公元前 279 年，燕昭王去世，燕惠王继位。谣言越传越盛，燕惠王对乐毅猜忌变大。他发出命令，要求乐毅返回燕国报到。乐毅知道朝中有人诋毁他，回国恐怕不得好死，就丢弃了军队，只身逃往赵国避难。

乐毅逃亡后，燕军群情激奋，军心动摇。即墨城内的田单窥准时机，出奇制胜，以火牛阵发动进攻，大败燕军主力。之后乘胜追击，收复齐国全境，将齐襄王迎接回临淄。燕国吞并齐国的策略，最终功败垂成。

在本质上，齐国要吞并宋国，燕国要吞并齐国，与秦国的侵略扩张没有什么不同。但实力有高下，形势有不同，导致结果相异。齐国固然是强国，但没有强大到秦国的地步。它可以消灭宋国，但周围群雄环伺，地形一马平川，难以抵御联军的征讨报复。相比之下，秦国的地理环境具备他国没有的优势。要攻打秦国，要么从函谷关攻入，要么从武关攻入，要么从河东渡过黄河。这几道关卡，无一不是一夫当关，万夫莫开。往往是第一道关卡没有攻破，合纵联盟便被秦国的外交攻势分化瓦解。而齐国无险可依，济西一战，就将它战略性击倒了。所以齐国要走侵略扩张、统一兼并的道路，比秦国难上很多。世人多笑话齐湣王昏聩愚蠢、志大才疏，若齐国不进行扩张，那么他面对的只会是一个越来越强大的秦国，难逃灭亡命运。采取侵略扩张，又难免遭列强结盟讨伐，同样也是灭亡的命运。所以齐国是侵略扩张也罢，不侵略扩张也罢，终究是难逃被他人兼并灭亡的命运。遭遇吞宋之厄后，齐国上下被吓破了胆，长期惊魂未定，采取全面收缩的战略。之后秦国渐次灭亡六国，齐国都按兵不动。按兵不动的结果，并不能明哲保身，只能确保它是最后一个被灭亡的国家。

## 04　白起的屠刀

野心最为强大的秦国，对燕国吞并齐国的战争，坚持袖手旁观，不是因为它对齐国没有企图，而是两国相隔实在太远，它吞不下这块肥肉。若是赵国和魏国要吞并齐国，它不能置之不理。因为赵、魏底子本就很强，再吞下齐国，实力将凌越于秦国之上。但燕国不一样，以弱吞强，成功了对秦国的威胁也不大，况且燕国未必吞得下齐国。因此，它便让燕国和齐国缠斗着，趁着合纵同盟瓦解的难得时机，加紧对邻国的侵略。在秦国后来二十年的侵略战争中，白起一直扮演主角的角色。

公元前 283 年，秦国进攻魏国，攻克安城，军队直抵魏都大梁城。公元前 282 年，秦国进攻赵国，占领两座城市。公元前 281 年，秦国再占领赵国一城市。公元前 280 年，秦国以白起为将，攻克赵国北方的代邑、光狼城，擒杀两万人。然而赵国贤才在位，文有蔺相如，武有廉颇，此时想要啃下这块硬骨头，极为困难。于是，秦昭襄王改变策略，把目光再次投向南方的楚国。

公元前 280 年，秦国以司马错为将，千里行军，从关中南下，经蜀道东出，攻克楚国黔中郡。楚国震恐，割让汉水以北和上庸地区。楚国的退让，并没有换取和平。第二年，秦国以白起为将，攻克楚国鄢城、邓城、西陵三城，直逼郢都。在攻取鄢城时，白起筑坝拦截附近河水，再挖渠引流到围城，造成水漫鄢城，楚国军民被淹死十余万人。

公元前 278 年，白起对楚国郢都发起总攻。楚顷襄王无法抵抗，带领文武百官逃离旧都，迁徙到陈丘。陈丘是春秋时期陈国的都城，此处距离中原更近。楚顷襄王想和魏、韩、齐、赵国抱成一团，以抵御秦国的侵略。白起攻下郢都后，焚烧楚国历代先王的坟墓，以此抹去楚国人对故国的记忆。秦国在新占领地设置南郡，以郢都为首府。秦昭襄王褒奖白起，封其为武安君。翌年白起率军往西南方扫荡，在攻占地区设置巫郡。经此战役，秦国取代楚国，成为列强之中领土最大的国家。

楚国既躲到东方，秦国只能再度向中原发起进攻。公元前 276 年，白起攻克魏国两座城市。公元前 275 年，秦国又发起对魏国战争，韩国支援魏国。秦国大破韩军，杀四万人。魏国割地求和。公元前 274 年，魏国想发起合纵同盟抗秦，秦国攻魏，杀四万人。

韩国被秦国打怕了，不敢与魏国、赵国结盟。魏国和赵国联兵，讨伐韩国，韩国向秦国求救。公元前 273 年，白起率领秦军救韩，击败魏、赵联军，杀十三万人。将两万赵国士兵逼入黄河，全部淹死。

公元前 270 年，秦国对赵国发动大规模战争。赵惠文王起用赵奢为统帅，帅军反击。双方于太行山西侧的阏与展开会战，赵奢大败秦军。《史记》并没有记载这场战争的伤亡数据，可能司马迁根据秦史著录，秦国对于打胜的仗，记下数据；对于打败的仗，则不记数据。此战后，赵惠文王封赵奢为马服君，地位与蔺相如、廉颇并列。据此推测，赵国获得的胜利果实定然不小。阏与之战，是六国与秦交战史中，少数获得大胜的一场战争。经此一战，秦国对赵国有所忌惮。以后好几年，秦国都没有再对赵国发起大战。

公元前265年，赵奢和赵惠文王先后去世，秦国再度对赵国发起侵略战争，攻占三个城市。赵孝成王向齐国求救，两国结成联盟，秦国方始退兵。公元前264年，秦国以白起为将，进攻韩国，攻克五座城市，斩杀五万人，切断北方的上党郡和韩国都城新郑的联系，意欲将韩国北方的领土一气吞并。秦、韩之战，最后将赵国卷入进来，演变成秦、赵大决战，战国时代最剧烈、最惨烈、最残酷的长平之战爆发了。

韩国上党郡被秦军隔绝围困，外无救援，眼看就要陷落。郡守冯亭与参谋们商议，百姓不愿做秦民，与其投降秦国，不如投降赵国。赵国如果接受上党郡，韩、赵联合，犹可与秦国一战。于是将郡守之印封好，派使臣进献给赵孝成王，请求赵国出兵援救上党郡。按当时上党郡是非常富裕的土地，拥有大小城市七十座，人口众多，赵国很难拒绝这样的诱惑。在平原君赵胜坚持下，赵孝成王接受了冯亭的进献，派军进入上党郡。

秦国辛苦作战数月，被赵国不费吹灰之力地摘了果实，秦昭襄王勃然大怒，命令大将王龁加强进攻，务必夺下上党郡。赵孝成王命令廉颇率领大军，越过太行山，驻扎在长平。秦、赵两国倾尽全国之精锐，就此展开漫长的攻防拉锯战。战争开始，赵军屡战屡败，损失一名副将、三名中级军官和上万兵力，形势极为不利。廉颇改变策略，坚守营垒，拒绝出战。秦国连番攻击，都没有战果。从此两国军队在此对峙下来，打打停停，旷日持久。

在此期间，赵孝成王并没有向各国求助，重组对抗秦国的合纵同盟。而是派遣使臣到咸阳，请求媾和。各国见赵国与秦国正在谈判，便也不主动支持赵国了。秦国以谈判迷惑赵国，却从来没想和平解决上党郡事件。秦国上下以为，赵将廉颇是获得胜利的障碍。若他坚持防守策略，秦国就永远无法取得决定性胜利。秦国丞相范雎派人带着二十四万两黄金，在邯郸收买内奸，让他们向赵孝成王进言，说秦国最害怕的是马服君的儿子赵括，而不是廉颇。赵孝成王信以为真，原来他对廉颇防守不战的策略就很不满意，于是作出撤换主帅的决定。

秦国知道赵国更换了主帅，也将白起从河南战场调到长平，让王龁当副手。秦、赵近百万军队的决战，一触即发。纸上谈兵的赵括并不知道他的对手已经换成百战百胜的白起，贸然发起进攻。秦军佯装败退，引诱赵军深入。白起暗命两队骑兵，从左右两翼包抄。最后主力军与两路奇兵合围，将四十余万赵军切割成两部分。赵括指挥军队奋力战斗，伤亡惨重，始终不能击破秦国的包围。无奈之下，只能仿效廉颇策略，再筑营垒坚守，同时向邯郸请求支援。

白起初战告捷的消息传来，秦昭襄王知道这是歼灭赵军的大好时机，向全国发布动员令，要求全国上下凡年满十五岁以上的男子，全部到长平报道，参加战争。这是一道非常恐怖的命令，说明秦国整个国家已经彻底军国主义化了。赵军数量有四十余万人，秦军总数绝不可能比对手少太多。秦国再出兵支援白起，拥有巨量军队的赵括，也向邯郸请求支援。长平之战，可以说是两个军国主义国家的巅峰对决，是战国时代战争惨烈性表现的极致。

源源不断东进的秦军，彻底隔绝了邯郸对长平的支援。陷入重重包围圈中的赵军，长达四十六天没有得到后勤补给，粮草告罄。士兵们饥饿难耐，开始屠杀战马，分解死尸，吃尽一切可吃的东西。统帅赵括前后组织起四次死士进攻，企图突破包围圈，每次都损失惨重，无功而返。左思右想，都没有更好的办法。赵括决定身先士卒，率领死士再一次发起进攻。或许他想以身作则，激发出军队更强大的战斗力；或许他觉得败局已定，只有死在战场上，才能逃脱被追究造成毁灭性失败的责任。秦军的利箭无情，射穿了赵括的胸腹，也射碎了赵军的斗志。四十万人群龙无首，只能举械向敌人投降，成为俘虏。长平大战，以赵国彻底性、全面性、毁灭性的失败告终。

白起收获了他自伊阙之战后，更伟大的一次胜利。凭此前无古人的一战，他毫无疑问名列中国历史上最杰出的十名军事家榜单，甚至跻身世界杰出军事家殿堂。但白起和长平之战在历史上的名声，远超出了一场超大规模战争本应有的影响。其原因在于白起在战争结束后，干出了一件惊世骇俗、惨绝人寰的事情：屠杀四十余万手无寸铁的俘虏！

史料记载，白起之所以发动大屠杀，因为他认为赵人个性强悍，不甘心当俘虏，如果让他们抓到机会，一定叛变，再度与秦国为敌。为了杜绝后患，唯一方法是斩草除根，将他们全部杀死。损失如此巨大有生力量的赵国，将无法再抵抗秦国。于是白起甜言蜜语哄骗降军，令他们解除警惕。当赵人相信自己没有生命危险，解除戒备后，白起下达迅捷而残忍的命令，将四十余万赵国降兵全部坑杀。对于屠杀手段和数量，后世有不同的解读。但无论如何，长平俘虏，除了放出几个报信的人，全部被坑杀掉，是不争的事实。这是一项应该被严厉谴责的非人道恶行，是白起永远洗刷不掉的罪恶和丑陋。

当然，屠杀战俘的锅，不能让白起全背。他只是一个军事统帅，涉及国家外交和政治事务的决策，不可能独断专行。白起的屠杀行为，肯定得到了秦昭襄王和时任丞相范雎的授权支持。深究起来，秦国统治者们犯下如此泯灭人性的罪行，与他们凭借以为立国基础的法家思想有很大关系。法家不讲道德，只讲利益，毫不利人，专门利己，没有什么不敢做。当他们眼中只看到土地、权力和胜利时，生命就变得微不足道了。长平四十余万赵人的冤魂，成就了白起的胜利，成就了范雎的功名，成就了秦昭襄王的事业。但这些是暂时的，他们积累下的怨债，将来会以另一种形式偿还回来。

白起屠杀四十余万降兵后，打算兵分三路，进攻赵国。前两路负责扫荡南北区域据点，自己则带领中路军直扑邯郸，端掉赵国的老巢。正在此时，赵孝成王在秦国的外交活动，取得成果。范雎担心白起灭亡赵国后，权力和地位凌驾在自己之上，就向秦王建议，不宜急切灭亡赵国，一来秦军作战过久，师老兵疲；二来各国会结成合纵同盟援助赵国，以寡敌众，极为不利。秦昭襄王被说动了，接受了赵国割地求和的请求，下令白起停止军事行动。白起功败垂成，知道范雎从中作梗，非常愤怒，告病还家，从此采取不合作主义。

一年之后，秦军修整完毕，秦昭襄王又启动灭亡赵国的军事行动。首次派遣的将军是王陵，连续攻击邯郸两个月时间，毫无进展。秦国国内又支援了众多部队，还是没有成效。秦昭襄王于是想请白起出马，代替王陵。白起不买账，他分析说内外条件不利，根本无法攻破邯郸。无论范雎如何劝说，他就是不肯同意带军出战。秦昭襄王无奈，只得起用王龁，代替了王陵。王龁攻打邯郸整整一年，也没有成效，还损失不小。而在此时，魏国、楚国军队已云集邯郸，形势对秦军极为不利。

秦昭襄王数次强迫白起出山，他皆不肯应允，还有点幸灾乐祸地说：我早就对大王说过，攻打邯郸不可能成功，现在应验了吧。秦昭襄王的耐心被耗没了，下令免除白起所有爵位和官职，贬逐到陇西。白起行出咸阳十余里，秦昭襄王越想越怒，一面痛心在邯郸被围攻的秦军，一面愤怒白起蔑视他君王的权威。在范雎等人的唆使下，他让使者带给白起一柄宝剑，命令他就地自杀。白起拔出利剑，凝望着锋利的白刃，叹道：我是罪该当死啊！长平之战，投降的赵人有数十万人，我用欺骗的手段将他们全杀害。仅此一罪，我就该死了！说罢拔剑自刎，英魂归西。

白起虽死，但他留下的纪录，极为惊人。秦国对楚国、韩国、魏国、赵国取得战略性胜利的战争，都是在白起指挥下完成的。他总计为秦国夺下大小七十余座城市，拓地上万里。白起为秦国的扩张，为秦朝统一天下，立下了丰功伟绩。据见存的数据统计，战国时代战死沙场的士兵总计有两百余万，而死在白起屠刀下的人数，占了将近一半。他手上沾了的血，可以浮起一座城市。天纵奇才，百战百胜，长平杀俘，杜邮冤死，这是白起留给人们的记忆。必须承认，他是一个用鲜血推动历史前进的怪杰。

## 05 信陵君窃符败秦

公元前258年，秦国发起对邯郸的围攻战。赵人因为长平屠俘，增强了对秦国的怨恨和恐惧。他们进行艰苦卓绝的反抗，即使城内出现易子而食的惨况，仍然没有投降。最后魏国和楚国派军支援，在邯郸城外击败秦军，挽救了赵国。这场持续一年的围攻战，倾尽秦国之力，最后却惨遭比阏与之战更大的败局。这一年，正好是秦昭襄王继位五十年。在经历了人生最大挫折后，他垂垂老矣。他深深知道，统一中国的事业，已经不可能在自己手上完成，只能寄希望于后来的继承者。

作为战争的胜利者，赵国付出的代价最大。魏国和楚国的支持，至关重要。但是，除了国王、贵族、将军、士兵外，一些默默无闻的小人物也应该获得关注。在这场决定历史走向的大战争中，几位无官无职的小人物发挥出极为重要的作用。没有他们，很难说战争不会有另一个结局。这就是春秋战国，这就是轴心时代，每个人都充满个性色彩，每个人都能改变时代。

秦国的第一波攻势被击退后，赵国放弃媾和的幻想，急切想得到各国的支援。毗邻的燕国、齐国与赵国正有龃龉，韩国被秦国打怕了，是不愿提供帮助的。魏国内心是愿意支援的，但又害怕输了之后被秦国清算，所以行动迟缓。而楚国，就要平原君亲自出马去谈判了。

平原君赵胜，是赵孝成王的叔父，也是闻名后世的“战国四公子”之一，门下食客三千，人才济济。他要在门下挑选二十个人才，前往楚国谈判。选好了十九个人后，第二十个人迟迟没有不能确定。有一个食客，名叫毛遂，闯入议事厅，自荐要跟随前往楚国。赵胜问他：你在我门下多久了？

毛遂回答：三年了。

赵胜说：一个有才华的人，就像铁锥放在口袋，迟早会显露出来。你在我门下三年，从来没被人称道，我也没有听说过你，说明你没有才华。你还是留下吧。

毛遂说：我请求前往楚国，就是请求放在口袋中，来证明自己！

赵胜心里烦闷，觉得第二十人也不是那么重要，就带上他了。

来到楚国，赵胜与继位未久的楚考烈王谈判，倡议重组合纵同盟，支援邯郸。楚国群臣左右摇摆，久议未决。毛遂突然登上台阶，对楚考烈王说：合纵同盟的利害，两句话便可以说完。今天从早上讨论到中午，还在喋喋不休，原因何在?

楚考烈王大怒，斥道：我与你的主人说话，哪里有你插嘴的份儿，快下去!

毛遂反而按住剑柄，前趋至楚考烈王面前，说：大王敢随意对我呵斥，不过仗恃拥有百万雄兵。现在你我距离不过十步，百万雄兵又有何用?况且，楚国拥有百万雄兵，地方千里，为何不敢向秦国复仇呢?白起不过是一个无知小子，率领数万人进攻楚国，一战攻陷鄢、郢，二战挖掘楚国祖先坟墓，三战焚烧楚国历代宗庙。这是百世不忘的仇怨，赵国和天下人都为楚国感到羞辱。现在组成合纵同盟，共同抗秦，不仅是为了赵国，更是为了楚国。楚国上下犹豫不定，大王又呵斥于我，难道忘记秦国带给你们的耻辱了吗?

楚考烈王冷汗直冒，羞惭地说：先生教训得是。寡人不敢忘记国家大耻，楚国定尽全国之力，支援邯郸。

毛遂问：那么，现在可以歃血结盟了吗?

楚考烈王说：可以了。

侍臣端上牲畜之血，楚考烈王当场与赵胜立誓结盟。之后春申君率领十万楚军，开往邯郸。赵、楚之盟，因毛遂而成。

赵胜事后叹言：从今往后，我再也不敢说自己了解人才了。毛遂先生的三寸之舌，强于百万之师。我岂敢再说自己了解人才!

向来默默无闻的毛遂，就是这样以一己之力，改变当时的政治和军事形势，影响历史的发展。

而赵国的另一个盟友魏国，在出军支援邯郸之际，遭到秦昭襄王的威胁，若魏军敢参战，秦国攻下邯郸，下一个目标就是大梁城。魏安僖王非常恐惧，命令大将晋鄙率军驻扎在邺城，不要再向前进发。同时派遣将军新垣衍前往邯郸，向赵孝成王和赵胜建议，由魏、赵两国共同推举秦昭襄王为帝，成为天下共主，这样才能和平解决邯郸之围。

此时齐国的游士鲁仲连，正在邯郸城中。他见赵胜彷徨无策，便请求面见新垣衍辩论。新垣衍问道：先生身处危城之中，迟迟不离去，难道是有求于平原君吗？

鲁仲连答道：我哪里是有求于平原君，我只不过想助赵抗秦而已。秦国虽然强大，然而遗弃宽厚的礼义，崇尚苛刻的法治，用诈谋控制知识分子，像奴隶一样对待人民。诚如将军之愿，让赵国和魏国推尊秦国为天下共主，我宁愿跳下东海自杀身亡，也不愿当暴戾秦国的臣民。

新垣衍问：那么先生打算怎么帮助赵国呢？

鲁仲连说：我要让魏国的军队帮助赵国。

新垣衍说：我们国君虽然出兵了，但并不打算参战。我们还是想通过政治手段，解决邯郸之围。

鲁仲连说：你所说的政治手段，不过是要尊秦王为帝。这对魏国来说，绝对有害无利。你们不这样做倒罢了，若坚持这样做了，我一定让秦王将魏王剁成肉酱，煮了来吃。

新垣衍心头不悦，说：先生也太夸张了，你又怎能让秦王将魏王剁成肉酱呢？

鲁仲连安然说：我当然可以，你且听分说。从前九侯、鄂侯、周文王为商纣王三公，商纣王烹杀九侯和他的女儿，将鄂侯剁成数百块，制成干肉片，将周文王囚禁在羑里，长达七年。这几位公侯，难道对纣王不够恭敬吗？然而最终逃脱不了被烹杀、剁杀和囚禁的命运。你怎么能保证，魏王会不被秦王烹杀呢？而且，齐滑王强盛之时，以天子自居，邹、鲁两个小国，尚且坚守礼义，不为之屈服。难道赵、魏两国万乘大国，连邹、鲁两个小国都不如？秦王称帝，就是天下共主了。到时候，他会利用手中的权力，撤换各国的大臣。赵、魏两国的朝堂上，站的都是效忠于秦国的奴才；赵、魏两国国王的御床上，睡的都是秦国派来的奴婢。到那个时候，新垣衍将军想要独善其身，还有可能吗？

新垣衍听罢，大汗淋漓而下，说：在下鲁钝，听先生言罢，再也不敢谈论推尊秦王为帝的话了。

自此，赵、魏两国再也没有要尊秦国为共主的议论。以政治手段解决邯郸之围，也就不可能实现了。

而秦国对邯郸的进攻持续不断，魏军犹驻扎在邺城，不敢前进参战。信陵君魏无忌的姐姐嫁给赵胜，赵胜是他的姐夫。赵胜数次发书向魏无忌求救，请求他向魏王进言，发兵解救邯郸。魏无忌是主战派，他动用了所有力量和资源，想要改变魏安僖王的保守策略，都没有成效。赵胜致书责备他说：天下人都颂扬你的美名，因为你拥有高义，能急人之急，济人之困。现在邯郸城危在旦夕，随时都有倾覆的可能。你纵然不同情赵国人和我，难道就不能为你的姐姐着想吗？

魏无忌忧心如焚，却又无可奈何。冲动之下，他备齐自己所拥有的一百辆战车，带上少量的宾客和护卫，想要直接奔赴邯郸参战，以微薄之力表明心志。车队行过大梁城门，白发苍苍的监守侯嬴冷淡地向他打了个招呼，说：公子努力作战吧，老臣我不能追随你去了。

魏无忌骑马走出几里远，越想心里越不是滋味。这个侯嬴只是一位守门监，从前自己把他当成高人一样尊敬，礼仪和供应都不曾缺少。没想到事到临头，他却对自己的危难不闻不问，不管不顾。自己对他，真是看走眼了！

他一面觉得这样奔赴邯郸，凶多吉少，一面又怀疑侯嬴不是这样的人，就折路返回，再拜见侯嬴。侯嬴说：我并不是贪爱老命，不愿与公子前去邯郸搏杀。然而力量微弱，这样的做法，就像是将肉块投向饿虎，有去无回，毫无效果。公子是个聪明的人，这样鲁莽的行为，并不是你的作风。我知道你一定会返回的。

魏无忌求教道：先生可有良策，为我指点迷津？

侯嬴说：我听说，可以调遣晋鄙大军的兵符，放在大王卧室内。大王最宠爱如姬，公子又帮如姬报过杀父之仇，是她的恩人。如果公子请求如姬盗出兵符，她一定舍命报恩。兵符到手，即可调动晋鄙的大军北上救赵，击败秦军，成就旷世的功业。

魏无忌人脉资源丰富，并没有利用透尽。因为他的思维一直是使用正当的方式，让魏王同意出兵，心头从没生过一丝诡计。经侯嬴提醒，恍然大悟。他如计行事，果然盗出魏王的兵符。侯嬴又进言：将在外，君命有所不受。兵符虽然相合，但晋鄙拒绝交出兵权，要向大王请示，事情就败露了。我的朋友朱亥，是有名的大力士，可以随同公子身边。如果晋鄙拒绝交出兵权，就让朱亥当场格杀他。当断不断，反受其乱，希望公子果断行事。

魏无忌带着兵符和朱亥到达邺城，晋鄙验明兵符后，仍然满腹狐疑，拒绝交出兵权。朱亥掏出四十斤重的大铁锤，突然往晋鄙头上一击，顿时将他脑袋击碎。杀死晋鄙后，魏无忌重新部署军队，将老弱病残的两万人遣返，率领八万精锐北上，与春申君率领的楚军会合。魏军、楚军、赵军内外夹击，在邯郸城外大败秦军。秦将郑安平率领的两万队部队陷入包围，无法撤退，最后投降赵国。秦国损失之惨重，前所未有，无怪乎秦昭襄王羞怒迸发，直接要了违抗自己命令的白起的性命。

长平之战后，兼并的进程本应加速。但邯郸之战后，统一的步伐又被迟滞了。在改变历史走向的关键节点上，信陵君、平原君、春申君等大人物，发挥了至关重要的作用。然而人们不应忽视，小人物在其中扮演的关键角色。如果没有向来默默无闻，也可以说是深藏不露的毛遂、鲁仲连、侯嬴、朱亥，乃至那个没有说过一句话，只留下平凡名字的如姬，邯郸之战会发展到什么情况，实在难以预料。

这是真实的历史，是严肃的历史，也是戏剧的历史。一颗小石头决定大厦的矗立或坍塌，一个小人物改变了历史的前进或顿止。这样曲折变幻而又精彩绝伦的情节，很难被重演。因为这是一代人的精神风貌，一代人的风骨节操，一代人的兴味趣舍。英雄主义的时代过去了，一切伴随消逝。只剩庸俗、市侩和贪婪，留在平凡人间。

在这些人中，数鲁仲连的文化水准和声誉修养最高。因为傲慢自是、放荡不羁的狂生形象，他的言论一向得不到重视。但他与新垣衍对话中的一句，确实道出当时大多数中国人，特别是精英阶层的心声：秦国用诈谋控制知识分子，像奴隶一样对待人民。我宁愿跳下东海自杀身亡，也不愿当暴戾秦国的臣民。

若鲁仲连活到秦始皇时代，以他激烈的性格，很有可能选择自杀身亡，而不愿意苟且偷生，顺服秦朝统治。这是向往精神自由、信仰宽仁政治的知识分子，与崇尚苛刻法治的秦政的最大分歧。但大多数人不是鲁仲连，做不到他那么决绝。秦朝统一后，他们选择隐忍接受，维持生存。直到忍无可忍，才爆发起义，使用暴力推翻秦朝。秦国的立国基础，注定秦朝必不得善终。鲁仲连虽是狂生狂语，却道出人们深藏于内心的愿望。

# 第十三章 轴心绝响

## 01 “战国四公子”名动天下

士阶层的崛起，是促使春秋战国社会裂变发展的重要原因。在孔子和墨子时代，士人的群体还小，声誉不显著，他们不得不周游列国，游说统治阶层信任自己。这个时候，统治阶层是被动接受士人的。自吴起、商鞅、孙膑等普通士人在政治和军事上发挥巨大作用后，统治阶层认识到他们的重要性。对士人群体的争取，成为各个国家的重要策略。齐国的稷下学派，就是国家笼络士人群体的一种表现。在这之后，权贵人物涌现，代替国家出面笼络士人，成就了“战国四公子”的响亮名声。

所谓“战国四公子”，指的是齐国的孟尝君田文、赵国的平原君赵胜、魏国的信陵君魏无忌、楚国的春申君黄歇。其中田文、赵胜、魏无忌，都是公族支脉。只有黄歇，是普通人家出身。这四个人，在鼎盛之时，供养的食客都超过三千人。他们慷慨好客、礼贤下士的名声，响彻中国。闻知他们招贤消息，四方有一技之长的能人，不远千里，前来投奔。当然，同一时代的秦国吕不韦在这方面的名声和成就，不亚于他们。但没被并列成“战国五公子”，或因为他的商人出身而被人贬低，或因为他“文信侯”的爵位与君爵不相等。无论如何，战国七雄之中，除了韩国和燕国较弱，难以招揽人才，其他五国都加入激烈的人才争夺战中。养士之风，盛行于战国末期。士人的地位，空前提高。

论及“四公子”的人品和功业，孟尝君和春申君处在下等之列。孟尝君所养之士，多为鸡鸣狗盗和任力尚勇之辈，没有以道德学问或军政才能扬名的奇士。更过分的是，孟尝君其人心胸狭隘，睚眦必报。在祖国被谮毁离间后，跑到魏国担任丞相，参加五国伐齐的战争，差点灭亡齐国。战国时代，不太讲究国家的观念。但齐国不仅是孟尝君的祖国，齐国王室也是他的家族。这样背本忘祖的行为，令人齿寒。春申君为楚相二十余年，楚国愈加衰弱，组织合纵伐秦大败，说明能力欠缺。后来还使鬼点子，让楚考烈王戴绿帽子，品德堪忧。

司马迁称赞平原君赵胜是浊世翩翩之佳公子，但责备他没有远见。主要原因在平原君倡议接受韩国的上党郡，直接导致长平大败。实际上，平原君主张接受上党郡，不能说是出于贪婪的目的。上党郡与赵国仅隔一座太行山，若被秦国吞并。秦军从太行山隘口井陉关东出，朝夕可灭邯郸。覆巢之下安有完卵，从战略上来讲，将秦、赵大决战地点推到非赵国本土的太行山以西，是没有错的。长平之败，关键在于临阵换帅和没有争取到国际支持。历史学家一面指责各国没有联手抗秦，一面又指责赵国跑到韩国领土去与秦国决战，是不公允的。

但说到礼贤下士、不别贵贱，赵胜确实逊色魏无忌一筹。魏无忌结交人才，并不在意其人的身份和地位。大梁城看守城门的侯嬴，都是他备受尊敬的座上宾，可见一斑。邯郸之战后，魏无忌留在赵国，与市井赌徒和小贩来往，被赵胜在他姐姐面前讥笑为“妄人”。魏无忌很生气，说自己结交的是深藏市井的隐士，而赵胜只会结交那些有名气的豪客，自己从前敬重平原君，是看错人了。打点行装，就要离开赵国。赵胜听说后很惭愧，面见魏无忌道歉，再加盛情挽留。邯郸之战后十年，魏无忌领导合纵联军，击败蒙骜，将秦军赶回函谷关。两次大败秦军，功勋素著，又兼之人品道德上佳，当得上“公子天下无双”的美誉。魏无忌酷爱军事，与其宾客合著《魏公子兵法》，传之于世。张耳曾是魏无忌的门客，刘邦曾是张耳的小弟。青年时代刘邦常活动在魏地，受耳濡目染的影响，非常敬重信陵君。刘邦夺取天下后，每次经过大梁故城，都亲自祭祀魏无忌。

## 02　公孙龙的诡辩哲学

四大公子名震天下，百家学士都云集在他们门下。人多了，各是其说，免不了相互辩论驳难。开始是为了个究竟而辩，为了个真理而论，慢慢地都偏离本义，纯粹为了辩论而辩论，为了取胜而辩论。这其中最引人注目、受人崇拜的，当属平原君赵胜门下的公孙龙。公孙龙是著名的形名学辩士，持“守白”论驰骋辩场，战无不胜，攻无不克，号称天下第一。邓析和惠施虽是形名学早期代表，但论到历史上的知名度，还属公孙龙最高。关于“白马非马”和“离坚白”两个论题的辩论内容，保存到现在，可以窥见公孙龙方法思路之一端。

历史记载孔子的后代孔穿曾与公孙龙有过辩论，我们姑且把孔穿假设为他的对手，复盘一下辩论过程。

孔穿问：说一匹白马不是马，可以吗？

公孙龙答：可以。

孔穿问：为什么？

公孙龙答：马，是用来定义形体的；白，是用来定义颜色的。白马，是形体与颜色结合的概念。而马，只是单一形体的概念。所以白马不是马。

在第一段对话中，公孙龙将颜色和形体分离成属性不同、相互独立的概念，结合了的概念，不再等同于单一的概念，就像二不等于一一样。

孔穿说：有白马，不能说没有马。不能说没有马，难道不证明它就是马了吗？既然有了这匹白马就是有马，为什么说白马不是马呢？

公孙龙答：一个人找马，黄马、黑马都可以给他。但若他指定找白马，那么黄马、黑马就不能给他。若白马等于马，那么找白马和找马就是一回事了。同是一回事，那么白就等同于马了。同是一回事，但现实中，给黄马、黑马有时可以，有时又不可以，是什么缘故？可以给和不可以给，它们的差别是非常明显的。所以，同是黄马、黑马，可以说是有马，不能说是有白马。白马不是马，是很明显的事情了。

在第二段对话中，孔穿根据经验现象，想从特殊的有一匹白马即是有马，推导出普遍的白马就是马。公孙龙从经验现象反驳，一个人找白马，黄马和黑马不可以给；若找马，白马、黄马、黑马都可以给。说明了找白马不是找马，所以白马不是马。无论孔穿或公孙龙，想从单一经验性现象推导出普遍定义，但论据都不够有力。两人这一问一答，只是相互缠绕的语言游戏。

孔穿说：以为马有了颜色，就是不再是马，天下难道有没有颜色的马吗？那么说天下没有马，可以吗？

公孙龙答：马是原本有颜色的，所以才有白马。若是马没有颜色，那就只有马了，没有人会去求取白马。所谓白马，是白的颜色和马的形体的结合品。这样的结合品，还能说是单一的马吗？所以，白马不是马。

在第三段对话中，孔穿根据公孙龙的定义白马不是马，推导出黄马也不是马，黑马也不是马，红马也不是马，那么天下就没有马了。然而天下是有马的，所以“白马非马”不成立。公孙龙逃避了孔穿在经验上的质疑，折返回概念的定义上，重申复合概念不能等同于单一概念。

孔穿说：按照你的观点，马在没有与白结合之前，是纯粹的马。白在没有与马结合之前，是纯粹的白。结合马与白的名称，才有复合名称白马。但实际上，白和马都是独立的概念和名称，将它们结合起来，定义白马这个实体，是不行的。所以白马非马的观点，不能成立。

公孙龙问：在你看来，有白马就是有马。但说有马就是有黄马，可以吗？

孔穿答：当然不行。

公孙龙说：你以为有马，不等同于有黄马，即是认为黄马与马的概念是相异的。两者相异，就是黄马非马了。认为黄马不是马，却认为白马是马，就好像认为鸟不是天空中飞行的，而是在水中飞行的；葬敛人的棺和椁，被埋在不同的地方一样，既有悖常理，又逻辑混乱。

在第四段对话中，孔穿企图解构公孙龙的理论，否认将白马分解为颜色和形体的合理性，从而否定白马非马的立论。公孙龙的诡辩之道便是，别人谈现象的时候他谈理论，别人谈理论的时候他谈现象。他没有跟着孔穿的思路探讨概念和定义问题，而是转回现象上反问有马是不是有黄马？孔穿一否认，便陷入他精心设计的语言陷阱，自打嘴巴了。若此时有人在旁观，可能要忍不住笑话孔穿的窘态了。然而，这样的辩论只让公孙龙获得嘴巴上的快感，对知识和真理的探求毫无补益。

孔穿说：现实中，有白马不能说没有马，是脱离了白的颜色来判定的。如果不脱离白的颜色，那么有白马就不可以说是有马了。所以认为有白马即是有马，是仅仅根据马的形体来判定的，不是根据白的颜色和马的形体来联合判定的。我所认为的有白马就是有马，并不是将它视为某种颜色的马来理解。

公孙龙答：那种不受显示它的物体所限定的纯粹白的概念，我们暂且不论。所谓白马的这个实体，指马这种动物已经被白色限定。被限定的白色，再不是纯粹的白了。马，如果没有颜色的限定，黄马、黑马都可以说是马。若限定为白马了，那么对于颜色就有取舍了，黄马、黑马都不可以叫成白马，只有白马才是白马。没有颜色取舍的马和有颜色取舍的马是不同的，所以白马非马。

在最后一段对话中，孔穿表现出想以一定的退让，谋求达成共识的意愿。他将颜色的概念和形体的概念剥离来理解，白马并不排斥马的概念，但可以排斥黄马、黑马的概念。好胜的公孙龙，依旧不依不饶，他指出，作为一个实体的白马，它的白与纯粹概念的白不同，不可剥离理解。同理，作为一个实体的马，也与纯粹概念的马不同，不可剥离理解。被定义了的白马，既不是白，也不是马，它只是白马。公孙龙不愿妥协，他以强迫别人接受自己的诡辩结论为乐。

与“白马非马”同样有名的一个论题，是“离坚白”论，公孙龙认为可以脱离现象实体认识独立的抽象概念。我们用同样方法复盘其辩论过程。

孔穿说：石头有三种属性，分别是硬度、颜色和形状。人们可以同时认知这三种属性，是吗？

公孙龙答：不可以。

孔穿说：同时认知两种属性，可以吗？

公孙龙答：可以的。

孔穿问：为什么？

公孙龙说：通过眼睛观看，可以看到石头的形状和颜色，这是一举而认知两种属性。通过肢体触摸，可以察觉石头的形状和硬度，也是一举而认知两种属性。人不能通过任何方式，一举而认知石头的三种属性。

孔穿说：看到白色，不能说石头不是白色。摸到坚硬，不能说石头没有硬度。而石头本身就是石头，它的形体原来就在那里，所以说一举而认知三种属性，不是正确的吗？

公孙龙说：不能把观看和触摸当成是一种举动，它们是两种举动。观看只能认知颜色和形状，而不能认知硬度。触摸只能认知硬度和形状，而不能认知颜色。每一个举动，各有其缺憾，不能一举而三得。

在这里，公孙龙指出了人依赖固定认知手段所具有的缺陷，以及抽象概念与现象实体的差别。这一点在知识论上，是一步很大的跨越。在此之前，没有中国哲学家探讨过这方面的话题。可惜的是，这一步跨越再大，也只是一步而已。只在视觉、触觉和石头上钻牛角尖的公孙龙，迈不出第二步跨越。

孔穿说：天下若没有白色，就不可能看到石头。天下若没有硬度，就不可能摸到石头。颜色、硬度和形状都集于石头之上，并不互相排斥。你却说第三种属性被隐藏起来，可以吗？

公孙龙说：是它们针对人们固定的认知手段而隐藏起来的，并非第三者将他们隐藏起来。

孔穿说：有了颜色，有了硬度，石头的属性才充实。它们为什么要自我隐藏？

公孙龙说：视觉或触觉的认知手段，都有它们不能认知的属性。这两种属性，是相互分离的。硬度的缺失，使得颜色和形状不能使石头充实。颜色的缺失，亦是如此。在这个意义上，硬度和颜色两种属性是疏离的。分离，即是隐藏。

这里的分离，便是“离坚白”的“离”。它有两重含义。第一重便是在视觉和触觉的认知手段上，颜色和硬度两种属性不相容纳。第二重便是在现象实体外，尚有属性的抽象概念存在，人们可以对这种看不到、摸不着的概念进行认识、研究和探讨。

孔穿说：石头的颜色，石头的硬度，自然有固定认知手段认识不到的差别。但石头的两种属性或三种属性，不正像物体的长和宽一样相互容纳的吗？物体有了长的，必定会有宽；有了宽的，必定会有长；不存在仅有长，没有宽的事物。石头的三种属性也是一样，不是能一举而尽知之吗？

公孙龙说：某种现象实体是白色的，但它并不能定义抽象概念的白色。某种现象实体是坚硬的，但它并不能定义抽象概念的坚硬。只有那种抽象概念，才能普遍显示出现实实体的同一属性。石头这种东西，又怎能定义白色、坚硬和它形状的概念呢？

孔穿说：人触摸石头，没有硬度和形状，就认知不到它是石头。没有这个石头，就无法进一步认识到它是白色的石头。因此，石头的三种属性，是不相分离的，永远不会改变。

公孙龙说：不可否认，石头是一个现象实体。坚硬和白色，是存在它身上的两种属性。但这两种属性，却有看不到和摸不到的区别。看到的白色和看不到的硬度相分离，摸到的硬度和摸不到的白色相隐藏。这就是藏坚白，也叫离坚白。

孔穿企图从现象实体入手，证明颜色、硬度和形状三种属性，对于石头而言，是一体的，不能分离的。在孔穿看来，石头就能定义白色、坚硬和它的形状三种属性。公孙龙不以为然，他认为白色来自抽象概念的白色，坚硬来自抽象概念的硬度，石头显示出来的，仅是抽象概念的表象。因为抽象概念不囿于石头而存在，所以它们才能相分离、相隐藏。

孔穿说：眼睛不能看到坚硬，双手不能摸到白色，但人们不能说石头不硬或不白。眼睛和双手的功能不同，不能相互替代。坚硬和白色两种属性，都存在石头之中，这是毋庸置疑的，怎能说它们分离？

公孙龙说：坚性不需与石头结合，而显示坚硬。它在玉、铜、木身上，也显示出坚硬的属性。即使它不与现象实体结合，也能拥有本原的坚性。这种不与现象实体结合的抽象坚性，人们看不到、摸不着，好像天下没有它的存在。其实它并不是不存在，而是把自己隐藏了起来。

公孙龙主张“离坚白”，与他标榜的形名学有很大关系。形名学的理论出发点，就是对经验性世界和经验性知识进行质疑。“离坚白”论题的核心，就是对人们寻常认知的石头集颜色、硬度和形状于一体的事实的怀疑。否认这一点，就是否认人们直观认识能力的全面性。另外，公孙龙也指出了在现象实体之外，尚有抽象概念的存在。他认为这种抽象概念，才是最纯正、最正确的知识。他曾显示野心，要利用这种知识来矫正人们在现象世界认知和行为的错舛。但最后他并没有迈出什么步伐，也没有取得可以称道的成绩。

正如本书在前面所说，形名学家发现和探讨的问题，指向了其他百家流派没有意识到的崭新方向。这是一片沃土，光明无限，本可栽植出累累硕果。然而他们却止步于逞口舌之利、玩弄语言游戏和哗众取宠之上，最终一事无成。比起前辈，公孙龙表现出一点进步。他写了《通变论》，对“白马非马”论进行理论阐释。他写了《指物论》，对“离坚白”论进行理论阐释。但不知他建构理论的能力太过弱，还是只对辩场贾勇感兴趣，他的探索研究，最后浅尝辄止，无功告返。根据类似的探索研究，希腊建立起严密的逻辑学、形而上学和科学体系，印度佛教发展出庞大的信仰体系，庄子发展出逍遥自在的人生哲学，独有形名学家两手空空，一无所得。

形名学派虽然是春秋战国百家流派之一，但除了华丽的外表，他们没有留下什么有价值的东西。后世的人不时将公孙龙、惠施的诡辩论题翻出来研究，原因在于这是一种高级智慧游戏。当一个文化人懂得讨论“白马非马”“离坚白”了，他的品位境界就提高了。他们和公孙龙、惠施一样，就可以标榜自我，显摆自我。到了近现代，因为形名学是中国哲学的异数，许多学者在书写《中国哲学史》《中国思想史》时，都给予它非常的关注，花了很大篇幅来描述和论述。但这些努力，最后都竹篮打水一场空，他们找不出任何有价值的东西。形名学在过去对中国哲学没有启示，在未来也不会有启示。它曾经是一个人见人爱的小子，后来变成夭折的孩童，没有遗产传给后世。

公孙龙身经百战，曾一朝折服千人，孔穿当然不能在口舌上战胜他。但无论如何，孔穿就是心里不服。他说：公孙先生学识渊博，口才锐利，我实在说不过你。但我还是觉得，白马非马这个观点不对。如果先生放弃这个观点，我愿意执弟子礼，拜先生为师。

公孙龙笑说：你这话也太荒谬了。我之所以知名，就是因为主张白马非马。你让我放弃这个观点，我纵然为你师傅，却拿什么来教你？而且，学生要拜老师为师，因为学识和智力不如他。现在你先让我放弃观点，然后再拜我为师。究竟你是我的老师，还是我是你的老师？

在场的人都哄然大笑起来，厅堂内外充满快活的气氛。

## 03　邹衍的“五德终始”理论

公孙龙是赵国人，长期为平原君门客，受到非常恩宠。四方高名游士至此，赵胜都为他们引荐公孙龙，一来促成双方在学术上的交流辩论，二来也向外人展示赵国人才荟萃。有一回，齐国的使者邹衍来访邯郸，赵胜听闻他是阴阳学派的大师，有意要引见给公孙龙，让他们就“白马非马”的话题进行辩论。邹衍早就听说公孙龙诡辩的大名，摇一摇大手说：感谢主君盛意，但老朽不能与公孙先生辩论。

赵胜问：这是为何？四方高士至此，无不想与公孙先生展开辩论，一较高下。

邹衍说：辩论的行为，有五种制胜的方法，三种高明的技巧，仅以锐利的言辞屈服对手，是最下等的。人们辩论的目的，是为了使异类的事物不相混淆，使有别的事物秩序井然。辩论的双方，都将心中所想全盘表达出来，达到充分的沟通交流，使聆听的人不再迷惑。这样的辩论，才能使获胜的人更加坚持自己的立场，失败的人找到自己所追求的至理。但我听说“白马非马”的辩论，却不是如此。他们一味追求引经据典，比攀华美的词句，乱设精巧的比喻。这种做法，不但辩不清道理，反而让聆听的人越来越迷惑。这不是有利大道的辩论，而是危害大道的辩论。哗众取宠、喋喋不休的活动，老夫是不会参与的。

赵胜听了，只能作罢。大概当时邹衍的名誉很高，自从他不屑于公孙龙辩论后，人们对公孙龙的崇拜热情衰减，他和他的“白马非马”论不再那么炙手可热了。

邹衍，齐国人，本是稷下学宫的学士。因不满齐湣王所为，听闻燕昭王筑黄金台招贤，前往投奔。燕昭王拜邹衍为师，厚礼尊待。邹衍教导燕人种植黍谷，开垦荒地，帮助燕国发展富强。燕昭王死后，邹衍遭到诬陷，蒙冤入狱。齐襄王复国后，邹衍重回祖国，担任官职。邹衍出使赵国，赵胜请其与公孙龙辩论，已经是他晚年的事情了。

邹衍年轻时是一个纯粹的儒家知识分子，但他以儒家理论游说统治者，得不到信任后，便不再拘泥旧说，开始创新发挥。邹衍的著作《邹子》四十九篇，共十余万字，现在已失传。司马迁简述过其学说的内容。邹衍的理论，以阴阳五行变化为根本，从眼前细小之物，推演到大物，乃至无可想象的无垠境界。凡空间之广大，时间之渺远，都在其论述范围内。这些学说，因为在现实中不能被验证，被学者讥为“闳大不经”。邹衍在稷下学宫有个外号，叫“谈天衍”，意谓他喜欢谈论天文阴阳等怪诞不经的内容。虽然如此，但人们一直钦佩他具有的宏大想象力。

邹衍认为，《禹贡》所记载的中国九州，实际上只是小九州，并不是真正的大九州。小九州即是赤县神州，自分为九个州。在赤县神州之外，有小海环绕。浮在小海之上，有类似赤县神州的大州八个，合起来就是大九州。各个大州自分小九州，其中人民禽兽不相来往。在大九州之外，有大海环绕着。大海的边际，便是天地的极限。这样的地理学说，超乎当时人的想象。王公大臣乍听到他的议论，都震骇惊疑，半晌作不出声。在构建独特的理论时，邹衍尽情放飞想象力。但落实到人间实践，他还是回归儒家的仁义之道和五常之法。儒家学说有历史的积累，邹衍很难创造一个更好的实践理论来取代它。然而违反了孔子“不语怪力乱神”的教诲，致使他得不到自命正宗的儒家学派的认同。邹衍对后世有巨大影响的学说，还属“五德终始”的历史观念。

所谓“五德”，指的是土、木、金、火、水五种自然物质的道德与政治属性。五德，起源五行。五行最早的提法，出现在西周初年的《尚书·洪范》中。春秋战国时代，五行理论取得很大发展。邹衍在原属于自然物质的五行之上，附上道德和政治色彩，发明出支持历史发展、王朝更替的“五德终始”理论。

邹衍认为，人类历史自王朝建立之初，一直按照“五德”的顺序在更迭交替。虞舜时代，属于土德。夏朝，属于木德。殷朝，属于金德。周朝，属于火德。而其演化顺序，是按照五行相克的原理进行的。木克土，所以夏朝取代虞舜。金克木，所以殷朝取代夏朝。火克金，所以周朝取代殷朝。因为水克火，未来取代周朝的王朝，必是水德。五德顺序走完一遍之后，土又再度克水，土德王朝再度建立。这样一个又一个循环反复进行，就是“五德终始”了。

“五德终始”理论的发明创造，在历史上是非常了不起的，它为时代的需求提供了很好的答案。周王朝在经历四百余年的分崩离析后，天下再度走向大一统，已经成为越来越明显的事情。改朝换代，是天崩地裂的大事情，特别是在经历周王朝七百多年的漫长统治后。未来的新生王朝，急需一种新型的理论，来解释周朝灭亡和自己兴起的合理性。在儒家的理论范畴内，改朝换代是被允许的。《周易》言，“汤武革命，顺乎天而应乎人”，这就是儒家对暴力革命、改朝换代的许可。孟子和荀子都将商纣王斥为独夫，罪当其死。但儒家的学说也显露出两个缺点：一是它只解释了一个时代改朝换代的问题，没有对有史以来的所有王朝进行解释，不成系统，也不成规律；二是语言过分直白了，会刺痛统治者的心。他们会想，你今天革别人的命，明天会革我的命。今天骂别人独夫，明天会骂我独夫。历朝历代，不少皇帝都对孟子的“诛杀一独夫”论很不爽。

“五德终始”论就不一样，它不但对有史以来所有王朝的更迭替代做了解释，而且没有使用“革命”“诛杀”等激烈语言，刺激不到统治者的敏感神经。“五德终始”承认了改朝换代是合理的，也是必然的。每个新生王朝，有其不可置疑的合法性。这对统治者来说，具有非常大的诱惑性。秦始皇统一中国后，焚书坑儒，打压百家流派。除了法家学说，他只接受了邹衍的“五德终始”理论。为什么唯独“五德终始”论受到青睐？因为它赋予秦始皇改朝换代的合法性，它确认秦朝取代周朝统治天下，是合乎历史发展规律的。遗憾的是，秦始皇只看到“五德终始”确认了秦朝开始的合法性，却没有看到它确认秦朝终结的合法性。五德相代，没有一个王朝能永世长存，秦朝也不例外。秦始皇做梦一世、二世直至万世的统治，最后成为笑话。

“五德终始”并非只有循环相代的意义，其中每一德，都关联内涵极为丰富的措施。因为《邹子》失传，现在已经很难阐述它们的具体内容了。纵然如此，它在历史上的影响仍然是巨大的。后世每一次改朝换代，新生的王朝统治者都会拾起“五德终始”理论，按相生或相克的规律，推演出本朝的五行属德，由此获得在历史序列中的合法性。“五德终始”表面文绉绉，但其潜台词与儒家理论一样，支持暴力革命，支持诛杀暴君，支持改朝换代。不同的是，它不参与过程，只确定结果。它表面默无声息，但一直潜藏在中国人的灵魂中，支持着两千年来所有王朝兴衰更迭的变化。

根据现在掌握的内容推测，《邹子》一书虽然有不少“闳大不经”的内容，但邹衍理论的根基是历史性、政治性、实践性的。他创立学说的目的，在于改变国家与社会，与一味哗众取宠的公孙龙之辈截然不同。无怪乎，他对于和公孙龙进行辩论，毫不感兴趣，拒绝了赵胜的盛意请求。千百年后，邹衍的“五德终始”论尚对历史和政治具有影响力。而公孙龙及其学说，无论在当时或后世，只有为爱慕虚荣的假文化人装点门面的价值。

## 04　荀子的性恶哲学

战国末期，赵国的另一位哲学大师是儒家的荀况，号为荀子。荀子和孔子一样，生前周游列国，游说统治阶层。根据记录，他与赵孝成王、齐襄王、秦昭襄王、范雎、黄歇等有过对话和交往。结果在意料之中，他以仁义为要旨的儒家政治解决方案，未能打动他们。荀子前在齐国稷下学宫担任老师，后在楚国担任兰陵令，算是他在世之时的最高待遇了。荀子名动后世，主要依靠述著和授徒。荀子以“人性本恶”为思想核心，开创出有别于思孟学派的一个儒学分支。他门下两大弟子韩非和李斯，赫赫有名，自不必言；其他张苍、浮丘伯等，还影响到入汉之后的政治和学术发展。

孔子创立儒家学派之时，根据弟子的禀赋天性以及用世目的，设置德行、文学、言语、政事四门教育科目。七十二个杰出门徒，各有擅长。儒家内部区别，已经出现了。孔子没后，后代弟子钻研方向不同，分歧进一步显现。有的注重理论构建，有的注重政治实践；有的注重个人修养，有的注重群体教化；有的注重《礼》，有的注重《春秋》。但总体而言，儒家内部还是保持团结，没有谁公开攻击、炮打谁。直到荀子出现，他将子思和孟子一系的儒学分支列为异端，不遗余力地攻击。儒家内部的分裂与不和谐，公开暴露出来。

荀子既是儒学宗师，他的理论大体与其他儒家学者相似。其差异之处，主要体现在两个方面：一个是“性恶论”，一是“非天命论”。在儒家内部，荀子攻击思孟系分支，自言只佩服孔子和仲弓。孔子没主张性善，也没主张性恶。但孔子是天命论者，众所周知。以德行著称的仲弓没有留下著作，无法得知他的思想是否对荀子有直接启示。事实上，荀子可能受到前人一些影响。但两大鲜明观点，主要还是由他发明与主张的。

儒家学派诞生近三百年，始终无法让统治者接纳。荀子可能认为，症结在于儒家学说太过理想，难以落于实践及确保成效。他创作改造的方向，在于将事情的过程与结果掌控在手中。荀子的理论，很容易在理性逻辑上推导出结果，统治者能够简单而快速地制定实践措施，还不必对成效结果有太大的担忧。这种具有很大的“可控性”的方案，是荀子顺应时代需求做出的非常规改革。为此，他不得不与向来的传统决裂，将矛头对向主张“性善论”、提供“不可控”方案的孟子。

为什么说孟子的方案是不可控呢？孟子主张人性本善，人人都可以通过加强内在修养，成为一个仁人，乃至成为尧、舜那样的大圣。但《尚书》说“人心惟危，道心惟微”，人的心灵是微妙的，也是危险的。一切都取决于心灵，一切都取决于自我，谁能保证他一定向善发展，而不向恶发展呢？一个人的“修身”都不能确保了，又怎能保证“齐家、治国、平天下”呢？所以，荀子批评思孟一派的理论邪僻而不合礼法，幽深隐微而难以言说，闭塞不通而难以理解。聪明智慧之士都难以悟解践行，何况普通人？

所以，荀子反其道而行之，不但放弃了人性本善的观点，而且放弃加强内在修养以提升自我的方法。他主张“性恶论”，认为人的本性和欲望是邪恶的，所以不能听从心灵的声音，不能顺从欲望的要求。人要向善、向仁，不能反求诸内，而要外求诸礼法和制度。人性之恶，受礼法和制度约束与震慑，才会收敛和自我矫正，改变成善与仁的言行。荀子认为，善与仁是不是内在，是伪造出来的。这个伪造，并不是后世虚伪造作的意思，而是人为造就的意思。只有通过理性的加工改造，人才有可能变得善良和仁爱。荀子往外看不往内看、信任理性不信任感性的方法，让一切变得清晰明了，确然可控。只要不断加强礼法与制度的规约和引导，人们就会往所要求的方向不断变化。甚至在程度和进度上，都能进行准确的操控。

荀子相信人性是可塑的，因而也推导出与孟子一样的结论：孟子认为人人可以成为尧舜，荀子认为走在路上的普通人都可以成为大禹。在荀子看来，普通人和圣人一样，都具有认识和学习的能力。只要他们勤奋学习，专心致志，认真思考，仔细观察，长久累积知识和善行不停止，最终必能达到与神明相通、和天地相配的境界。而在现实中，有的人能成为圣贤，有的人不能成为，区别在于前者坚定意志去践行了，后者却三天打鱼两天晒网地懈怠。他们的差别在于为不为，而不是能不能。当然，一个人当不当圣人，是自己的选择；做不做恶人，却不是自己的选择。荀子强调以礼制和法律来约束、控制人们，防止集体性堕落。孟子没有这样的要求。所以说，荀子的理论和方案，比思孟学派的理论和方案更具有“可控性”。

荀子相信人的理性和主观能动性，对行为结果具有决定性作用，自然否定“天命论”。荀子说：“天行有常，不为尧存，不为桀亡。”上天有自己运行的规律和法则，不会因为人事而有所改变。哪怕尧帝施行善政，哪怕夏桀滥行暴政，它都不会有所表示。这不但不合于孔子的思想，也与中国传统观念相悖。《尚书》中商汤王就说：“有夏多罪，天命殛之。”周武王说：“天视自我民视，天听自我民听。”传统的思想认为，人间帝王的统治权力，是天命授予的。上天与凡人有情感和意念上的沟通，它奖赏行善的人，惩罚作恶的人。夏桀和商纣，作恶多端，被剥夺了统治的权力。商汤王和周武王，普施惠政，获得了取而代之的合法性。荀子一刀切断了天与人的联系，认为人行善有吉报，作恶有凶报，都是自身的因果，无关其他因素。他认为没有了上天的监督和庇护，人们害怕报应，会更加积极地抑恶行善。

否认了天命后，荀子进一步提出“制天命而用之”的观点。他认为，天生万物，地养万物，各有其功能和用处。人不应该对它们置之不理，而应该发挥自己的聪明才智，根据物性的特点，加以开发利用，让天地之间所有事物都服务于人类。如让太阳和月亮为人类照明，让繁星为人类指引方向，让马为人类驾驭，让牛为人类耕作，让木材为人类烹煮，让鸟兽的皮毛为人类保暖。用现代的话说，就是发挥人的主观能动性，让所有物类都为我所用。荀子虽然没有言明，但他潜台词已经非常清楚：人的需求和利益凌驾在自然与天地之上，后两者因有人类的存在，才显示出它们的价值。人应该不断努力，征服自然；而不应该放低姿势，崇拜天命。如果说“性恶论”是古代版的“事在人为”，那么“非天命论”就是古代版的“人定胜天”。荀子的思想，具有很强的后世所谓的唯物主义色彩。

荀子以“性恶论”和“非天命论”为核心思想，推销更具有可控性的政治解决方案，空前重视“礼”的作用。他认为礼是修身的根本，也是治国的根本。离开了礼，个人和国家都难有成就。而礼又是有条文体例的，与法律的相似性很高。两者都是人为（即是伪）制定的准则，要求人们遵守。于是，在有意无意间，荀子就模糊了礼和法的关系。在他的著作中，可以看到礼和法相提并论的语句，如“圣人化性起伪，伪起而生礼义，礼义生而制法度”“修礼以齐朝，正法以齐官，平政以齐民”“隆礼至法则国有常，尚贤使能则民知方”“君人隆礼尊贤而王，重法爱民而霸”等。可见，荀子的思想，已经初步具有融合儒、法的趋势。强调法的地位和作用，是他有别于其他儒家学者的一大特点。

实际上，荀子不仅承认法的效用，而且支持重法重刑。他曾对一种社会流行的观点予以反驳，为残酷的肉刑辩护。这种观点认为，古代治世没有残酷的肉刑，只有对罪犯进行象征性处罚的象刑。荀子的看法恰好相反，他认为古代治世刑法严酷，象刑则产生于近代乱世。因为象刑对罪犯的处罚不重，造不成威吓作用，所以导致恶性循环，罪犯越来越爱犯罪，世道越来越浊乱。而使用严酷的刑法，轻罪重罚，人民就会因恐惧而守法，社会越来越安定。荀子举例，周武王伐商，砍下纣王的脑袋，悬挂在旗帜上，开创了西周盛世，正说明治世刑重。因此，他主张以重刑重法治理社会，止奸杜邪，镇压暴乱。这样的论调，可以说与法家无异了。人们也就不难理解，为什么荀子座下两名大弟子韩非和李斯，都是赫赫有名的法家人物。若非老师开启了通往法家庭堂的端口，他们也不会义无反顾地奔跑进去。

荀子纵然讲究礼法结合，推销更有可控性的政治解决方案，但他周游列国，仍然没有成果。赵国、齐国、秦国和楚国四大国家，没有一个统治者接受他的政改方案。究其原因，在于荀子还是一个儒家的思想家。他的创作改造，没有背离儒家的根本宗旨。儒家的根本宗旨以道德教化为基础方法，以施行仁政为基本准则，法律只能作为治理社会的辅助手段。儒家的根本宗旨要求以民为本，统治者必须在心上爱民，在行动上惠民，不能把人民当工具利用，对他们巧取豪夺。儒家的思想主张以德服人，怀柔天下，反对战争，反对侵略，反对扩张。毫无疑问，这些主张不仅不符合当时统治者的口味，还会损害他们的利益，所以他们不可能采纳荀子的方案。荀子晚年在春申君黄歇庇护下，得到一个小官职，在兰陵县担任县令。这仅是统治阶层出于收揽知识分子人心的目的，而施予的小恩惠，并不是对他整体政治方案的认可。

荀子在后世的评价，也颇为复杂。按理说，儒学作为两千年中国官方的统治哲学，身为儒学宗师的荀子，获得评价和待遇应该不低。但实际上，后世对他有很多批评，远比不上颜回、孟子等名声响亮且少有非议。首先原因在于他的性恶思想，与儒家正统有所不合。孟子主张性善，对人性持肯定和乐观的态度。荀子主张性恶，对人性持否定和悲观态度。人性本善或本恶，难有确切的答案。但人总是自视优越，喜欢被肯定，所以孟子的主张获得的支持更多。是以在后世，孟子思想成为儒家的主流和正统，荀子的思想成为儒学的异流，支持少，非议多。其次，“非天命论”不但否定了《尚书》中的天命观，也与汉武帝时代独尊儒术时，董仲舒主张的“天人感应”论相悖。因此得势的儒家官僚，不会大力推崇荀子。最后的原因在于荀子培养出了两名法家弟子，让历来的儒家学者很不释然。尤其是李斯，唆使秦始皇焚书坑儒，给儒家学派带来巨大伤害。

近现代以来，因为荀子思想具有唯物主义的色彩，获得的评价有所提升。但长期看来，荀子及其哲学仍被视觉儒学异流，无法挑战亚圣孟子的地位。作为现代人，我们不主张以儒家的传统观点来评价历史与人物。从轴心时代百家争鸣的大背景看来，荀子是与孟子并驾齐驱的思想大家，他们谁也不逊色于彼此。

## 05　韩非的权谋哲学

荀子模糊了礼与法的界线，他的弟子之中不免有人越墙逾界，滑入法家的怀抱。最具代表性的两人是韩非和李斯，前者是有名的法家思想大家，后者则是秦始皇的丞相。虽然都是由儒入法，但两人的思想转变轨迹和目的大有不同。韩非出身韩国公室，是一名贵族公子。在拜荀子为师之前，他已经具有很高的文化知识水平。韩非带艺投师，本想从荀子那里学习到富国强兵、振兴韩国的切实方法。但荀子的方案不令他满意，所以韩非决定按照自己的思想，走自己的路。而李斯本是楚国一个基层吏员，忍受贫穷的煎熬。为了改变命运，他放弃了公职，投奔荀子门下。李斯的目的，是追求功名利禄、飞黄腾达。对于身在秦国奋斗的他来说，践行法家的方法比践行儒家的方法，更容易实现目标，所以他毫不犹豫改换门庭。这两大弟子，都在历史上留下显赫的名声。荀子虽然活到了八十多岁的高龄，但没有看到韩非和李斯走上人生巅峰，也没有看到他们悲惨的结局。对于他们背叛儒家学派、改换门庭的做法，他死后有知，不知作何感想？

韩非被誉为轴心时代最后一位思想大家，但他的思想很难说有什么新意，也不好进行概括。原因一是法家思想的核心的“法”，几乎被商鞅在《商君书》中阐述殆尽，后人很难对之补充发挥。原因二是韩非写作的多是杂文形式的政论，论述的多是实践细节问题，缺乏逻辑，不成体系。想要介绍革命性的创举，在韩非身上找不到；要彻底跳过他，又难以忽视煌煌十余万言的《韩非子》。于是，我们不得不将就一下来介绍韩非的思想。

要理解韩非思想的精粹，从哪里入手最好？从秦始皇的读者视角入手最好。据说，秦始皇曾阅读到韩非的文章，赞叹道：如果寡人能和这位作者交游，即使死也无憾了！为什么秦始皇那么欣赏韩非的文章，那么敬佩韩非的思想呢？只有一个答案，韩非说出了秦始皇的心声，切中了他的隐痛。秦始皇的心声和隐痛是什么？只有到秦始皇的人生经历和《韩非子》一书中去寻找了。

我们认为，韩非文章能投到秦始皇所好，重点在于法家“法”“术”“势”三块内容中的“术”的内容。通俗地说，“术”即是权谋术。但它不是所有人的权谋术，而是专为统治者服务的帝王权谋术。韩非认为，只有全面实行“法”“术”“势”三方面的策略，才能建设出一个富强、专制、稳定的国家。韩非评价，韩国侧重于“术”、秦国侧重于“法”的政治改革，都有弊端。申不害以“术”教韩昭侯驾驭群臣，然而法令不统一，群臣和百姓都可以售奸贾利。最后君王的权力虽牢固，但国家始终不富强。商鞅则以“法”辅佐秦孝公改革，诛罚以严，庆赏以信。最后秦国富强了，君王却无术驾驭权臣，导致权臣任意以公权谋私利。历史上张仪、甘茂、魏冉（宣太后）、范雎、吕不韦，都是权倾人主的人物。

韩非这招葵花点穴手，无疑点中秦始皇的痛点。被权臣摆弄，身不由己，曾经是他惨痛的人生经历。秦始皇在他继位之后长达十年之久的时间内，都没有真正掌握帝王的权力。吕不韦以相父之尊，为所欲为；自己的生母，还与贱人嫪毐通奸，生出孽种。最后靠一场惊险的政变，他才夺回权力。正因为有切肤之痛的经历，他才意识到亲自掌控权力的重要性，绝对不能重蹈被臣子弄权的覆辙。而韩非文章所言，正是他迫切需求的。秦始皇称赞韩非的潜台词是，能得到他亲自传授驾驭群臣的秘术，就死而无憾了。

确实，对于“术”的阐述，即是《韩非子》的核心。历史上从来没有一位法家思想家，像韩非那样热衷于帝王权谋术。我们可以明确指出，《韩非子》中大部分文章都是研究帝王权谋术的，如《主道》《爱臣》《二柄》《扬权》《八奸》《十过》《备内》《三守》《南面》《安危》《守道》《用人》《功名》《说疑》《诡使》《八说》《八经》《人主》等。这些文章的主题，就是教授帝王怎样辨别忠奸，驾驭臣子、嫔妃、儿子、贵族们，役使百姓，紧握权力不放。韩非认为，君即国家，朕即天下，帝王加强独裁，则国家强盛，天下安定。韩非认为，帝王应该深藏不露，无事清净，而又洞悉所有臣民的忠奸，让他们奔波劳碌无休止。韩非认为，帝王应该严刑峻法，杀伐果断，令行禁止，权力大到不可丈量，心思深到不可测量。《韩非子》，可以说是另一类型的《君主论》。

这样的文章，是下流的文章。这样的思想，是下流的思想。依靠这些诡诈阴险的内容，韩非很难登堂入室哲学的殿堂。但要说它是一种权力控制的谋略，进而达到改变国家和社会的目的，就不可否认。然而这种诡诈阴险的阴谋术，即使拥有暂时的功效，也不能长期践行。因为它会导致整个社会变质，跌入黑暗与堕落中，万劫不复。

若将诸子百家并列同视，韩非的学说固然不如儒、道、墨光明正大，连鬼谷子的合情合理也不如。鬼谷子讲谋略、讲纵横，尚且是为了自身的利益而行事，符合人不为己、天诛地灭的人性暗规则。而韩非讲权谋、讲诈术，却不是为自己服务，而专为帝王服务。作为一个臣子，不断向帝王贡献如何控制自己、役使自己的谋略，这是出于怎样一种变态的受虐心理才能干出的行为？我们无法理解韩非的思想和言行。

现实中，讲诈谋术的人，不行诈谋事，才能保善终。行诈谋事的人，不讲诈谋术，方能攫取暴利。鬼谷子写完《鬼谷子》，隐姓埋名，消遁于人间，逃避了祸患。张仪、苏秦、范雎这些行诈谋术的人，从不著书标榜诈谋术，所以能位至卿相、权倾天下。韩非显然觉悟不到这点，他用如椽大笔讲述了最为忌讳的帝王权谋术，还妄想施展才华，得意于政场，无异于痴人说梦。当秦始皇为他的文章拍案叫绝时，已经注定了他死于非命的结局。为什么？因为秦始皇忌讳大权旁落，担心重蹈覆辙，他必须掌握完整的帝王权谋术精髓。凭借秦国强大的实力，迫使韩非前来秦国，是轻而易举的事情。韩非既来秦国，秦始皇学习到所有帝王权谋术和他主张的其他法家思想，韩非就失去了利用价值。

秦始皇非杀韩非不可。因为韩非著书立说，大肆宣扬帝王权谋术，怂恿帝王猜忌、怀疑所有大臣，众所周知。如果韩非不死，安然无恙站立在秦国朝廷之上，那么就意味着秦始皇对群臣不信任，他要利用韩非来对付他们。这样的局面，秦始皇是不愿看到的。他还要群臣为他卖命，为他攻占征伐，统一天下。他对他们不能彻底信任，也不能没有基本的信任。为此之故，韩非绝对不能在秦国受到重用。而秦始皇又担心韩非东归之后，被六国所用，阻挠自己统一天下。思来想去，只有杀死韩非，才能两全其美。历史记载，韩非是在李斯和姚贾的谮毁下，被毒死于监狱。这其实是一种诿过于人的处理方法，对于杀伐果断的千古一帝，不是他授意去干这事，谁敢动他曾经崇拜非常的韩非一根寒毛？用其人，则不能用其术；用其术，则不能用其人。这是帝王权谋术和帝王的矛盾，是韩非和秦始皇之悲剧的必然。

除了“术”外，韩非同样强调“法”和“势”。帝王用“术”，抱“法”处“势”，才能建立超越五帝三王的功业。他认为，儒、墨所提倡的贤能政治，具有很大的不确定性。因为智慧和聪明的圣人，百年一遇。要等到这样的人才出现，才能取得贤能政治的效果，可能千年才有一代的治世。而依赖法、术、势结合的体制，只需中等智慧的人才，便可治理好国家，千年才会有一代的乱世。这样的论断，明显是错误的。儒、墨所倡导的贤能政治，固然是人治。他倡导的法、术、势结合的政治，仍然是人治，不可能做到千年才出现一代乱世的效果。实际上，秦国自商鞅变法后，能维持一百五十年的强盛，全赖明主辈出，相能将勇。再强大的秦国，再严厉的法治，只需一个秦二世这样昏聩的君主、一个赵高这样的奸臣，就能让它毁于旦夕。韩非不识庐山真面目，只缘身在此山中，诚是幼稚。

如《六反》《五蠹》《显学》类的政论文，主张对不合于法家政治的道德观念、社会现象、学派团体实行打压和限制政策。类似观点，商鞅已经表述过。不过时移世易，韩非有些话，说得比商鞅更清楚明白。如他说“儒以文乱法，侠以武犯禁”，指名道姓要严厉打压儒士和侠士两种身份的人。在《商君书》中，就没有说得这么清楚明白。

值得注意的是，后来秦始皇下达焚书令的政策，其思想源头很可能来自韩非。《五蠹》中说："故明主之国，无书简之文，以法为教；无先王之语，以吏为师。"这与李斯请求秦始皇下焚书令的奏文，内容是一致的。以法为教，以吏为师，是法家的理想政治形态。秦始皇在统一中国十年之后，终于勇敢地实现它了。然而这项强暴的政策没有带来安定与和谐，反而揭开秦朝灭亡的大幕。法家的信徒都是极端主义者，不能容忍异己存在。最后不能吞噬别人，被反噬的就是自己。

韩非死于公元前 233 年，三年之后，秦国灭亡韩国。其余五雄，相继被吞灭。以法立治的秦国建立起郡县制大一统的秦帝国，以水德代火德，取代绵延近八百年之久的周王朝。随着大一统局面的形成，中国轴心时代的思想薪火也渐次熄灭。那些躁动不安的灵魂，以及扰攘了五百余年的声音，从此成为历史最大的回响。

# 第十四章

# 天下复归一

## 01 周王朝的灭亡

自邯郸围城战败，白起又死，老迈的秦昭襄王灭亡列强的心志尽丧，但并不说明秦国放弃扩张，愿意恢复和平。公元前 256 年，也是邯郸之战后的第二年，秦昭襄王又命令将军摎攻击韩国，继而攻击赵国，皆有斩获。此时周王室已完全处在秦国领土的包围中，末代周赧王惊恐万分。估计是受到魏无忌击败秦军的鼓励，周赧王策划发起一次合纵同盟，率领联军从伊阙出击，切断秦国与东方领土之间的联系。可惜周王室已经衰弱数百年，周赧王既无领导力，也没有号召力，完全说服不动各大强国。

秦昭襄王得到消息，命令将军摎迅速进击洛邑。兵微将寡的周赧王无力抵抗，向秦军投降。西周公被派往咸阳，向秦国献上仅有的三十六座城邑，三万人口。输光所有家产的周赧王，又羞又愧，于当年郁郁而终。秦昭襄王将包括九鼎在内的所有王室财物，迁运到咸阳。因赧王没有领土，也没有财产，不能再立继承人，周王朝被宣告灭亡。自公元前1046年周武王建立周王朝，至公元前256年灭亡，前后延续了七百九十一年，为中国历史上寿命最长的朝代。

周赧王号为天子，贵为天下共主，他的死亡以及王朝的灭亡，本该是震动华夏的大事。然而在现实中，他好像是悄无声息地死去，激不起一丝回响。在现存的史料中，没有发现一个国家为此表示惊骇，没有发现一个名人为此感到痛心。就连最讲究忠君观念、最推崇周朝政制的儒家，也没有为此留下一个标点符号。这一年、这一件事的重大意义，只有后人在总结历史时，才会被提及。《汉书》的作者班固认为，自这一年周王朝灭亡后，天下失去了统一性的政权。一直到公元前221年，秦始皇统一了中国，才再次建立起统一性的政权。中间这三十六年，被称为天下无主的时代。在现实中，人们对它无动于衷。在历史上，它却具有非凡的意义。

周王朝虽然绵延近八百年，但在不同时代，它的实际力量和地位差别极大。西周初、中期，是周王朝最强的帝国时代。对诸侯国可以说是予取予求，任意置立废黜。甸、侯、宾、荒、要五服，蛮夷及华夏，没有谁敢丝毫怠慢。这个时候的周王，是名副其实的天下共主。西周晚期，王畿外诸侯逐渐发展壮大，王畿内被亲信大臣瓜分殆尽，王朝走向衰落。周室东迁后，周王已经无力控制诸侯，反而要依赖诸侯。五霸迭起，领袖诸侯，却无法改变原有秩序，仍然要承认周王是名义上的领袖。到了三家分晋，周威烈王封魏、赵、韩为诸侯，就是王朝最后一次刷存在感了。自此之后，周王仿佛被遗忘，很少再进入人们的视野。四海称王时，没有记载周王的反应。秦、齐称帝时，也没有记载周王的反应。其实反不反应，已经不再重要，因为他根本没有力量来影响现实。七大强国，无论在战略或战术上，完全藐视周王室。他们各顾各的侵略与防守、胜进与败退，无暇瞥上落寞的周王一眼。周赧王突然恐惧秦国要吞灭自己，想发动合纵同盟进行抵抗。老迈的秦昭襄王原想留着他当最后一口蛋糕，没想到他先行送到嘴边。既不能灭亡六大强国，就先拿周王打打牙祭了吧。秦军一个迅雷不及掩耳的攻势，将周王朝连根拔掉。此时是一超六强的对峙局面，没有一个国家敢发出抗议，横挑强秦。当然，也有可能他们心里本不愿说，或认为不值得说，因为以大欺小、恃强凌弱，正是他们常干的事。

历史学家将周王朝灭亡至秦王朝建立这段时间，称为天下无主的时代，凸显了周王朝的历史地位以及中国人大一统的意识。在现代人的观念中，春秋战国五百余年，是中国历史上最漫长的分裂时代。周王朝徒有其名，毫无其实。中国历史，未曾真正统一过。古代历史学家从未有过这样的想法。在他们看来，天下和中国从来是统一的，夏、商、周三代一脉相承。即使到了春秋战国，东周王朝式微，但它在法理上仍是天下共主，是中国名义上的最高统治者。一个整体的天下概念、一个统一的中国概念，仍然存在中国人的心中。虽然大家都漠视乃至藐视东周王室，但因为没有取代者，这种实亡名存的统一形式仍旧被维系着。九鼎是最高权力的象征，楚庄王曾经可望不可得，秦昭襄王轻易据为己有。但他得到的只是个空洞的符号，因为实际上没有建立起统一的中央政权，所以他不具备天下共主的名分。秦国虽然实力超强，但和其他六国尚是逐鹿中原的竞争对手，不能与夏、商、周三代的大一统王朝相提并论。

周王朝灭亡，使中国失去名义上的最高领导。这在政治和军事上没有产生重大影响，但却造成不小的心理恐慌。这种长久的天下无主状态，之前未曾有过。从前的改朝换代，都是两大势力的较量。新势力颠覆旧势力，马上成为新的天下共主，没有时间上的迟滞。而战国末期不是这样，秦国的最大对手不是周王室，而是东方六国。他灭掉了周王室后，连一半的中国领土都没占有，六大强敌仍虎视眈眈。这样的特殊形势，导致了天下无主状态的出现，并且还持续了一段较长的时间。

按理说，灭亡周王朝，就已宣告了要取而代之的决心。统一战争的形势，会再次变得剧烈。但秦昭襄王实在太老了，他继位已经五十一年，实在没有精力再发动灭亡六国的战争。如果邯郸之战获胜，一举灭亡赵国。他有信心在死去之前，完成统一中国的大业。但邯郸战败，使他遭受打击，不得不将这个任务交给下一代传人。而事不凑巧，他的后两代继承人，都短命夭折，无法履行责任。秦始皇登基之时，年仅十三岁，未到亲政年龄。于是中国分裂、天下无主的形势，不得不尴尬地维持下去。但中国长久存在的大一统观念，必然促使天下再次走向统一。秦始皇亲政之后，经过数年养精蓄锐，终于启动灭亡六国的战争。十年之间，横扫六合，鲸吞天下，建立起史无前例的中央集权大一统王朝。延续了三十六年天下无主的状态，终于被终结。

周王朝犹如一缕夕阳的余晖，消失在战国的铁血征伐之中。而作为王室支系的两个兄弟国家，也同样不好过。公元252年，魏国杀害卫怀君，立卫元君。卫国彻底沦为魏国的附庸。公元前249年，楚国灭亡鲁国，将末代鲁顷公贬作平民，尽并其地。可见当时青面獠牙、蚕食吞并的，并非秦国一个国家。大家都是一丘之貉，谁也别指责谁。所以，周王朝灭亡，无人为其发声，就见怪不怪了。

## 02　吕不韦的春秋梦

吕不韦，出身于卫国的商贾世家，家财雄厚。他本可继承父业，享受优渥富足的生活。但吕不韦嫌弃经商获得的利益太少，远不如从政。从政不但可以获得财富，还能赢得权力、名位、土地等，惠泽后代。抱着这样的想法，他一面漫不经心地跟随父亲经商，一面寻找切入政治的良机。

长平之战前后，吕不韦到邯郸商办，结识了当时正在赵国充当人质的嬴异人。嬴异人是秦昭襄王的孙子，是秦昭襄王法定继承人安国君的二十个儿子中不受宠的一人。虽然嬴异人距离政治中心有些遥远，但吕不韦还是发现他奇货可居。因秦、赵连年作战，赵人并不礼遇敌国的人质，嬴异人生活过得非常艰难。吕不韦仗义疏财，大力接济嬴异人。两人建立友好的关系后，吕不韦提出要替嬴异人游说运作，帮助他重返秦国，继承君位。嬴异人本是安国君的庶子，自小不受宠，现在远离故国，身处危城，生死和生活都成问题，从来没幻想能成为秦国的君主。但吕不韦信誓旦旦，又肯出钱出力，他便允诺了。还立下承诺，如果吕不韦计谋成功，他便与他共享秦国。

于是，吕不韦便带着他的万贯家财，前往咸阳运作，成功说服受安国君宠爱而又没有子嗣的华阳夫人认嬴异人为儿子。邯郸保卫战之际，吕不韦又出奇计，帮助嬴异人从围城中逃脱，重返秦国。之后秦昭襄王去世，安国君继位为秦孝文王。秦孝文王去世，嬴异人继位为秦庄襄王。吕不韦一手谋划的争储大计，终告成功。秦庄襄王为了感谢吕不韦的功劳，任命他为丞相，封文信侯，食邑洛阳十万户。吕不韦如愿以偿步入政坛，且位极人臣。三年之后，秦庄襄王去世，少年嬴政继位。吕不韦以宰相“仲父”之尊，总揽秦国朝政。仅仅数年，他便成为全天下炙手可热的人物。

在吕不韦主政期间，国内政治虽不是那么安定，但秦国仍然按部就班推进兼并战争。公元前249年，秦国攻灭东周公国，将周王室最后支系灭绝。本年，秦军攻克韩国成皋、荥阳，在伊洛之间设置三川郡。公元前247年，秦军攻占赵国大片北方领土，设置太原郡。公元前242年，秦军攻占魏国酸枣、雍丘、山阳等二十座城邑，就地设置东郡。在吕不韦领导下，秦国占有超过中国一半土地，六国亡在旦夕。一个一统天下的新生王朝，呼之欲出。

在此非常之际，吕不韦又在忙什么呢？他在操劳政务吗？他在忧心军事吗？是的，这些事他都干。但与此同时，他还忙于另一件大事。这件事若成功了，他便超越范雎、张仪、商鞅等政客，与周公这样的伟人处在同一历史级别。吕不韦所做的事，便是否定和除去秦国赖以立国的法家思想，代之以自己主导设计的政治思想和制度蓝图。

他仿效战国四公子，重金厚礼招徕四方博学游士，让他们配合自己，重新设计一套适合新生王朝统治天下的思想制度。史料并没有留下明确的信息，说明吕不韦为何不待见法家思想。或者因为他是东方的卫国人，对秦国本土制度文化原本不待见；或者因为他是商人出身，反感法家对商人的打压和歧视；或者因为他认为法家政策刻薄少恩，可适用秦国，却不适用天下。总之，由他门下宾客编撰而成的《吕氏春秋》，是一部彻头彻尾的反法家著作。吕不韦本人，是一个彻头彻尾的反法家主义者。

《吕氏春秋》由众多宾客编撰而成，注定了它杂家的性质。在这部书中，集合了道家、儒家、墨家、形名家、兵家、阴阳家、法家等观点，一如吕不韦门下宾客的身份一样复杂。虽然如此，但并不说明《吕氏春秋》是杂乱无章的作品。相反，无论在形式结构上，抑或思想内容上，它都是严谨而周密的。概而言之，《吕氏春秋》以道、儒思想为核心，以其他学派思想为辅助，构建起一套涵盖宇宙天道与人间政治的理论学说。或者可以说，《吕氏春秋》继承了古代中国及诸子百家时代创造出来的思想和知识的大部分精华，建构起一套庞大而完整的理论学说。不论是从前者或后者来看，它都秉持着肯定多否定少、继承多扬弃少的准则，坚持兼收并蓄。就这一点而言，《吕氏春秋》无可置疑是一部正道的著作，它宣扬的是正道的思想。

若吕不韦只是个普通人，他编撰这样的书，仅代表个人之言，不会有什么特殊意味。但他的身份却是秦国丞相，位在万人之上，一人之下。而在他治下的秦国，实行的却是排斥百家学说和古代知识遗产的法家政治。这样的身份，干出这样的事，吕不韦想在秦国扬弃法家思想和法家政策的意图，表露无疑。《吕氏春秋》究竟有多反法家，随便拈出几句便见一斑："天下者，非一人之天下，乃天下人之天下""凡用民，太上以义，其次赏罚""严刑厚赏，此衰世之政也""先王之教，莫荣于孝，莫显于忠""先王先顺民心，故功名成"等。除了顺势而为、不厚古薄今数点，吕不韦几乎反对法家所有的思想和政策。他胸怀宏图，想将商鞅所确定的秦国立国基础，一锅全端掉，取而代之于《吕氏春秋》的架构。他坚信，只有涵盖宇宙苍生、胸怀仁义礼信的思想制度，才配得上统治全天下。

著成《吕氏春秋》后，他效仿商鞅，将它们公布在咸阳街市，若有人能改易一字，奖励千金。从一部二十万字的作品中，挑出一个能改易的字，应该不是难事。吕不韦的目的，只是想向世人公告，这部作品已经完成，未来将发挥重要的作用，产生巨大的影响。然而在他雄心勃勃的计划没付诸实践前，一场巨大的政变，终结了他的政治生命，也终结了他的政治梦想。

吕不韦与嬴政的生母赵太后，一直有牵扯不断的私情。后来他进献型男嫪毐给赵太后，才摆脱了纠缠。嫪毐非常得宠，与赵太后生下两个儿子，被赏巨量的财富和土地，权势显赫，甚至开始干涉政治。吕不韦本身一裤裆的臭事，阻止不了赵太后的乱行。而这一切，被逐渐长大的嬴政看在眼里，他表面上装作没事，内心却埋下仇恨。

公元前238年，年满二十岁的嬴政举行了加冠礼，意味他已经成年，可以亲政了。刚掌握权力，他就下令对嫪毐进行调查。嫪毐万分惊恐，联合党羽，假传赵太后命令，调动军队攻打嬴政。嬴政早有准备，集合优势部队反攻政变团伙，轻易擒杀嫪毐。事后追究，诛杀嫪毐三族，门下四千名宾客党羽被放逐到边荒之地。生母赵太后，被嬴政软禁起来。吕不韦虽没参加政变，但作为嫪毐的荐举人，难辞其咎。嬴政考虑到他帮助父亲继位，且治国有功，没有严加追究。仅将他免职，遣返洛阳封地居住。

吕不韦瞬时之间，从天上坠落凡间。然而他主政秦国十年，培植的政治资本异常雄厚。特别是跟他一起编撰《吕氏春秋》的文学游士，对他是死心塌地的忠诚。吕不韦是赏识他们的恩主，恩主有难，他们怎能不献身报答？况且他们共有一个《吕氏春秋》的梦想，若吕不韦不能出来主持政事，梦想就打水漂了。于是，这些文学游士辐辏而至咸阳，不断游说嬴政，让吕不韦官复原职。在内外持续一年的施压下，嬴政非但没有屈服，反而提醒了他好不容易得到的权力，再不能旁落他人之手。

吕不韦对于秦国，是个巍然的存在，也是他心头的阴影，他不能让其鲤鱼翻身。坚定了除掉吕不韦的决心，嬴政给他写了一封亲笔信：你对秦国有什么功劳，被封十万户的侯国？你跟秦国有什么关系，被尊称为仲父？现在命令你迁徙到蜀国。老于政治的吕不韦，知道嬴政已经长大，再容忍不下自己。他杜绝念想，服毒自杀。之后嬴政将吕不韦和嫪毐相提并论，彻底在名誉上搞臭他。

吕不韦奋斗一生，从一介商贾到位极人臣，彻底改变了命运。虽然死于非命，却名传史册。对他而言，不知是值不值得？在个人生活和品德上，吕不韦的瑕疵无可否认。但他着手于《吕氏春秋》的政治谋划，登高望远，绝非普通政客可比。《吕氏春秋》的政治设想最终没有被实践，难以估量其效果和影响。但若它被实践，至少比刻意制造官民对立、以酷烈压榨为务的法家思想制度，更能获得民心。秦朝也不会仅仅存在十五年，便颠蹶覆灭。可惜历史不能再假设，消灭吕不韦后，嬴政彻底投回法家的怀抱中。

在贬黜吕不韦之时，嬴政便下发逐客令，将他召集的四方文学游士，驱逐出境。这样的政策，秉承自商鞅的思想。秦国只需要农民和战士，不需要百无一用的书生。原为吕不韦幕下客的李斯，向嬴政上《谏逐客令》，以斐然的文采说服他重视客卿的功用，不要赶尽杀绝。嬴政有所觉悟，将李斯留了下来，视为亲信，委以重用。这位儒学大师荀子的弟子，曾为《吕氏春秋》的编撰出工出力的宾客，为了政治取宠，摇身变为顽固的法家信徒，帮助嬴政定法式，兼六国，并天下。而李斯的师兄，以鼓吹帝王权谋术闻名的韩非，也在不久之后来到秦国，一度受宠见幸。从此嬴政醉心酷政与阴谋，一发不可收拾。大秦朝的命运，就此被注定。

## 03 秦始皇横扫六合

除去政敌后，正值秦始皇青春年少，秦国国富兵强。他跃跃欲试，启动灭亡六国的战争。

秦始皇第一个矛头指向的是让秦国几次遭遇挫败，最难啃下的硬骨头赵国。公元前 236 年，秦始皇命令王翦和桓齮，分率两路大军，从山西地区与河南地区进攻赵国。秦军数战数胜，斩杀赵军近十万人。危急时刻，赵国任命久在边疆、具有丰富作战经验的李牧为大将，与秦军会战。李牧大败桓齮，秦军被迫撤退。秦始皇吞灭赵国的计划，遭遇失败。

一时拿赵国没辙，就把目光转向韩国。此时的韩国，领土狭迫，军力微弱，已无力抵抗秦国。在秦始皇威胁恐吓之下，韩王安乖乖地割让土地，献上王印，请求当秦国的附庸。秦始皇不依不饶，于公元前 230 年出兵灭亡韩国，将韩王安俘虏到咸阳。在韩国故土设置颍川郡，直属中央。

因有李牧存在，秦军久攻赵国无功。秦始皇便使反间计，花重金贿赂奸臣郭开，让他在赵幽缪王面前谮毁李牧。赵国再次犯下临阵换帅的错误，李牧被撤换后，赵军溃败于秦军。公元前 228 年，秦军攻破邯郸，俘虏赵幽缪王。赵氏残党，逃亡到代郡，联合燕国，继续抵抗秦军。

燕国力量微弱，正面战场毫无胜算。太子姬丹对嬴政心怀怨恨，一直图谋报复。原来小时候，两人在邯郸充当人质，曾是童伴。后来嬴政回国，继承了君位。姬丹没那么顺利，辗转又到秦国充当人质。他本以为秦始皇念在旧相识的份儿上，善待自己。不曾想幼童玩伴，记忆不深，秦始皇根本没放在心上。常以大国君主架势，藐视小国的人质。姬丹心生愤恨，私逃回国，立志报复。

姬丹听说卫国荆轲是个勇士，前往拜访，恭请回国，好吃好喝好住地款待，将自己的心事告诉他。荆轲感激姬丹的赏识和信任，表示愿意舍命报恩。他们策划刺秦很久，一直等待良机。秦军攻破邯郸后，兵锋直指燕国。情况危急，姬丹催促荆轲启程。当时秦国有个逃将樊於期躲在燕国，荆轲请求用他的脑袋获取秦始皇的信任。姬丹不忍心杀害投靠自己的人，没有同意。荆轲为了大局，私自拜访樊於期，坦诚相告用意。樊於期被秦始皇灭门，也是一心复仇。明白荆轲计划后，他毅然自杀，助力刺秦。荆轲砍下樊於期的脑袋，装进盒子，带上燕国城邑图籍，启程西行。姬丹与门下宾客送行到易水河畔，高渐离弹奏乐曲饯行，荆轲悲歌相和："风萧萧兮易水寒，壮士一去兮不复还！"座中众人，泣下沾襟。

荆轲来到秦国，以使者的身份献上樊於期人头和燕国城邑图籍，请求和平。有了樊於期的人头，秦始皇果然信了。宣令荆轲进殿，上呈图籍。荆轲将匕首藏于图籍之中，入宫朝见。他在秦始皇面前，徐徐将卷着的图籍打开，待到将尽之时，突然露出匕首。荆轲操起匕首，想要劫持秦始皇，效仿曹沫劫持齐桓公，逼他退还六国土地。不料秦国尚武之风甚盛，秦始皇力气奇大，一下子挣脱了。劫持失败，荆轲追击过去，直取命门。秦始皇绕着殿柱躲避。

事出突然，殿堂之内的大臣无人佩戴武器，只能徒手上前拦截荆轲。有人喊道：大王，拔剑！拔剑！秦始皇才想起自己腰间原来佩着一把剑，惊慌中倒忘了。他拔出长剑，在众人配合下，砍中荆轲大腿。荆轲跌倒在地，将匕首奋力掷了出去，刃锋掠过秦始皇的脸庞，插入殿柱中。最后一击不中，意味刺杀行动失败。荆轲悲痛长啸道：只是想报答太子大恩，才要劫持你。早知如此，就该直接杀了你！秦始皇暴怒如狂，命令将荆轲碎尸万段。大起九师，增援前线，猛烈进攻燕国。

大国兼并，天下一统，本是百万雄师决战于战场之事。无奈六国衰微，毫无胜算，春秋遗风不灭，是以姬丹诉之于刺杀行为。荆轲固然壮勇可嘉，但历史潮流浩浩荡荡，并不会为了他改变。他们的行动，没能为燕国延命，反而加速灭亡命运到来。公元前 226 年，王翦率领秦军大破燕赵联军，继而攻破燕都蓟城。燕王姬喜逃亡辽东，砍下儿子姬丹的脑袋，请求秦始皇的宽恕。

公元前 225 年，秦军围攻魏国大梁，决河水灌城。城垣崩塌，魏王魏假出城投降，被秦军就地斩首。魏国宣告灭亡。

秦始皇统一征程中，让他遭遇挫折的国家，除了赵国，还有楚国。丧失郢都后，楚国的人口和幅员尚能保持第二的地位。秦始皇要鲸吞下它，不是容易的事。攻克蓟城之后，秦始皇只留少数部队扫荡燕、赵残军，召回王翦和李信两大将领，询问征服楚国的可能。李信信心满满，放话只要二十万军队，便可灭亡楚国。老将王翦则认为，非六十万军队不能完成任务。秦始皇觉得王翦老了，胆气不壮，虑事仅以谨慎为务。他调拨二十万军队，任命李信为主帅，蒙恬为副帅，启动灭亡楚国的战争。

李信和蒙恬兵分两路，向东挺进，一路攻城略池，打了不少胜战。之后紧急奔驰三天三夜，相会于城父时，已成强弩之末。项燕率领的楚军围攻秦军，攻陷两个营寨，斩杀七位将领。李信不能取胜，溃败而还。秦始皇闻讯，又气又悔。他亲自前往王翦的家乡，向他道歉，并请老将军再出山，统领指挥灭楚战争。王翦仍然坚持，没有六十万军队，不能灭亡楚国。秦始皇痛快答应了，并很快召集到大军，交给王翦。

这是一件细思极恐的事情。秦国在二十万大军溃败之后，竟然没有大伤元气，迅速再召集到六十万大军。秦国的实力，仿佛一个无底洞。按此时距离汉世不远，司马迁有《秦记》作为参考，记载的数据不会偏差太远。除了对楚国的战争外，秦国同时进行灭亡魏国、扫荡燕赵残军的战争。同时投入战场的秦军，总数接近八十万。如果秦始皇倾尽全国之力，动员出的军队应该不低于一百万。这在当时的世界，是一个非常可怕的数量。也只有推行法家政策，将国家彻底军国主义化，才能获得这样的效果。也唯有通过这样的方式，才能以武力的手段统一分裂长达五百年之久的中国。只有“法治化”的秦国才能承担起这样的历史使命，其他国家都不能。

王翦既拥有优势的军队，又有充足的后勤补给，便采取缓战策略，消耗楚军粮草和斗志。来势汹汹的楚军没有机会与秦军决战，对耗数月后，逐渐疲软。项燕下令撤军东退，王翦倾巢追击，大败楚军，斩首项燕，俘虏末代楚王芈负刍。经过一年扫荡，秦国于公元前 223 年，灭亡楚国，完全占有楚地。

公元前 223 年，秦军攻占辽东，俘虏燕王姬喜。继而攻克代郡，俘虏赵国代王赵嘉。南北境土，尽归秦国治下。秦始皇特别下令，允许人民聚会欢宴庆祝大胜。

六国已灭五国，仅剩的齐国，陷入秦国的包围圈中。自齐湣王扩张受挫，导致几至亡国的后果，后来的齐君便遵循保守策略，避免卷入战争。五国被秦国攻击，危在旦夕时，都曾向齐国求救。末代齐王田建冷眼旁观，按兵不动。这样的策略，只能延缓齐国灭亡的时间，而不能避免灭亡。收拾完五国，秦始皇的下一个目标，就是齐国。亲秦派大臣怂恿田建到咸阳朝见，秦始皇赞赏他的忠诚，将会网开一面，保留齐国。田建犹豫再三，始终未能成行。公元前 221 年，秦始皇命令将军王贲从河北出发，进攻齐国。入境之后，竟没有一兵一卒抵抗。秦军抵达临淄，王贲承诺给予田建五百里土地，诱惑他投降。田建轻信，出城投降。秦军将他控制住，押送到共邑，软禁在柏树林。之后断绝供应食物，活活将田建饿死。

至此，秦始皇尽灭六国，将中原大地囊括为己有，建立起自周王朝之后又一个大一统王朝。当然，秦始皇的野心不止于此，之后北对匈奴用兵，却敌百里；南并百越，将国境推到南海之滨。秦朝领土之广大，远远超越前代。他废除分封制，推行郡县制。将全国划分为三十六个郡，建立起中国历史上第一个中央集权制帝国。

秦始皇采纳邹衍五德终始说的理论，以秦朝为水德，改正朔，易服色，殊徽号。又自命德高三皇，功盖五帝，自称为“皇帝”。命李斯铸玉玺，刻上“受命于天，既寿永昌”八字，作为最高权力象征。秦始皇梦想，他的后代，二世、三世、四世，直到万世，永远统治中国。

## 04　焚书与坑儒

秦始皇在公元前 221 年，消灭了全部对手，建立起秦朝。然而这只是在军事和政治上实现统一，并没有实行文化上的统一。而实行文化统一政策，废黜百家，独尊法家，正是商鞅、韩非、李斯这些法家巨擘孜孜追求的。但在之后长达十年的时间，这项措施迟迟没有得到落实。

相反，秦始皇还效仿战国末期六国的博士制度，延聘百家流派的博学之士到朝廷充任顾问。

博士有别从前的宾客。宾客寄食于权贵门下，没有朝廷官职和俸禄。战国四公子和吕不韦供养数千食客，便是这样的人。而博士则是朝廷有名有分的官员，承担高级顾问的职责，为皇帝和政府出谋划策。他们地位很高，权力很小，有归口的部门，又不完全受他们管辖。之所以设立博士制，可能秦始皇也意识到，他统治的是一个前所未有的帝国，仅靠秦国原有的人才配备，难以承担如此重大的责任。他必须汇集天下英才，才能创造与之匹配的制度。在这位千古一帝的诚挚召唤下，百家流派的博学人才，捐弃了秦人灭亡故国的仇恨，摩肩接踵而来，参与到秦始皇开创的辉煌事业中。

那么多不同学派的知识分子聚集在一起，不免有分歧争议，包括个体利益上的、学术上的和政治上的，以及三者交织在一起，凸显出来的矛盾与不和。早在刚统一中国时，朝堂之内出就出现实行分封制还是郡县制的争论。丞相王绾主张在边远地区分封皇室宗亲镇守，稳固秦朝统治。而廷尉李斯则主张实行郡县制，一切由中央集权，杜绝将来同姓相残争权的隐患。秦始皇采纳了李斯的建议，在全国实行单一的郡县制。王绾的主张，背后是否有儒家学派在推动，不得而知。但支持分封制，一直是儒家学派的观点。秦始皇强力推行郡县制，儒家学派仍然不服，埋下了日后再起争端的伏笔。

之后秦始皇封禅泰山，曾对儒家学派寄予厚望。因为他们熟知古代的典章制度，便把起草封禅礼仪程序的任务，交给了他们。儒家学者完成之后，秦始皇嫌弃太过烦琐，实行不便，没有采用。齐鲁大儒们因此忿忿不平，造谣说秦始皇在泰山遭遇狂风暴雨，没有封禅成功。两者的关系，进一步疏远。

公元前213年，秦始皇在咸阳宫宴请众臣，欢庆自己的寿辰，一众博士也被邀请参加宴会。期间一位叫周青臣的武臣站出祝寿，歌颂秦始皇广土拓境，废黜诸侯，设置郡县，让天下人安享太平，功劳前无古人，媲美日月。秦始皇心花怒放。旁边坐着一个来自齐地的儒学博士，名叫淳于越，他认为周青臣溜须拍马，将秦朝的致命弱点说成伟大创造，是对皇帝的不忠。

他反驳周青臣说：臣听说殷朝和周朝分封子弟，镇守边疆，辅弼中央，才能绵延千载。现在陛下拥有海内，却实行郡县制，让自己的儿子和兄弟与平头百姓一般无权无势，假若出现田成子、晋国六卿这样篡权的野心家，凭什么力量来解救中央的皇室？制定政策，不效仿古代的良法，而能维持长久的，我没有听说过。周青臣一味阿谀谄媚，让陛下认识不到国家存在的危险，不是忠臣的表现，望陛下明察！

秦始皇本来非常开心，让淳于越一闹，心情沉到了谷底。要知道淳于越这话，不仅是骂周青臣是拍马屁的小人，而且是质疑郡县制，要求秦始皇更改实行了将近十年的国策。当时他强行抑制怒火，命令丞相李斯召集百官，研究讨论淳于越的意见。

秦始皇深信韩非的帝王权谋术，虽然对李斯信任有加，但一直提防他楚国人的身份。直到最近，才将他从廷尉提升到丞相高位。李斯与秦始皇有着将近三十年的合作历史，彼此知心知意。

接受了旨意，李斯和百官们再研究讨论了郡县制和分封制的优劣吗？没有。他们认为这是无须讨论的问题，秦朝的国策没有必要改变。相反，这帮儒学博士，泥古不化，总是非议既定政策，冒犯皇帝乾纲独断的权威，才是需要研究应对的问题。皇朝早就车同轨、书同文了，但对于思想文化的问题，一直没有定断。百家各以其学说非议政治，与战国乱世有什么区别？李斯觉得，秦始皇的反感情绪到了一定程度，是时候实现法家独尊的政策了。

这场关系重大的研究讨论的结果，最后在李斯的一道奏折上表现出来。在这道奏折上，李斯只是蜻蜓点水提到实行分封制是厚古薄今的建议，不合时用，并贬损淳于越是愚蠢的儒生。之后重点论述当今天下一统，百家流派是古非今，有惑乱百姓的危险。这样的形势蔓延，不法之徒党同伐异，将消解朝廷和皇帝的权威。是以李斯提出对策，将史官所藏所有非《秦记》的史书，全部焚烧毁灭；除了朝廷特设的博士官署外，全国官民原来藏有的《诗》《书》和百家流派著作的，全部上交主管官员，焚烧毁灭；街市之上，有敢公开谈论《诗》《书》的人，处以死刑；敢以古非今的，诛灭全族；官员知道百姓犯以上罪行，进行包庇，以罪犯同罪。此令下后三十日，经查有不按法焚书的官民，以罪犯身份，发配边疆充苦役。朝廷鼓励人民学习法律，想学习的人，可拜官吏为师。

秦始皇大笔一挥，写上一个“可”字，历史上最严厉的反文明、反文化政策，在权力的屠刀护卫下，被推行下去了。韩非在《五蠹》中梦想的“故明主之国，无书简之文，以法为教；无先王之语，以吏为师”，终于成为现实。

焚书政策，表面上是李斯提出建议，然后秦始皇允可执行。实际上是李斯按照秦始皇的意见，拟写奏章，再让他确认执行。这道臭名昭著的政策及其产生的恶劣后果，理应由秦始皇、李斯和他们的法家官僚，共同承担责任。

那么，焚书令究竟造成多大的损失呢？

首先，受祸最烈的是历史典籍。中国具有优良的史官文化，几乎所有诸侯国都置有专职史官，记录史事。春秋各大国和战国六雄，都留下内容丰富的史料。但这些体例更为完备、记载更为翔实的史书，都被秦始皇一把火烧掉，仅留下记载粗略、价值最低的《秦记》保存下来。所以时至今日，人们还说不清、道不明战国以及三代历史。按理说，它们不应该如此模糊。幸运的是《左传》逃过劫难，将春秋历史清晰地保存下来。焚书政策对中国历史造成的伤害，是致命性的。失去了的珍贵记忆，人们永远不能再寻回。

其次，是六经系统和百家学说的损失。这部分的损失，难以估计。因为它们不像史料，为官方所有，而是散藏于民间。焚书令再严厉，也有部分士人和官员敢冒杀身的危险，拒不交出和焚毁藏书。所以，大部分流传甚广的书籍，都被保存下来。在司马迁和班固的记载中，我们还看到许多现在业已失传的书目。这类书籍是在后世流传中散佚的，不能归罪于秦朝焚书。但也有不少流传不广的著作，一被焚毁，就此灭失。这样的数据，难以统计。

再次，被明令保护的书籍，没有受损失。这类书籍，主要指医、药、卜筮、种树之类具有实用性质的书籍。此外，秦朝所设置的博士官署，其中藏书也被加以保护，免于焚毁。

总而言之，除了史籍之外，中华文明的主要精华，还是被传承下来了。但是，这并不是秦始皇和李斯的主观愿望的结果，而是客观的历史形势造成的结果。秦始皇和李斯的目的，就是毁灭华夏民族历经千年之进化，创造出来的文明成果，实行愚民政策，确保法家秦朝基业永固。也许他们会觉得自己的想法是好的，是为了国家安定和天下太平着想，但他们的行为指向的后果，却是让华夏民族从文明民族的层次倒退回野蛮民族的层次。在世界历史上，曾有不少民族都建立起过军事强国、政治大国，然而他们缺少高层次的文化、信仰与道德，很快灭亡消散，被人遗忘。而中华文明能以轴心时代的创造，与数大文明，并立在世界历史的巅峰，因为我们有文化、有信仰、有道德。而这一切，与秦始皇和秦朝无关。他们所干的事，正是毁灭文化、毁灭信仰、毁灭道德。

有人以保护博士官署的藏书辩护，否认秦始皇焚书和毁灭文化。博士官署有藏书，是确然的。但这些藏书，有什么用呢？秦朝设置的博士，只有七十余人。中华文明，能只依赖这七十人来传承吗？况且，博士位尊权卑，受制属官。他们不待见于李斯等权贵，要借阅图书，监管的低级官吏，完全可将他们拒之门外。退一步说，博士们可以自由借阅图籍，这些知识文化如何传承下去？秦政府禁止他们开馆授徒，禁止他们公开谈论《诗》《书》和百家语，年轻一代不可能通过任何渠道继承先代的文明。那么，人们能指望这七十名博士，活个一百岁、两百岁、三百岁，来传承中华文明吗？

假如秦朝严厉的焚书、禁书政策维持上四五十年，等到最后一代传承中华文明的知识分子老死去，中华古代文明也差不多灭绝殆尽，轴心时代的成果将湮没无闻。这样的恶果，惊心骇目。也许是天意向善，不能容忍恶政荼毒人世。不久之后，秦始皇在巡行途中遽然病逝。天下掀起反秦大起义，终结了法家秦朝的命运。焚书令在推行仅仅六年之后，秦朝便告灭亡，是中华文明的主要精华得以保存的主要原因。这一切，并不是秦始皇和李斯主观意愿想要的结果，而是由客观历史形势决定的。

除焚书外，秦始皇实行的另一项酷政，是坑儒。因其一统天下后，在人间已经没有追求，转而希冀长生不老、得道成仙。秦始皇召集大批求仙炼药的术士，让他们帮助自己实现梦想。一些刀口上讨生活、烈火中取富贵的骗子，迎合他的口味，一而再再而三编造谎言进行欺骗。久而无验，秦始皇开始产生怀疑。秦法酷烈，众所周知，他们开始惊惧。其中有一个侯生和一个卢生召集同伴计议后路，打算跑路，其中不免有些诽谤秦始皇的话语。他们逃跑后，官府查究，将那些不敬的话传到秦始皇耳中。秦始皇勃然大怒，恨透了他们忘恩负义、背主不忠，还暗中诋毁。他穷究下去，逮捕咸阳城内的术士和士人共四百六十余人，全部坑杀。公子扶苏劝谏说：天下初定，人心未安。这些知识分子都遵行孔子的仁义之道，全部杀死，恐造成天下人惊慌，对国家统治不利。秦始皇迁怒扶苏，将他外放到北方边境。

秦始皇坑儒的恶名，从来是板上钉钉的。无论是扶苏的谏言、司马迁的记载或刘歆的评价，都明白无误地指出，他坑杀儒生。但时代越往后，人们的疑窦越多。到了近世，不少人认为秦始皇杀的是术士和望星气者，不是儒生。这种观点，意在洗白秦始皇，违背历史真相。而且他们也不明白，孔子和儒家学派在当时的地位和扮演的角色。

孔子在春秋战国时代，不仅是儒家学派的创始人，还是开创民间教育的第一人。那个时代的士人，无论是否儒家学派出身，都将孔子视为文化的图腾、知识的象征。庄子作为道家宗师，言谈必引征孔子，表露出非常的崇敬态度。其他流派的人物，也是如此。而儒家的六艺和六经，又是普通人接受教育的基础内容。儒家信徒众多，遍布天下，垄断了整个民间教育。大多数士人，都是经过儒学基础教育体系培养出来的。一个普通的士人，在没有自立学说、开创门派之前，他的第一身份就是儒生。比如邹衍，在没有成为阴阳学派宗师之前，他就是一个儒生。杀邹衍，便是杀儒生。比如韩非和李斯，在没有成为法家宗师之前，他们也是儒生。杀韩非和李斯，就是杀儒生。

秦始皇坑杀的四百六十余人，求仙炼药的职业方士占一小部分，专职儒生占一小部分，主体应该是望星气的三百余人。而这三百余望星气的人，被卢生和侯生称为“良士”，无疑是受过正规教育的士人。确切地说，是受过儒家基础教育的士人。在他们没另立门户之前，都被归类为儒生。秦始皇要杀的这四百六十余人，有接近四百人为儒生。所以公子扶苏劝谏，“诸生师法孔子”，杀了他们，代表朝廷与民间规模最大的知识团体儒家学派对立，寒了天下读书人的心。而此时的秦始皇，已经自我感觉天上天下，唯我独尊了，哪听得下劝谏。大坑一挖，覆土一埋，便了结了四百六十余人的性命。他不会知道，自己挖下的深坑，同时也是埋葬大秦朝的墓穴。

## 05　秦朝的意义

秦朝的建立，在中国历史上具有分水岭的意义。后世将古代中国历史，分为先秦与后秦两部分，可见两者差异之大。概而言之，先秦时代实行分封，众国林立；后秦时代分置郡县，海内一体。先秦时代实行分权，臣民各有其主；后秦时代推行集权，黑白定于一尊。先秦时代各地的制度文化略有不同；后秦时代车同轨，书同文，统一度量衡。先秦时代中国主体限于黄河和长江流域；后秦时代中国的版图扩大到接近今日的汉地十八省。无论在创制或规模上，秦朝对后世产生的影响，都是深远而巨大的。

除此之外，秦朝统一中国之剧烈、残酷程度，带来的持久震撼力，在历史上是独一无二的。天下分裂有五百余年之久，各国臣民对本国的认同感，非常强烈。他们对外国侵略和同化的抵抗，非常强硬。普通一个围城攻坚战，都可以打上两三年。想要吞并一个强国，非常困难。而长久的对抗，导致国家的重心不得不倒向战争，最终实现彻底的军国主义化。到战国末期，各大国家发动的战争，参战规模动辄几十万，伤亡人数动辄数万、上十万。这些战争，不但是勇力的搏杀，也是财力的搏杀，还是智慧的搏杀。这样剧烈、残酷的战斗程度，空前绝后。上古三代，人口稀少，武器落后，交通不便，发动不起这样级别的战争。秦汉之后，大一统观念深入人心，常常一两场大战决定胜负后，就可以通过和平谈判来解决剩余的政治问题。只有战国时代，一寸山河一寸血，万里江山万里尸。秦国蚕食六国的战场，埋葬下数百万的英魂。这样一个艰苦卓绝的任务，最后由军国主义程度最高的秦国来完成，也非它不能完成。作为一个终结者，秦始皇在完成历史使命后，目空一切，自我感觉德高三皇，功盖五帝。这种骄傲的感情，后代的统一者不会再有。而数千年后，人们阅读战国历史，仍然感受到这一历史进程带来的冲击力和震撼力，持久而不衰，长盛而不竭。

虽然被灭亡的六国，都没有夏桀和商纣式昏聩暴虐，但中国再次走向统一的趋势不可逆转，秦朝的历史合法性不容置疑。六国博学之士，捐弃亡国仇恨，被秦始皇招致帐下，他们都想勠力同心，辅佐他治理好天下。这是时人对秦朝认可的表现。九鼎遗失，秦始皇铸皇帝玉玺，刻字“受命于天，既寿永昌”，成为国家最高权力的象征。后世改朝换代，统治者无一不想拥有秦始皇的玉玺来证明自己名副其实。如果没有玉玺，则会被讥笑为“白板皇帝”。这是后世对秦朝认可的表现。

然而秦朝具有历史的合法性，并不说明它具有政治的合法性。秦始皇迷信秦国成制，以为法家政策能治理好秦国，也能治理好天下。他鄙夷百家学说，轻视六国博士，独断专行，焚书坑儒，最终将秦朝推向不可挽救的深渊。本书已分析过，法家政治有其优势，也存在巨大的劣势。它反对道德伦理，违逆人性；它物化人民，制造官民对立；它奉行军国主义，穷兵黩武；它毁灭文化知识，推行愚民政策。以上任何一项，都可导致秦朝灭亡，何况数项并集？秦朝这种政治的不合理性，导致它最终只存在了十五年，便颠蹶覆灭。西汉贾谊作《过秦论》，将其秦朝灭亡教训总结为“仁义不施而攻守之势异”，也是一个正确的论断。

秦朝灭亡的前因后果，历史记载非常清楚。两千年来，人们对贾谊的论断鲜有异议。时至近代，为秦朝辩护的议论蜂起，对秦始皇的崇拜与日俱增。民国学者章太炎作《秦政记》，为秦朝和法家制度唱赞歌，痛惜两千年儒治的沉沦。观其论据，甚为可笑。“法治化”秦国一百五十年历史，从中找出一两件惠政，不是很容易的事？《韩非子》和《商君书》十余万言，从中找出一两句至理名言，不是很容易的事？然而以此来证明秦朝法制为优良制度，经不起推敲。

探寻“法家热”“秦朝热”“秦皇热”思潮的流行，源起近代。中国被拉入现代化进程后，两千年儒制不能很好地应对挑战，致使中国长期积弱积贫。于是部分中国人愤而抨击儒制，认为它是导致中国贫穷落后、阻碍中国富强进步的原因，转而投向儒制对立面的法治。且当今世界形势，与春秋战国时代相似，都是诸国林立相争。秦国能通过法治化富强起来，最终兼并六国。当今中国也可以效仿秦国的经验，推行法治化，再次富强崛起。

身在乱世，拥有这种看法和心态，可以理解和同情。但身处科技发达、文化昌盛的和平时代，“法家热”“秦朝热”“秦皇热”还盛行不衰，就非常扭曲了。我们不否认秦朝的历史合法性，不否认秦始皇个人的功绩，甚至不否认法家学说部分内容有可借鉴的价值，但在整体上和本质上，秦朝法制是一种落后的、野蛮的乃至反动的制度，它不应该被崇拜，更不应该被践行。

当今国际竞争，是包括科技、经济、文化等因素在内全方位竞争。仅想通过法治化的手段，成为军事强国和政治强国，获得压倒其他国家的优势，犹如痴人说梦。迷信法学，眷恋秦朝，崇拜秦皇，是一种乱世心态。盛世中国崛起，应以气象宏阔、国运长久的汉唐两朝为标杆，而不应该效仿短命的强秦。

乱世崇强秦，盛世思汉唐，是两个世纪以来中国人心态转变的写照，变化一直在进行。

# 第十五章

# 生生不息

## 01 大一统的宿命

秦始皇建立起了中国历史上第一个中央集权的大一统帝国，是无可置疑的事实。但认为秦始皇建立起中国历史上第一个大一统王朝，则是错误的。大一统王朝，古已有之，并非创自秦始皇。这就涉及大一统定义的问题了。

什么是大一统？非常明确，大一统不是被中央集权定义的，大一统也不是被郡县制定义的，大一统更不是被“皇帝”这个称号定义的。追溯源头，“大一统”一词，第一次出现在《春秋公羊传》。公羊高解释孔子著《春秋》，为何以“元年，春，王正月”统衔全经，说道“春秋，大一统也”。他的意思是，孔子著《春秋》，首要目的是强调和恢复“大一统”的政统。

那么，我们能说孔子是大一统思想的来源，或者是大一统王朝的源头吗？不能。因为孔子所要强调的和追求的，无非是过去曾经存在的一种东西。这种东西，便是周王朝所建立的统一性的天下秩序。在这个秩序里，周王是得到上天授命的最高的、独一无二的统治者，号称周天子。天下所有土地，都是周天子的领土；天下所有人民，都是周天子的臣民。所有的贵族和庶民，都按照周王朝权力创造出的秩序规则，遵纪守法地生活着。

大一统，首先强调的是政统。有了统一性的政统，必然衍生出其他次级内容，如统一性的语言，统一性的文字，统一性的制度，统一性的道德观念，统一性的器物规范，统一性的审美爱好，等等。（在任何时代，这种统一都是相对的统一，而不是绝对的统一。）种种要素叠合，便形成了周王朝大一统的事实存在。这个事实存在维持了两百余年，随着西周帝国的腐败，对天下控制力的减弱，便慢慢消失了。四方诸侯，各行其是，贪欲肆虐，杀戮横行。实力强大的霸主，甚至挑战周天子的权威。孔子怀念过去大一统时代的和平、安宁和秩序，便著书立说，意在维护周王朝和周天子的权威，恢复从前的规则秩序。所以他著《春秋》，虽然记载天下万国大事，仍旧以名义上的最高统治者周天子系于经首，明其心志。前者大一统的事实和后者大一统的思想，是有区别的。周王朝大一统的事实，是文武周公通过权力，自上而下建立起来的。而儒家学派大一统的思想，是孔子和他的弟子们通过著书立说，自下而上倡导的。周天子丧失权威后，维护大一统的责任，落到布衣和庶民身上。

明白这个问题，才能理解透彻春秋战国的历史，理解中国为何能走向统一。

现代青少年先接受现代民族国家概念，再了解春秋战国历史，就会感到费解。为什么苏秦能佩六国相印？为什么范雎是魏国人，他却能在秦国为相，帮助秦国侵略魏国？为什么李斯是楚国人，他却能在秦国为相，帮助秦国灭亡楚国？这些行为，超越了现代民族国家概念所允许的范围。

准确地说，古代中国国家的概念不等同于现代民族国家的概念。按“国”字的甲骨文，从戈从口，意思是以武力保卫领土。它最初的意思，指利益相关或血缘相关的群体，借助武力保卫自己的领土和财产。到了春秋战国时代，国家的概念发展成为以武力方式保卫利益共同体的政权。所谓晋国、卫国、鲁国、齐国、楚国，它们只是具有独立性质的政权，而不是现代民族国家概念上的国家。现代民族国家各有自己的历史、文化、传统，而春秋战国诸侯都源自周王朝，它们秉承着与周王朝同样的历史、文化和传统。

关于东周诸国的同一性，可以举出很多例子。人们阅读史籍，可有发现晋文公在外流亡十九年，带了翻译？可有发现孔子周游列国，带有翻译？张仪、苏秦游说诸国，带有翻译？孟尝君田文从东边的齐国跑到西边的秦国当丞相，带有翻译？如果一两个人没有，尚能说是巧合。但每个人都没有，说明他们说的是同一种语言，写的是同一种文字。在现代世界，则完全不一样。跨出国门，你就得说另一种语言，写另一种文字。如果不会，就要匹配翻译。此是东周诸国与现代民族国家在语言文字上的不同。

楚国是南方边境的国家，常被中原诸国视为蛮夷。邲之战后，楚庄王反对炫耀战果，随口引用《诗经》的诗句：“载戢干戈，载櫜弓矢。我求懿德，肆于时夏，允王保之。”他的臣子申公巫臣劝他勿纳夏姬为妃，随口引用《周书》的警句：“明德慎罚。”季札来自更偏远的吴国，在鲁国欣赏周乐，闻曲而知为《卫风》，还能纵论各国乐曲风格的差异。边境国家犹且如此，何况中原诸侯？在现代世界，你能想象一个意大利人，张口就能和你谈《尚书》和《离骚》吗？你能想象一个阿拉伯人，张口就能和你谈《汉书》和唐诗吗？此是东周诸国与现代民族国家在文化传统上的不同。

又之，各国都敬天崇祖；各国都有采诗的习俗；各国都实行嫡长子继承制；各国都有相似的礼仪制度；各国都有相似的史官文化，等等。这些都是东周诸国拥有而现代民族国家没有的特征。

这些同一性和相似性，是周王朝植下的根子，是大一统的功绩。因为东周诸国之间不存在语言文化、历史传统、制度法律的显著差异，它们的来往才那么密切，它们的认同才那么强烈。所以苏秦可以佩六国相印，而不被骂卖国贼；范雎可以跑到秦国为相，反攻魏国而不被骂卖国贼；李斯可以跑到秦国为相，灭亡楚国而不被骂卖国贼。东周诸国的竞争，是一个已知世界（天下）内不同政权之间的竞争，并不是现代民族国家意义上的国家竞争。

正因为大一统的周王朝奠定下如此厚实的基础，中国的再次统一才成为可能，同时也是必然的趋势。从春秋时代的上百个国家，兼并成战国时代的十几个国家，再统一成唯一的秦朝，是由分裂走向统一的不可逆过程。即使没有秦国，也会有另一国家承担起这样的责任。秦国最终被历史选中，有其必然性，也有偶然性。当然，我们也不能否认，秦朝为大一统体制注入了新的元素，使它有别旧式大一统，如中央集权、郡县制、职业官僚集团、皇帝制等。秦朝这套新式大一统体制，被沿袭两千年。习惯成自然，人们错误以为，秦朝的大一统才是大一统；有秦朝，才有大一统。殊不知，大一统体制早已有之。秦朝的大一统，只是在原有基础上进行升级罢了。

## 02 震撼历史的创造

因为中国之前有过一个强大、稳定、安宁的大一统王朝，周室东迁后，天下大乱，秩序废弛，伦理縻灭，人们怀念过去，致力于终结分裂、恢复和平，重建大一统的政权。轴心时代中国爆发的思想文化革命，便是以对这一问题的探索为焦点。

中华文明自诞生起，就是一个政治属性非常强的文明类型。如《管子》中言 :“政者，正也 ; 正也者，所以正定万物之命也。”政治的地位，远凌驾在其他学科之上。甚至万事万物的价值，都要由政治来赋予。古代中国人相信通过政治理论的构建和政府组织的形式，能够解决大部分现实问题，创造和平，带来安宁与幸福。当和平与安宁远去，幸福和美好不再，人们便以为在政治理论和政府组织上出现了问题，开始反思创造。因到东周时期，文化积累到一定程度，又兼有国际竞争激烈、士阶层崛起等条件，终于爆发出前所未有的思想文化革命。一时百家蜂起，诸子争鸣，中国历史迎来最灿烂的时刻。

毫无疑问，孔子是一位保守主义者。他主张维护周天子的权威，维护周王朝的秩序。无论在理论或实践上，他都是一位继承比革新更多的人物。他所倡导的礼乐制度和道德教化，属于对传统的温和改良。在孔子看来，周公和周王朝确立的体制，先进而美好。现实逆向发展，并非体制的问题，而是个人与政教的问题。后来的儒家弟子，深化发展了孔子的学说。但变化万端，总不离礼乐与道德两端。他们的解决方案宏大而优美，对普通人具有强大的吸引力。但对务实的统治者而言，这样的方法成效慢、获利少，于乱世竞争中没有益处，所以甚少采信儒士。儒家学派退而求其次，慢慢在民间积累巨大优势。它信徒众多，韧性十足，终于在和平时代的汉朝扭转败局，享受独尊的待遇。

而老子却表现为一个消极主义者。在老子的道学体系内，天地人浑然一体。人应该效法天地和自然，而不是遵守仁义礼智信式道德准则。老子认为，理想的社会状态，应该如太古时代，小国寡民，风俗淳朴，人民无欲无求，老死不相往来。作为一个出世主义者，老子只是客观地描绘了无政府状态的理想生活，他没有要实现这种理想的企图。后来的黄老学派借鉴老子天道学说，摒弃无政府状态的社会理想，另发展出一套文武并用、刑德兼施的世俗方法。黄老学派的世俗政治理论，是有为的，他们努力使统治者接受这样的方案。在现实中，黄老学派也不甚得意，只有西汉初期昙花一现过。

至于墨子，他则是一个积极主义者。在那个时代，人们再也找不出一个比墨子对人性和社会更加乐观的人了。他仅仅出于对人性的信任，便认为人可以无差别地兼爱他人。在此兼爱的基础上，建立起和平、安定、平等的理想社会。为了感召更多人加入他们的队伍，墨家学派的徒众摩肩接踵地奔走，手足胼胝地劳动，不惜损己以利人。在很长的时间内，墨家学派收获的信众非常多。一直到吕不韦修撰《吕氏春秋》的战国末期，学者们还称道墨家。然而自墨子之后，墨家就没有出现顶尖级人物。战国之后，墨家神秘地消失在历史的视域。后人回顾墨家的兴衰，无不扼腕叹息。人性之中，本具有很强的自私性。要求每个人毫无差别地兼爱别人，太过困难，这或许是墨家不合时用、灭绝后世的主要原因。

如果勉强概括，法家应该属于无情主义者。法家不相信人性，不相信道德，不相信自觉自律。他们认为要使人民循规蹈矩，为国家利益服务和贡献，只能采用严刑峻法。具体实施起来，便是无罪轻罚，轻罪重罚，重罪倍罚，以此达到恫吓作用。这样的手段，既不符合情理，也不符合正义原则。然而在非常时期，在非常地方，却取得奇特的效果。秦国经商鞅变法而强大，历经一百余年的扩张与兼并，最终统一中国。

除了儒、道、墨、法，还有不少学派和贤哲为终结分裂的战乱局面，贡献出不同的解决方案。但他们的方案都没有以上诸家的周密具体，还有的湮没无闻了，我们不一一述及。总而言之，最后的结果是，历史选择了法家的方案。

为什么历史选择了法家的方案，而不是其他学派的方案呢?

很难给出确切答案。或许只能说，在那个时代，人性内在的恶、贪、凶、私太严重了，难以用仁与爱来感化，也难以用礼与乐来引导。冥冥中的无情之手只好选择了下策，通过以暴制暴，以战止战，来终结这五百年的分裂与混乱。这样一个抉择，这样一个过程，既残酷而又惨烈，直接导致数百万生命终结在战场上，数百万亡灵飘散在天空中。在那个时代，人们流的血，让黄河变色；流的泪，令长江变味。最后所有的血和泪交集，让万里长城从天地间拔地而起，凝聚出一个大一统的秦帝国。

然而诸子百家历经数百年的孜孜探索，其是白饶?秦国和法家以暴制暴、以战止战，统一全国，解决了分裂战乱的问题，却不能解决和平治理的问题。它们奔跑在虐人和自虐的道路上，不能自止，终于耗尽心力，轰然坍塌，天下再次陷入战乱。但有了秦朝一统的前鉴，人们不再接受诸强争霸的旧形态，项羽的分封走向失败，刘邦的大一统轻易赢得了天下。道家哲学在汉初兴起，帮助汉帝国平稳度过初创时期。而后汉武帝独尊儒术，确立未来两千年的官方政治哲学和社会管理体制。轴心时代的问题，找到完满的答案。这段历史，被画上句号。

有鉴于此，人们可以得出结论，终结东周的分裂和战乱，重建大一统的政治体制，法家完成了前一半任务，儒家和道家完成了后一半任务。法家是开始时的赢家，但儒家笑到了最后。假若没有法家将中央集权式大一统试验成功，儒家不会有用武之地。假若没有儒家将中央集权式大一统模式固定下来，法家的成功不过昙花一现，很少人会铭记它的功劳。因此，儒、法合作，或儒、法、道合作，才解答了困扰中国五百年之久的政治难题，开创出可以沿用千年的模式。当然，历史不能忽略其他学派贤哲的努力和贡献。儒家融合阴阳学的思想，法家融合形名学的思想，诸子百家融会贯通，已经难分彼此。莫若说，最后的成功，是他们同心戮力的结果。

诚然，为分裂和战乱寻找政治解决方案，是轴心时代的主题。但轴心时代的成果，却不仅限于此。除了政治学相关内容，诸子百家的智慧成果，还包括《周易》的形而上学、老子的宇宙论、庄子的人生哲学、思孟学派的心性哲法、兵家的战争哲学、形名学的逻辑思辨遗产、阴阳五行学的知识观、纵横家的谋略术，等等。这些林林总总的内容，代表了中华民族的最高智慧，受后人顶礼膜拜，惠泽千秋。

除了思想和知识，轴心时代英豪体现出的精神和品格，也是一笔非常珍贵的财富。如齐桓公既往不咎，晋文公大器晚成，董狐秉笔直书，柳下惠坐怀不乱，晏子受辱不怒，申包胥泣血求救，勾践卧薪尝胆，范蠡功成身退，鲁仲连义不臣秦，荆轲殒身刺秦，战国四公子礼贤下士。在这些非凡人物的身上，都表现出难能可贵的精神和品质，令人憧憬仰望，俯首膜拜。他们就像不朽的榜样，永远激励和指引着后人。

总而言之，这是一个大创造的时代，也是一个大收获的时代。它累累的成果，让人目不暇接，叹为观止。时间无止境，但难以想象这样的盛景盛况，人间还能再现。

## 03 世界图景中的中国

雅思贝尔斯指出，从公元前800年到公元前200年，世界上数个地区不约而同地发生了极高层次的精神觉醒。“在中国生活着孔子和老子，产生了中国哲学的所有流派，包括墨子、庄子、列子和数不清的其他哲学家；在印度生活着释迦牟尼，产生了《奥义书》，就像在中国一样，哲学的所有可能性不断发展，形成了怀疑主义、唯物主义、诡辩派、虚无主义；在伊朗，琐罗亚德斯传授着一幅具有挑战性的世界图景，它描绘了善与恶的斗争；在巴勒斯坦，以利亚、以赛亚、耶利米、第二以赛亚等先知纷纷出现；在希腊，有荷马，有哲学家巴门尼德、赫拉克利特、柏拉图，有许多悲剧作家以及修昔底德、阿基米德。这些名字所代表的一切，都在这短短几个世纪中几乎是同时地在中国、印度和西方形成，且他们并不知道彼此的存在。”轴心时代作为一个独一无二的历史现象，一直是思想史家研究的热点。

如果将中国、印度和西方并列，可以统一定义，这是一场精神的觉醒、灵魂的升华、思想的革命。分开观察，它们就各有特色。传统基础倾向于宗教的，宗教愈加发达。传统基础倾向于理性哲学的，理性哲学愈加发达。传统基础倾向于政治学的，政治学愈加发达。毫无疑问，中国的情况属于后者。传统中国文化政治属性强，且之前的周王朝已经建立起大一统的体制，因此轴心时代中国贤哲的主要议题，便是创造出更高级的政治哲学思想，建立更高级的大一统王朝形态。不论在轴心时代之前或之后，中国无论在政治理论构建或政治实践探索上，都远远领先于其他地区。

以现代的眼光看来，轴心时代表现出的特色和优势，并不是永远的特色和优势。中华文明强于政治，所以总能建立起强盛的大一统王朝，在古代世界少有匹敌的对手。中国能够凭借强大的权力，保护自己的核心文化。向来只有自己同化他人的份儿，没有他人同化自己的份儿。然而因为迷恋自我，过度傲慢，拒绝与外界平等交流，终于在两千年后被西方抛落身后，不得不进行痛苦的融合和转型。

印度文明强于宗教，所以宗教哲学文化渊深浩博。佛教输出，影响遍及东亚和东南亚。就连拥有强势文明的中国，也烙下很深的佛教印记。然而印度弱于政治，缺乏能够强力保护原生思想的文化。印度最早的宗教教派婆罗门教，盛行千年。而后佛教兴起，没有强大政权提供保护的婆罗门教，被前者压制上千年。但佛教尚属本土宗教，伤害还不大。16世纪突厥化的蒙古人征服印度，建立起以伊斯兰教为国教的帖木儿帝国。印度文明，完全臣服于外来的伊斯兰文明。由此造成的伤害和种下的矛盾，影响直至今日。19世纪，印度再次被英国全面殖民，英语文化在印度留下深刻印记。

古犹太文明，也是一个强于宗教的文明。远在三千多年前，犹太民族的宗教文化就非常发达了。但犹太人始终建立不起一个强大的政权，来保护自身的文明。历史上的犹太国家，非常弱小，数度被其他国家灭亡。犹太民族的历史，一半被人奴役，另一半自我流浪。最后一次被罗马帝国毁灭后，犹太民族再没有国家，开始他们长达两千年的流浪生涯。直至20世纪，犹太人才重返地中海东岸，建立起以色列国。这就是强于宗教、弱于政治的文明类型具有的缺点。

希腊地区早期受两河流域文明和埃及文明影响，发展出原始的宗教神话。这种宗教神话既不具有印度式哲学思辨，也不具有犹太式排他信仰，在后期希腊文明的转型过程中造成的阻力不大。以苏格拉底、柏拉图、亚里士多德为代表的希腊贤哲，思考和创造的范围，涵盖精神与灵魂、社会与自然、宇宙与人生等诸多领域，成果丰硕。后来西方世界汲取古希腊科学思想，掀起科学技术大革命，极大推动了历史发展的进程，改变了人类的命运。古希腊也具有丰富的政治学说和政治实践经验，但只针对小城邦模式，而非大一统模式。因此希腊也建立不起一个强大的政权，保护自身文明。古希腊诸城邦先被马其顿帝国统一，后被罗马帝国统一，再被奥斯曼帝国统一。两千年来，屡易其主。近代独立的希腊国，并非古代希腊的直接传承。作为一个民族和国家，希腊的存在感并不强，但古希腊文明留下的科学和民主思想遗产，指引西方进入近代世界，至今影响现代世界。

经此比较，发现中华文明在世界历史上更具有连续性和传承性，全赖自身显现的特色和优势。当汉族统治下的大一统王朝强盛时，中华文明得到极大扩张。历史上仅有两次蒙古人和满洲人颠覆汉人政权，统治中国全境，但仍然奉行儒教为统治思想，保留中华文明的至尊地位。这与埃及、犹太、巴比伦、印度、波斯、希腊情况不同，他们的国家政权被消灭了，本土文明便被打压和取代，异族文明成为至尊。世界上只有一个中国，在国家权力和文明力量双重驱动下，维持了五千年连续发展不断绝。

然而纵观历史，人们绕不开一个话题：古代中华文明如此强大和优秀，为什么没有发生科学革命？为什么发展不出资本主义经济？为什么不能率先步入近代世界?

对此疑问，不难释答。中华文明是一个强于政治的文明类型，它利用国家权力，佐于一定的物质技术处理能力，能够打造出空前强大的大一统王朝。但它政治凌驾于一切的特征，注定不能发展出具有平等地位的科学和经济学。科学（实际上是科技或方技）和经济学（商业贸易）在古代中国地位特别低。也唯其地位低，没有与政治权力和政治哲学产生对立冲突，才能在社会主流下，作为一股潜流自行发展。在进入近代前，中国的科技和商业尚很先进。当西方科技革命和资本主义经济兴起后，中国的劣势便显现出来。没有独立的科学和经济学，根本无法与对手展开竞争。当中国人意识到这个问题时，已经蹉跎百年。而后只有加倍发愤努力，追赶西方的步伐。

但从另一方面看，这样的提问，又是不公平的，因为中华文明与西方文明根本不是同等意义上的概念。中华文明对标的印度文明、埃及文明、犹太文明、希腊文明、罗马文明，乃至拉丁文明、日耳曼文明、斯拉夫文明此类文明概念。这些文明的共同特征是，它们都属于单一性的文明体。而所谓的西方文明，并不是单一性的文明体，而是数个文明叠加而成的综合性文明体。

以上面的问题质问其他单一性的文明体，答案是一样的。印度文明能单独掀起科学革命吗？能独自发展出资本主义经济吗？不能。埃及文明能吗？不能。古巴比伦文明能吗？不能。古希腊文明能吗？不能。罗马文明能吗？不能。犹太文明能吗？不能。波斯文明能吗？不能。再质问日耳曼文明、拉丁文明、斯拉夫文明，它们能吗？发现这个问题难以成立。因为抽去近现代欧洲人的希腊、犹太、巴比伦、埃及文明根基，它们连文明世界的门槛都不能跨入。

那么，科学革命、资本主义经济和近代世界，又是怎么来的呢？它们是由古巴比伦文明、古埃及文明、古希腊文明、罗马文明、基督教文明历经上千年的交汇融合，再加上近现代欧洲人整合创造，发展出来的结果。在这之中，中国人还提供了造纸术、火药、指南针等技术，阿拉伯人还提供了阿拉伯数字，送回古希腊的作品。因此，近代世界的开启，是多民族、多文明、长时间交汇融合的结果，并不是某一单一性文明体的成就，更不是在公元纪年后还属在野蛮人状态的近现代欧洲人的成就。环地中海地区是许多古代文明的发源地，也是古代世界文明的十字路口，不同民族创造的文明在此交汇融合，历经千年酝酿。欧洲毗邻地中海，远离战乱频仍的中东，具有最好的整合发展古代文明的条件。欧洲人最早被基督教开化，而后发现已经蕴含两河流域文明和埃及文明精神的希腊罗马文明，掀起了文艺复兴浪潮，接着爆发启蒙运动和科学革命，人类由此走进近代，迈向新的纪元。

中华文明远居东方，与地中海和欧洲隔着漫无边际的沙漠、高山和荒原，天然条件的限制，使得中华文明与域外文明交流过少。北方少数民族在历史上一直与中原王朝对抗，如犬戎、匈奴、鲜卑、突厥、契丹、女真、蒙古等。这些民族发展向来落后，斗争到最后，不论结果是输是赢，他们都会被动地接受中华文明。而与中原王朝对抗较少的朝鲜、日本、越南，更是主动学习和复制中华文明。于是，环中华文明周边，都靠中华文明来哺育；没有一个民族或国家能独立发展出高级文明，反向回馈中华文明。印度是古代历史上唯一能对中国输出文明的国家，佛教进入中国，对中国人的生活和文化确有不小影响，但对中国的发展壮大没带来什么有益影响，更不要说改变中华文明的性质。在没有佛教之前，中国已经缔造出秦汉式巅峰帝国了。以后的历史，只是秦汉帝国的一次又一次复制。有没有佛教，其实无关紧要。因此，中华文明虽然经过数千年的发展，看似阵容很强，体量庞大，但归根结底，它仍然是单一性的文明体，而非综合性的文明体。中华文明与西方文明，不是同等意义上的概念。

中华文明能绵延五千年不断绝，始终保持着超级大国的地位，已证明它是一个非常优秀的文明体系。但形势决定，坚持单一性质的文明特征，必将使中国行进的步伐越来越困难。中华文明应该敞开胸怀，拥抱世界，与先进、优秀的文明体系深度交流融合，从中探索寻到未来的中国道路和世界道路。现代中国虽然没有闭关锁国的政策，但人们趋向于封闭保守的心态，一直没有改变。要实现融合，创生出现代型中华文明的目标，依旧任重道远。

今日之中国，以实现中华民族的伟大复兴为目标。但何谓复兴？何谓目标？不同的人有不同的理解。假若仅以政治、军事和经济为考量因素，未来中国在科技上和文化上继续受西方的领导和控制，则是不能接受的。在历史上，政治大国和军事大国很多，如蒙古和苏联，但他们昙花一现后，很快成为世人茶余饭后的谈资。在世界上，富裕的国家很多，如日本和西亚石油国，他们国民的生活过得不错，但在国际上的话语权和存在感不高。因此，成为一个现代型的政治大国、军事大国和经济强国，仅是现代中国的低配目标。中华民族的伟大复兴的正常目标应该是，让新型中华文化和中华文明，成为现代世界的主流文明之一；让新型中华文化和中华文明，成为世界人民文化生活和精神生活的主要粮食之一；让新型中华文化和中华文明，成为引领世界走向大同和一统的主流思想之一。世界的视野，世界的胸怀，世界的梦想，才是中国的标配。基于这个目标，中国需要产生很多很多的世界一流的哲学家、文学家、数学家、物理学家、化学家、生物学家、医学家、经济学家、信息学家、社会学家、音乐艺术家、电影艺术家，等等。拥有这样雄厚的实力，才能占领未来世界的文化知识和精神生活领地，彰显中华文明的强势与优异。

中华文明面对冲击，与世界其他文明交汇融合，是个长久的过程，不能一蹴而就。一两百年，只是起步阶段。三四百年，才开始真正的渗透融合。五六百年，才会出现小成果。回想春秋战国历经五百年的分裂，才探索出秦汉大一统的道路。而佛教东来，只是对人们的精神生活造成影响，对社会和政治制度没有大的冲击，尚且需要从东汉到唐宋千余年的时间来消化融合。现在世界其他文明，尤其是西方文明，对中华文明是全方位的冲击，彼此消化融合的难度和需要的时间，只能高估，不能低估。当代人白驹过隙的人生，仅能望到未来天际的一丝曙光。至于漫长的过程和遥远的结果，很难进行具体评估和展望。

## 04　第一精神推动力

实现中华民族的伟大复兴，是非常高远的理想。虽然道路艰险曲折，但中国人仍拥有强烈的自信。这样的自信源自何处？源于信仰，源于第一精神推动力。本书之前提及，理解中华文明和中华精神最重要的一个字，是“生”。生是生在现时，生是活在此世。延续生命，永恒存在，是中华民族基本的梦想和永久的追求。古圣先贤无数次强调过“生”的意义，如《周易》言：“生生之谓易”“天地之大德曰生”“乾以大生，坤以广生”。如《尚书》言：“好生之德，洽于民心。”如《中庸》和《孔子家语》言 :“天道敏生，人道敏政，地道敏树。”

在这个世界上，没有一个民族比中华民族更加热爱自己拥有的生命，没有一个民族比中华民族更加热爱自己立足的土地。中国人不信宗教，不追求来世与彼岸，我们人生的价值和意义都体现在短暂的生命过程中，因此会比任何人都更坚定地来捍卫生存的权益。这种对“生”的坚固信仰，转化成中华民族的第一精神推动力，维持着我们在天地宇宙中生生不息，直到永远。

然而将“生”的信仰抬得如此之高，又如何理解它呢？它当然不是一个简单的“生”，而是一个内涵丰富的生。

“生”的第一层含义，指生命。凡所有生物，都有生命，包括有生最灵的人类、其他动物、植物及诸种微生物等。古代中国人认为，宇宙运动不止，生命流转不息。天地的最高法则，便是促进万物生长与繁荣。人类应师法天地之道，保持生长与繁荣。虽然每个人都有死亡的时候，但这并不是生命的终止。人类可以通过繁衍下一代，使生命的过程、价值和意义得到延续。是以中国人信仰“生生不息”，并为之努力奋斗。

“生”的第二层含义，指生存。人类既有生命，又区别其他有生命的物种。《尚书 · 泰誓》言 :“惟天地万物父母，惟人万物之灵。”人是最高级的生命种类，在于他拥有智慧，能够认知世界，改造世界。人会缝织衣裳，御寒保暖 ；人会制造房屋，遮风挡雨 ；人会发明语言，进行交流 ；人会种植农物，收获粮食 ；人会提炼经验，总结知识。原始的人类，通过诸项发明，确保了最基本的生存。这种生存阶段，一般只出现在人类发展的初期。随着文明的进步，物质供应和精神供应越来越丰富。但在非常时候，遭遇到人祸天灾的打击，人类的生存状态变恶劣，供应锐减。这个时候，是最考验人对生命的信仰和执着的时候。经得住考验，受得住煎熬的，会挺过苦难，重新振兴，反之则会彻底沦落乃至毁灭。中华民族在历史上多次经受此种考验，都以常人难以想象的忍耐力，坚挺过来。有时人们会觉得，祖宗先辈的所为，难以理解。但转而一想，若没有这些难以理解的行为，又哪来今日传承不息的中华文明？中华民族对生存的渴望和信仰，有时不是通过语言文字表达出来，而是通过沉默的行为表现出来。因此，此层生存之意，不仅指自然状态的生存、基础状态的生存，更指意志和精神层面坚韧地生存。

“生”的第三层含义，指延续。再具体地说，就是生殖繁衍。人的寿命不满百年，要让生命持续下去，唯一的方法就是生殖繁衍。在古代中国，人们一直有很深的生育观念，孟子更指出：“不孝有三，无后为大。”每个中国人的基本义务之一，便是生育繁衍。因此在历史上，中国一直保持相当庞大的人口规模，甚至长时间位居世界第一。人口数量，是古代民族竞争和当今国际竞争的重要指标。缺乏基本的人口数量，质量再优秀，也会沦为弱势群体。只有数量和质量兼备，才能成为强势民族，缔造强势文明。有此层“生”的含义的信仰，方能保证中华民族的人口数量和质量，在任何时期的世界上处于顶层位置。

以上三层含义，是“生”的初级含义。以下三层含义，是“生”的高级含义。

“生”的第四层含义，指适应和调整。中华民族在历史上，凭一己之力建立起一个具有强大生命力的文明体系，充分说明我们的优秀性。即便如此，在某些时候，面对内外压力，也会暴露出缺点和弱点，使民族的生存遭到挑战。在这个时候，中华民族便开始自动地调整，以适应新的环境、新的形势，维持生存大局。这个过程，通常十分缓慢。如五胡十六国时代，北方少数民族入主中原，中国人通过两百余年的适应调整，成功将他们同化。又如元、清两代，也是经过漫长的适应调整，中国人又将蒙古族和满族同化入中华民族。近代西方列强用坚船利炮打开国门，中国先后发起洋务运动、百日维新、立宪运动，试图通过自我调整和适应，融入全新的生存环境。这种适应和调整，是基于被动状态之下的举动，过程通常较漫长。连续调整和适应失败之后，就会迎来大创造、大革新。

“生”的第五层含义，指改革和创新。中国历史上，有两个大的思想文化创新时期，一个是春秋战国时代，一个民国时代。周室东迁之后，五霸迭兴，孔子出世，他们或用武力，或用思想，努力维持原来周天子定于一尊的秩序。后来种种努力归于失败，直接导致大改革与大创新的爆发，百家蜂起，七雄并立。最后通过法家的彻底改革，秦国的铁血征伐，使天下重新归于一统。洋务运动、百日维新、立宪运动皆告于失败后，辛亥革命和新文化运动先后爆发，各种新潮学术思想兴起，马克思主义也在这个时候进入中国。而后经过近三十年的革命战争，建立起一个独立统一的中国。这两大时期，属于全领域的改革创新。其他局部领域的改革创新还有：唐诗的兴盛和宋词的崛起，属于文学领域的改革和创新；王安石变法和张居正变法，属于政治上的改革创新；造纸术、指南针、火药等发明，是科技上的改革创新。种种事实说明，中华民族内在具有改革和创新的精神，它积蓄的力量越大，转化的成果越大。且与适应和调整不同，改革和创新多是主动的。前者出于维持基本生存的目的，后者却常指向人类智慧和文明的最高形态。中华民族一直致力于在全方位的领域，都站在世界的最高层级。

“生”的第六层含义，指生气、生机。人们平常说的生机勃勃、生意盎然、生龙活虎，就是这个意思。它要求中华民族无论集体或个人，都在精神、灵魂和肌体上，永远保持旺盛的生气和生机。有了第六个“生”的前提，才能有前面五个“生”实现的可能。即有了生气和生机，才能维续生命；有了生气和生机，才能保证生存；有了生气和生机，才能延续传承；有了生气和生机，才能适应和调整；有了生气和生机，才能创新和改革。回到原点，天地的法则促进生意与生长，宇宙永远生机勃勃和生意盎然，中华民族也应该永葆生机，永远生机勃勃和生意盎然。

时至今日，中华民族已经走过一百五十年来最艰难的时刻，但面临的形势依然复杂。凭借“生”这一第一精神推动力，中华民族必将以旺盛的生机和勃勃的生气，适应调整，改革创新，缔造出全新的辉煌，延续中华文明的传奇历程。轴心时代的创造，是中华文明最精彩的奇迹。先贤先哲创造的成果，是后人宝贵的资产。而让他们得以实现创造的自由精神，更是弥足珍贵的无形财富。有此传承和激励，中华民族光明灿烂的未来可期。

# 附录 1　大事记表

公元前 771 年　周平王东迁，王朝衰落，华夏步入乱世。

公元前 740 年　晋国爆发内乱，晋昭侯被弑杀。

公元前 722 年　郑庄公克共叔段于鄢城，春秋时代开启。

公元前 715 年　郑、鲁两国私自交换许、祊两地。

公元前 710 年　华父督弑宋殇公，杀孔父嘉。孔子先祖奔鲁。

公元前 707 年　周、郑之间爆发繻葛之战，周桓王战败，郑庄公获胜。

公元前 706 年　随国季梁论“民乃神之主”。

公元前 685 年　齐桓公继位，任用管仲在齐国推行改革。

公元前 678 年　曲沃系夺权成功，曲沃武公改称晋武公。

公元前 656 年　齐桓公与楚国达成召陵盟约，重申周天子的权威。

公元前 651 年　齐桓公与诸侯会盟葵丘，齐国霸权达到顶峰。

公元前 638 年　宋楚爆发泓水之战，宋国大败，宋襄公不久去世。

公元前 632 年　晋楚爆发城濮之战，楚国大败，晋文公称霸。

公元前 601 年　楚庄王伐群舒，吴国和越国第一次进入中原历史视野。

公元前 597 年　晋楚爆发邲之战，晋国大败，楚庄王称霸。

公元前 589 年　鞌之战爆发，晋国、鲁国、卫国联军大败齐军。

公元前 579 年　晋楚达成第一次弭兵大会盟约。

公元前575年　晋楚爆发鄢陵之战，楚国大败。

公元前551年　孔子在鲁国出生。

公元前547年　晏子在齐国辅佐齐景公。

公元前546年　晋楚达成第二次弭兵大会盟约。

公元前544年　吴国公子季札游访中原诸国，在鲁国观礼赏乐。

公元前536年　子产为政郑国，铸刑书，羊舌肸自晋国致书论刑治。

公元前527年　孔子欲赴季孙氏之宴，遭阳虎斥退。

公元前518年　孔子至成周，观书于太史，问礼于苌弘，问道于老子。

公元前517年　鲁国爆发内乱，三桓联手攻打鲁昭公。鲁昭公大败，逃亡齐国。不久孔子前往齐国，结交晏子。

公元前506年　吴国侵入楚国，伍子胥和孙武攻克郢都。

公元前502年　孔子出仕，先后担任鲁国中都宰、司空职务。

公元前498年　孔子为削弱贵卿和城宰的势力，拆除成、郈、费三座城邑城防。

公元前497年　孔子被迫离开鲁国，开启长达十四年的外游生涯，前后游历卫、陈、宋、郑、蔡、楚等国。

同年，晋国爆发巨大内乱。历经八年斗争，知氏、中行氏、士氏、赵氏、韩氏、魏氏六大家族中的中行氏和士氏被消灭。

公元前496年　吴越爆发槜李之战，吴国战败，吴王阖闾伤亡。

公元前494年　吴王夫差复仇，打败越国，逼勾践签订城下之盟，臣服于己。

公元前484年　吴国在艾陵之战中，大败齐军，威震中原。孔子被季康子召回国，删诗正乐，著《春秋》。

公元前482年　吴王夫差北会诸侯于黄池，确立霸主地位。同时越王勾践从南方入侵。

公元前479年　孔子去世。

公元前473年　吴国夫差自杀，吴国被越国灭亡。

公元前453年　知氏被韩、魏、赵三家联手消灭，三大家族架空晋君。

公元前445年　子夏约于此时居西河，为魏文侯师，开创西河学派。

公元前440年　墨子约于此时止楚攻宋。

公元前403年　韩、魏、赵三家在平阴之战中大败齐军，齐康公与三家领袖觐见周威烈王。周威烈王封韩、魏、赵三家为诸侯，三家分晋。

公元前386年　周安王封田太公田和为诸侯，田齐取代姜齐。

公元前381年　吴起为楚国令尹，推行变法，本年被楚国贵族杀死。墨家巨子孟胜死于阳城，弟子180余人殉身。

公元前375年　韩国灭亡郑国，迁都新郑。

公元前366年　齐国设立稷下学官，招徕四方学士。

公元前361年　商鞅入秦，发动变法。

公元前353年　齐军围魏救赵，败魏军于桂陵。

公元前341年　齐魏爆发马陵之战，孙膑大败魏军，杀庞涓。

公元前340年　惠施相魏惠王，庄子约于此时前去拜访他。

公元前339年　魏国战败于秦国，将首都从安邑迁往大梁城。

公元前334年　魏惠王和齐威王在徐州结盟，相互承认对方为王。

十余年内，中原各国先后称王。

公元前 329 年　孟子约于此时首次至齐国，与稷下学士交流。

公元前 324 年　楚国灭亡越国，吞并吴越全境。

公元前 319 年　齐宣王时代，稷下学宫的兴盛达到顶峰，拥有千余人的规模。

公元前 313 年　楚怀王受欺张仪，大败于秦国，割地求和。屈原被楚怀王放逐，愤懑而著《离骚》。

公元前 307 年　赵武灵王发起胡服骑射改革，赵国实力飞涨。

公元前 296 年　楚怀王遭秦国欺骗扣押，于本年客死他乡。

公元前 295 年　赵国发生沙丘政变，赵武灵王被活活饿死。

公元前 293 年　秦国与韩国、魏国爆发伊阙之战，白起大败对手，斩杀二十四万人。

公元前 288 年　秦昭襄王自称西帝，请齐湣王称东帝。

公元前 286 年　齐湣王灭亡宋国。

公元前 284 年　燕将乐毅率五国联军入侵齐国，齐湣王被支援的楚国将领淖齿杀害。

公元前 279 年　田单收复临淄，齐国复国成功。

公元前 278年　白起攻克郢都，楚国东迁陈丘。本年荀子游学齐国，为稷下学宫祭酒。

公元前 270 年　秦赵爆发阏与之战，赵奢大败秦军。

公元前 263 年　秦赵长平之战爆发，赵国战败，白起坑杀降卒四十余万人。

公元前 258 年　秦军包围邯郸，信陵君魏无忌窃符救赵，大败秦军。

公元前256年　秦国灭亡周王朝，历史进入天下无主时代。

公元前255年　荀子为楚国兰陵令，韩非、李斯从学。

公元前249年　楚国灭亡鲁国。

公元前248年　吕不韦为相于秦国，开始编撰《吕氏春秋》。

公元前247年　信陵君魏无忌组织合纵同盟，率领五国军队大败秦将蒙骜，秦军退入函谷关。

公元前238年　秦始皇亲政，杀嫪毐，逐吕不韦，独揽大权，李斯受重用。

公元前233年　韩非使秦，被毒死狱中。

公元前230年　秦始皇灭亡战国七雄之一的韩国。之后赵、燕、魏、楚相继被秦军灭亡。

公元前221年　齐国无条件投降，秦始皇统一中国。

公元前213年　秦始皇下令焚书。

公元前212年　秦始皇坑杀四百六十余名士人。

# 附录2　参考书目

## ■ 古籍作品

01.《周易》. 北京：中华书局，2011

02.《尚书》. 北京：中华书局，2018

03.《周礼》. 北京：中华书局，2014

04.《礼记》. 北京：中华书局，2018

05.《仪礼》. 北京：中华书局，2014

06.《左传》. 北京：中华书局，2015

07.《春秋公羊传》. 北京：中华书局，2016

08.《春秋谷梁传》. 北京：中华书局，2016

09.《论语》. 北京：中华书局，2015

10.《孟子》. 北京：中华书局，2017

11.《老子》. 北京：中华书局，2014

12.《孙子兵法》. 北京：中华书局，2011

13.《吴子·司马法》. 北京：中华书局，2011

14.《六韬》. 北京：中华书局，2016

15.《公孙龙子·尹文子·惠子·邓析子》. 北京：中华书局，2018

16.《墨子》. 北京：中华书局，2015

17.《晏子春秋》. 北京：中华书局，2015

18.《庄子》. 北京：中华书局，2015

19.《荀子》. 北京：中华书局，2011

20.《列子》. 北京：中华书局，2018

21.《管子》. 北京：中华书局，2019

22.《鬼谷子》. 北京：中华书局，2011

23.《韩非子》. 北京：中华书局，2015

24.《商君书》. 北京：中华书局，2018

25.《山海经》. 北京：中华书局，2011

26.《诗经》. 北京：中华书局，2015

27.《楚辞》. 北京：中华书局，2013

28.《吕氏春秋》. 北京：中华书局，2011

29.《孔子家语》. 北京：中华书局，2016

30.《国语》. 北京：中华书局，2013

31.《战国策》. 北京：中华书局，2015

32.《吴越春秋》. 北京：中华书局，2019

33.《越绝书》. 北京：中华书局，2018

34.《史记》. 北京：中华书局，1999

35.《汉书》. 北京：中华书局，1999

36. 司马光编著.《资治通鉴》. 长沙：岳麓书社，1999

37. 马王堆汉墓帛书整理小组.《战国纵横书》. 北京：文物出版社，1976

38. 魏征主编.《群书治要》. 北京：北京理工大学出版社，2013

39. 高士奇.《左传纪事本末》. 北京：中华书局，2018

40. 陈鼓应.《黄帝四经今注今译》. 北京：商务印书馆，2007

41. 张震泽.《孙膑兵法校理》. 北京：中华书局，1984

42. 白冶钢.《孔丛子译注》. 上海：上海三联书店，2014

43. 李解民.《尉缭子译注》. 石家庄：河北人民出版社，1995

44. 王利器.《文子疏义》. 北京：中华书局，2000

45. 黄怀信.《鹖冠子校注》. 北京：中华书局，2014

46. 孔广森.《大戴礼记补注》. 北京：中华书局，1983

47. 库勒纳，李光地等编.《日讲春秋解义》. 北京：中国书店出版社，2016

## ■ 近人作品

01. 王家范.《中国历史通论》. 北京：三联出版社，2019

02. 胡适.《中国哲学史大纲》. 北京：中华书局，2015

03. 冯友兰.《中国哲学史》. 北京：中华书局，2016

04. 葛兆光.《中国思想史》. 上海：复旦大学出版社，2004

05. 陈来.《古代宗教与伦理》. 北京：三联出版社，2017

06. 柳诒徵.《中国文化史》. 北京：中华书局，2015

07. 钱穆.《国史大纲》. 北京：中华书局，2011

08. 钱穆.《先秦诸子系年考辨》. 北京：中华书局，2011

09. 钱穆.《晚学盲言》. 北京：三联出版社，2017

10. 蒋伯潜.《诸子通考》. 北京：中华书局，2015

11．吕文郁.《春秋战国文化史》. 北京：新世界出版社，2018

12．杨宽.《战国史》. 南京：江苏人民出版社，2016

13．吕思勉.《先秦史》. 南京：江苏人民出版社，2014

14．张岂之主编.《中国学术思想编年·先秦卷》. 西安：陕西人民出版社，2002

15．梁漱溟.《东西文化及其哲学》. 上海：上海人民出版社，2006

16．蔡元培.《中国伦理学史》. 北京：中华书局，2015

17．梁启超.《先秦政治思想史》. 北京：中华书局，2015

18．梁启超.《孔子及儒家哲学》. 北京：中华书局，2015

19．汤一介.《中国儒学史·先秦卷》. 北京：北京大学出版社，2011

20．李泽厚.《论语译注》. 北京：中华书局，2015

21．李泽厚.《李泽厚对话集·中国哲学登场》. 北京：中华书局，2014

22．余英时.《中国文化的重建》. 北京：中信出版社，2011

23．方诗铭.《中国历史纪年表》. 上海：上海书店书版社，2013

24．童书业.《春秋史》. 北京：商务印书馆，2010

## ■ 外国作品

01．希罗多德.《历史》. 上海：上海人民出版社，2018

02．修昔底德.《伯罗奔尼撒战争史》. 上海：上海人民出版社，2018

03．阿庇安.《罗马史》. 北京：商务印书馆，1976

04．摩西等.《圣经》. 南京：中国基督教协会，2009

05．黄宝生译.《奥义书》. 北京：商务印书馆，2011

06．马香雪译.《摩奴法典》. 北京：商务印书馆，2018

07．恒强校注.《杂阿含经》. 北京：线装书局，2012

08．柏拉图.《理想国》. 北京：商务印书馆，1986

09．亚里士多德.《政治学》. 北京：商务印书馆，1997

10．亚里士多德.《形而上学》. 北京：商务印书馆，1965

11．色诺芬.《苏格拉底》. 北京：时事出版社，2014

12．古斯塔夫·施瓦布.《希腊古典神话》. 南京：译林出版社，2017

13．雅思贝尔斯.《历史的起源与目标》. 桂林：漓江出版社，2019

14．黑格尔.《历史哲学》. 上海：上海书店出版社，2006

15．汤因比.《历史研究》. 上海：上海人民出版社，2010

16．威兰·杜尔.《世界文明史：东方的遗产》. 北京：华夏出版社，2013

17．凯伦·阿姆斯特朗.《轴心时代》. 海口：海南出版社，2010

18．马丁·贝尔纳.《黑色雅典娜：古典文明的亚非之根》. 吉林：吉林出版集团，2011

19．亨廷顿.《文明的冲突与世界秩序的重建》. 北京：新华出版社，2010

20．平川彰.《印度佛教史》. 北京：北京联合出版公司，2018

21．黄心川.《印度哲学史》. 北京：商务印书馆，1989

22．刘文鹏.《古代埃及史》. 北京：商务印书馆，2000

23．于殿利.《巴比伦及亚述文明》. 北京：北京师范大学出版社，2013

24．林太.《印度通史》. 上海：上海社会科学出版社，2007

25．罗浮洛·桑克利迪耶那.《印度史话》. 北京：中华书局，1958

26．保罗·卡特里奇主编.《剑桥插图罗马史》. 山东：山东画报出版社，2014

27．保罗·卡特里奇主编.《剑桥插图希腊史》. 山东：山东画报出版社，2014

28．安东尼·肯尼.《牛津西方哲学史》. 吉林：吉林出版集团，2010

29．汪子嵩.《希腊哲学史》. 北京：人民出版社，1997

30．罗素.《西方哲学史》. 北京：商务印书馆，1963

31．弗朗西斯·福山.《政治秩序的起源：从前人类时代到法国大革命》. 桂林：广西师范大学出版社，2014